Ирина Чайковская

Однажды весной

Книга расказов и пьес

Оттава, 2021

Книга Ирины Чайковской включает избранные рассказы и пьесы, написанные за два десятилетия с 2000 года. Их сюжеты связаны с тремя странами, в которых жила писательница, — Россией, Италией и Америкой. Кроме рассказов и пьес на современные темы, в книгу включены произведения о судьбах писателей XIX века, – Герцене, Тургеневе, Некрасове. А одна из пьес («Сцены в раю») рисует встречу трех необыкновенных женщин – Авдотьи Панаевой, Полины Виардо и Лили Брик. Книга рассчитана на широкий круг читателей.

Ирина Чайковская
Рассказы, пьесы: **Однажды весной: книга расказов и пьес**
Accent Graphics Communications, Ottawa, 2021
ISBN: 978-1-77192-594-5

412 с.
© 2021 Ирина Чайковская

Содержание

Предисловие автора 5

Рассказы

Любовь на треке. Из написанного в Америке

Фольклорная речка 8
Звуки и шорохи 18
Кольцо... 26
На реках вавилонских 40
Казни египетские 51
Любовь на треке 62
Макс... 66
Сквозь облака 76
Оправдание 84

In Chiesa и другие рассказы из итальянской тетради

Лючия 88
Мечта о крыжовнике 102
In Chiesa 123
Печальный Демон 131
Идиомы 137
Только в мире и есть 141

Я вспоминаю. Было или не было?

Я вспоминаю 155
Из цикла «Кедр Ливанский» 159
    Петя.. 159
    Кедр Ливанский 162

Красное пальто	165
Однажды весной	168
Легкая походка	170
Еврейка из Толедо	173
Встреча	177

Ночной дилижанс. Прогулка в чужой век

Старый муж	179
Зуб Шамана	186
Ночной дилижанс	208

Пьесы

Итальянское Каприччо	226
Квартет Бородина	251
Хазарская баллада (В ожидании чуда)	279
Посланник богов	303
Звездные мальчики	325
Сцены в Раю	345
Новый Пигмалион	359
Gym	379
Город-сад	391

Предисловие автора

«Время – вещь чрезвычайно длинная»,—сказал Маяковский. Возможно, если говорить о вечности. Но с точки зрения одной человеческой жизни... время — чрезвычайно короткая вещь. Проходит быстро. Не успеешь оглянуться — уже ты в весьма солидном возрасте. Хотя в душе ты этим цифрам не веришь. Не может того быть! Я молодая, молодая. Ну да ладно, я о другом.

Ровно 10 лет назад издательство «Алетейя» издало мою книгу «В ожидании чуда». Это была книга рассказов и пьес. Она много лет ждала своего часа — и вот дождалась. Тогда для меня это точно было чудом. Книга, изданная в России!

И вот сейчас я предлагаю читателям новую книгу рассказов и пьес. Тот, кто прочитал ту, первую книжку (сомневаюсь, что таких будет много!), найдет в ней кое-что знакомое. Кроме написанного в последние годы, я поместила в ней и «избранное» старое. Думаю, что это не помешает даже моим «прежним» читателям. Ей-богу, перечитать какие-то тексты через десять лет — это как встретиться со своей молодостью. Хотя, я думаю, все со временем становится другим, ибо в восприятие вмешивается новый накопленный за годы жизненный и душевный опыт.

Книга вместила рассказы и пьесы, написанные в трех странах, — России, Италии и Америке, что, естественно, отразилось и на ее содержании. Рядом с рассказами и пьесами на современные сюжеты вы найдете в ней тексты, где героями будут Некрасов, Тургенев, Герцен, Панаева, Полина Виардо.и даже Лиля Брик (пьеса «Сцены в раю»). Вначале я не хотела включать эти произведения в книгу. Но они в нее просились, ибо стали частью моей обычной повседневной жизни. Пришлось включить. Куда я без них?

Скажу насчет пьес. Когда еще та, первая книга, лежала в бостонском издательстве, которое так ее и не издало, милая женщина-редактор сказала мне, что мои рассказы хороши, а пьесы еще лучше. Не знаю, так ли это, но признАюсь, что изначально я драматург. И писать пьесы, если есть занятный сюжет, мне нравится. Пишу, как правило, комедии, и даже могу объяснить почему. За пьесы я берусь в самые тяжелые для себя моменты — хандры, болезни, невзгод... Комедийный сюжет помогает уйти от «ужасов» жизни. Последнюю по времени пьесу «Город-сад» я писала в «эпоху коронавируса». Меня несказанно удивляет, что очень многие авторы в это время писали исключительно на «коронавирусные» темы. Мне же, наоборот, очень хотелось уйти от них, словно и не было этой напасти.

Еще два слова о пьесах. Когда-то два «профессионала», один режиссер, другая — автор «раскрученных пьес» сделали мне свои замечания. Режиссер пожурил меня за то, что начинаю пьесу сразу, без всяких предварений и описаний, без указаний на имена и возраст персонажей, без разработки интерьера. Раскрученный драматург удивилась, что мои герои часто разговаривают сами с собой: «Они что у вас — сумасшедшие?»

Прошло время, я осталась при своем, не изменив своей первоначальной манере. Ведь у меня были высокие образцы. Тот же Пушкин, чьи драмы начинаются сразу, без всяких предварений, те же Шекспир или Чехов, чьи персонажи, не будучи сумасшедшими, разговаривают сами с собой...

«Пишите как Г-н», — сказал мне как-то один завлит, — после долгой беседы, в которой он объяснял мне, что пьеса моя хорошая, но не «верняк». Увы, так и не научилась писать «верняк» и не стала подражать более удачливому, но, как всегда казалось, фальшивому собрату. По этому поводу скажу словами Ахматовой: «Какая есть. Желаю вам другую».

С детства люблю читать пьесы. Рассчитываю на такого же читателя. Однако, скажу по правде, не стану возражать, если какой-нибудь — в меру сумасшедший — режиссер захочет их поставить.

Новая книга — радость и огорчение. Про радость понятно. А вот почему огорчение? Да потому, что она, как выросшее дитя, отделяется от тебя и уходит в самостоятельное плаванье. И я машу ей платком, стоя на берегу. Счастливого пути!

Ирина Чайковская

*21 июня 2020 года,
Большой Вашингтон*

Рассказы

Любовь на треке.
Из написанного в Америке

Фольклорная речка

В июле поехали в пансионат. Билет в Америку уже лежал на полке в платяном шкафу, и Лена смотрела на длинный нерусский конверт, когда собирала вещички пока еще в ближнее Подмосковье. Ехала с Галей, подругой. Галя была художницей, взяла с собой все для работы акварелью и карандашами. Лена позавидовала Гале — ей тоже хотелось чем-то заниматься на отдыхе, главным образом, чтобы уйти от навязчивых невеселых мыслей. В день перед отъездом она созвонилась со знакомой редакторшей и взяла для перевода книгу о половом созревании подростков — ничего другого в распоряжении редакторши уже не было. «Буду переводить и вспоминать Мишку», — решила Лена. Мишка, ее сын-подросток, вот уже целый год жил с отцом, Лениным мужем, в Америке. А Лене предстояло к ним присоединиться в конце августа. Галя настояла, чтобы ехали на электричке, хотя Лене очень хотелось взять машину — расстояние было небольшое, и в раскладе на двоих сумма получалась не такая уж громадная. Но Галя взглянула на нее с таким негодованием, что пришлось подчиниться. Лену охватили нехорошие предчувствия, она никогда не жила с Галей под одной крышей, но и так было понятно, что они совсем разные и будут тянуть каждая в свою сторону. Подчиняться Галиному напору не хотелось. Лена успокаивала себя тем, что у Гали просто очень мало денег, жила она с продажи картиночек и картин, получала гроши, в сравнении с которыми переводческие деньги Лены были богатством. «Там посмотрим, — думала Лена, глядя из окна электрички на пригородные набитые народом платформы, неказистые деревянные будки, отдаленные, скрытые за неуклюжими строениями леса, — возможно, придется существовать как в коммунальной квартире, каждая сама по себе». Но получилось лучше, чем она предполагала. Потребовались два дня и некоторые усилия с обеих сторон, чтобы приноровиться к пансионатской жизни и выработать свой распорядок.

Утром до завтрака Галя бежала «на этюды» — на дальнюю, поросшую болотными растениями речку. Для Лены болотная речка была Галиной выдумкой, фольклором, она вставала около девяти и, слегка умывшись — краны текли, горячей воды не было — шла в столовую, где они встречались с Галей за общим столом. Народу в пансионате было немного, кормили по-домашнему и старались никого к ним не подсаживать. Когда-то этот пансионат был домом творчества, Галя помнила времена его расцвета, совпавшие с директорством его основателя. Основатель, чей портрет — чеховский интеллигент с бородкой и жилистыми трудовыми руками — до сих пор висел в вестибюле, поставил в каждой комнате по одной кровати, повесил над кроватями огромные доски для творческих упражнений, снабдил помещения бессчетным количеством настольных ламп. Ныне комнаты уплотнили, расположив в них еще по одной кровати, лампы разошлись по рукам обслуги, облупившиеся неопрятные доски, лишившись своего предназначения, смотрелись весьма странно и были испещрены неприличными надписями. Из старого персонала остались повариха Светлана да сторожиха Лиза, Галя вела с ними нескончаемые разговоры о былом величии этого ныне полузаброшенного, на глазах разваливающегося здания. Несколько художников, приезжавших сюда по старой памяти, да два-три человека со стороны, прельстившихся недорогой по нынешним временам платой, составляли «контингент» пансионата. Хорошей стороной здешней жизни была ее непритязательность, можно было не следить за своей внешностью, не красить ногти, ходить в одном и том же платье по нескольку дней и с утра до вечера. Здесь можно было расслабиться, и Лена, которая все последнее время была, как натянутая пружина, наконец-то перевела дыхание, дала себе передышку.

За завтраком Галя рассказывала о «речных» впечатлениях, они каждый раз, в зависимости от погоды и Галиного настроения, были различны, затем в номере Лена рассматривала Галины рисунки, сделанные цветными карандашами с натуры, и поражалась. Действительно, все они изображали одно и то же место — «фольклорную» речку и все были не похожи друг на друга. Лене приходило в голову сравнение с былиной — студенткой она увлекалась фольклором и прочитала огромное количество русских былин, записанных от разных сказителей. Сюжет в них вроде бы совпадал, но чем более яркой индивидуальностью обладал сказитель, тем более оригинальной выходила у него былина. Наверное, у Гали была яркая индивидуальность, пейзаж цвел и нигде не повторялся. Было странно, что ни этой Галиной талантливости, ни ее ума, ни фанатической работоспособности, никто, как казалось Лене, не замечал и не ценил. Дожив до сорока лет, она оставалась одна, имела очень мало близких людей, жила только своим художеством.

После завтрака они с Галей совершали недальнюю прогулку в соседний санаторий. Дорога шла по узкой лесной тропе среди мрачноватых сосен, и Лене порой даже страшно становилось от ощущения замкнутости пространства; но, к ее облегчению, тропа скоро кончалась, и начинались обычные прогулочные аллеи, по которым дефилировали пожилые обитатели санатория. Назад возвращались почти бегом, так как Гале не терпелось скорее приступить к акварелям, а Лену поджидал дурацкий перевод. Впрочем, после первых же страниц работы Лена вошла в его псевдонаучную стилистику, поняла, что особых открытий для нее не предвидится, хотя книга предназначалась для таких, как она, родителей подростков, и переводила почти автоматически. Как ни пыталась она вписать в научно-популярные построения своего Мишуню, выходило только щемление сердца и ощущение, что, возможно, это и так, но только не с ее ребенком. У него все, все по-другому. Наваливалась тоска, она наклонялась над переводом, глотая слезы. Галя, сидевшая у окна, спиной к Лене, тут же оборачивалась и кричала грозно: «Сейчас же перестань! Ты радоваться должна, а не плакать. Уже через месяц их увидишь». Лене становилось еще горше. Она боялась Америки и не хотела туда ехать. Сердце говорило, что дороги назад может и не быть. Здесь на родине, кроме старых и больных родителей, она оставляла что-то такое, чего не даст никакая Америка, никакая заграница; это что-то всегда оставалось в остатке, когда она начинала подводить баланс под свой отъезд, и логически никак не формулировалось. Чувство дома? Родных стен? Оставленных друзей? Брошенных могил? И это тоже, но и что-то еще, чего даже ей, с ее филологическим образованием, трудно было обозначить словом.

Обедали около трех, когда в столовой уже никого не было; повариха Светлана, уходя домой, оставляла для них немудреную закуску и две тарелки второго. В жаркую погоду после обеда они оставались в номере, разговаривали, исповедовались друг другу, строили планы. Лене было совестно, такой богачкой она ощущала себя в сравнении с Галей. У той не было практически ничего — ни денег, ни семьи, ни любимого человека. К тому же с некоторых пор она стала прибаливать, началось с легкой простуды, которая в результате давала о себе знать весь прошлый год. Но — удивительно — Галя не унывала, вечно ждала какого-то чуда, была постоянно влюблена, и даже не всегда в человека, а — то в собаку, то в дерево, то в какой-то пейзаж, как сейчас в эту свою речку. До отъезда в пансионат ей внезапно «засветило», как она выразилась. Позвонила женщина — искусствовед, увидевшая несколько Галиных акварелей в чьем-то доме, — Галя много чего раздаривала знакомым. Искусствовед была с именем, Галя о ней слышала, что та помогает «не пробивным и не кассовым» художникам организовывать выставки. В разговоре с Галей она тоже намекнула на возможность выставки, попросила привезти побольше работ для ознакомления. Галя набила картинками свою походную видавшую виды сумку, привезла в квартиру у метро Измайловская. Теперь она нетерпеливо ждала ответа от искусствоведши, Лене приходилось ее останавливать, когда, не в силах вынести неопределенность ситуации, она была готова бежать звонить в квартиру возле Измайловского метро. Тут уже Лена ее приструнивала: «Куда? Ты сдурела? Сами придут и сами попросят». Лена цитировала Булгакова, хотя многажды убеждалась в горьком несоответствии высказывания и действительности, но ей почему-то казалось, что с Галей должно быть именно так, как сказано Воландом.

Вечером, когда спадала африканская жара, накатившая на Москву и окрестности, они выходили прогуляться. Шли вдоль железнодорожного полотна, заходили в продуктовую лавку возле станции, Галя покупала себе два жареных пирожка с повидлом и бутылку минеральной, Лена пирожное и пакетик сока — это был их ужин. Порой за разговором, под шум мчащихся мимо поездов, незаметно добредали до соседней Тарасовки. Как-то возле станционной лавки их окликнул немолодой, но молодцеватого вида мужичок, в светлой просторной рубашке и синих джинсах. — Куда спешите, красавицы? Я вас уже давно заприметил. Дачницы? Из белокаменной? Он обращался к ним обеим, но смотрел только на Лену, причем смотрел как-то странно, будто что-то хотел про нее узнать. Остановились поговорить. Мужичок жил здесь в поселке на собственной даче, звался Борисом

Петровичем, жаловался на скуку и одиночество и усиленно звал в гости. Галя сказала, что обязательно как-нибудь выберутся, Лена молчала. Борис Петрович повернулся к ней: «А вы, красавица, что ж молчите? У меня дача необыкновенная, есть на что посмотреть. Так придете?» Пришлось и Лене кивнуть, а то бы он не отвязался, как сказала она Гале по пути в уже надоевшую Тарасовку.

Зарядили дожди, и лето из африканского переродилось в латиноамериканское — в сезон дождей. В промежутках между очередным дождливым приступом подруги гуляли по поселку и однажды снова наткнулись на Бориса Петровича, возвращавшегося со станции. Лене показалось, что он чуть навеселе, но направленный на нее взгляд уже не пугал, а веселил, она как бы со стороны наблюдала за его неуклюжими попытками заманить их на свою дачу.

— У меня, красавицы, столько всего вкусного — в Москве накупил на всякий случай. Вот вы бы, например, чего хотели к чаю? — обратился он к Лене.

— Шоколадных вафель, — сказала Лена мечтательно, шоколадные вафли были любимым лакомством ее детства.

— Вот в точку попали, я и шоколадных вафелек захватил, и конфеток, и винца грузинского, — тут он впервые посмотрел на Галю, видимо, заподозрив в ней пристрастие к алкоголю.

В этот раз дело дошло до того, что они по мокрой от дождя траве прошагали вместе с ним до конца поселковой улицы и из-за забора — как музейный экспонат — разглядели и впрямь довольно симпатичный деревянный теремок. Зайти внутрь подруги отказались, отговариваясь обедом в пансионате, обещали наведаться в другой раз.

Повариха Светлана еще не ушла, и в этот раз обед был горячий; Светлана подогрела на плитке жареную картошку с рыбой; на сладкое по знакомству подруги получили по сахарной плюшке, предназначенной для полдника. Чай пили вместе, Светлана подсела к их столику со стаканом и плюшкой. Она жила здесь в поселке и всех знала. На Галин вопрос о Борисе Петровиче ответила, что у того нынешней зимой умерла жена и он, как приехал в мае, все пил не переставая. Сейчас маленько оклемался. «Неужели совсем одинокий?» — спросила Галя, будто не ожидала, что и, кроме нее, есть на свете одинокие. «Сын взрослый, невестка, внуку лет десять, ихняя дача в соседнем поселке», — ответила Светлана с готовностью. «Да чтой-то редко к отцу наезжают, своих делов по горлышко — невестка, слышно, больная, — Светлана понизила голос, — гутарят, рак у нее». Она вздохнула, собрала крошки в ладонь и высыпала их в рот. Лена с Галей сидели не шевелясь, потом, поблагодарив повариху, поднялись к себе в номер.

Ночью у Гали был жар, ее лихорадило. Возможно, сказалась их утренняя прогулка по холодному мокрому поселку. Лекарств они с собой не взяли, у Гали нашелся только вьетнамский бальзам, с которым она не разлучалась. Утром Лена побежала в поселковую аптеку, но там не было ни термометра, ни аспирина-упса, в действие которого она почему-то верила. В станционной лавке купила лимон и мед, испытанные противопростудные средства, и Галя немного повеселела, выпив горячего душистого чаю. Она заснула, а Лене, несмотря на холодную и ветреную погоду, захотелось поскорее вырваться из душного номера. Она накинула куртку и вышла.

Снова гулять по поселку не хотелось, у нее мелькнула мысль найти «фольклорную» речку, чье местоположение она знала по Галиным описаниям. Речка должна была находиться совсем близко от Тарасовки. Но она дошла уже до Тарасовки, а речки не было. Возле забора играл с мячом мальчик лет десяти, Лена к нему обратилась: «Тут должна быть речка поблизости, не знаешь где?» Мальчик посмотрел на нее как на прилетевшую с другой Галактики: «Речка? Здесь речек нету. Это надо на электричку, через две остановки». Он снова принялся за мяч, а Лена чуть не заплакала. Мимо по придорожной травке шел человек в широкой соломенной шляпе, за ним трусили семь или восемь коз, все белые, но разного размера — от огромного лохматого козлищи до крохотного козленочка. Лена поежилась — ей почудилось дурное предзнаменование, и с колотящимся сердцем она повернула назад, так и не отыскав заколдованной речки.

Возле самого пансионата ей повстречался Борис Петрович, он уже издали ее приметил и радостно махал руками. «Рад вас видеть, Леночка, а я как раз к вам — пригласить на чашку чая». Лена начала было, что Галя больна и что придется отложить до другого раза, но Борис Петрович проявил такую настойчивость и неуступчивость, что ей пришлось согласиться. «Загляну на минутку, чтобы больше не приставал, тем более что действительно хочется горячего чаю», — подумала продрогшая на резком ветру Лена. Но до чая Борис Петрович повел ее осматривать свой теремок. По скрипучей винтовой лестнице поднялись на второй этаж. Здесь была аккуратная светлая спаленка и просторная гостиная, обставленная стилизованной под трактир деревянной мебелью. На стенах красовались веселенькие цветочные натюрморты из тех, что продаются на распродажах в подземных переходах. Борис Петрович с гордостью показывал Лене свои хоромы. Везде было довольно прибрано, и только иногда взгляд натыкался на многодневную пыль на мебели и не выброшенные из пепельницы окурки. Стеклянная небольшая терраса на первом этаже вела в сад, но Лена отказалась осматривать угодья и уселась за круглый покрытый яркой скатертью стол на террасе. Борис Петрович, поставив чайник на плиту, тоже присел к столу, широким жестом указывая на посудные полки над плитой: «Не стесняйтесь, Леночка, хозяйничайте как дома». Лена принялась отмывать липкие, со следами накипи чашки, в то время как хозяин доставал из шкафа конфеты и печенье. Шоколадных вафель не было, но был вафельный торт «Белочка», из-за дороговизны неохотно раскупаемый в местном магазине и, видимо, купленный Борисом Петровичем специально для «приема».

Наконец, появилось и грузинское вино, и хозяин провозгласил тост за знакомство. Лена пригубила, Борис Петрович залпом опорожнил чуть ли не всю кружку и принялся развлекать гостью. Рассказчик он был неплохой, почти всю жизнь проработал в странах Африки, занимаясь снабжением советских миссий, любопытных историй ему было не занимать. Но все его истории были странно похожи и повествовали о том, как в очередной африканской стране сотрудникам нашего посольства грозила гибель от голода или дизентерии и как, благодаря необыкновенной расторопности и российской сметливости Бориса Петровича, все остались целы и невредимы. Лена пригрелась, ее даже немного клонило в сон. Борис Петрович, попросил разрешения закурить и затянулся, по-видимому, дорогой сигарой; глядя на гостью хитро прищуренным глазом, спросил: «Почему вы здесь с подругой, Леночка? Где ваш муж, друг, короче — какой-нибудь мужчина, который, наверное, существует в вашей жизни?» Он наклонился вперед и пристально глядел на гостью. Лена стряхнула с себя оцепенение: «Мои мужчины — муж и сын, сейчас в Америке. Я к ним скоро поеду». Борис Петрович откинулся на спинку стула, перевел дыхание.

«Да, тяжело должно быть женщине без мужичка, — он остановился и с трудом, дрожащим голосом продолжил, — а уж мужику без хозяйки — и не говорите». Он закрыл глаза рукой, лицо сразу стало красным и мокрым. Всхлипывая, он говорил бессвязно, но Лена понимала. «В декабре, как сейчас с вами, сидели — смотрели телевизор, спасти не удалось». Лену переполняла жалость, но чем, в сущности, могла она ему помочь? Она поднялась. «Спасибо за чай, мне пора». Борис Петрович вскочил, красный, с расстроенным мокрым лицом. «Что ж, пора так пора. Не смею задерживать».

Когда Лена уже была на пороге, он схватил со стола не начатый торт «Белочка» и протянул ей: «Для вас покупал — возьмите. Мне сладкое ни к чему, да и не люблю. Может, когда еще заглянете, а?» Лена кивнула. Он схватил ее руку, тихо шепнул: «Такое иногда находит, такое, хоть волком вой. А вы, мне кажется, способны отогнать нечистую силу, у вас взгляд хороший». Пока Лена с тортом в руках шла к калитке, Борис Петрович, в светлой пузырящейся на ветру рубашке, смотрел ей вслед.

Галя уже не спала и работала, сидя у окна. Лицо у нее было потное и больное, глаза покраснели. Лена на нее набросилась: «Галюша, зачем ты вскочила? У тебя температура!» Галя хмуро на нее посмотрела: «Что ж мне — помирать теперь? Я когда работаю, хотя бы отвлекаюсь от всякой гадости, которая лезет в голову». Но минут через двадцать она все же забралась под одеяло — ее бил озноб. Лена набросила на нее все теплое, что было в номере, и она с трудом согрелась. Лежала с открытыми пустыми глазами, и легко было представить, какие гадкие невеселые мысли владеют ею в эту минуту. «Чем ее утешить, ободрить? — соображала Лена, сидя на своей койке возле двери, но ничего не шло в голову. Выждав, когда подруга заснет, Лена осторожно вынула у нее из сумочки телефонную книжку и, крадучись, вышла из номера. Она решила сама позвонить женщине — искусствоведу по поводу Галиных картин. Если ответ будет отрицательный, Лена примет удар на себя и Гале не придется страдать, ну а если положительный... собственно, только ради положительного ответа Лена и решилась на рискованную акцию. Ей так хотелось, чтобы Гале наконец зафартило. В холле на вахте сидела сторожиха Лиза. Она приветливо кивнула Лене и вернулась к разгадыванию кроссвордов, по части которых была мастерицей. Лена зашла в маленькую темную комнатку, где днем обитала администрация, зажгла свет и подошла к телефону. Напротив нее располагалось широкое стеклянное окно во всю стену, оно выходило в неосвещенный сад; пока Лена с бьющимся сердцем набирала номер, деревья за окном трещали и плясали на ветру. «Ночью будет ураган», — подумала Лена и услышала в трубке приятный женский голос. Было похоже, что женщина на том конце провода улыбается. «Ах, вы о Галине Гер, — произнесла женщина в трубке, — я несколько раз ей звонила, но безуспешно. Вы знаете, мне понравилось. Скажу больше, я нашла в ее листах что-то свое; мне кажется, я могла бы ей помочь с выставкой, а пока вот написала о ней статью». Трясущейся рукой на вырванном из Галиной книжки листе записывала Лена название и номер журнала. Она столько хотела сказать о Гале, о ее таланте и одержимости, о ее житейской неустроенности и отсутствии женского счастья, но в нужный момент горло перехватил спазм, и она промямлила что-то невразумительное, типа: «Большое спасибо, пожалуйста». В трубке послышались гудки, Лена потушила свет и, пошатываясь, вышла из комнаты.

Галя лежала в кровати с открытыми глазами. Лена к ней кинулась: «Галюша, победа! Она написала о тебе статью, обещает помочь с выставкой. Ей понравилось, понравилось!» — Лена махала перед Галиным лицом телефонной книжкой. Выражение Галиного лица не менялось. Может, она не поняла? «Галюша, — снова начала Лена, — я говорю об искусствоведше, я ей только что звонила…». Галя ее прервала. «Я поняла, сколько можно говорить одно и то же?» По Галиному лицу текли слезы, она начала всхлипывать. «Знаешь, мне, кажется, ничего уже этого не нужно, мне нужно только быть здоровой и чтобы ты не уезжала». И они обе в голос заплакали.

Ночью Гале было очень плохо, она металась в жару. За окном шумел ливень, и сверкала молния. Сторожиха Лиза спала в холле на старой задвинутой в угол лежанке, Лене с трудом удалось ее разбудить, ни лекарств, ни термометра у нее, естественно, не было, она посоветовала вызвать скорую, но потом сама же и отсоветовала, так как в такую погоду дорога в пансионат становилась непроезжей. Ждали утра. Обе были бледные, с воспаленными глазами. Лена собирала вещи — она решила, что оставлять Галю без медицинской помощи преступно, нужно было возвращаться в столицу.

Незаметно прошли еще один день и еще одна ночь. Гале стало немного лучше, температура, видимо, спала. Лена вызвала по телефону такси из города, на слабые протесты больной сказала, что оплату проезда берет на себя, как будущая «американская тетушка». Галя невесело улыбнулась. Утро отъезда было тихим и нежным, как дыхание эльфа; не верилось, что эти деревья и эта трава еще сутки назад гнулись под ветром. Вещички были вынесены в холл, ждали машины. Краем уха Лена слушала, как вахтерша Лиза делилась с поварихой вчерашним происшествием: «Слышь, Света, твой сосед по участку вчера наведался, я уж спать ложилась. А он в дверь как начал барабанить. «Что за притча?» — думаю, открыла, а он пьяный, еле языком ворочает. «Мне, — говорит, — Леночку». «Леночку, видишь ли, ему!» — повторила Лиза, и обе прыснули. Лена заслушалась и чуть не пропустила машину, которая, тяжело отдуваясь, подкатила к воротам пансионата.

Потом, уже в Америке, ее мучили сны. То ей мерещилась Галя, разметавшаяся в жару, то пьяный несчастный Борис Петрович, ищущий Леночку, но чаще всего «фольклорная» речка, которую, слава Богу, она так никогда и не видела, но которая во всей своей несказанной красе представала перед ее спящими закрытыми очами за минуту до пробуждения.

Февраль 2001, Солт-Лейк-Сити

Звуки и шорохи

Не знаю, где вы живете, может, у вас ничего не слышно. У меня слышно все. Надо мной, на третьем этаже, живет русская пара, и, если я до сих пор не начал говорить по-русски, то причина лишь в том, что уж слишком варварский язык. "Павяпавя бурягодуша". Вы что-нибудь понимаете? Я тоже. Это такая песня. Заунывная, как волчий вой. Хочется заткнуть уши, только бы не слышать. Голосок у нее ничего, приятный, немного слишком низкий. И вот моет посуду — я слышу по грохоту тарелок — и завывает: "Павяпавя бурягодуша". Прямо какой-то скифский язык. Я тогда, только чтобы отвлечься и не слышать, беру гитару и начинаю наигрывать "кантри". Это, я понимаю, музыка. А то... Вообще они ничего, довольно тихие. Вот девчонки с первого этажа — те орут на весь подъезд, смеются и скачут так, что дом трясется. Эти нет. Утром я слышу, как она принимает душ. Я понимаю, что это она, по звукам — она всегда что-то мурлычет, слава богу, без слов. Я встаю в одно с ней время и прислушиваюсь. Не то чтобы мне очень интересно, просто выработалась привычка. Он встает минут через пятнадцать и тоже идет в ванную. По звуку понятно, что бреется. У нас одинаковое расположение комнат. Когда они завтракают, я тоже ем свой сэндвич и слышу их тихий разговор, не различая смысла, что-то вроде:

— Хоча...
— У-у...

Потом она прихорашивается, а он ее ждет и не доволен, я понимаю это по ворчливому тону. Иногда он не выдерживает и выбегает первым. Я вижу его из окна — он невысокий, жилистый, у него уже заметная лысинка. Она выходит чуть погодя — очень стройная, легкая, со светлыми волосами. Волосы у нее роскошные — никогда таких не видел. Бывает, она закалывает их сзади в пучок. Так мне тоже нравится, хотя я бы на ее месте не закалывал. Вообще я, если вы поняли, настоящий американский "гай". Я культивирую в себе чисто американские черты — простоту и открытость, физическую крепость и умение за себя постоять. Вот уже год как я живу в этом городе один. Работаю в библиотеке на выдаче книг — книги мое пристрастие, как и игра на гитаре, — наслаждаюсь полной свободой и изучаю жизнь. Возможно, через годик-другой я начну писать. Пока же записываю отдельные впечатления в специальную тетрадь. Что еще сказать о себе? Временами мне бывает очень не по себе, наваливается какая-то темнота. От нее я и сбежал в этот город, где солнце светит почти круглый год. От нее и от родичей, которые уже были готовы сдать меня в психушку. Теперь, когда я далеко, они из своего муравейника шлют мне пламенные приветы по телефону. Я не люблю их звонков. Меня от них прямо тошнит. Я бы предпочел, чтобы они не знали, где я обретаюсь. Да, забыл сказать, что меня зовут Родди. Имечко придумала моя мамаша, но мне оно подходит. Возвращаясь к русским, должен сказать, что я за ними наблюдаю. Временами мне кажется, что звуковая проницаемость моего жилища послана мне судьбой. Чтобы в будущем я написал хороший роман в русской традиции. Поживем — увидим. Пока же я отправляюсь на работу, минут через десять после русских.

На работе мне читать не удается. Наша библиотека находится в центре города и пользуется популярностью. Не помню дня, чтобы я простаивал больше десяти минут. Очень много старичков — осваивают компьютеры последней модели, щедро расставленные в библиографическом отделе. Но берут и книжки; старички любят книжки про актрисок, с картинками. Молодежь предпочитает видеокассеты. Классику берут только студенты-гуманитарии. Сегодня одна девица сдала мне книжку испанской поэзии. Девица ощипанная, с прыщами по всему лицу. Но книжка мне понравилась. Я успел в нее заглянуть в те десять минут покоя, которые мне даровала судьба. Книжка раскрылась прямо на романсе о короле Родриго, что меня очень заинтересовало, все же Родриго и Род — имена явно родственные. Меня позабавило, что этот Родриго потерял свое королевство из-за девицы. Девица звалась Лакава, и у нее были длинные золотистые волосы. Вот, — сказал я себе, — еще в средневековой Испании водились такие — с волосами, от них надо быть подальше, не то... Но тут подошел следующий посетитель.

Дома меня поразила абсолютная тишина наверху у соседей. Обычно в это время они уже дома и мы вместе, то есть одновременно, ужинаем. Теперь же я поужинал в одиночестве. Смотреть телевизор не хотелось, читать тоже, я решил пойти на тренажер. В соседнем подъезде нашего дома оборудован бесплатный спортивный зал с несколькими тренажерами. Я довольно регулярно разминаюсь на тренажере, впрочем, и у себя в квартире каждое утро отжимаюсь, а по воскресеньям бегаю на треке. Внешне я произвожу впечатление человека, озабоченного исключительно своими бицепсами. Я люблю заниматься один, в этот раз в спортзале было еще два человека. Я их знал — наш менеджер Пол и его помощник Фредди. Они разговаривали, не обращая на меня внимания. Не люблю прислушиваться к чужим разговорам, но тут я поневоле напрягся — они трепались по поводу русской. Фредди, убирая на лестнице, слышал громкие голоса из их квартиры, потом из дверей пулей вылетел встрепанный русский. В руках у него была вещевая походная сумка. Фредди видел в лестничное окно, как он быстрым шагом, не оглядываясь пошел к воротам. Пол откомментировал это так: "Разбежались". Фредди с ним согласился. "Он ей не подходит, это сразу видно. Девчонка прикольная, а он уже в годах, лысый. Ей бы такого, как Родди", — и он впервые поглядел на меня и подмигнул. Оба захохотали. Я почувствовал, что заливаюсь краской. Не люблю, когда меня задевают. Проходя мимо Фредди, я положил ему руку на плечо и слегка придавил. Он пошатнулся. Я снял руку, кивнул обоим и вышел.

На улице было темно, горели дворовые фонари, освещая островки снега на клумбах, в окнах виднелись елки. Мне навстречу от ворот двигалась какая-то фигура. Я вгляделся и узнал русскую. Она шла как сомнамбула и даже не взглянула на меня. Мы одновременно вошли в подъезд — она впереди, я сзади. Открывая дверь, я прислушивался к звукам поворачивающегося в ее двери ключа. Войдя, я включил свет — она нет. Я присел к столу. Она наверху раздевалась, сбрасывала с себя пальто, платье. Я слышал, как она двигала стулья. Наверху заработал душ. "Павяпавя бурягодуша", — я узнал знакомый мотив. Она пела в полный голос. Я сидел и слушал, и мне не хотелось, чтобы она замолчала. Низкий бархатный голос звучал широко и свободно, и я подумал, что в этой песне живет грусть не одного человека, и даже вообще не человека, а всей безгласной природы. Замолкла вода — и она замолчала. Я слышал, как она подошла к столу, села и зарыдала. Минуту я сидел не шелохнувшись и думал. А потом быстро выскочил из квартиры. Я вбежал на третий этаж и позвонил. Открыла она не сразу. В комнате было темно, и лица ее я не видел — только волосы, их было столько, что хватило бы на двух женщин. Я что-то пробормотал про песню, мол, хотел бы подобрать мотив. Она меня не поняла, и так мы стояли довольно долго, пока она не захлопнула дверь.

На следующее утро я проснулся с ощущением счастья. В окно прямой наводкой било солнце. Зазвонил телефон. Я схватил трубку, как стодолларовую бумажку. Звонила мать. Неестественно радостным голосом она поздравляла меня с Рождеством и звала провести у них каникулы. Чего я там не видел — в Нью-Йорке? Я отказался. Настроение не пропало, но притормозило. Внутренний голос говорил: подожди, подожди, еще не сейчас, но скоро... Я оделся и вышел. Под дверью лежала записка. Я поднял и медленно, ужасно медленно ее раскрыл. Вот оно — то, чего я ждал и не ждал. Записка была от русской. Она звала меня к себе. Было написано: "Извините, я вчера вас не поняла. Приходите, когда хотите. Я целый день дома". Я хотел сейчас. Поднялся на третий этаж и позвонил.

Она открыла тотчас — видно, прислушивалась к звукам на лестнице. На ней было легкое светлое платье, волосы были туго стянуты в узел, лицо казалось бледным и утомленным. Я огляделся — гостиная точно такая, как у меня, — подошел к столу и сел. Она спросила, хочу ли я чаю. У нее был ужасный русский акцент. Мы сидели, пили чай и разговаривали. Я рассказал о своих родичах в Нью-Йорке, о книгах, о гитаре. Услышав про гитару, она засмеялась: "Я под нее всегда танцую, мне нравятся мелодии". "Одна или с мужем?" Она закашлялась, поставила чашку на стол и сказала очень четко, поглядев мне в глаза: "Роман мне не муж. Мы работаем с ним в одной лаборатории". Наверное, после этих слов мне следовало подойти к ней и обнять, но я не сделал этого, не знаю почему. Она все подливала мне очень крепкий русский чай и все спрашивала, спрашивала. Когда я назвал свой возраст, она с усмешкой проговорила: "Совсем еще малыш". Оказалось, что ей двадцать семь лет, на семь лет больше, чем мне. Конечно, я допустил промах, указав свой истинный возраст, но я не предполагал, что она старше. Я все время ждал: вот сейчас она ко мне подойдет, сейчас она коснется меня своими тонкими обнаженными руками. Но она не подошла.

Я провел у нее все утро. Если бы она меня не выставила, я бы не ушел до вечера. Узнал я о ней очень мало: зовут Ола, родилась на Волге, скучает по родным. Да, вот еще что: о песне она сказала, что это магическая, "приворотная" славянская песня.

— Слова, — сказала она, — там совсем непонятные: что-то про бурю и про дерево "калину", но она их поняла, только мне не скажет — мал еще.

Вернувшись домой, я раскрыл свою тетрадь и записал несколько вопросов к самому себе. Вот они:

1. Доволен ли я сегодняшним днем?
2. Чего бы я хотел?
3. Что нужно делать?

Я вышел от нее в состоянии сильного возбуждения, словно выпил вина. Сегодняшний день явно выбивался из череды будничных, и в этом смысле я был очень им доволен. Другое дело, что не все получилось так, как я хотел. Я задумался: а в самом деле, чего бы я хотел? Разговаривать с ней? Проводить с ней время? Заниматься сексом? В принципе я хотел и того, и другого, и третьего, и третьего, пожалуй, больше всего. Но это третье, как мне казалось, зависело целиком от нее. Так что мой ответ на последний вопрос "что делать?" гласил: действовать по обстоятельствам.

Я пробыл дома до вечера. Часов около семи наверху хлопнула дверь. Какая-то сила подняла меня с дивана и бросила вслед за русской. Я шел за ней по расчищенной от снега дорожке, в сумраке декабрьского вечера, сам не понимая, зачем мне это нужно. Через два квартала она свернула налево и, сделав несколько шагов, остановилась перед облупленным, странной формы зданием. Сверху доносилось пение, за стеклянной дверью стоял густой запах какого-то благовония. Сохраняя дистанцию, я поднялся за ней по трескучей лесенке на второй этаж. Она остановилась в дверях, я нахально пристроился за ее спиной, возле дверного косяка. Ярко горели свечи, виски сжимало от нестерпимого запаха, человек в длинном балахоне что-то внушал сидящим на полу слушателям. Он говорил по-английски, но смысл от меня ускользал. Наконец, все зашевелились и потянулись к двери. На меня нашло что-то вроде столбняка, когда я очнулся, рядом стояла Ола. Она глядела на меня немного растерянно. Мы вместе спустились с лестницы и вышли на улицу. Я перевел дыхание. Морозный зимний воздух — что может быть лучше? В сером дымчатом небе поблескивали звезды. "Merry Christmas", — сказала Ола, и только сейчас я осознал, что сегодня канун Рождества.

Все последующие дни слились для меня в один радостный снежно-льдистый клубок. С утра мы ездили с Олой в горы кататься на горных лыжах. Такой бесстрашной девчонки я еще не видел. Казалось, она задалась целью сломать себе шею. Глядя на нее, я начинал понимать происхождение "Русской рулетки". В горах было морозно и ветрено, но солнце светило без передышки, и я еще раз убедился, что был прав, выбрав местом обитания этот город. Обычно в конце прогулки, уже идя с лыжами к машине, мы ловили на себе то приветливые, то оценивающие, а то и завистливые взгляды. Раскрасневшаяся, тоненькая Ола в черно-белом костюме и маленькой лыжной шапочке на стянутых в узел, отливающих золотом волосах и я — с красным пышным помпоном, красной же спортивной куртке, накинутой на атлетические плечи, — мы оба, я уверен, вызывали схожие мысли у встречных мужчин и женщин. "Отличная пара", — думали они. Но мы не были "парой" в полном смысле слова. Ола отскакивала, едва я к ней прикасался. Когда вечером мы пили чай в ее комнате и вдруг наступала тишина, тишина, в которой явственно были слышны бешеные удары моего сердца, она вставала со своего кресла, подходила ко мне, клала мне руку на голову и медленно гладила мои волосы. Иногда она что-то приговаривала на своем языке, типа "нитиво-нитиво", будто от этого мне было легче. Мне представлялось тогда, что она колдунья, опоившая меня каким-то зельем. Я уже понимал, что отравлен и, самое печальное, отравлен один. Она была Айзольдой Белокурой из старинной книжки, прочитанной мною в детстве, но я не был Тристаном. В той книжке они вместе выпили любовный напиток. В моем же случае, похоже, я его выпил один.

Был ли причиной Роман? О нем она говорила с ненавистью. Оказывается, в тот день, когда все завязалось, она получила на работе письмо, из которого узнала, что Роман женат и его жена ждет ребенка. Письмо было из соседнего города, от его жены, по имени Марина. Ола не могла спокойно говорить о Романе, начинала задыхаться, я ее успокаивал. Приносил гитару, пел "кантри", веселые, незамысловатые песни. Она танцевала, это были не американские танцы, но и не русские. Она просто двигалась под музыку, которая ей нравилась, и движения были какие-то очень естественные, как та ее песня. Кстати, о песне: Ола сказала, что пению ее научила мама, что мама у нее из крестьян, но очень умная и толковая, к тому же красавица и певунья. В эти наши вечера Ола не пела, но много рассказывала — о детстве, о Волге, о родителях и друзьях. Приходя домой, я кое-что записывал в свою тетрадь и однажды записал такое: "Новый год для русских — особый праздник. Они ждут в Новогоднюю ночь всяких чудес и верят, что их желания сбудутся. Аминь".

Новый год мы договорились встретить вместе. Я пригласил Олу к себе. Купил елку. Возле дома, у мусорных баков, валялось много очень приличных елок — американцы, отметив Рождество, выбрасывали рождественское дерево на помойку. Был соблазн подхватить один такой экземпляр и поставить у себя, тем более, что елочные базары давно кончились. Но я все же предпочел, хоть искусственное, но свежее деревце. Украсил его огоньками и красочными конфетами из русского магазина. В том же магазине купил красной икры, ветчины и сыра, а в винном неподалеку от дома — бутылку "кьянти" и шампанское. Пересекая двор, нагруженный покупками, я столкнулся с малюткой Фредди. Мне показалось, он поглядел на меня с усмешкой, впрочем, было уже темно и я мог ошибиться.

Ола пришла, как обещала, к одиннадцати. На ней было что-то золотисто-шуршащее, под цвет волос. Она была бесшабашно весела. Выпила две рюмки кьянти — вино я покупал по ее совету, начала смеяться и поддразнивать меня. Я включил музыку, притушил свет, мы стали танцевать, в полутьме, при зажженной елке. Я ее обнял, она не противилась, только сказала: "Подожди". Мы сели к столу, я не мог ни пить, ни есть, в висках у меня стучало. В двенадцать часов подняли бокалы с шампанским. Я посмотрел на Олу и увидел, как меняется ее лицо, она к чему-то прислушивалась. Тут и я явственно услышал звонки телефона, доносившиеся снизу, из ее квартиры. Не выпив шампанского, она побежала к двери. Я схватил ее за руку, наверное, это было больно, она вскрикнула, я выпустил ее руку, и она стала подниматься по ступенькам. Я остался стоять с бокалом в руках. Я слышал, как она подбежала к телефону, к тому времени звонки затихли. Я умолял небо, чтобы больше они не повторялись. Но они повторились, и Ола взяла трубку. Я знал, кто звонит, еще до того, как услышал ее голос, произносящий русские слова. А потом раздались шаги на лестнице. Это был он, Роман. Я ждал, что сейчас она его прогонит. Она ненавидит его, он сломал ей жизнь, обманул. Она не может забыть обо мне — ведь сегодня наш день, сегодня — я был уверен — должна была быть наша ночь. Всего полчаса назад она сказала мне: "Подожди", и я ждал, ждал. Он вошел в распахнутую дверь, и звуки замерли. Почему такая тишина? Почему она не кричит, не дает ему пощечины? Что они делают там, в ее квартире? Я бросил на пол бокал — шампанское полилось по полу, — и через секунду был у ее раскрытой двери. Они обнимались. С минуту я стоял молча, а потом дико закричал и бросился на Романа. Мною овладела ярость, сознание полностью отключилось, мозг обволокла темнота. Не понимаю, как я его не убил. Из квартир повылезли соседи, меня скрутили и вызвали полицию. Новогоднюю ночь я провел в участке...

С Олой я встретился случайно, через несколько месяцев после той ночи. Я давно уже жил на другой квартире, старая мне разонравилась. Поменять город я не решился, город мне нравился, хотя уже не так сильно, как раньше. В эти несколько месяцев я начал изучать русский язык, купил самоучитель, обложился словарями. Нашел в нашей библиотеке сборник народных русских песен, внимательно его просмотрел. Мне все казалось, что я чего-то не понимаю, я надеялся, что песня поможет мне разобраться в происшедшем. Песен про калину в сборнике было несколько. Той песни там не было.

Как-то, возвращаясь с работы, ярким весенним вечером, я увидел впереди знакомую фигуру и прибавил шагу. Это была она — в легком синем берете на светлых волосах, в коротеньком синем пальтишке, по-девчоночьи тоненькая и стройная. Я ее окликнул — она оглянулась. Она мало изменилась, только морщинка пролегла между бровей. Она взглянула на меня со страхом, я ей улыбнулся. "Ола, — сказал я, — объясни мне, я не понимаю, почему ты выбрала Романа". Напряжение в ее лице спало, она тоже улыбнулась и прошептала: "Не скажу" — и убежала. К тому времени я уже начал писать роман, главная героиня сильно напоминала Олу, но внутренние двигатели ее поведения от меня ускользали. В своей тетради в тот вечер я написал: "Загадочная русская душа".

Я собираюсь поехать в Россию; может быть, там для меня что-то прояснится. К тому же, там легче будет отыскать песню про калину. Я верю, что в ней вся разгадка.

Декабрь 2000, Солт-Лейк-Сити

Ирина Чайковская

Кольцо

Банни бежала впереди, я шел следом, обдумывая план будущей статьи, как вдруг взгляд мой упал на что-то блестящее, радугой переливающееся в траве. Нагнувшись, я поднял маленькое кольцо. Такое маленькое, что это сразу бросалось в глаза — мне оно не налезло бы и на мизинец, а у меня рука совсем небольшая, если, конечно, сравнивать с American guys. В камнях я не знаток, поэтому не смог определить ценность маленького прозрачного камушка, блестящего посредине. По краям переливались совсем крошки, цвета спелого заката. Бриллиант и рубины, ни дать ни взять! Я в голос рассмеялся, и Банни, заинтригованная, подбежала ко мне. Но она мне помочь не могла, только утолила свое женское любопытство, ткнулась мордой в мою ладонь, с которой я поспешно убрал найденное сокровище в карман шорт. По привычке я стал делиться с Банни соображениями: как ты думаешь, Банни, чье это колечко? И что прикажешь с ним делать?

Может, отдать в полицию? Но я даже не знаю, где здесь полиция, я ведь не местный. Приехал сюда в этот маленький поселок на каникулы. Живу в доме умерших родителей, проведших в этой дачной местности последние годы жизни. Домик этот не вовсе мне незнакомый. Я навещал своих старичков довольно часто, так как живу и работаю совсем рядом - в К. Я профессор филологии Х-го университета, ну не совсем еще профессор, пока ассистент, но дело к тому идет.

Заведующая нашим отделением Нэнси Шафир, обговаривая со мной тему очередной совместной статьи — о Генри Джеймсе, — намекнула, что от этой работы много что зависит...

Я стоял в нерешительности. Кольцо, даже брильянтовое, было мне ни к чему. Продавать найденную вещь я не собирался, дарить ее было некому. Да, некому. У меня нет постоянной подружки. Не постоянных тоже не так много, так как я разборчив и брезглив - черта унаследованная от моей ирландской родни по матушкиной линии. Матушка дожила до восьмидесяти и год назад неожиданно умерла, через три месяца за ней последовал мой 86-летний дэдди. В свои 36 лет я один как перст, не с кем даже перекинуться словцом, не считая, конечно, Банни, которая замечательно все понимает. Пожалуй, подошла пора жениться. Помнится, у Джеймса его герой Кристофер Ньюмен как раз в этом возрасте надумал жениться. Подыскал себе «кадр» в Европе... Но, кажется, у него ничего из этого не вышло. И у самого Джеймса не вышло. Так что поглядим.

Впереди, за поворотом тропинки, куда убежала Банни, раздался женский крик. Я поспешил в ту сторону. Моя рыжая миролюбивая собака — крупный чистопородный лабрадор - глядела виновато. Женщина возле нее стояла ко мне спиной.

— Hello,- вас напугала моя собака?

Женщина обернулась. Первое, что я увидел, было кольцо с маленьким красным камнем на ее указательном пальце. Она заслоняла рукой лицо, словно боялась нападения.

— Банни, на место!

Собака отошла от женщины и легла на некотором расстоянии от меня, видимо, в предчувствии нагоняя. — Она смирная, никогда никого не тронет, но очень любопытная — настоящий женский характер, — пытался я пошутить. Женщина молчала. Уж не глухая ли она? Или у нее шок от страха? В таком случае, мне придется платить штраф. Возможно, она их тех, кто не упустит свой шанс, даже если это всего лишь безобидное собачье заигрыванье. Женщина что-то прошептала, обращаясь к Банни, смущенно мне улыбнулась и нетвердыми шагами направилась по дорожке, в противоположном моему направлении. Я стоял в остолбенении. Сцена показалась мне странноватой. Я ожидал чего угодно, только не этого. Конечно, собака ее не тронула — я знаю Банни -, но у нее есть плохая привычка заигрывать со встречными. Иногда она даже пытается закинуть на тебя лапы. Пару раз я отгонял ее от к-их соседей по улице. Там, в К., она ходила у меня на поводке, как положено. А здесь, в этой парковой зоне, я расслабился и решил дать ей побольше свободы. И вот результат. Я подозвал Банни и надел на нее поводок. Так обычно кончаются все благие намерения. Конец прогулки был испорчен, и домой мы с Банни возвращались не очень довольные друг другом.

Но главным образом я был недоволен собой. Хотя что, собственно, я должен был делать? Извиняться? Предлагать деньги? Но собака не причинила ей вреда. И однако весь тот день мне было не по себе. К тому же не шло из головы найденное кольцо. Каким-то странным образом это крохотное колечко и кольцо на руке встреченной женщины соединились у меня в одно. Закрепил эту связь сон, приснившийся мне в ту ночь. Мне снился длинный-длинный коридор со множеством дверей по обеим сторонам, и я иду по нему, почему-то твердо зная, что моей двери здесь нет. Внезапно дорога разветвляется, и я уверенно ступаю на побочную тропу, по которой навстречу мне идет давешняя встречная. Мы останавливаемся друг напротив друга, и она протягивает мне что-то похожее на капельку крови — ее колечко, догадываюсь я. Но я отодвигаю ее руку, и, вместо того, чтобы взять протянутое кольцо, вынимаю из кармана и поспешно надеваю ей на палец свое — найденное на тропинке… Я проснулся в полной уверенности, что непременно встречу незнакомку, может, даже сегодня.

Хотя назвать ее незнакомкой было бы слишком романтично. Я плохо запомнил ее лицо, и во сне я видел ее словно без лица, на месте которого было то, что Платон назвал бы «идеей» лица. Я не запомнил, была она низкой или высокой, толстой или худой, светлой или темноволосой. Я не увидел ни цвета ее глаз, ни во что была она одета. Про голос уже не говорю, так как она не удосужилась произнести ни единого слова, не считая невнятицы, обращенной к Банни. Общее впечатление было, что она намного старше меня, хотя я мог ошибиться. Запомнилась рука с очень длинными худыми пальцами, с кольцом на одном из них. Когда я привел весь этот сумбур в порядок, в голову пришло, что у меня возникла ситуация, вполне в духе сказки Гоцци. Там герой проклятьем коварной ведьмы был обречен полюбить три апельсина. Я по воле судьбы, которая иногда играет с людьми не хуже коварных колдуний, обречен искать встречи с кольцом, или с некоей дамой с кольцом.

Но и дамой назвать ее было нельзя, как и незнакомкой. В этих названиях сквозит какая-то романтизация, что-то средневеково-идеальное, чего я не выношу. Могу поклясться, что у меня к этой встречной с кольцом ничего не возникло, никаких чувств. Просто было какое-то наваждение, помутнение рассудка, с которым на первых порах мне лень было бороться.

Два дня прошли в беспрерывных прогулках - Банни глядела на меня с недоумением. Я не мог заниматься, статья, ради которой я приехал сюда в это безлюдье, повисла на волоске, но делать было нечего: я не мог, точнее не хотел, с собой совладать. Все сосредоточилось на этом кольце; я понимал, что прежде, чем мой поиск не закончится хоть чем-нибудь, что в какой-то степени можно было бы считать завершением, точкой или хотя бы запятой, я не смогу приступить ни к какому другому делу.

Я увидел ее на третий день под вечер. Весь этот день я провел на тропе. То ходил по ней туда и сюда, то сидел на складном стульчике, на котором любила сиживать матушка. Банни, привязанная к его ножке, томилась и даже пыталась лаять. Я ублажал ее взятой из дома очищенной морковкой, любимым ею лакомством. Сам я есть не хотел. За весь день не так-то много людей прошло по тропе. С утра пенсионеры прогуливали по ней собак, да несколько здоровенных раздетых до пояса парней и полуголых девиц совершали привычный jogging. Сидя на стульчике, чуть в стороне от начала тропы, я слышал их тяжелое дыхание, видел их разгоряченные бегом и душной жарой тела. В девять утра дышать практически было нечем, солнце шпарило с адской силой. Меня поражали воля и физическая крепость соотечественников, способных на пробежку в такое душное утро. Сам я не бегун. Отсутствие тяги к спорту — еще одна черта, сильно отличающая и даже отдаляющая меня от American guys. Эту черту, похоже, я унаследовал от дэдди, чьи родители приехали в эти края из Италии, из Мачераты, когда дэдди - тогда Паоло, впоследствии Полу — было всего 3 года. Дэдди до конца жизни остался un po' italiano (немножко итальянцем) и даже мне передал в наследство несколько итальянских слов. Спорта он не любил, обожал макароны и дожил при этом до весьма преклонных лет. Свою недостаточную спортивность мне пришлось компенсировать отличной учебой и участием в общественной жизни школы и университета, как-то: редактированием школьной и университетской газеты, победами в творческих конкурсах и лингвистических играх, нудной работой по подтягиванию отстающих и иностранцев. Свое местечко в Х-е я заработал потом и кровью; Нэнси Шафир не промахнулась, взяв меня в свое отделение, и моя будущая статья о Генри Джеймсе, я уверен, приблизит меня к искомой цели — должности профессора. Такие или похожие мысли бродили в моей голове, пока я смотрел на любителей бега трусцой.

За весь день, как я сказал, по тропе прошло совсем немного людей. Я заметил, что мы, американцы, в отличие от европейцев, не гуляем, а занимаемся спортивной ходьбой — все прошедшие мимо меня двигались в быстром темпе, не глядя по сторонам, изо всех сил размахивая руками. Одна такая девица появилась на горизонте, когда уже начинало темнеть и я подумывал, не пора ли прекратить мое сегодняшнее дежурство. Девица была в теле и, видно, хотела с помощью спортивной ходьбы поправить положение. Мне показалось, что движениями своих огромных толстых рук она напоминает мельницу. Я загляделся на эти нелепо подпрыгивающие сосисочные конечности и пропустил появление на тропе еще одной фигуры. Это была она. Я приподнялся со стула и уставился на нее. Я стоял, крепко сжимая поводок в руке, так как Банни начала проявлять странное нетерпение, а она медленно шла мимо. В наступающей темноте я разглядел, что на ней светлое платье с короткими рукавами, на незагорелой худой руке поблескивало кольцо. Проходя мимо нас с Банни, она приостановилась и испуганно взглянула на собаку. Я стряхнул непонятное оцепенение и произнес: «Добрый вечер!»

«Добрый вечер,»- так могло ответить эхо. Она ускорила шаг. «Послушайте!»- не мог же я бежать за ней с собакой на поводке, к тому же привязанной к стулу. — «Послушайте!»- Она приостановилась и посмотрела на меня с удивлением и испугом. «Послушайте, это не вы потеряли кольцо здесь на тропинке, несколько дней тому назад?» Казалось, она не понимает, чего я от нее хочу. Я вынул кольцо из кармана шорт и показал ей. Она поглядела, медленно, словно о чем-то задумавшись, подняла глаза и покачала головой. Тут меня осенило. Вы иностранка? — Она кивнула. — Из Италии? — Я назвал первую пришедшую в голову страну. — Я русская, — она отвернулась и почти побежала от нас с Банни вперед по тропе.

***

В ту ночь никакие сны мне не снились, но и спать я не мог. Работал кондиционер, и нельзя было пожаловаться на духоту. Но не спалось. В голове мелькали разрозненные мысли. Когда я понял, что заснуть не удастся, я решил сконцентрироваться на мыслях о статье. В ней я, вопреки общепринятым утверждениям, собирался показать, что

Генри Джеймс был патриотом, что он любил и почитал свое отечество и своих сограждан и что его долголетнее, до конца жизни, пребывание заграницей объясняется, скорее всего, причинами культурного порядка. Дальше мысль моя уперлась в словосочетание «духовная провинция» и застряла на нем. Я сильно сомневался, что Нэнси Шафир согласится оставить его в статье. Она скажет — и я уже слышал ее начальственную интонацию, — что в наше тревожное время мы не имеем права называть свою страну «духовной провинцией», даже если определение это относится ко временам Генри Джеймса. Я вслух застонал, и Банни внизу, под моей спальней, заворчала. Бедняжка, ей, видно, тоже не спалось. Я встал и спустился по лесенке вниз, к Банни. Собака приветствовала меня фырчаньем и вмиг облизала обе мои ноги. Я сел рядом с ее лежанкой и начал медленно поглаживать ее короткую и упругую рыжую шерсть. «Что, собачка, не спится? Что-то такое есть в воздухе этого дома, что не дает уснуть, а?» Банни потянулась и зафырчала. Я вспомнил, как все последние годы, навещая родителей, никогда не оставался здесь ночевать. Родители имели обыкновение под вечер громко ссориться, дэдди кричал и ругался на двух языках, матушка, то в сердцах отвечала, то начинала плакать. Я не могу вспомнить, по какому поводу они ругались, возможно, к концу дня оба доходили до определенной кондиции, так как любили приложиться к виски, большие запасы которого я до сих пор нахожу в разных местах дома. Обычно с первыми визгливыми звуками голоса дэдди и плаксивыми всплесками матушки я быстро поднимался с кресла и бесшумно покидал место разворачивающегося семейного побоища. Резвоногая ауди в полчаса переносила меня из лесной глуши в чинный каменный К., в мой уютный кондоминиум, где меня ждали компьютер, вечерняя сигара, статья в «Ньюйоркере» и моя верная рыжая Банни.

На следующее утро я решил исполнить план, родившийся в моем мозгу на исходе ночи. Оставив недовольную Банни дома, я начал методично обходить поселок, улицу за улицей, прилегающие к тропе. Я прислушивался ко всем шорохам и звукам, доносящимся из внутренностей домов, к обрывкам разговоров и звукам радио. Я ждал указаний от своего слуха, зрения, обоняния и еще от чего-то, чему нет имени; все вместе должно было навести меня на след. В университете, занимаясь с иностранцами, я сталкивался с русскими. Не скажу, чтобы они меня привлекали. Главная черта, отличающая их от всех прочих прибывших в нашу страну, непомерная гордость и уязвленное самолюбие. Они мнят себя намного умнее и содержательнее здешних аборигенов, коренных американцев, и страшно недовольны, что те не хотят потесниться и пойти навстречу их преувеличенным амбициям. Звук русской речи был у меня на слуху, в X-е я занимался английским языком с одной русской девицей из какой-то таежной республики, а она, в свою очередь, обучила меня нескольким русским словам: chord, nudag, genazval. Наверняка, это ругательства, так как она смеялась, когда их произносила, но для меня главное — их звучание. Похожие звуки я сейчас и вылавливал из окружающего меня пространства. Правда, большая часть домов молчала — хозяева или уже уехали на работу, или еще спали. Я уже подумывал вернуться, так как вспомнил, что забыл налить в миску Банни воды, как вдруг, — я не поверил своим глазам — столкнулся с нею нос к носу. Она внезапно вынырнула из-за угла, в шортах и слишком яркой блузке, в руках к нее была продовольственная сумка. Увидев меня, она не попятилась, а улыбнулась, как знакомому. Я тоже ей улыбнулся и подошел. — Вы понимаете по-английски? — Когда говорят медленно и рядом нет собак. — Из магазина? — я указал на сумку. Она кивнула: «Но я купила немного, только для себя». — Обычно вы покупаете больше? — Да, когда моя дочка со мной, я покупаю больше. — А где сейчас дочка? — В лагере. Она говорила с паузами, неуверенно, словно сомневаясь в каждом произнесенном слове. Так, должно быть, строят фразы на чужом неосвоенном языке — его кирпичики известны, но куда их ткнуть, - дело произвольного выбора. — Вы давно здесь? — Всего год, но за это время много чего случилось... Она остановилась, словно не зная, стоит ли продолжать, но все же продолжила: «Муж ушел к другой женщине, оставил нас с дочкой без всякой помощи... Она искоса взглянула на меня и вдруг рассмеялась:

— Вы не хотите мне помочь?

От неожиданности я вздрогнул.

— В... каком смысле?

— В прямом. Донести сумку.

Я схватил ее сумку с продуктами, она была достаточно тяжелой. Интересно, кем я кажусь со стороны, с продовольственной сумкой в руках и в компании этой странной русской, в вызывающе яркой блузке? Зрелище не для слабых. И еще я подумал, что она напрасно рассказывает такие вещи совершенно постороннему человеку.

Не то чтобы я ее стыдился. Но теперь, когда я увидел ее вблизи при ярком солнечном свете, она действительно показалась мне не очень молодой и не слишком привлекательной. Я взглянул на ее руку, кольцо было на месте и словно подмигнуло мне красным огоньком. Возле небольшого, совсем простенького домика она остановилась.

— Здесь я живу. Спасибо за помощь. Стоя возле двери, она помахала мне рукой.

— Захотите — приходите в гости, только без собаки. И она захлопнула дверь.

Всю следующую неделю я писал статью. Работа меня увлекала. Фразу о «духовной провинции» я оставил без изменения и твердо решил за нее сражаться, если Нэнси Шафир на нее ополчится. Моя решимость вернула мне утерянное настроение, и я прямо с утра садился за свой портативный компьютер и работал до обеда. Обедать я ездил в рыбный ресторанчик неподалеку, на завтрак ел, как в детстве, кукурузные хлопья с молоком, на ужин — гамбургеры с сыром, ветчиной и салатом. В местном магазине был за всю неделю один раз; кидая сумки с продуктами в багажник резвоногой ауди, естественно, вспомнил свою последнюю встречу с русской. Впрочем, я о ней не забывал. Выгуливал Банни на поводке по лесным тропинкам и оглядывался; все мне слышались какие-то шаги, мерещилось, что это она сзади или впереди или даже рядом. Я гнал от себя наваждение. Призывал на помощь реальность. Зачем мне было влезать в проблемы женщины с ребенком, которую бросил муж, женщины, плохо владеющей английским языком, некрасивой и немолодой?

Признаться, то, что она немолода и некрасива, не было для меня аксиомой. Я не знал точно, ни сколько ей может быть лет, ни хороша ли она собой. В последний раз я обратил внимание на ее довольно-таки гордый профиль и длинную шею, что, на мой взгляд, разительно не сочеталось с шортами и цветастой блузкой. Что касается ее возраста, то он, как и ее внешность, был ее внутренней составляющей, которую надо было принимать как данность. Да, на ее лице я заметил морщины и кожа возле глаз и на шее была увядшей, но сквозь морщины лица и увядшую кожу просвечивал некий изначальный образ, почему-то подчиняющий меня своему воздействию. Я боролся и протестовал, я не хотел слепо подчиняться каким-либо внешним воздействиям. Я дал себе зарок не искать с нею встречи до окончания статьи.

В пятницу вечером неожиданно позвонила Нэнси Шафир. Она весело осведомилась, как идет моя работа и хорошо ли мне отдыхается, пожаловалась на жуткую жару в городе и бросила как бы ненароком: «Если ты не против, я бы приехала на уик-энд в твой райский уголок передохнуть и поработать.» Конечно, я согласился.

Нэнси - большая, грузная, веселая и на этот раз кудрявая как пудель, привезла с собой огромную коробку с гамбургерами и дюжину пакетов с кукурузными хлопьями. Я расхохотался, увидев эти припасы, и высказался в смысле общности наших с ней кулинарных пристрастий. С Нэнси, пока она не садится на своего конька - политкорректность-, можно ладить. После завтрака и прогулки с Банни по лесистым тропинкам (Банни сразу признала Нэнси, которая обходилась с ней запросто), мы с «шефиней» взялись за статью. К моему удивлению, ее не задел пассаж про «духовную провинцию», зато она придралась к рассказу о любви Джеймса к писателю Тургеневу. Она настаивала, чтобы слово «любовь» было мною заменено на «дружбу», напирая на то, что при современной ситуации в области секса «нас могут неправильно понять». Если учесть, что только в нашем отделении работают несколько геев и лесбиянок, ее опасения были не напрасны. Однако я заупрямился. Не согласился я и на ее предложение удалить места, где у меня говорится, что Джеймс выступал против антисемитизма. Нэнси заявила, что, поскольку статья будет подписана двумя нашими фамилиями, соображения политкорректности велят отбросить еврейский вопрос в сторону. Меня всегда умиляло, как евреи боятся всякого публичного упоминания о своем происхождении. Кажется, для них лучше быть обвиненными в юдофобстве, чем прилюдно выказать симпатии к своим братьям по крови. Нэнси, услышав мои возражения, против обыкновения, не стала давить, а только сказала, что все мужчины одинаковы и не ставят мнение женщин ни в грош. После этого она села на диван рядом со мной, тесно ко мне прижась и сказала кротким и совсем не свойственным ей тоном: «Кажется, я разведусь с Мигелем, он сволочь». О ее муже, мексиканце, давно ходили разнообразные слухи. Говорили, что он путается со всеми подряд, невзирая на пол и возраст. Нэнси вышла за него два года назад, во время своих активных занятий латиноамериканской тематикой. Мигель был ее аспирантом, часто они заполночь засиживались в ее кабинете. Сотрудники, уходя домой, с непроницаемыми лицами, но уморительными телодвижениями, прижимали палец к губам и на цыпочках проходили мимо Нэнсиной двери: « Т-сс, начальство занимается». Чем именно занималось начальство, было тайной полишинеля. За эти два года Нэнси располнела, начала красить волосы, пристрастилась к ядовито-оранжевому бурито, которое они оба поедали в обед, почти синхронно облизывая жирные, вымазанные соусом пальцы, и, на мой взгляд, сильно поглупела, так как парень был явно не из высоколобых. Все эти два года я помню ее с темными гладко зачесанными волосами, собранными на затылке. Сейчас я подумал, что, вероятно, действительно в отделении и в ее жизни грядут перемены, ибо видел перед собой светлую блондинку в мелких кукольных кудряшках.

Банни не дала Нэнси до конца излить передо мной душу. Она вклинилась между мной и шефиней и потребовала снова вывести ее на прогулку. Мы вынесли на улицу шезлонг и складное кресло и расположились на отдых. Банни легла в тени у меня в ногах.

День казался безразмерным, мы настолько разленились, что решили не ехать в ресторан и пообедать гамбургерами, заполонившими холодильник. Вечером после ленивой игры в бадминтон, на подстриженном газоне, среди редких, фигурно подстриженных деревьев, Нэнси забралась в ванную и не вылезала оттуда часа полтора, так что я уже начал беспокоиться. Но она была в порядке — вышла, закутанная в банное полотенце, и осведомилась, где она будет спать. Я указал ей на диван в гостиной. Я не сомневался, что ночью она заявится ко мне наверх. Так оно и случилось. Банни в этот момент, видимо, ею разбуженная, как-то странно завыла. Я давно подозревал, что у моей собачки чуткая женская душа. Было довольно гадкое ощущение, что мною хотят воспользоваться. Нэнси - вовсе не героиня моего романа, она толста, по возрасту я гожусь ей в сыновья, к тому же, у меня брезгливое ощущение, что она всегда слегка припахивает потом. Но и это не все. Мне с нею неинтересно — вот что главное, мне не интересно с нею ни днем, ни ночью. Ее присутствие делает меня болваном, точно таким болваном, как ее усатый кот Мигель. Я не хотел быть уравненным с усатым Мигелем, но в данном случае ничего не мог поделать. Мне пришлось подчиниться обстоятельствам. От Нэнси, в конце концов, кое-что зависело в моей дальнейшей научной карьере. Я не мог ее оттолкнуть.

Воскресенье прошло так же, как суббота. Когда утром в понедельник она уехала, я готов был пуститься в пляс.

Казалось, Банни понимает мою радость. У нее было какое-то задорное настроение, она металась по гостиной, задевая за стулья, я еле ее успокоил. Когда она легла у моих ног и я, под ее довольное фырчанье, стал медленно гладить ее рыжую короткую шерсть, я подумал, что вот единственное женское существо, которое не вызывает во мне раздражения.

***

В принципе статья была готова, осталось только уточнить некоторые мелочи. В частности, в воспоминаниях о Тургеневе, которого обожал мой герой, я наткнулся на место, связанное с кольцом. Это был талисман, подаренный Тургеневым Полине Виардо. К самому Тургеневу кольцо перешло от некоего русского поэта Жуковского, а тот получил его от русского стихотворца Пушкина, автора либретто оперы «Евгений Онегин». К Пушкину этот талисман, по преданию, перешел от некоей его любовницы-цыганки, впоследствии жены русского князя или графа.

Я заинтересовался этой историей, так как мой герой, приехав в Париж, сдружился с одним русским, по фамилии Жуковский. Поль Жуковский был поздним, родившимся в Германии, сыном Базиля Жуковского, он мог что-то слышать про необыкновенное кольцо, более известное под названием «талисман любви». Легенда гласит, что на нем были начертаны магические слова на Hebrew, отгоняющие неверность и измену и привязывающие его носителя к предмету первоначальной страсти.

История кольца таинственна. Мадам Виардо вернула его русским властям после кончины своего русского обожателя, но впоследствии оно исчезло и до сих пор не найдено. Мне не терпелось узнать, слышал ли Генри Джеймс о существовании этого кольца и — еще больше,- видел ли он его.

Но эти детали не были столь уж важны, статья в целом была завершена, и тем самым я был свободен от данного самому себе зарока. Сразу же после отъезда Нэнси я отправился на прогулку в поселок, оставив притихшую Банни наедине с полными до краев мисками с едой и питьем.

Маленький домик стоял на том же месте, он мне не приснился. Я помедлил в тени стоящего напротив дома дерева. Из открытого окна до меня долетали звуки фортепьяно. Но играл кто-то неумелый, то и дело останавливаясь и спотыкаясь. Я подумал, что играет она из рук вон плохо, но тут музыка прекратилась, и из двери вышел маленький мальчик, лет четырех, в сопровождении своей мамаши. Мамаша несла огромный портфель, видимо, набитый нотами, мальчик — тоненькую папочку. У обоих были серьезные и даже взволнованные лица, мальчик, казалось, вот-вот заплачет. Через минуту из дверей выбежала моя знакомая. Она подбежала к мальчику и взяла его на руки. Тут уж он разревелся в голос, а она быстро-быстро что-то ему говорила, то и дело обращаясь к надувшейся пухлой мамаше. Общий звук разговора был такой: «Ви-и … нера-аа…пла-аа…ничи-ии.» Мальчик чуть успокоился и был опущен на землю, мамаша взяла его за руку, и они проследовали к старенькой вольво, стоящей не так далеко от дерева, за которым я скрывался. Машина взревела и покатила. Я оторвался от дерева и подошел к русской. Кажется, она меня заметила еще раньше, так как не удивилась.

— Вы в гости? А я думала, вы уже не придете. Проходите.

Я вошел. Комната была светлая, но небольшая, возле окна стояло фортепьяно, напротив у стены — диван с подушками, над которым висел портрет задорной девочки-подростка с двумя косичками. Я сел на диван и чуть не опрокинул маленький круглый столик со стеклянной вазой посредине. - Осторожнее!- у нас мало места. Хозяйка подхватила вазу и засадила в нее еловую ветку с шишками, какие валяются вдоль лесной тропы. На ней было уже знакомое мне светлое платье. Ничего нового в ее внешности я не приметил. Да, кольца на ее руке не было. Наступила минута неловкости, когда не знаешь, с чего начать. Она поднялась и подошла к фортепьяно. - Хотите я сыграю для вас? И даже не взглянув в мою сторону, открыла крышку. И начала играть. Если я правильно понял, она играла Шопена. Было впечатление, что это такой способ разговора. Она мне так о себе рассказывала. Но чтобы понять, надо было что-то изначально знать о ней или хотя бы о Шопене. Я не знал ни того, ни другого. У меня не было к этой музыке ключа. Что касается музыки как таковой, я не большой любитель этюдов и мазурок, хотя признаю, что играла она превосходно.

— Вам не понравилось? — она захлопнула крышку и на меня опять не смотрела.

— Почему вы думаете?
— Я всегда чувствую, когда есть отклик, а когда нет.
— Вы музыкант?
— Была. Здесь я даю уроки музыки русским детям. Хотите чаю?
— Я бы выпил воды.
— Я забыла, что вы американец, русские от чая не отказываются. Она принесла мне стакан воды из холодильника.

— Кстати, мы с вами еще не познакомились. И она назвала себя, а я себя. Ее звали Liza. Я спросил, типичное ли это имя. Она ответила, что это имя сейчас не очень популярно, но оно традиционно для ее семьи. Понемногу она разговорилась. Ее речь была очень замедленна и грамматически неправильна, и слова она произносила с жутким русским акцентом. Но я ее понимал. А она призналась, что мой американский понимает с трудом. Рассказала, что родом из Петербурга и что ее семья с дворянскими корнями и с польской кровью — отсюда ее любовь к Шопену. Ее дед-дворянин погиб в лагере, и отец был на каторге. Кажется, она даже назвала какой-то известный польский род, увековеченный в истории, фамилия на букву В, типа Branskiy или Branidskiy. Я спросил, куда делось ее кольцо. Оказалось, что она снимает его во время занятий музыкой. При мне она взяла его с крышки фортепьяно и надела на палец.

— Нравится? Я кивнул.

— А то кольцо... которое вы нашли... оно с вами?

Я достал свою находку из кармана шорт. Белый прозрачный камушек в окружении шести алых капель. — Брильянт и рубины!- провозгласил я, смеясь. — Чешское стекло,- сказала она как-то уж очень уверенно и серьезно, словно столкнулась с давно знакомой вещью, и продолжала в какой-то отключке: «Карловы-Вары. 1987 год. Он сказал, что наша любовь до гроба. И подарил мне кольцо.» Ее голос дрожал, а взгляд она отводила. Когда я все-таки заглянул ей в глаза, мне показалось, что в них стоят слезы. Но она быстро отвернулась. И потом уже только улыбалась. «Бойтесь этого кольца,- шутливо погрозила мне пальцем. — Оно... и она употребила русское слово, звучание которого я забыл. Что-то типа «privotnoe» или «prirotnoe». Я спрятал кольцо в карман и поднялся.

— Спасибо за музыку, за разговор и за воду. Я старался говорить отчетливо, она поняла мою фразу и рассмеялась.- Приходите еще, расскажете мне о себе. В пятницу приезжает Полинка - я вас с нею познакомлю. Девочка очень страдает... без отца — и она показала на задорную девчонку с косичками, висящую над диваном. Я простился и вышел.

**

Во вторник мы с Банни быстро собрались и уехали в город. Мой двухнедельный отпуск кончился, статья о Генри Джеймсе была написана, больше меня ничего не привязывало к этому глухому местечку. Перед отъездом я в последний раз обошел дом, поднялся в спальню родителей, где посещали меня бессонные ночи, постоял в гостиной, где в углу угнездилось матушкино кресло, в котором мне полюбилось отдыхать. Обошел я и все тайники с крепкими напитками, которые мне удалось отыскать. Было мгновение, когда в тишине дома я вдруг услышал отголосок родительской ссоры и матушкин плач. Бог знает, может, мне следовало вмешиваться в их громкие разборки? Я почти уверен, что именно дэдди свел матушку в могилу, ее унижали и травмировали его крики и ругань. А сам он? Разве смог он жить один, когда ее не стало, с ощущением, что он был причиной ее смерти? С другой стороны, начни я тогда вмешиваться в ссоры родителей, возможно, и на меня обратились бы их пьяная брань и крик. Нет уж, я правильно делал, что не вмешивался. И я правильно делаю, что спешу уехать из этого дома и из этого места.

В последнюю бессонную ночь я определил для себя дальнейшую стратегию. Пожалуй, мне следует проветриться. Мне, как и моей научной работе, не повредит соприкосновение с Европой, где долгие годы жил и где в конце концов умер Генри Джеймс. Я разовью перед Нэнси Шафир план моей предполагаемой научной командировки. Париж — Венеция — Лондон. Не думаю, что она будет серьезно возражать. Возможно, она даже захочет ко мне присоединиться на определенном ее этапе. Скажем, провести несколько дней в Париже или на Сицилии… несколько дней, не больше. Все остальное время я буду один, один или вместе с Банни, я еще не решил.

Я уезжал из родительского дома в хорошем бодром настроении в предвкушении нового этапа своей жизни. В самый последний момент, уже усадив Банни на заднее сиденье и заведя мотор, я вышел из машины и сделал несколько шагов по лесистой тропе. Я вынул из кармана шорт колечко с белым прозрачным камушком и шестью кровавыми лепестками — и с громким криком закинул его в самую гущу листвы, перепутанной с хвоей, на противоположный конец мира, в антимир. Я был отныне свободен, и Банни, будто почуяв мое освобождение, приветствовала его громким заливистым лаем.

Август 2003, Бостон

Ирина Чайковская

На реках вавилонских

«На реце вавилонсте мы седом и плакахом...» Слова запомнились со студенческих лет. Тогда, на первом курсе, Лариса случайно наткнулась в учебнике старославянского языка на этот удивительный псалом и очень быстро его заучила. Потом он вспоминался в самые горькие минуты жизни. И всегда думалось, какие же предусмотрительные были предки, что сложили эти стихи несколько тысячелетий назад и ни одно мгновение не было для них пустым.

Эти слова все время жили, помогали, давая силы и веру, а иногда просто облегчая страдания. Где они — вавилонские реки? Там, где когда-то царствовал Хаммурапи, а сегодня Саддам Хусейн, где в древности располагались крепкие стенами Сидон и Тир, а нынче Тегеран и Багдад? Ей, Ларисе, сейчас гораздо легче представить себе эти вавилонские реки, даже географически. Из России три года скачи — никуда не доскачешь, как из сказочного гоголевского города. А из Америки — все близко. Сел в самолет и только успел прикрыть глаза, как зажигается лампочка «пристегните ремни» и голос стюардессы объявляет, что самолет приземляется на земле Месопотамии, и ты видишь в иллюминаторе, как неотвратимо приближается к тебе эта земля с ее холмами и реками. «На реце вавилонсте мы седом и плакахом...»

Она, Лариса, тогда первокурсница, проходила практику в школе. На урок перед новогодними каникулами никто не пришел. Она этому не удивилась. Понятно, что школьники использовали возможность сбежать с урока практикантки. Повернулась, чтобы взять сумку, и, когда выпрямилась, прямо перед собой вдруг увидела ученика, одиноко сидящего на передней парте.

— Ты что, Юра?

Маленький невзрачный паренек, сын школьной уборщицы Раи, он сидел нахохлившись, но смотрел ей прямо в глаза.

— Я на урок, — он поперхнулся, голос ломался, и сквозь фальцет пробивались басовые нотки, — я на урок пришел.

— Ты хочешь заниматься? Прекрасно, — Лариса быстро взглянула на паренька. Что-то было в нем хорошее, чистое.

— Знаешь, у нас сегодня особый урок, я прочту тебе древнее песнопение, — ей не хотелось произносить «псалом», — я недавно его выучила и прочитаю тебе первому, хорошо?

Юра кивнул и покраснел. А она нараспев начала: «На реце вавилонсте мы седом и плакахом», и прочитала до конца, стих за стихом, на едином дыхании, прерывающимся голосом.

Когда закончила, чуть не расплакалась. Слово «евреи» в те годы не употреблялось, про своих старались не упоминать, а про чужих говорили «израильские агрессоры». Чтение библейского псалма в школе было ужасной крамолой и грозило карами, но нервничала она не от страха, просто красота и сила этих слов волновали ее.

— Понравилось тебе? — спросила она шепотом, слова произносились с трудом. Юра попробовал было ответить, что-то заклокотало у него в горле, и он, безнадежно махнув рукой, просто кивнул, не сводя с нее глаз и снова заливаясь краской. И она отпустила его домой, не объяснив ни единого слова в явно непонятном ему сюжете, к тому же прочитанном на церковнославянском языке. Да, давненько это было, много вод утекло в мировых реках, в реке Москве и в Гудзоне, и в тех, бывших вавилонских. Сколько раз сидела она, Лариса, в своей маленькой одинокой квартирке на 27-м этаже в Манхэттене, смотрела из окна на людскую паутину внизу, сердце сжималось от нехороших предчувствий и комок подступал к горлу. Отчего бы это? «На реце вавилонсте мы седом и плакахом…»

Юра не ушел из ее жизни. После школы попал он в армию и оттуда писал ей долгие корявые письма с описанием сибирских морозов и зверских повадок окружающих. Она отвечала, понимая, что заменяет ему несуществующую невесту, подбадривала, давала советы, иногда допускала какое-нибудь нежное выражение, например «дорогой мой мальчик». В одном из писем Юра как бы мимоходом спрашивал, о какой реке говорилось в том древнем стихе. Она подивилась, что он понял про реку, и ответила, что речь шла о реках Древней Вавилонии. Юра написал, что в политкабинете у них висит карта мира и что вавилонскими реками, по его мнению, могут быть Тигр и Евфрат. В ответном письме Лариса поощряла его интерес к географии, поясняя, что это увлечение поможет ему выжить среди читинских вьюг и окружающего беспредела. Больше о вавилонских реках они не вспоминали.

Из армии Юра вернулся по-настоящему в нее влюбленный. Позвонил ей с вокзала, они назначили встречу, на следующий день долго гуляли по Страстному бульвару. Юра, столкнувшись в армии с чудовищными вещами, в юном негодовании клеймил российскую действительность. Он, русский паренек, строил планы эмиграции в Израиль. По его словам, получить подложные документы о еврейской национальности было несложным делом. Лариса поражалась иронии судьбы: жизнь довела россиян до того, что они за деньги присваивают себе принадлежность к вечно гонимой и униженной в их стране нации. Она успокаивала Юру, увещевала, остужала его пыл точно так, как делала это когда-то в своих письмах в армию. Ничего, мол, перемелется, мука будет. Мука или мУка? — спрашивала себя порой. Сама она после безнадежных попыток поступить в аспирантуру или устроиться в институт застряла в школе. Там за ней старомодно ухаживал физик Михаил Яковлевич.

Жили вдвоем с мамой в малогабаритной хрущевке в Медведкове, надеяться, в сущности, было не на что. Иногда мама говорила с задором: «Может, в Америку махнем?» В страшной и непонятной Америке еще с послевоенных времен жил мамин дальний родственник. Но какая Америка? И почему Америка? И неужели там должно быть лучше, чем здесь? Для Ларисы единственной родной территорией на свете оставался русский язык, язык великой культуры, с его пушкинской важностью, тургеневской нежностью, чеховской сдержанностью и бунинской крепостью. Куда ей от него? Где и кому она может пригодиться этим своим служением русскому языку? Идя по школьному коридору, тоненькая, не по годам юная, Лариса часто встречала Юрину маму. Та, видя Ларису, бросала тряпку в ведро и приветливо безмолвно улыбалась. Лариса поражалась сходству матери и сына — Рая смотрела на нее таким же долгим и неотрывным взглядом, что и Юра. Однажды, когда Лариса пришла в школу в чем-то особенно светлом и нарядном, Рая, застыв на мгновение со своей неизменной тряпкой в руках, произнесла: «Вы, Лариса Ефимовна, у нас как солнышко». Слова эти потом долго согревали Ларису.

С Юрой они встречались довольно часто, и Лариса с материнской настойчивостью советовала ему поскорее жениться. К этому времени Юра уже где-то работал, посещал курсы иностранных языков — его почему-то привлек персидский, — об эмиграции в Израиль по подложным документам речи уже не заводил. Во время прогулок она постоянно ловила на себе его пристальный и какой-то восхищенный взгляд.

Словно он ею любовался, смотрел — и не мог наглядеться. Неужели это было возможно? Она же старше! Лет на пять, это точно, а, может, и на шесть. Он же ее бывший ученик! Она так и представляет его всем знакомым, встречающимся в их прогулках по московским бульварам. «Знакомьтесь, — говорит она, не глядя ни на Юру, ни на озаренные понимающей ухмылкой лица, — это мой школьный ученик». Ухмылки гаснут, Юра мгновенно и ненадолго краснеет, и они идут дальше, не зная, куда девать руки и стараясь случайно не коснуться друг друга. Она настойчиво советует Юре жениться, жениться как можно скорее. Тогда пройдет это твое ожесточение, это неприятие жизни. Тебе, Юрочка, нужна женщина. В этом месте они оба краснеют, и она ловит себя на том, что некоторые слова в его присутствии звучат как-то странно, даже двусмысленно, даже неприлично. Прохожие окидывают их взглядами. Ей хочется провалиться сквозь землю, когда это случается. Ведь наверняка они, эти гнусные циники, думают, что вот какая идет — и про себя не решается она произнести это ужасное слово — подхватила себе младенца в кавалеры! Искоса смотрит она на своего младенца-кавалера, чьи широченные плечи за пределами видимости.

За эти годы Юра вытянулся, возмужал, отрастил светлые усы и небольшую бородку, его неяркие черты приобрели определенность и даже выразительность. «Что-то есть в нем от русского царевича, каким он рисуется в сказках», — думает она после их прогулки. Вспоминает его пристальный, лучистый взгляд, который, бывает, ударяет по ней как разряд тока. Сегодня, когда они прощались, он долго не отпускал ее руку, а она, осмелев, поцеловала его в щеку – и тут же убежала, не оглядываясь. Интересно, какое у него было лицо? Дома мама смотрела на нее подозрительно, все время что-то спрашивала, а она, Лариса, отвечала невпопад и почему-то сердилась.

Почему мама думает, что у нее роман? Никакого романа. Нельзя же жениться на своей учительнице или выйти за своего ученика. Замужество требует чего-то другого, чего-то совсем другого. И на ее внутренние сомнения внутренний же голос, но с мамиными нравоучительными интонациями, настойчиво повторяет: «Это же русский мальчик, из очень простой семьи. У него же, Ларочка, нет образования. К тому же, прости меня, он ведь, кажется, младше... Что у тебя, Ларуся, может быть с ним общего?» Под конец голос звучит насмешливо, словно предполагает, что «общее» у них может быть только смешным и нелепым. А общее между тем было — была радость пребывания вдвоем, стихийная, бессознательная радость, светлый настрой и умиротворенность, овладевающие ими в присутствии друг друга. Но все это Лариса додумывала скороговоркой, чужой голос явно брал верх над ее собственными детскими рассуждениями.

Через небольшое время Лариса вышла замуж за Мишу, хорошего, достойного человека, лет на семь старше нее, преподававшего физику в их школе, но мнившего себя чуть ли не соперником Эйнштейна. Прежде равномерно-тягучая жизнь закружилась и захороводилась в незнакомых и не освоенных до того ритмах. Миша думал и говорил только об отъезде. Только там, на Западе, сможет он осуществиться как ученый, ниспровергатель устоявшихся мнений. Лариса с мамой оказались бессильны перед его натиском. Не успела Лариса оглянуться, как увидела себя в небольшой квартирке на 27-м этаже в Манхэттене.

Как перенес Юра ее замужество и отъезд? По-видимому, тяжело. Первое письмо от него Лариса получила только спустя года три после своего отъезда. Юра писал по-прежнему коряво и длинно. Сразу после замужества и отбытия Ларисы он тоже женился и тоже уехал. Брак его оказался недолгим и распался, лишь только молодожены прибыли на новое место жительства. Местожительством же оказался, к удивлению Ларисы, Тегеран. Юра подвизался в российском посольстве на какой-то мелкой должности. Знание языка давало ему некоторые преимущества, но не такие большие. Во всяком случае, молодая жена его, быстро разобравшись, что к чему, ушла от него к вдовому интенданту. Юра не сообщал даже имени своей изменницы-жены, ничего не писал ни об ее внешности, ни о характере. Читая письмо, Лариса ловила себя на мысли, что ей были бы интересны эти подробности, но их, увы, не было. Зато Юра писал, как нравится ему город, как по душе ему местные жители с их вроде бы непривычным укладом, как подходит ему климат. Лариса поджимала губу — ей казалось, что Юра пишет все это в пику ей. В письме к коллеге-учительнице — ставшем ему известным явно через уборщицу Раю — писала Лариса о своих злоключениях на чужой сторонке, на чужих реках, что текут не медом и молоком и совсем не в кисельных берегах.

Поначалу все ей здесь не нравилось, все было не мило — скучала, грустила, болела, впадала в депрессию, не ела, не спала, лезла на стену, потом понемногу пришла в себя и попробовала приспособиться к этой жизни. Муж давно уже работал, как положено выходцу из России, в компьютерной области, и, как казалось, забыл свои научные построения и амбиции. Мама жила отдельно от них в субсидальном доме на полном и бесплатном медицинском обслуживании; выработала себе распорядок с ежедневным сидением в скверике, общением с русской пожилой парой, вечерним звонком Ларисе... После целой полосы неудач и срывов, попыток заняться чем угодно и унижения от выполняемой ею чужой неинтересной работы, Лариса неожиданно нашла работу по специальности. Преподавать в чужой стране свой родной язык, нести иностранцам культуру, тебе близкую и кажущуюся драгоценной, — это ли не счастье?

Но счастья все же не было. То ли от того, что слишком много сил было потрачено на поиски, то ли от того, что такой уж был у нее характер, то ли от отсутствия детей, то ли от нехватки любви... Не то чтобы она не любила Мишу, просто она относилась к нему вполне спокойно, никогда не билось у нее сердце от его присутствия. К тому же, он как бы не оправдал связанных с ним надежд. Сколько разговоров было, что в России нет ему ходу, что на Западе он себя покажет, что его теории еще пробьют себе дорогу. Все оказалось фантазией или демагогией, Ларисе не хотелось даже думать об этом. И вот теперь в Юрином письме с корявыми, неправильно построенными фразами она читала, что человек нашел себя, свое место под солнцем, свой образ жизни.

Правда, это было уже в его втором письме, полученном года через два после первого. В нем Юра сообщал, что ушел из посольства и женился на местной жительнице-персиянке, по имени Лали. «Лали», — читала Лариса и внутренне ликовала. Ей нравилось, что у Юриной персиянки имя начиналось с той же буквы, что и у нее, Ларисы. Она всегда придавала большое значение звукам и созвучиям. И теперь вспоминала, как в детстве на вопрос «как тебя зовут, девочка?» отвечала, картавя: «Лала». Чем не Лали? Как же он женился на мусульманке? — вертелось в голове. Они же выдают своих дочек только за правоверных. Неужели принял ислам, стал мусульманином? В письме об этом ничего не было. Юра писал только, что ему нравятся обычаи и религия мусульман, что он нашел себе простую работу, которая кормит его и его семью, что у них с Лали растет дочка.

Следующее письмо пришло года через три. К тому времени Лариса жила уже одна на 27-м этаже Манхэттенского небоскреба. В один год умерли у нее мать и муж. Мама умерла в одночасье на фоне спокойной, размеренной жизни. Миша умирал мучительно долго и тяжело: безнадежный диагноз поставили ему слишком поздно. Тут-то Лариса поняла, что никуда не делась его мечта о высокой науке, его «безумная» теория, опровергающая современные физические представления, продолжала в нем бродить. Уже прикованный к постели, чертил он в тетради какие-то цифры и формулы, произносил в полубреду имя Эйнштейна и еще какие-то имена, среди которых Ларисе слышалось имя российского академика, закрывшего Мише дорогу в науку всего лишь одной фразой: «Этого, любезный, быть не может». Бедный Миша! Здесь, в Америке, он не знал, куда толкнуться со своими спорными идеями, плохим английским, отсутствием поддержки. Ради нее, в сущности, ради Ларисы, пошел на постылую компьютерную работу. Только по ночам открывал свою заветную тетрадь. Уже после его смерти показала Лариса эту тетрадь случайно забредшему к ней «кузену», сыну маминого дальнего родственника, успешному математику. Тот пролистал тетрадь, наткнулся на какую-то формулу, ошарашенно взглянул на Ларису и попросил разрешения взять тетрадь домой для более детального ознакомления. Конечно, Лариса разрешила. Больше своего кузена она не видела.

Вообще в эти недели и месяцы, последовавшие за Мишиной смертью, у нее было ощущение, что все происходит помимо нее, в каком-то ином измерении. Словно выбыла она из числа живущих, что было для нее логически вполне закономерно. Она, Лариса, жить одна не могла — просто была не в состоянии, — но оказалась одна. Мир вокруг был чужой и враждебный, выживал в нем только сильнейший, наделенный когтями, клыками, самомнением, волей, наконец. Ничего похожего в Ларисином арсенале не было. Она была слабая и лишилась последней подпорки в лице мамы и мужа. На что можно было надеяться в заранее проигранной ситуации? Вначале она слегка сопротивлялась, делала слабые движения во спасение, звонила маминому дальнему родственнику, искала каких-то знакомых...

Результата не было, родственник благополучно отсиделся, не придя даже на похороны ни мамы, ни Миши, знакомые все как один болели, были в отъезде, занимались срочной работой.

Спасение пришло неожиданно и с неожиданной стороны. Помогла Ларисе выжить престарелая американка, соседка, по имени Вики. Корни со стороны деда были у нее русские, но русского языка, естественно, она не знала, общались на английском. Вечерами стала Лариса приходить к одинокой Вики, жившей на 28-м этаже того же дома, и вместе они пили чай то с ромом, то с ликером, а то и с чем покрепче и говорили, говорили… Вики рассказывала Ларисе про свою молодость, проведенную в Лос-Анджелесе, в голливудских массовках, про своих мужей — на фотографиях они смотрелись голливудскими героями, про своих непутевых детей — все ее три сына попали каждый в свою историю, двое сидели в тюрьме, младший женился на турчанке и жил в Стамбуле. Вики помогала Ларисе и житейскими советами, и делом — навещала, когда у той поднялось давление, сидела у постели, шутила, приносила бутылочку «для настроения».

Постепенно Лариса выходила из своего оцепенения, к ней возвращалась жизнь. Как раз в это время и пришло письмо от Юры. В нем говорилось, что их с Лали дочка, по имени Шамнам, оказалась на редкость способной девочкой. Она хорошо играет на флейте, поет и танцует. Юре хотелось поощрить юный талант, показать ей мир, между строк читалось — показать ее миру. Косноязычно и невразумительно Юра осведомлялся, может ли Лариса приютить на неделю его жену и дочь, намеревающихся прибыть в Нью-Йорк в этом сентябре. Лариса принесла письмо Вики, и они вместе строили планы приема гостей, куда повести, что показать. У сына Вики в Стамбуле тоже росла дочка, но Вики не видела даже ее фотографий. Юрина Шамнам заранее рисовалась обеим женщинам чем-то большим, чем просто незнакомая мусульманская девочка. В голове Ларисы роились «восточные» ассоциации — княжна Тамара, черкешенка Бэла. Она радовалась приезду гостей и немножко его боялась. Было странно, почему Юра не едет сам, а отправляет одних женщин (он писал, что загружен работой). Какие они — эти женщины Востока? А вдруг ей, Ларисе, будет с ними тяжело и неуютно?

Но оказалось не так. Особенно поразила Ларису девочка. Показалось Ларисе, что и мать, молчаливая, закутанная в цветной платок, медленная в движениях Лали, с некоторым удивлением смотрит на свою дочь, словно не уверенная, ее ли это дитя. Девочка была темноволосая и темнокожая — в мать, но глаза у нее были голубые, их пристальный взгляд и особая лучистость в минуты душевного подъема тотчас напомнили Ларисе Юру. Девочка ни минуты не стояла на месте, она бегала, садилась на корточки, кувыркалась, делала танцевальные движения и говорила не закрывая рта. Слова были разные — персидские, английские, иногда русские. Шамнам была в том возрасте, когда ребенок легко и играючи усваивает языки; ей, рожденной от родителей разных национальностей, на роду было написано «вавилонское смешение» языков.

Лали вполне прилично владела английским. Несмотря на облик традиционной восточной женщины, на свою получадру, тихость и вкрадчивость повадки, она не дичилась и не робела, была проста в обращении; самой большой ее заботой было, как она говорила, не дать Шамнам сесть Ларисе на голову. Действительно, в самом начале, при первом знакомстве, Ларисе показалось, что девочка ужасно невоспитанна, не обучена элементарным навыкам поведения. Потом она не то чтобы примирилась с этим — ей не нравилось, что Шамнам громко кричит за столом, вскакивает и бегает по комнате во время еды, истошно вопит, когда мать причесывает ее густые курчавые волосы, — но все эти детали отошли на задний план перед главным: девочка действительно была талантлива.

В один из вечеров был устроен концерт — своеобразные смотрины маленькой артистки. Лариса, Вики и Лали разместились в креслах по углам комнаты, освещенной широкими — во всю стену — окнами. Зажгли торшер, разметали по полу цветные подушки. Пространство между ними принадлежало Шамнам. С уморительным кокетством, блестя синими хрусталинками-глазами, танцевала она замысловатый восточный танец, аккомпанируя себе на бубне. Бубен сменила флейта. И тут уже все взрослые вовлеклись в движение, так завораживающи и волшебны были странные звуки флейты, с таким недетским вдохновением играла сидящая на полу флейтистка.

Лариса, Вики и Лали двигались по комнате как околдованные. Флейта резко оборвала извив мелодии, девочка вышла на середину комнаты и запела. Лариса не сразу поняла, что поет она на русском языке, слова звучали непривычно, с мягкими согласными. Только спустя минуту узнала она песню. То была «Волга-реченька». «Мил уехал, не простился — знать, любовь не дорога», — пела Шамнам сильным, чистым голосом, и вспоминалось Ларисе, что ведь и она не простилась с Юрой перед своим отъездом — закрутилась, забегалась, не до того было... Как удалось Юре обучить дочку и этой проникновенной интонации, и этой недетской печали, исходящей от песни? Как сумела дочка, рожденная на берегах чужих рек, передать тоску, обращенную к самой что ни на есть русской речке?

После импровизированного концерта растроганная Вики громко объявила, что чудо-ребенок вполне достоен Голливуда, что Шамнам должна сниматься в кино и что ей, Вики, необходимо порыться в старых адресах, а вдруг кто-то еще под седлом из прежних рысаков. Кроме того, ей хочется сделать артистке подарок на память. Не отпустит ли Лали с ней девочку, чтобы Шамнам сама выбрала себе, что ей приглянется. Решили, что за день до отъезда Вики с Шамнам сходят в близлежащий Торговый центр за подарком.

Все эти дни мать и дочь осматривали огромный город, бегали по его музеям и паркам; в свободное от работы время Лариса сопровождала их — и новым, свежим взглядом оглядывала мегаполис, так не понравившийся ей при первом соприкосновении. Сейчас, в эти солнечно-ясные, не слишком жаркие сентябрьские дни, он ей казался фантастически прекрасным. Те же ощущения читались на лицах персиянок. Шамнам не пропускала ничего занимательного, задавала несчетное количество вопросов. Почему дядя в коляске? Зачем автобус его ждет? Эти черные люди — тоже американцы? Лариса покупала ей огромные американские бутерброды, кока-колу и мороженое в громадных стаканах. Девочка с удовольствием уплетала гамбургеры и мороженое, но при этом неизменно спрашивала у матери, скоро ли та отпустит ее на прогулку с Вики. Прогулка с Вики была для нее, судя по всему, намного привлекательнее, чем посещение всех вместе взятых нью-йоркских музеев и парков. То ли Вики сумела польстить ее артистическому тщеславию, то ли так привлекал обещанный подарок...

Накануне отъезда девочка почти не спала, с раннего утра уже была на ногах и беспокоилась, не забудет ли Вики об их прогулке. Нет, не забыла. В лихо загнутой соломенной шляпке, нитяных белых перчатках, с аккуратно подведенными бровями и нарумяненными щечками позвонила она в дверь ровно в назначенное время. Ничто не дрогнуло в сердце Ларисы, когда девочка махнула ей рукой на прощанье. Лали шепнула что-то дочери на ухо на своем языке, затем, обернувшись к Вики, попросила не задерживаться — впереди у них с дочкой тяжелый день. Вики только улыбнулась — цель их прогулки находилась прямо перед окнами — высоченный небоскреб Торгового центра. Почему молчало материнское сердце? Почему не терзали его предчувствия? Почему все катастрофы оказываются для нас, людей, громом среди ясного неба?

Лариса и Лали, прильнув к стеклу, следили, как две крошечные фигурки, одна побольше, другая поменьше, взявшись за руки, направились к зданию небоскреба. Лариса, обладавшая хорошим зрением, с трудом различала Вики с девочкой в довольно густой толпе, окружавшей Торговый центр. Она скорее подумала, чем увидела, что две движущиеся точки наконец достигли входа в огромный небоскреб и были проглочены его чревом.

Лали пошла собирать вещи, а Лариса задержалась у окна. В эти-то секунды и произошел взрыв. Ларисе показалось, что рушится небо. Все последующие мгновения и часы она жила с ощущением, что присутствует при конце света, что наступили последние времена, предсказанные в Откровении Иоанна. Вместе с обезумевшей Лали они куда-то бежали, потом долго ждали, потом снова бежали. В голове мелькали обрывки мыслей: «Почему не я, не Лали, почему именно они, девочка и Вики?» И еще: «Неужели этот ужас когда-нибудь кончится?» Косвенным зрением видела она лицо персиянки, та что-то шептала, прикрыв веки, наверное, молилась. И представилось Ларисе, как в другом каком-то измерении — за бескрайними морями, горами и долинами, на древнем месопотамском берегу — одинокий Юра в бессильном отчаянии простирает руки к небу, и плачет, и плачет на реках вавилонских.

20 сентября 2001, Солт-Лейк-Сити

Казни египетские

Когда Сандро вошел, Джуди пила чай. Он вчера только прилетел из Италии и не успел привыкнуть к ее распорядку, дивился ему. Ему казалось, что Джуди пьет чай вместо завтрака, обеда и ужина. Заедала она его чем-то неприглядным, «старушечьим»: сухим печеньем, изюмчиком, орешками в сахаре... Все это не казалось Сандро едой, тем более вкусной. Он вернулся с прогулки по заснеженному, какому-то игрушечному городу, застроенному картонными домиками с террасами. Тщетно пытался найти что-нибудь съедобное на итальянский вкус. Возможно, Нью-Йорк удовлетворил бы желания, но судьба занесла его в провинциальный городок Дикого американского Запада.

Джуди пригласила почаевничать с ней. Пришлось сесть к столу. Чай он не любил. Странно, что при всей своей любви к России и всему русскому (русский язык он осваивал в Миланском университете), он так и не пристрастился к этому напитку, предпочитал ему кофе. Но Джуди, кажется, кофе не держала.

Зачем он, собственно, приехал сюда? Кто бы ему объяснил. Больше недели придется торчать в этом городишке, почти до самого Рождества. В Фано все выглядело логично. Чтобы не свихнуться окончательно, он должен был сменить обстановку, вырваться куда-нибудь, где не доставали бы проклятые мысли, где бы не было отцовского крика и слез матери, где был бы хоть кто-нибудь, кто его понимал и ему сочувствовал. В Россию, после летней катастрофы, его не тянуло. Из-за России ему стало так плохо, что до сих пор сомнительно, вылезет ли он из новой своей «черной ямы». Боится, что нет.

Если бы Джуди его хотя бы меньше раздражала, он так на нее надеялся. Но она раздражала, раздражала своими движениями, тем, как пила чай, долго, блаженно, как брала дрожащей рукой с блюдца печенье. Почему, кстати, у нее дрожит рука?

Да ясно почему – от старости, ей, наверное, сто лет, ровесница русской революции. Зачем, почему он приехал к этой старушке? Ну да, долго переписывались. Несмотря на свои мафусаиловы годы (настоящего возраста Джуди он не знал), она освоила интернет, и у нее с Сандро завязалась ежедневная компьютерная переписка.

Он повсюду искал в интернете людей, говорящих по-русски. Так два года назад неожиданно вышел на Марину, художницу из Питера. Случайно же наткнулся на Джуди. Почти сразу она написала ему, что не молода, что одинока, что тяготится обществом, ее окружающим… понять ли американцам русскую душу? Во всем этом он почувствовал перст судьбы. Не молода – тогда это его не смущало, даже притягивало. Молодая устроила ему в Петербурге такое «disastro», что пришлось спасаться бегством. Одинока – так и он одинок, одинок при том, что есть мама-папа и два брата. Но вот поди же, чувствует он себя эдаким демоном, летающим в пустыне мира без приюта. Конечно, болезнь. Если бы ни она, ни черная тоска, временами находящая и сдавливающая тело и разум страхом, отчаянием, угрозой чего-то еще более ужасного, – о, если бы ни она, был бы он, как Филиппо, старший брат, удачливый коммерсант, или как Энрико-инженер, с его хохотушкой Клаудией и тремя близнецами…

Был бы? И правда, был бы? Ну нет, в Фано ни за что бы не остался. Как можно жить в маленьком провинциальном городе? Тоска. Даже море – утром ярко-голубое, с зеленым наплывом, с бесконечной далью, с разноцветными дрожащими огнями суперфастов в предночные часы, – даже море не могло бы его остановить, оставить на берегу. Его удел – скитаться. Самое неприятное, что деньги на жизнь и на путешествия дает отец. Он вспомнил, как злобно Марина из Питера кричала ему напоследок, – что он, Сандро, бездельник и трутень (кстати, что по-русски значит «трутень» он в точности не знал). Воспоминание прошло сердце иглой, он скривился и поймал сочувствующий взгляд Джуди.

– Болит? Погоди, сейчас отпустит. Чайку отхлебни!

Если бы ни боль, он бы рассмеялся – русские, кажется, лечатся чайком от всех болезней. Но он покорно отхлебнул. Чай был не горький, зеленоватого цвета, пах лимоном. Марина в Петербурге тоже пила зеленый чай, но он упорно отказывался его попробовать, в Питере он варил себе кофе. Джуди смотрела на него тревожно, он потер свитер с левой стороны и стал пить из чашки маленькими глотками, словно лекарство, в перерывах выдавливая из себя полуслова-полузвуки:

– Она зам... я хоте... но не... скандаа... приш... еха...

Слезы катились из его глаз. Джуди кивала. Странно, она говорила тоже незначащее слово, что и Марина, когда хотела его успокоить: ничего, ничего. Niente оно и есть niente, видно, русские вкладывают в это слово какой-то свой особый смысл.

– Отвергла она тебя? Мужа не решилась бросить? Правильно я поняла?

Вся эта история уже давно была ей известна по его письмам, но хотелось поговорить, ему – выговориться, ей – утешить, успокоить раненую душу.

– Она, она люби... и я тоже, до сумасш... мы встречались, когда мужа не бы... муж Виктор...

– Ну как же, дружок, все правильно, и скандал был вовсе не нужен. Марина твоя – женщина разумная, на что ей такой, как ты?.. Да и дочка у нее. Разве можно ребенка бросить?

Сандро остановился и посмотрел на Джуди. Его речь стала более отчетливой.

– Ты не поняла. Виктор, муж, застал нас. Если бы не это, она бы согласилась... Как это? выйти за меня. Мы бы поженились и были бы счастливы. А так... Ты бы слышала, что она кричала. Будто я... будто она... словно все из-за денег.

– Ты давал ей деньги?

– Взаймы, она обещала отдать. Она осталась без работы, в издательстве ей отказали, она художник... как это? оформитель. Искала новую работу...

Он говорил нетерпеливо и нервно, и пока говорил, переставал верить в сказанное. Скорее всего, Марина действительно его не любила и он ей был нужен из-за денег его папы, совладельца богатой фирмы. Он снова сел к столу и заплакал. Сердце болезненно билось и болело. Джуди подошла к нему и старческой своей рукой принялась гладить черную кудрявую голову.

– Потерпи, дружок, потерпи, все перемелется. Я тебе как-нибудь про себя расскажу – тоже из-за любви много страдала. Ну, да ничего – страдать страдала, а жива до сих пор.

Джуди рывком подняла его со стула и медленно перевернулась вокруг его руки. Было даже красиво. И вовсе она не такая старая, как показалась вначале. Такому чистому овалу позавидует и девушка. И ноги вон какие стройные, недаром она даже дома – в брюках. В маленькой комнате с двумя высокими окнами было очень тепло. Сандро разморило после прогулки по морозному снежному городу, после горячего чая. Он прилег на диван тут же в гостиной, диван был отдан Джуди в полное его распоряжение. В полудреме он видел, как Джуди убирает со стола чашки, протирает стол. Вот она вошла в соседнюю комнату, в свою спаленку, со вздохом опустилась на колени перед образом Богоматери и зашептала что-то. Сандро не понимал слов, но когда он проснулся, в голове сидело «казни египетские». Возможно, что-то похожее она произнесла в своей молитве.

Под вечер они с Джуди вышли на прогулку. Уже темнело, и в сумерках резко белели заснеженные горы, окружавшие город. На неказистой Джудиной машинке доехали до городского парка. Поездка заняла всего десять минут, но, когда вышли из машины, заметно стемнело, зажглись фонари. Они пошли по асфальтированной безлюдной дорожке, Джуди крепко ухватила своего кавалера за руку, Сандро плотнее закутался в шарф – дул резкий встречный ветер. Из-за ветра почти не разговаривали. Вдруг Джуди остановилась.

– Смотри! – Слева, за железной оградой, что-то розовело за деревьями на фоне темного деревянного домика. – Здесь расположен зоопарк, вернее птичник, – поясняла Джуди. – А вон розовые фламинго, за оградой, их четыре, и они всегда стоят на этом месте и на одной ноге.

Сандро вгляделся. Действительно, стояли четыре большие птицы нежно розовой окраски, тесно прижавшись друг к другу. Им, наверное, холодно, они же совсем голые, – подумал он. И услышал Джудино: «Бедняжки, вот у них казнь-то какая!» «Почему казнь, Джуди?» «А что еще? Стоят тут на обозрение... У каждого, дружок, своя казнь...»

В свете фонарей деревья казались фантастическими, отбрасывали странные тени, за весь путь им не встретилось ни души. Джуди доставала ему до плеча, словно девочка-подросток в своем коротком черном пальтишке и смешной шапочке с помпоном. Быстрым шагом (он удивлялся, что Джуди не отставала) дошли до машины и залезли в ее темное нутро. Заработал нагрев. Сандро медленно стал разматывать шарф и чувствовал себя в это мгновение почти счастливым.

За неделю своего пребывания в городе Сандро хорошо в нем освоился и выработал свой распорядок. Утром, пока Джуди спала (скорее всего, она притворялась, что спит, чтобы не мешать Сандро), он пил на кухне кофе (и кофе, и кофеварку купил в ближайшем магазине). Затем отправлялся на прогулку. Его не смущали ни перпендикулярные прямые улицы, ни бесконечные перекрестки со светофорами, ни машины, с жужжанием пролетавшие вдоль всего его маршрута. Он шел под легким снежком или под сырым в эту пору небом. И думал о своем – перебирал случаи из жизни, вспоминал фразы из запомнившихся русских книг, писал на русском воображаемое письмо воображаемому другу. О Марине он старался не думать, а если и допускал ее в свои мысли, то только такую, какою она была в первые дни их знакомства, – радостную и чуть грустную и неловкую. Где-то на краю сознания он представлял, что сейчас Джуди дома, в этот момент, неслышно передвигается по маленькой гостиной в своих крошечных домашних туфлях и поливает из банки цветы в кадках возле его диванчика.

Возвращался он часам к одиннадцати, и они с Джуди пили чай и закусывали. Сандро так и не научился удовлетворяться завтраком, состоящим из бутербродов с сыром, и приносил со своей прогулки то итальянскую колбасу, то пиццу, весьма отдаленно напоминавшую свою итальянскую тезку. После завтрака Джуди, все утро сидевшая за компьютером, уступала его Сандро, а сама доставала с полки какую-нибудь толстую книгу американского автора, посвященную русской культуре. Обедать они ездили в маленький экспресс-ресторанчик, где за небольшую плату Сандро брал тортеллини или равильоли, политые острым американским рэнчем, а Джуди сок с бисквитом, ела она как воробей. После обеда иногда отправлялись в какой-нибудь музей, но чаще домой. Сандро тянуло полежать на своем диванчике, окруженном зелеными кустистыми растениями.

Лежа на нем, он бездумно наблюдал за Джуди. Она вязала шарф, примостившись комочком в кресле. Крючок двигался медленно, смешные круглые очки то и дело сползали, Джуди их поправляла и продолжала тихую беседу с засыпающим Сандро. Говорила она чаще всего о прочитанных книгах, а читала много и с разбором, в основном воспоминания об артистах, писателях. Суждения ее были метки и категоричны, казалось, что она сама была свидетельницей и даже участницей событий почти столетней давности, и Сандро тогда только вспоминал, что Джуди годится ему в прабабки... Лежа на диванчике, он припоминал какие-то смутные картины, связанные с детством, – то ли воркованье полузабытой им бабушки Маргериты, то ли тихую маму у его кроватки...

Под вечер выезжали погулять. Джуди предпочитала небольшой каньон, хотя и расположенный в самом центре города, но сохранивший все свои природные свойства – журчащую порожистую речку, нависающие над ней снежные склоны с узором деревьев и кустарника, и над всем этим высокое снежно-серое небо. Вся прогулка туда и назад занимала сорок минут, шли не спеша, почти не разговаривая, в голове у Сандро возникали строчки из чеховской «Дамы с собачкой»: «...И прогулка удавалась. Впечатления неизменно всякий раз были прекрасны, величавы». Затем мысли перекидывались к очередному Джудиному замечанию о Чехове (она читала о нем книгу какого-то лондонского профессора).

– Антон Павлович, – говорила Джуди, – сторонился женщин, словно боялся их, в результате попался в лапы к самой хищной и лживой. Почему лживой? Да потому что лгала, обманывала, изменяла, жила в другом городе, прикрываясь любовью к театру, пользовалась его именем, чтобы получать роли... Этот англичанин-профессор ей ничего не простил, даже высчитал сроки рождения ребенка, – оказалось, ребенок не от Чехова. – Джуди вздыхала и продолжала. – И все же... и все же он не прав, англичанин, он судит со своей колокольни, английской, к тому же мужской. А мужчины ничегошеньки не понимают о женщинах, не хотят понять. На самом деле, Антон Павлович был безумно счастлив со своей стервозной Ольгой, я-то уж знаю, да, лживой, да, тщеславной – актриса, что с неё возьмешь? Но счастлив был, считал дни до ее приезда. А как она убивалась, когда потеряла ребенка, какая разница – от Чехова, не от Чехова? Ребенок – это святое, потерять ребенка – это... Джуди пробовала продолжать, но звуки не шли, и Сандро понимал, что для нее эта тема больная, но ни о чем не спрашивал.

Возвращались домой, в тепло и уют, зажигали камин. Сандро ужинал яичницей с ветчиной или лазаньей из коробки, Джуди пила горячий душистый чай с изюмчиком или сухим печеньем. Тонкая сухая рука слегка подрагивала. Но теперь это не раздражало, а даже умиляло – бедная старая милая Джуди! Вечером на огонек заходили гости, чаще всего рыхлая, с пухлыми руками и золотыми коронками во рту Зоя. Она приносила с собой домашние пироги, пирожки, клубничное варенье.

Зоя жила выше этажом, в том же субсидальном доме, что и Джуди, считалась Джудиной подружкой, но была полной ее противоположностью. В России, как и Джуди, работала она переводчицей, стало быть, язык знала. В отличие от Джуди, проводившей время за компьютером и чтением книг на английском языке, Зоя с утра до ночи смотрела телевизор и была в курсе всех последних новостей. Казалось, собственная судьба не волновала Зою с той силой, с какой волновали действия американских властей, их речи и перемещения. Зоя считала себя патриоткой Америки, сокрушалась по поводу очередных «русских глупостей» или новых злодейств террористов, и с ее приходом квартирка наполнялась сильным контральтовым голосом и запахом аппетитной домашней снеди.

Политические новости мало волновали Джуди. Немного послушав, Джуди уводила разговор в сторону, то к Анне Ахматовой, то к Лиле Брик, а то и к самой Екатерине Великой, книгу о которой недавно прочитала. Тут уж Зое становилось скучно и невмоготу, и тогда Джуди кротко обрывала себя на полуслове и просила Зою спеть. Обычно Зоя отказывалась, ссылаясь на плохое самочувствие и боль в горле (погода-то какая, сами видите, снег да дождь, как тут ангину не подхватить?), но в конце концов садилась в кресло возле камина, снимала с плеч и вешала на красную плюшевую спинку пуховый платок и начинала с тихой и задушевной ноты. Пела она русские романсы. Обе женщины были вполне русскими, хотя и еврейками по происхождению. Сандро так и не понял, почему Джуди называет себя еврейкой, а молится русской Богородице. Зоя же была атеисткой и посмеивалась над Джуди с ее русским боженькой.

Зоя пела романсы в какой-то особой манере, будто прислушиваясь к чему-то внутри себя, будто слова и мелодия еще не родились, а сидели где-то в ней, и ей нужно было извлечь их наружу. Особенно запомнился Сандро один романс. Прежде он его не слышал. Его грустная умоляющая мелодия западала в душу, а слова, хотя Сандро и не все понимал, казалось были сложены специально для него. Ведь это он, Сандро, был разочарованным, он перестал верить в любовь, и никакие новые ее утехи его не манили, это ему больше всего на свете хотелось всё забыть, окаменеть, заснуть – именно об этом пелось в романсе. Сандро недоумевал, что было такого в пении этой полной, немолодой, неизящной женщины, почему хотелось ее слушать? Голос был у нее не поставленный, и не было в нем итальянского оперного лоска, который, кстати сказать, он, итальянец, терпеть не мог. Может, отсутствие фальши его прельщало? Романс этот долго его не отпускал, уже в Италии, в Фано, он вслушивался в тишину, различая его далекие звуки.

В первый же вечер, после Зоиного прихода, Джуди рассказала Сандро ее нехитрую историю. Зоя приехала сюда пенсионеркой по вызову сына. Но сын, как это ни странно, совершенно не интересовался матерью. Жил с нею в одном городе и не приходил проведать неделями, оправдываясь утомительной работой – он развозил по домам пиццу. С невесткой Зоя не сошлась, внучку одну к ней не пускали. Чтобы проведать ее, она совершала дальнее путешествие на автобусе в другой конец города, а затем все жаловалась Джуди, что невестка была не в настроении, огрызалась и не оставляла внучку ни на минуту наедине с бабушкой. Все это звучало вполне обыденно: Зою легко можно было представить одинокой, заброшенной сыном. А вот то, как она пела вечерние романсы, как глубоко чувствовала их, не сочеталось с нею. Может, сидели в ней две разные Зои? Почему нам кажется, что божественная частица крепко запрятана и не проглядывает в человеке?

После ухода Зои, если никто больше к ним не забредал (а бывало, что приходили, прослышав про Джудиного гостя; так однажды приковылял хромой старик-итальянец в сильном подпитии, и от него с трудом избавились), Сандро и Джуди коротали вечер вдвоем. Играли в лото и разговаривали. Впоследствии, когда вернувшись в Фано, Сандро из вечера в вечер вспоминал это блаженное для него время, на память приходила яркая японская лампа на столе, расчищенном для игры, и они с Джуди друг напротив друга. В руках у Джуди мешочек с бочонками-номерами, но она не спешит запустить в него руку, паузы между произнесенными цифрами затягиваются, Джуди забывает про игру…

За этой-то бесконечной игрой в лото узнал Сандро, что Джуди прожила в России до 60 лет, работала переводчицей в издательстве, преподавала на курсах, давала частные уроки, в общем «крутилась», как и все ее разночинное московское окружение. Был у Джуди муж. Когда Джуди упоминала мужа, на губах ее появлялась странная улыбка, Сандро не мог понять ее значения. Любила Джуди мужа? Ненавидела? Он-то ее, как она говорила, любил без памяти, ужасно ревновал, вплоть до того, что не выпускал вечерами из дому. «Я же на курсы иду, дурачок! Меня же с работы уволят!» Муж или шел вместе с ней, или требовал, чтобы она позвонила со своей работы и громко произнесла придуманную им в ревнивом безумии фразу: «Я тебя очень люблю и целую в губы». Бедной Джуди удалось сократить текст до короткого «я тебя люблю и целую», но все равно она страдала, произнося эти интимные слова в трубку под насмешливыми взглядами коллег. Ужасно было то, что муж не хотел детей. Не желал их иметь в наличии, но все делал, чтобы они появлялись, появлялись как зародыши, как некая возможность, могущая в свой срок стать девочкой или мальчиком. Но муж неукоснительно требовал, чтобы зародыш этот был убит и возможность появления на свет человеческого дитяти – девочки или мальчика, – не осуществилась. И Джуди не решалась противиться, хотя не понимала, чем виновато не родившееся дитя и она, согласившаяся на это убийство, почему все ее естество должно быть осквернено. Она находила себя в веренице таких же несчастных, дрожащих от страха и от чего-то еще более жуткого, женщин в казенных халатах и слышала пронзительно звучащий голос: «Следующая!» Сколько раз она, неверующая, шептала про себя что-то похожее на молитву, обращенную к Богородице, когда доходила до нее очередь. Однажды даже было ей сделано замечание: нельзя в государственном учреждении бесконечно повторять слова типа «Господи» и «Божья матерь». Она оправдывалась тем, что была под наркозом и не могла себя контролировать…

Говоря все это, Джуди не плакала, не вскрикивала, но голос ее дрожал и в глаза было невозможно смотреть. Сандро упорно разглядывал цветную яркую лампу, разрисованную драконами.

– Ты, дружок, мужчина, – продолжала Джуди, – куда тебе понять женщину, ее муку, ее казнь! Но ты хотя бы постарайся... Я своё прожила, а тебе еще много чего предстоит…

В этом месте Сандро с сомнением качнул головой. Неожиданно она заговорила об Ахматовой. Когда Анна Андреевна входила в комнату, полную гостей, все останавливались и замирали.

– Королева была, сколько достоинства при скромности одежды, деликатности… А ведь и ей досталось. Ты что же думаешь, сумела она уберечься? Думаешь, и Лиля Брик сумела уберечься? Только что следов не осталось, никто про это не писал. Это же дела житейские, обычные… Да и стыдно вроде, тема-то подпольная. Никто, никто об этом не заикнулся, вон сколько книг прочитала, – Джуди указала на полку с книгами. – Нигде, нигде, ни в одной... Разве можно об этом? Караул! Неприлично! Мужчины не хотят об этом слышать! Но я, свидетельствую – и им, царицам, досталась мука сия! Даже они, царицы, прошли через казни египетские…

Сандро оторвал взгляд от лампы и взглянул на Джуди. Глаза ее горели, было в них что-то пророчески-исступленное. Неужели это та самая Джуди, что минуту назад спокойно играла с ним в лото? Заметив его испуганный взгляд, Джуди остановилась. Глаза потеплели, голос смягчился.

– Напугала я тебя? Небось, подумал, взбесилась старушка? Извини, не буду больше. Ни с кем я на эту тему не говорила, да и в Америку-то приехала, чтобы все забыть. И она стала вынимать из мешка фишки с цифрами.

...До Рождества оставалось несколько дней, надо было уезжать, но не хотелось. Он и так здесь задержался дольше, чем предполагал. Приподняв занавеску, Сандро смотрел на разноцветные светящиеся огнями елки в соседних окнах. Хорошо бы встретить праздники здесь, с Джуди и Зоей. Слепить из пластилина, как в детстве, фигурки магов, Марии и Джузеппе, смастерить ясли, вырезать из серебряной бумаги звезду и соорудить в углу гостиной «presepe»... и чтобы на столе лежала куча конфет, ореховой нуги и мандаринов... Дома на Рождество он запирался в своей комнате и просил, чтобы его не беспокоили. Не хотелось сидеть за семейной трапезой, слушать громкий голос отца, поддакиванья Филиппо, заискивающий смех Клаудии. Отец всех подавлял, создавал невыносимую атмосферу, словно собрались не на праздничное застолье, а на официальный казенный обед. Сандро не собирался участвовать в этой комедии, где отец дергал за ниточки, а все, как марионетки, должны были соответствующим образом двигаться и открывать рот. Домой не хотелось, но и здесь оставаться было нельзя: менеджер уже предупредил Джуди, что гость не должен долго задерживаться, порядки в социальном доме были строгие, их невыполнение грозило карами.

Сандро нехотя собирал вещи под пристальным грустным взглядом Джуди. Он должен был вылететь поздним вечером и уже утром оказаться в лоне семьи, откуда ему так отчаянно хотелось вырваться. Перед отъездом присели по русскому обычаю, на дорожку. Джуди поцеловала его три раза, была она грустна и молчалива. Сандро поместил свой чемодан в багажник, тронулись в аэропорт.

Машина проехала мимо простоволосой грузной Зои, стоящей на тротуаре перед домом и изо всех сил машущей белым пуховым платком. В своем чемодане Сандро вез целый пакет пирожков, испеченных Зоей к его отъезду. В воздухе кружились крупные снежинки, машина кряхтела, за окном рисовались знакомые игрушечные домики на фоне дальних гор, неправдоподобно красивых очертаний. Проехали городской парк, Сандро попросил Джуди остановиться.

Вышли из машины. Они шли по нерасчищенной снежной дорожке. Все было как в первое посещение, снова дул резкий ветер, падал снег. Сандро остановился перед железной оградой, за которой розовели голые скульптуры птичьих тел. Четыре фламинго, полузасыпанные снегом, стояли на своих местах, тесно прижавшись друг к другу. Сандро резко повернулся и пошел к машине, за ним по-старушечьи семенила Джуди.

И он улетел и долго, в какой-то непонятной озлобленности на себя и на весь мир, не звонил, не писал и не посылал «е-мейлы». Когда, наконец, он позвонил к Джуди, то боялся, что никто не подойдет, что она нездорова. А, может быть, ее и не было – она ему приснилась. Но к телефону подошли, и он услышал такой знакомый, родной и теплый голос. Джуди! Джуди! Значит, есть в этом мире местечко и для него, Сандро. Он держал трубку в руке и чуть не плакал от радости.

Декабрь 2001, Солт-Лейк-Сити

Ирина Чайковская

Любовь на треке

И опять поворот судьбы. Никогда бы не поверила, что меня забросит в Америку. Семь лет в Италии протекли как одна минута. С трудом вспоминаю лазурное море с белым парусом, Дуомо на верхушке горы. Здесь тоже горы, но другие — безлесые, каменистые. Свободно раскинулись вокруг широкой лощины. Несколько дней назад на них лежал снег. Но сегодня они снова песочно-бурые, солнце шпарит, словно и не октябрь вовсе. Это Юта. Говорят, в Калифорнии сейчас дождь, и в Бостоне тоже, из Москвы слышно, что и там дождь. А здесь в Солт-Лейк жаркое, почти летнее солнце и никакого дождя. И я иду по треку. Поглядывая на дальний план — горы. Обегая взглядом ближние лужайки, домики с садиками и бассейнами, идущих мне навстречу улыбчивых людей. Я свободна. Мне хорошо. Сегодня воскресенье. Я дышу чистым горным воздухом и подставляю лицо солнцу.

— Excuse me! — слова произнесены как-то странно, с сильным акцентом. Я поднимаю голову. Рядом маленький человек в синей спортивной форме. Он улыбается, но взгляд грустный.

— Excuse me,- он замолкает, подыскивая слова. I am...am from Columbia. Видимо, он принял меня за латиноамериканку. В Италии я сходила за итальянку, в России пару раз меня принимали за армянку. Интернациональный еврейский тип, со слегка приглушенными семитскими чертами.

— I am from Russia,- привычно произношу я и поспешно добавляю: "Conosco Italiano". Человечек оживляется.

— Sono Luis,- представляет он себя.

— Sono Irina,- говорю я,- Have a good day. И продолжаю свой путь по треку. Маленький Луис бежит в противоположном направлении. Минут через десять мы снова пересекаемся. Луис уже издали улыбается.

— Sono due years in America,- показывает он мне 2 пальца. Он говорит как человек впервые раскрывший рот после долгой немоты. Странно, что за два года он совсем не овладел американским. Смешивает в кучу два языка. Сейчас я говорю примерно как Луис, но я здесь всего два месяца.

— Sono single,- продолжает Луис, — alone,- он смотрит вопросительно.

— I am married,- говорю я в свою очередь. — Husband ? Yeah,- я киваю в сторону теннисного корта. -Husband, yeah, husband here. Tennis…- и я ударяю по воображаемому мячу. Луис смотрит странно, словно не поверил мне или не понял. Не верит, что я замужем? Я снова иду по треку, а Луис бежит своим путем. Не пройдя и десяти шагов, сворачиваю к теннисным кортам. С одного из них доносится громкая американская речь. Я воспринимаю ее как единый звуковой поток. С другого слышится:» Молодец, браво». Быстро иду ко второму корту. На трек я больше не возвращаюсь.

Слудующее воскресенье снова было солнечным. Оставила в машине взятую на всякий случай куртку. Быстрый шаг меня разогрел. Настроение было приподнятое. По дороге как назло попадались сердитые старушки, хмуро цедившие «morning». Луиса я заметила издали. Он бежал навстречу и махал руками.

— Hello,- приветствовала я его,- tutto bene?

— I have … muchos,- сказал Луис, указывая на себя и что-то изображая взглядом.

— Мучос? — переспросила я,- в итальянском похожего слова не было. «Muchos, muchos»,- лицо явно выражало страдание. Может, его что-то мучит? — в голову пришло русское созвучие. Неожиданно Луис схватил мою руку и быстро поцеловал. Я рассмеялась:

— My husband is here, Луис. He can see us.

— Husband?- Он показал на мою руку. Видимо, его смущало отсутствие кольца. С кольцом или без кольца — какая разница? Мое кольцо лежит в Москве в шкатулке из капо-корешка, подаренной мне свекровью, Лией Михайловной. Я повторила для верности два раза:

— I am married, Луис, I have a son.

Он смотрел недоверчиво. Я сразу же направилась к корту. Игра в этот раз не ладилась, и сын согласился пройтись со мной по треку. К тому же ему не терпелось увидеть моего «мексиканца», как обозначил Луиса муж. Для мужа Мексика и Колумбия — один черт. Луис приблизился внезапно, так как мы с сыном увлеклись беседой. Он усиленно улыбался и радостно махал руками.

— This is my son, — я представляла Гришу как «вещественное доказательство». Луис кивнул и снова сказал это непонятное слово «мучос». Когда он убежал, я спросила Гришу: «Что такое «мучос», как ты думаешь?» Гриша без запинки выпалил: «Много. Мучос по-испански значит «много». Скорее всего, он слышал это слово от школьников — мексиканцев. Но если он прав, что же все-таки хотел сказать Луис? что у него много чего? Переживаний? Мучений? Денег? Ну денег, по всей видимости, у него совсем нет. Гриша, сверхвнимательный ко всякой машине, заметил, что Луис сел на потрепанный старый форд.

— Драндулетка 80-го года, -Гриша засмеялся,- смешная машинка. И он похоже передразнил бег Луиса и его махание руками.

В следующее воскресенье я встретила на треке соотечественников — русскую пару из Пущина. Мы сделали с ними кругов пять, а потом я повела их к корту — знакомить со своими. Краем глаза я заметила машину Луиса, отъезжающую с площадки.

Когда через неделю мы прибыли на трек, Луис крутился неподалеку. По-видимому, он сторожил наше прибытие. Что ж, посмотрит на моего «хазбенда». Хазбенд тем временем взглянул на «мексиканца».

— Мелковат,-бросил он, беря ракетки, и больше не глядел в его сторону. Наверное, такие «кавалеры» не внушают опасений. В этот раз Луис был возбужден больше обычного.

— He is alt,- сказал он на своем странном языке, показывая рукой вверх. Видимо, в моем муже его больше всего поразил рост. Мифический «хазбенд» обрел наконец плоть и кровь. Неожиданно Луис подскочил ко мне и поцеловал в щеку. Мне осталось только рассмеяться и погрозить ему. И опять он произнес это непонятное «мучос». По дороге к теннисному корту меня вдруг осенило. Припомнилась известная латино-американская песня, в которой звучало что-то похожее на «мучос» или «самомучос». Мелодия у песни была настольоько привязчивая, что я напевала ее всю следующую неделю.

В то воскресное утро было по-настоящему холодно. Снега на горах не наблюдалось, однако в воздухе пахло скорой зимой. Пока же вокруг царствовала осень. Домики, окружающие трек, стояли в разноцветной листве. Кругом было пусто. Только какой-то сухой американец в шортах прогуливал двух огромных, обросших шерстью собак. Интересно, будет сегодня Луис или нет? Заглядевшись на удивительно красивую панораму, я не заметила его приближения. Он был грустен. Что-то говорил. Я его не понимала.

— I don't understand you. What does it mean? - Он что-то прошептал. Я опять не поняла. И вдруг до меня дошло: "амур", он сказал "амур". Следующую фразу он произнес очень громко: "I live you", почему-то "live", а не "love". Даже такое затертое слово сумел произнести на свой лад. Он стоял переминаясь с ноги на ногу. Он снова говорил, что одинок, не женат и у него никого нет. Но я-то здесь причем? Я-то замужем, у меня ребенок, сын. Я ничего не хочу менять в своей жизни. Я произносила американские фразы одну за другой. Он вздрагивал после каждой.

— I spero, - вдруг сказал он — «я надеюсь». Я пожала плечами. Он стоял у меня на дороге. Я его обогнула и пошла к корту. Оглядываться не стала. Муж и сын отдыхали. Они разговаривали о машинах, и я решила их не прерывать и ничего им не рассказала.

Через неделю весь город засыпало снегом. Ехать на корт не было смысла, и мы остались дома. Все воскресенье мне было не по себе. Щемило сердце, отчего-то хотелось плакать. Я вспоминала, как Луис сказал мне: "I live you", и было обидно, что все проходит и надежды, увы, не сбываются. В конце концов — успокаивала я себя — вдруг зима еще немного повременит, и в следующее воскресенье мы опять поедем на трек. Кто знает?

Осень 2000, Солт-Лейк-Сити

Ирина Чайковская

Макс

Опять этот взгляд. С утра хочется, чтобы на тебя глядели доброжелательно, весело, а тут... А еще служащий супермаркета! В России, помню, говорили, что они все обязаны улыбаться, иначе выгонят с работы. Этот не улыбается, смотрит как-то очень пристально и исподлобья. Правда, он не кассир, не менеджер, просто рабочий, каких в этом супермаркете много. Правда, он от прочих отличается чем-то. В нем есть какая-то интеллигентность что ли, лицо не тупое, со своим выражением. Маленький, сутулый, с черными волосами, что-то еврейское во внешности, определенно что-то еврейское. А впрочем, что мне до него и его пристального взгляда?! Отхожу от секции, где он копошится, выкладывая что-то из коробок, и подхожу к кассе. Кассир – моя хорошая знакомая – Вайолет. Помню, когда в первый раз я пришла за покупками в этот ближайший от дома супермаркет и оглядывалась, к кому подойти, Вайолет сама пригласила меня к себе. Возможно, увидела, что у меня мало продуктов – а она работала на экспресс-линии,- но, скорей всего, я ей чем-то понравилась. С тех пор я хожу только к ней. Мы с нею очень подружились. Мне иногда и в магазин-то не нужно – дома все есть – так я специально, чтобы с Вайолет пообщаться, спешу с утра в наш Стоп-маркет. Это, можно сказать, мое единственное общение с американцами на их языке. Я этим общением дорожу. Да и настроение с утра поднимается — очень она по-доброму улыбается и всякие хорошие слова говорит на прощание. Вот и сейчас Вайолет смотрит на меня по-особому, не как на обычного покупателя, и вопрос свой, задаваемый по заведенному порядку, задает со значением, и ответ мой и встречный вопрос выслушивает внимательно. А потом вынимает откуда-то фотографию – и протягивает мне. На фотографии девушка лет семнадцати, веснушчатая, светловолосая, в простеньком спортивном костюме. –Джессика? –догадываюсь я. Об этой Джессике Вайолет мне все уши прожужжала – из трех детей она ее любимица, спортсменка, бегает на короткие дистанции.

— Хорошенькая, — говорю я. Вайолет ждет еще чего-то, и я добавляю, — женственная, хоть и спортсменка. Девушка на самом деле, как все американки, женственности почти начисто лишена, но мне больше ничего не пришло в голову, да и это-то сказалось с трудом, мой английский сильно скукожился с момента приезда в этот город, где все вокруг меня говорят по-русски. Вайолет уже сложила тем временем мои покупки в две «пластиковые» сумки, завязала их узлом и протягивает мне. Я возвращаю ей фото Джессики. Мы прощаемся, и Вайолет со значением желает мне хорошего дня. Когда я перед дверью непроизвольно оглядываюсь, ОН стоит возле своей полки разогнувшись во весь свой небольшой рост и глядит прямо на меня не отрываясь. Мне даже кажется, что он слегка кивает головой…

На следующее утро, идя в Стоп-маркет, я думала о Вайолет. Неделю тому назад она, как и вчера, протянула мне фотографию, даже две. На одной была изображена какая-то святая пещера, из чего я заключила, что Вайолет очень набожна, а на другой – наш сегодняшний президент со своей супругой. Оба — гладенькие, розовенькие, со сладчайшими улыбками на разомкнутых устах. Фотография эта выпала у меня из рук — так она была неожиданна. Подняв ее, я протянула обе странные открытки Вайолет. Но оказалось, она мне их дарит, она купила их для меня. Для меня? Спасибо. Большое спасибо. Но почему? Зачем?

— Она любит открытки с могилами святых и обожает нынешнего президента и его сладкую жену. Неужели я не одобряю ее вкуса? — О нет, одобряю, конечно, одобряю, — воскликнула я, пожалуй, с излишней горячностью. Обе эти открытки прежде, чем их выбросить в корзинку с мусором, я показала сыну. Мы с ним долго хохотали. Мы хохотали с ним точно так, как тогда в Италии, много лет назад.

Тогда в Италии много лет назад один банкарельщик, мимо которого мы с десятилетним сыном постоянно проходили, так как жили в доме над банкареллой, очень нам радовался. Он махал нам приветственно рукой и лицо его при этом сияло и лоснилось счастьем.

Был он большой, толстый, очень черный, так что даже закрадывалось подозрение, не красит ли он волосы, так как возраст у него должен был быть солидный. Он продавал какую-то ерунду, типа шнурков для ботинок и всевозможных лент, так что я даже ни разу не остановилась возле его прилавка. Но однажды он подозвал нас с Олегом и спросил, поедем ли мы в Россию в ближайшее время. Я подивилась тому, что он знает, что мы из России, – мы с ним разговаривали в первый раз. Тогда я как раз собиралась в Россию, может, банкарельщик был телепатом? Он сказал, что хочет иметь русскую икону, он, конечно, знает, что настоящие иконы очень дорогие. Если мы поедем в Россию, хорошо бы мы привезли ему маленькую недорогую иконку – он в долгу не останется. Через какое-то время мы с Олегом вручили банкарельщику прелестный деревянный образок, на котором Спаситель был точно срисован с рублевской иконы. Мне даже хотелось оставить его себе, такой он был теплый да светлый! Банкарельщику, наверное, он тоже понравился, он долго смотрел на лицо изображенного, потом поцеловал образок и спрятал его в карман брюк. Олег потянул меня за рукав — ему, подвижному подростку, не стоялось на месте, тем более что банкарельщик и его товар были ему неинтересны. Но банкарельщик жестом попросил нас остаться, вытащил из другого кармана какой-то клочок и протянул нам. На плохо вырезанном из журнала обрывке бумаги был изображен гроб, в котором кто-то лежал. «Святая Елизавета», — пояснил банкарельщик, указывая на мертвое тело. И он протянул клочок мне. И снова я была застигнута врасплох, как в случае с карточкой президента. — Я отшатнулась, не веря: «Вы...вы это мне?» Олег, как всякий юнец, соображавший лучше взрослого, выхватил бумажонку из рук банкарельщика, и мы с ним быстро завернули за угол. Надо было спешить, потому что нами обоими овладел неудержимый приступ смеха. Боюсь, что банкарельщик успел увидеть наши скорчившиеся от смеха фигуры или мог услышать наш с Олегом пантагрюэлевский хохот из-за угла. Вполне вероятно, так как все последующие дни во время наших проходов вдоль банкареллы, банкарельщик нам больше не улыбался и нас не приветствовал, а смотрел куда-то вниз, на свои ботиночные шнурки. Мы с Олегом тоже отводили от него взгляд, так как при виде его нас обоих почему-то тянуло на смех.

В Стоп-маркете было даже прохладно. Весна в этом городе — самое приятное время года, но сегодня с утра было довольно жарко, так что под кондиционером можно было отдохнуть и расслабиться. Звучала тихая ненавязчивая музыка. Взяв сумку для продуктов (коляску я не люблю), я через раскрывшуюся навстречу дверь проследовала в зал. Почти одновременно со мной, мне навстречу двинулась какая-то небольшая фигура. Вглядевшись, я убедилась, что это ОН. Он шел мне навстречу — и чудо- улыбался. Маленький, невзрачный, взъерошенный, с типично еврейским носом-бульбочкой. Когда он был уже в двух шагах, я подняла правую ладонь к лицу — тогда он отшатнулся. Может, он увидел кольцо, которое я сегодня почему-то надела на палец? Оно походило на обручальное и золотое, но не было ни тем, ни другим. Он отшатнулся и улыбка сползла с его лица, как шкурка змеи. Лицо стало смазанным, словно с него стерли выражение. Он резко повернулся и пошел назад, к своим полкам. Он не оглядывался.

Я спросила Вайолет, как зовут рабочего, который так неутомимо разгружает коробки.

Она ответила: «Макс». Еще она сказала, что он одинок и живет вдвоем с матерью. Это нетипично для американца, — промямлила я первое что пришло в голову. — О да,- подтвердила

Вайолет,- но он американец. Впрочем, возможно, в первом поколении». Сама она тоже была американкой в первом поколении. Ее родители, как она мне рассказала при нашем знакомстве, прибыли в Америку из Польши. Но она была тогда слишком мала, чтобы сохранить язык, так что польского она не знает. А муж у нее стопроцентный американец, он владеет мотелем в штате Мейн, на берегу океана. Вайолет обещала мне принести фотографии этого мотеля, но пока принесла только открытки с гробницей и президентской четой...

Смотрю, как аккуратно складывает Вайолет в пластиковые сумки мои продукты, как вкладывает одну сумку в другую, чтобы, чего доброго, пластик не прорвался. Я не говорила ей, что хожу сюда, в Стоп-маркет, пешком, но, по всей видимости, она сама догадалась, для покупателей на автомобилях такой серьезной упаковки не требуется... На прощанье, уже обслуживая нового покупателя, Вайолет шепчет: «У Джессики скоро соревнования, она надеется стать чемпионкой», — и я радостно киваю этому известию. Выхожу во влажную жару улицы и почти сталкиваюсь в дверях с сухой, кислого вида менеджершей. Она делает улыбку, то есть разжимает, а потом снова сжимает уголки рта, я отвечаю ей кивком — и настроение сразу падает. Я, признаться, ее не люблю. Иду мимо бензоколонки и боковым зрением автоматически фиксирую быстрый взгляд ее служащего. Ну и надоела же я ему, наверное, за этот год, что здесь живу и хожу по этому маршруту. Однако в нем развито любопытство, возможно, он видит, что сегодня на мне красивая цветная кофточка, а на руке новое кольцо. Мне это приятно. Через двадцать минут я дома и вынимаю продукты, одновременно обдумывая, какую кастрюлю или сковородку нужно вынуть из шкафа. Я ведь по старинке готовлю еду каждый день. Каждый день свежую еду. Я ужасно избаловала своих мужчин, но так повелось еще с Италии.

В Италии супермаркет назывался «Сидис». Он был намного привлекательнее американского, хотя и меньше по размерам. Такой домашний, уютный, там было так много вкусных вещей, которые хотелось попробовать или даже просто рассмотреть. А фрукты и овощи не стоит и сравнивать с американскими, в итальянских плодах чувсвовалась какая-то первозданность, близость к земле, а не к лаборатории.

И кассиры там были все такие подтянутые, симпатичные, и даже рабочие. Одного звали Сандро, он меня всегда замечал и кивал мне с веселой улыбкой. Потом он куда-то исчез — говорили, что женился, причем сделал хорошую партию. Я видела его, когда он давно уже не работал в «Сидисе», он шел по улице с какой-то довольно полной дамой, в нитяных перчатках и шляпке. На нем тоже было что-то торжественное, плохо помню что. Он тянул спутницу за собой, она из-за высоких каблуков шла медленно и переваливалась, как утка. Когда они со мной поравнялись, он незаметно мне подмигнул. Вот она, Италия!

В среду прямо возле дверей Стоп-маркета я увидела большой дисплей. На нем помещались фотографии всех служащих магазина. На самом видном месте красовалась кислая неаппетитная менеджерша. Даже ослепительная улыбка не делала ее приятнее. Фото Вайолет я нашла в самом углу, она тоже улыбалась, но не механически. Макса на дисплее не было.

Он встретился мне в торговом зале — стоял возле полок с соками, рядом громоздилась гора коробок. Я остановилась неподалеку, разглядывая разноцветные пузатые бутылки. И тут до меня донеслось какое-то бормотанье. Макс тихо и словно про себя говорил что-то злое и резкое. Он не смотрел на меня, слов я не понимала, но было ясно, что он ругается. Сердится за вчерашнее? Я поскорее отошла с бьющимся сердцем. Скорее всего, он просто сумасшедший. Разговаривает сам с собой. Еще хорошо, что его, кроме меня, никто не слышал, а не то... Хотя работу в супермаркете он всегда найдет. Подумаешь — самый маленький винтик в механизме огромного магазина.

Вайолет я не нашла на ее обычном месте. Пришлось обойти все кассы, прежде чем почти в самом конце я ее обнаружила. Она была чем-то расстроена, рядом стояла раскрашенная, сухая как египетская мумия столетняя страуха, обычно помогавшая кассирам укладывать продукты. Из-за этой старухи Вайолет не могла ничего объяснить, только поблагодарила, что я ее нашла. -Да, вы сегодня почему-то не на обычном месте. Я так привыкла, что вы на экспресс-кассе, и, наверное, другие покупатели тоже привыкли. Вы ведь здесь в магазине самый лучший работник.

Я не льстила, она действительно отличалась от всех прочих кассиров-автоматов, у нее с покупателями складывались человеческие отношения. Вайолет смотрела на меня неопределенно и оглядывалась на раскрашенное чудище. Сложив мои покупки, она с особым чувством произнесла обычное: «Доброго вам дня!».

На следующее утро я долго решала, идти или нет в Стоп-маркет. Все продукты у меня были. Хорошо было бы запастись солью, которая подходит к концу. Но пугал Макс. Что если он опять станет ругаться? Даже при том, что он на меня не смотрел, я чувствовала, что именно мне он шлет свои отрицательные заряды. Поразмыслив, я решила при встрече сказать ему что-нибудь типа: «Почему вы такой злой?» Это было бы забавно, и я отправилась в магазин в хорошем, даже чуть игривом настроении. Купив соль, я несколько раз специально обошла все отделы: его не было. У витрины с сосисками я задержалась, там была большая скидка на польскую колбасу — и как раз в этот момент из стеклянных дверей, ведущих в кладовку, вышел Макс. Вернее не вышел, а почти выбежал, везя за собой тележку все с теми же коробками. Может, он увидел меня через стеклянную дверь? Он посмотрел на меня как-то особенно пристально, словно хотел о чем-то спросить. Еще минута — и он бы ко мне подошел.

Но этого не случилось, мне пришло в голову, что такой взгляд граничит с нахальством, и я быстро отвернулась, а потом почти побежала к кассе, махнув рукой на польскую колбасу.

Вайолет была на своем обычном месте. Кроме меня, возле ее кассы никого не было.

Раскрашенная старуха стояла в отдалении и косилась в нашу сторону. Мы обменялись добрыми приветствиями, и в ответ на мой невысказанный вопрос, Вайолет зашептала, что Кэролайн (так звали противную менеджершу) точит на нее зуб и всячески притесняет. Ей, видно, не нравится, что Вайолет любят покупатели, что

многие пожилые специально приходят в магазин с ней пообщаться.
-И не только пожилые, — улыбнулась я, — показывая на свою банку с солью. — За солью я могла бы прийти в другой раз, но...

Тем временем Раскрашенная начала перемещаться от кассы к кассе и через секунду оказалась рядом с нами. Делать ей здесь было совершенно нечего, Вайолет уже положила мою банку с солью в пластиковую сумку и завязала ее, по своему обыкновению. Закрадывалось подозрение, что Раскрашенная приставлена к Вайолет для слежки. Она величаво улыбалась не разжимая тонких, густо накрашенных лиловых губ. Искоса на нее поглядывая, Вайолет круто изменила разговор.
-Моя Джессика,- сказала она уже нам обеим,- тренируется до потери сознания, в это воскресенье в нашем городе будет всеамериканский забег, ее включили в список. Раскрашенная пожевала губами и что-то сквозь них процедила. Я пожелала Джессике успехов. Мы с Вайолет душевно простились, и я побрела в обратный путь мимо мчащихся по шоссе автомобилей.

В пятницу я забежала в Стоп-маркет на минутку — мне нужна была поздравительная открытка. Проторчала я там однако почти час — открытки продавались на все случаи жизни, ужасно дорогие и чудовищно безвкусные. Пока я добралась до раздела «день рожденья сына», миновав разделы «день рожденья друга», «подруги», «отца», «матери» и так далее, прошло как минимум полчаса. Все это время Макс в торговом зале не появлялся. Мне почему-то казалось, что он сидит в подсобке и наблюдает за мной из своего укрытия. Я даже прошлась пару раз мимо стеклянных дверей. Но оттуда редко кто выходил — все больше молодые мощные парни, работавшие на разгрузке овощей. Когда я уже разжилась не очень дорогой и не самой безобразной открыткой и, сжимая ее в руке, шла к кассе, мимо меня с независимым видом продефилировал Макс. Он даже не посмотрел в мою сторону. На нем была белоснежная рубашка и красивые темные брюки, что очень подходило к его низенькой неказистой фигуре. В таком виде она приобретала даже некоторый шарм. Лица его я не видела, но даже по спине можно было догадаться, что оно выражает презрение. Я догадалась, что презрение предназначалось мне. Значит, он на меня в обиде? Считает гордячкой?

Тупой занудой? Но у меня и в мыслях не было его обижать, мне просто не понравился его взгляд. Все же я уже не девочка, есть какие-то приличия... Пожав плечами, я подошла к экспресс-кассе. Но Вайолет опять не было на месте. В этот раз я нашла ее у самой последней кассы. При виде меня она по обыкновению просияла, но потом взгляд ее померк, и беспокойно оглядываясь, она быстро-быстро зашептала, что менеджерша не дает ей нормально работать, изводит придирками и замечаниями. Вайолет даже сказала, что, возможно, ей придется сменить работу, хоть она и дорожит такими покупателями, как я. Раскрашенной рядом не было, но к этой кассе стояла как всегда большая очередь, все как один — с огромными тележками, доверху набитыми продуктами. Страшно было видеть маленькую хрупкую Вайолет (мы с нею одного сложения), запихивающую в сумки бесчисленные коробки, банки и бутылки. Я дотронулась до руки Вайолет и вложила в слова все мое сочувствие. Я сказала: «Ничего, все устроится». Но по-американски это прозвучало как-то вяло и совсем неубедительно. На прощанье, уже занимаясь следующим покупателем, расставившим на движущейся к ней дорожке целую батарею бутылок с кока-колой, Вайолет повернулась ко мне и сказала: «Мэри, хорошего тебе уикенда». До сих пор она никогда не показывала, что запомнила и знает мое имя. Мне стало так хорошо и одновременно так грустно, что я, ничего не ответив, поспешила удалиться.

В субботу и воскресенье я в Стоп-маркет не хожу, поэтому дни эти я выпущу из своего рассказа. К понедельнику наш холодильник оказался совершенно пуст, и нужно было идти в Стоп-маркет за Большими покупками. Утро понедельника — совершенно мертвое время для продуктового магазина, можно сказать, что я была в нем одна. Методично обходила все секции, накладывая в свою корзинку всякие коробки и банки, заодно наблюдая за происходящим. В отсутствие покупателей по залу носилась мегера-менеджерша, с недовольной гримасой на сморщенном злом лице. Завидев меня, она сделала привычную улыбку, которая тут же сменилась прежним злым выражением. Ее клевретка Раскрашенная стояла напротив одной из касс и разговаривала о чем-то с пожилой усталого вида кассиршей. Вайолет на ее обычном месте не было — значит, ее опять запихнули в последнюю кассу. Макс тоже не попадался мне на глаза. Внезапно он вынырнул из-за угла соседней секции. Для нас обоих это было так неожиданно, что мы остолбенели. Взгляды наши встретились. Я пришла в себя первая и с независимым видом продолжила свой обход прилавков. Он тоже отошел, смущенно почесывая переносицу. Сегодня на нем был обычный синий халат рабочего, однако, мне почудилось, что даже и в нем он выглядит вполне пристойно, словно на его халат легла тень его недавнего красивого наряда.

С полной корзиной я дотащилась до последней кассы, за которой работала Вайолет.

Она стояла сгорбившись, глядя в пространство, и мне показалось, что в глазах у нее слезы. Но завидев, меня, она встрепенулась, глаза ее просияли. Собирая и складывая в сумки мои продукты, Вайолет говорила спокойным ровным голосом, возможно, чтобы не привлекать внимания менеджерши, сновавшей по всему огромному пространству зала. У Джессики в воскресенье были соревнования. Девочка к ним готовилась весь год, она ужасно способная бегунья на короткие дистанции. И она прибежала первая, первая, хотя соревновались спринтеры из всех американских штатов,- тут Вайолет остановилась и посмотрела на меня. На моем лице она могла прочесть искреннее восхищение достижением Джессики, я уже готовилась произнести надлежащую фразу — «чудная девочка» или что-то в этом роде, но Вайолет продолжила тем же ровным голосом, только чуть запинаясь. Джессике после финиша стало очень плохо, она начала задыхаться, вся посинела и покрылась испариной. Ее срочно отвезли в больницу. Сейчас она в реанимации. Голос Вайолет задрожал, она не могла продолжать. Я стояла возле нее и не знала, что сказать. Покупателей рядом не было, боковым зрением я заметила Макса, он, выпрямившись, прислонился к полкам неподалеку и глядел в нашу сторону. В следующую минуту я увидела, как он почти вприпрыжку двинулся к кассе Вайолет. Добежав до нас, он состроил уморительную гримасу и три раза прокричал смешным тоненьким детским голосом: «Вайолет, Вайолет, Вайолет». Вайолет, готовая расплакаться, засмеялась. Улыбнулась и я, а Макс тем же манером поскакал к своим полкам. Все произошло очень быстро, и, кажется, менеджерша ничего не заметила, а Раскрашенная, хоть и посматривала в нашу сторону, продолжала свой разговор с усталой кассиршей.

После выходки Макса слезы Вайолет высохли, она глубоко вздохнула и сказала: «Мэри, я знаю, Господь нам поможет». И тут меня словно что-то ударило: «Погоди, Вайолет, у меня что-то есть для тебя». Я полезла в сумку и нащупала в секретном отделении завернутую в бумажку картинку. Это была Божья Матерь Владимирская — мой талисман, вожу ее с собой из страны в страну, и везде она отгоняет от меня темную и злую силу. «Возьми, — я протянула картинку Вайолет, — она поможет, она женщина и она мать, поможет обязательно». Мне показалось, что Вайолет произнесла «Мария». Возможно, она помнила это имя со времен своего польского детства. Она схватила картинку, и моя Мария перешла к ней, чтобы спасти ее Джессику. Я собрала аккуратно уложенные и перевязанные Вайолет сумки, в каждую руку по две, и, попрощавшись, вышла из магазина слегка пошатываясь. Дул ветерок, и мне казалось, что я песчинка в беспредельности мира, маленькая и беззащитная, открытая всем ветрам.

Во вторник Вайолет не было ни за первой, ни за последней кассой. Усталая кассирша, работавшая на экспресс-линии, на мой вопрос ответила, что Вайолет взяла расчет и больше здесь не работает. Почему? О, она не знает причины. Впрочем, вы можете узнать у Кэролайн, и она указала в сторону менеджерши, криво мне улыбнувшейся из-за соседней кассы. С нею рядом, словно ожившая египетская мумия, стояла Раскрашенная, закладывавшая в сумки покупателей на пару с патронессой коробки, банки и бутылки. Усталая кассирша протянула мне сумку, я так нелоко ее перехватила, что мои покупки — хлеб, колбаса, банка джема- попадали на пол. Вайолет всегда завязывала мои сумки узлом. Но Вайолет больше здесь не работает, я никогда ее больше не увижу.

Я шла со своей пластиковой сумкой мимо несущихся с бешеной скоростью машин по безлюдному городу и думала. Мысли были одна тяжелее другой. Вайолет нет, как скучно теперь будет ходить в Стоп-маркет, каким негостеприимным он станет без нее. Нет там больше ни одного живого человека. Вдруг я встрепенулась. Как нет — а Макс? Я забыла про Макса. Сегодня его почему-то нигде не было видно. Но он на месте, я уверена. Сидит в подсобке и наблюдает за покупателями через стеклянные двери, высматривает меня. Маленький, взъерошенный, что-то бормочущий, немножко сумасшедший Макс. Господи, как хорошо, что он есть. Щупальца, схватившие сердце, разжались, и я продолжила свой путь вдоль автомобильной трассы по безлюдному весеннему городу.

Октябрь 2004, Бостон

Ирина Чайковская

Сквозь облака

«Игорь»,- прочитал Майк. Он прочитал это слово медленно и с ошибкой. Он прочитал его «Игор» с ударением на втором слоге. Вика не стала его исправлять. К концу урока она подустала, да и ученик начал как-то серийно ошибаться в каждом слове. Ей не хотелось его дергать. Она записала все неправильно прочитанные слова в свою тетрадь. Первым стояло «Игорь».

Это имя ее притягивало. Оно было ей чуждым, чужим, не близким, но и манящим, соблазнительным, завлекающим. Его хотелось произносить, но не громко, не при всех, а с оглядкой, шепотом, в своем уголке. Игорь! Она как ребенок радовалась странному сочетанию звуков, холодящих рот. Игорь!

— Как его зовут? — спросила однокурсница, указывая на человека, стоящего посреди аудитории и пережидающего шум, поднятый при его появлении.

Человек был в очках, не высокий, с довольно редкими волосами. Он должен был читать у них курс старославянского языка. Кажется, Игорь, — ответил кто-то, Игорь Юрьевич.

Вика сидела в первом ряду, но плохо слышала лекцию. Стоял шум. Студенты вечернего отделения весело и бойко общались друг с другом, рассказывали новости, напевали последний шлягер, учили друг друга кулинарии и вязанию. Человек в очках смотрел на аудиторию растерянно. Случайно взгляд его пал на Вику, безмолвно и неподвижно сидевшую в первом ряду. Казалось, он продолжил лекцию только для одной этой студентки. Она внимательно слушала, не сводя с него глаз. В тетради писала какие-то закорючки. То, что лекция была маловразумительной, ее не пугало. Дома, в тишине, во всем разберется. Лектор ей нравился. Ей нравилось, что он смущается, что его трудно понять и что он читает лекцию для нее. Еще ей нравилось, что его зовут Игорь. С этим именем она почти не встречалась.

Вот разве что в далеком детстве. Было ей лет пять или шесть. Мальчишки во дворе затеяли драку. Постепенно все разбежались, остались двое, и один, стройный светлый мальчик быстро повалил противника. Этот подтянутый ладный мальчик был ее героем. Она всегда украдкой следила за ним, когда играла во дворе. Он спокойно, без крови и ожесточения, закончил драку. «Ты чего здесь?» — спросил ее, вертящуюся под ногами. Она не знала, что ответить. В это время женский суровый голос прокричал из окна: «Игорь, домой», и мальчик покорно пошел на голос. Он был победителем, но как бы не осознавал этого, не бахвалился, не выставлялся, легкой походкой, со светлым лицом шел домой по приказу матери. Ей нравились его лицо и его улыбка. Тогда впервые услышала она это имя — Игорь.

В вагоне метро она столкнулась со старостой курса. Та была лет на пять старше Вики, вид имела прожженный. Работала секретаршей на кафедре языкознания. Староста сразу зашептала Вике на ухо: «Он женатый, есть дочка, жена у него стерва и алкоголичка, работают вместе». — Ты о ком? — удивилась Вика, на редкость в некоторых случаях непонятливая. — Я о доценте, который сегодня читал. Мне его лекция не понравилась, да и всем не понравилась, его никто не слушал. Я тебе на всякий случай говорю — предупредить.

Вика ничего не возразила. Настроение у нее сильно поднялось и, идя от метро к дому, она напевала причудливую мелодию из половецких плясок.

Он подошел незаметно, Вика даже слегка вскрикнула, когда он ее окликнул. — Вика! Имя ее было ему известно - почти после каждой лекции она подходила к нему с вопросами. Для многих было странно, откуда могут взяться вопросы, если лекция полностью непонятна. Игорь Юрьевич читал довольно бессвязно, по какому-то одному ему известному плану. Свой и без того тяжелый материал умудрялся сделать просто неподъемным. Студенты, почти не замолкавшие на его лекциях под предлогом, что слушать их бесполезно, уже ходили на него жаловаться в деканат, но, бог ведает почему, видимых последствий эта жалоба не возымела. Все оставалось по-старому. Лектор, стоя возле Вики, читал лекцию для нее одной. Она радостно, с пониманием кивала. Перед каждой лекцией Вика заранее прочитывала учебник, знала, о чем пойдет речь, и с восторгом следила за интерпретациями Игоря - так про себя называла она любимого профессора. Порой он залетал в такие дебри, что дух захватывало, от какого-нибудь славянского корня уносился к огням, согревающим создателей древних Вед, приводил парадигматический ряд из санскрита, старолитовского, задевая попутно тюркские наречия. Вика воспаряла вместе с ним под шум и хихиканье аудитории.

Идя в одиночестве в институт, она предвкушала эти восхитительные мгновения и улыбалась.

— Вика, - сказал кто-то рядом.

От неожиданности она вскрикнула. Напротив нее, очень серьезный, в очках и с небольшим портфелем в руках, стоял Игорь Юрьевич. Бросив быстрый взгляд на ее заливающееся краской лицо, он опустил глаза и произнес: «Можно составить вам компанию? Нам по дороге - ведь вы в институт?» В этом месте Вика как бы очнулась и поспешно закивала. Говорить она еще не могла. Тем красноречивее казался собеседник. Он предложил показать ей неизвестную дорогу к институту (на что она снова кивнула), и, свернув за угол, дернул за дверцу облупившейся калитки. Старая ржавая калитка заскрипела, как избушка на курьих ножках, и неожиданно открылась. Они вошли.

За калиткой оказался прекрасный парк с раскидистыми деревьями и зелеными приветливыми лужайками. Они шли по парку параллельно обычной дороге в институт, проходившей через оживленную магистраль и жилой комплекс, и Вика не переставала удивляться - почему никто даже не догадывается о существовании этого чуда в двух шагах от привычной студенческой тропы. Ей очень хотелось, чтобы парк не кончался и путь их по нему был подлиннее. Но, увы, чудо растянулось всего на несколько минут неторопливого шага. Все это время профессор («Игорь» - называла про себя Вика) рассказывал о какой-то любопытной статье, прочитанной им в «Вопросах языкознания» и взбудоражившей его мысль. Когда они вышли из заколдованного места через такую же, как при входе, незаметную ржавую калитку и смешались со студентами, спешащими в институт, Вике показалось, что она спустилась сюда из другого мира. Вспомнилась «Золушка», кадры фильма, когда Золушку и принца помещают на несколько мгновений в волшебный сад. Принц говорил тогда что-то романтическое, но для Вики и пересказ статьи из ученого журнала звучал как сладчайшая музыка. Она лихорадочно вникала в смысл мудреных слов, а в душе, между тем, пело; душа радовалась приобщению к высшим сферам, полету мысли, своему избранничеству.

Возле киоска с мороженым профессор внезапно остановился. Вика встала поодаль. Он ткнул пальцем в какой-то предмет на стеклянной витрине. Продавщица подала, он расплатился. Вика с удивлением увидела у него в руках пакет с морожеными овощами. Он спрятал его в портфель, виновато покосившись на Вику. Жена поручила — мелькнула догадка, он — чужой. Но счастье не уходило, Вике все равно было хорошо. Какая разница, с кем он живет, кто ему готовит обед и дает домашние поручения, какая разница, есть у него жена или нет? Она, Вика, чувствует, что ему с ней хорошо, легко и беззаботно. Чего же еще ей надо?

По дороге домой в метро к ней снова подошла староста. В вагоне было полно народу, и она шептала прямо в Викино ухо: «У него дочка пяти лет, с женой живет плохо, скандалят. Она вчера пьяная заявилась на кафедру, был шум, он ее отвез домой, похоже, что разбегутся.» Вика пожала плечами. Теперь ей не нравились эти разговоры. Было неприятно, что староста не за ту ее принимает. Извинившись, она стала пробираться к выходу.

По окончании института Викторию Гликман выпихнули в школу. На кафедре языкознания, где она писала диплом, ее не оставили. Заведовал кафедрой ярый юдофоб, не желающий принимать евреев даже не по указанию свыше, а по велению своего сердца. Вике всего горше было, что Игорь Юрьевич, бывший ее руководителем и высоко оценивший ее дипломную работу, ни во что не вмешивался, был отчужден от всех ее дел, будто Викина судьба его не касалась. Вика прочла о результатах конкурса в аспирантуру на доске объявлений. Ее в списке не было. Оказавшаяся тут как тут староста объяснила, что взяли двух своих, по протекции. «Твой тебя не защищал, — шептала она, — на кафедре у него шаткая позиция, заведующий против него настроен, видит в нем претендента на свое место. Ты не плачь и не грусти, — сказала она напоследок, — может, оно и к лучшему, у них с Клавкой снова лады». Вика, которой очень хотелось заплакать, сдержалась, поблагодарила старосту за сочувствие и пошла к выходу. С институтом ее больше ничто не связывало.

Лет через пять после этого, уже учась в аспирантуре института культуры, Вика неожиданно встретила Игоря Юрьевича в книжном магазине на улице Горького. Он несказанно обрадовался, просиял, потянул ее за рукав к выходу, и они пошли по заснеженным московским бульварам. Был ранний вечер, слегка снежило, начали зажигаться фонари. Игорь увлеченно рассказывал о своей работе. Оказывается, вот уже года три как он заведует кафедрой в их институте. Прежний заведующий ушел на пенсию.

Знаете, я часто вас вспоминаю. — произнес он, искоса взглядывая на Вику. — В этом году взял аспирантку Гутман. Фраза повисла в воздухе. Вика никак на нее не отозвалась — до нее не сразу дошел ее смысл. Не поняла она и еще одной фразы, сказанной со значением. Когда они были уже в метро и сели на скамью, отдыхая после долгой прогулки по морозным улицам, он неожиданно и невпопад произнес: «Дочку я никогда не оставлю».

Просидели они на скамье довольно долго. Было впечатление, что он забыл про время и про все остальное. Его живой взгляд светлел, останавливаясь на Вике, и он говорил, говорил. Давал советы по ее теме, рассказывал про написанные и задуманные статьи, про книгу, которую хотел написать. Вика поднялась первой. Протянула ему руку, мокрые варежки лежали в сумке. «До следующей встречи!» Он глядел странно, но ничего не добавил к этим ее словам. Подъехал поезд, и она села. В окне вагона было видно, что Игорь застыл у скамейки, и ей показалось, что взгляд у него теперь, когда нет ее рядом, совсем другой. Взгляд у него потухший.

Потом началась эпоха писем. Писала она, он отвечал. Она поздравляла его с праздниками — майскими, октябрьскими, новогодним, представляла, как жена его вынимает письмо из ящика и кричит саркастически: «Игорек, опять твоя сумасшедшая студентка», а он быстро подходит и, не отозвавшись на реплику, берет у нее письмо. Отвечал он регулярно. В ящике стола у Вики скопилась довольно большая пачка писем. Ее муж — а она к тому времени вышла замуж за коллегу-аспиранта - приносил ей письмо с неизменным комментарием: «От твоего экс-профессора». Муж не был человеком ревнивым. Да и к чему ревновать? Ничего осязаемого, грубо-материального их с Игорем не связывало. Только изредка, когда посещала Вику нечаянная радость, вспоминала она — по сходству — ощущения, испытываемые когда-то в его присутствии, и крепче прятала их в душе, на самое ее донышко.

Но переписке пришел конец, и по ее вине. В одном из своих писем написала Вика — бес попутал — о том, что вот уже три года замужем и растет дочка Катя. Ответ пришел не скоро, да какой... Обычно добродушный тон его писем взорвался гневом и обидой. Ясно было, что в обиде он на Викино замужество и долгое сокрытие этого факта. Но прямо он этого чувства не выражал, о нем можно было догадаться по странным экспрессивным оборотам, типа: «Отвечаю вам тем же концом да по тому же месту». Или: «Вам, сударыня, подошло бы играть во французском водевиле» (написано было хлеще, но Вике запомнилось так). Вика поняла, что переписке конец, и расстроилась. Не видела она за собой никакой вины. Хотя, если покопаться в подсознании, может, и была у нее тщеславная женская мыслишка, когда написала ему про свое замужество, дескать, не залежалый товар, цену свою имею. Но как, — думала она, — ее замужество соотносится с Игорем? Ведь и он женат. Почему он так, по-видимому, жадно хотел, чтобы она прожила свою жизнь без мужа и детей?

Еще один раз видела она его в Ленинке, много после его нервно-саркастического письма. Игорь стоял в коридоре и разговаривал с каким-то студентом. Студент на него наскакивал, он нехотя отбивался. Судя по повадке — уверенной и спокойной — продолжал он пребывать в должности завкафедрой. Поубавилось волос, пополнел, сменил роговую оправу очков на тонкую металлическую. Она прислушалась к голосу, к интонациям — они не изменились. Вике очень захотелось подойти, хотя бы попасть ему на глаза, но она не решилась. Подумала, что плохо сейчас выглядит, что неудачная прическа, что в другой раз. Она надеялась долго ездить в Ленинскую библиотеку — собирала материалы для книги. Но оказалось, что все материалы можно было заказать на дом, и это ее посещение в сущности было единственным. Подрастали дети, сын гонял во дворе велосипед, дочка Катя кончала школу.

В Америку уехали они неожиданно. Мужа пригласили читать лекции в Гарварде. Америка, как ей и полагалось, затянула и не отпустила. Благом было то, что Вика могла здесь работать по специальности. Русских в Бостоне было столько, что она не удивлялась, когда, набрав по ошибке неправильный телефонный номер, натыкалась на русскую речь. Дети русских нуждались в учителе, чтобы поддержать их хиреющий на чужой сторонке русский язык. Ходили к Вике и американцы, в основном чудики, расслабляющиеся таким образом от занятий коммерцией. Майк был одним из чудиков, он первый из ее учеников добрался до имени Игорь в учебной книжке. «Игорь», — прочитал Майк…

Летом Вика с детьми поехали в Россию. Они вышли из метро и пошли вдоль длинного забора. Путь был довольно безлюден, изредка навстречу шли группки говорливых студентов, спешащих к метро. Катя и Даниил, держась за руки, бежали впереди. «Подождите», — Вика, хитро прищурившись, тронула рукой ржавую калитку. Она подалась, к Викиному удивлению, и они вошли в сад. Он был совсем такой, как тогда, каким остался в Викиной памяти. Только кое-где под деревьями появились белые скамейки, которых раньше не было. На скамейках никто не сидел - день был прохладный и ветреный, пенсионеры прятались по домам. Вика в нарядном белом платье присела на скамейку и сидела так несколько минут. Дети ее торопили. Они вышли из крошечного садика и вошли в здание института. По роскошной мраморной лестнице (здание строил сам Казаков!) поднялись на третий этаж. Теперь уже Вика шла впереди. Катя и Даня притихли и говорили друг с другом шепотом.

Возле двери со знакомой табличкой Вика остановилась. За дверью, судя по всему, шел ремонт. Доносились запахи краски, входили и выходили студенты в запачканных рабочих халатах, с озабоченно-скучающими лицами. В один из таких выходов Вика, осмелев, просунула голову в дверь и оглядела диспозицию. За столом возле окна сидела какая-то женщина, показалось, немолодая. Они вошли. Вика представилась, сказала, что из Америки. Женщина внимательно на нее посмотрела. Вике бросилась в глаза ее неестественная чернявость. «Вы …случайно не Гутман? — вопрос удивил саму задававшую, Вика закашлялась. Чернявая, казалось, не удивилась. — Гутман в отпуске. Вы — к ней?

— Я, собственно, ни к кому. Показываю детям свою alma mater. У нас читал Игорь Юрьевич. Он сейчас… сейчас он… Она не знала, как закончить. Женщина помогла: «Читает. Да, он сейчас читает первокурсникам. А я его дочь.»

Вика прекратила кашлять. — Дочь? Ей было странно, казалось, что женщина ее ровесница. Какой же тогда сам Игорь? - мелькнуло в голове. — А это мои дети, — и она подтолкнула вперед Катю и Даню. От растерянности Даня сказал «хай». Женщина, видно, не поняла, возможно, у нее возникла та же неприятная ассоциация, что и у Вики, когда она только приехала в Америку. Тогда ей мерещилось в американском приветствии сходство с фашистским «Хайль, Гитлер». Наступила пауза. Вика заторопилась. Когда они были уже в коридоре, дверь открылась и Чернявая устремилась к Вике. — Простите, от кого я должна передать привет отцу? Она смотрела на Вику изучающе, с некоторым неодобрением, как смотрят русские на чуднЫх заморских гостей. Ее явно раздражали и Викино нарядное белое платье, и ее моложавость, и «обамериканившиеся» дети. Но почему-то она стояла над ней и ждала, когда Вика ответит. Вика начала: «Скажите — от студентки, которая… у которой… с которой… Она остановилась и закончила: «Скажите — от Вики, он помнит мое имя».

И они начали спускаться по ступенькам, Даня бежал впереди, Катя взяла мать под руку.

На следующем занятии Майк снова читал тот же текст. Он сделал все те же ошибки. Снова прочитал «Игор» с ударением на втором слоге. Вика опять его не поправляла. Она задумалась, залетела на минуту в облака, как говорил Даня. Ей представилось, что есть где-то место, где вещи и люди не стареют и не умирают. Там, в этом мире, она когда-нибудь встретится с Игорем. «Обязательно», — произнесла она вслух, и Майк посмотрел на нее с удивлением.

Сентябрь 2002, Бостон

Ирина Чайковская

Оправдание

«Здравствуй, я звоню тебе из Рима. Ты не представляешь, как прекрасен Рим в эти рождественские дни. Как блестит и переливается огнями площадь Испании, как замысловато украшена ее знаменитая лестница. А театральные представления на площади Навона, а Пинчо! Ты хочешь сюда, ко мне? Из своей неуютной (или уютной) московской квартиры? От своего одиночества (или от своего мужа и детей). Эх, если бы я мог перенести тебя за многие километры, через поля и леса, а также моря и горы!» Все это я проговариваю мысленно за те несколько минут, пока в телефонной трубке звучит: «Алло, я слушаю! Говорите! Говорите же! Я вас не слышу. Извините, но вам придется перезвонить». Я кладу трубку на рычаг, в ушах еще звучит твой голос, твои недовольно-раздраженные, но такие певучие интонации. Счастлив ли я в этот момент, трудно сказать. Но вот уже двадцать лет я звоню тебе регулярно то из Нью-Йорка, то из Калькутты, а то с Соломоновых островов. Я не знаю о тебе ровно ничего, даже замужем ты или нет. Двадцать лет назад в каком-то занюханном портовом киоске в Калифорнии я случайно купил русскую газету и наткнулся в ней на твою статью. Статья была о каком-то современном художнике, на картинке была изображена гитара. Я поначалу увидел только картинку и подумал, что не гитара это, а женщина, а потом углядел под статьей твою фамилию. Я сразу все вспомнил, у меня заныло внутри, и я написал «письмо в редакцию» с просьбой прислать твой телефон. Странно, но они прислали. С тех пор я звоню тебе с регулярностью своих переездов из всех городов мира. Лекции, семинары, коллоквиумы требуют моего присутствия то на Аляске, а то на Мадагаскаре. Я физик-теоретик, создавший свою «картину мира», во многом опровергающую эйнштейновскую. Я еще молод и достаточно мобилен, мое имя завораживающе действует на интернациональных коллег, и без меня не обходится ни один более или менее значительный теоретический симпозиум. После заседания я обычно брожу по незнакомому (или знакомому) городу, впитываю впечатления, затем покупаю телефонную карточку, ищу уединенный автомат, набираю твой номер и... «Алло, я слушаю. Говорите. Говорите же. Я вас не слышу. Извините, но вам придется позвонить еще раз». В этом месте ты вешаешь трубку. Я кладу свою на рычаг и возвращаюсь в гостиницу.

Я учился в одном классе с твоим братом. После уроков мы шли с ним к вам домой «кормить эту зануду». Он разогревал обед и звал тебя к столу. Ты сидела в углу, на диване, уткнувшись в очередную толстую книжку или тяжелый альбом. К столу шла нехотя, почти ничего не ела, на мое присутствие не реагировала. Меня разбирало любопытство: что там в твоих книжках и альбомах. Однажды я выхватил альбом из твоих рук и взглянул на иллюстрацию. Там была голая женщина, она лежала спиной ко мне, лицом к зеркалу, в котором частично отражалась. Я не ожидал такой картинки, даже присвистнул, а ты, ужасно покраснев, назвала меня «тупоголовым идиотом» и, подхватив альбом, с независимым видом проследовала к своему дивану. С тех пор я больше к вам не приходил, хотя Сережа, твой брат, настойчиво меня звал. Понравилась ли ты мне? Мне было двенадцать, тебе на три года меньше. Наверное, ты была тогда «гадким утенком», но лебедем я тебя так и не увидел. Ты мне понравилась «гадким утенком», понравилась сразу и навсегда. Наверное, я сильно изменился за эти годы — из нелепого подростка превратился в респектабельного джентльмена, с «хорошим» славянским лицом и уверенной походкой. Но, увы, ты была права, назвав меня «тупоголовым идиотом». Я так и не научился понимать живопись, да и в жизни, в личной моей жизни, мне не слишком везло. Был я три раза женат, наплодил детей, живущих со своими мамашами во всех частях света, но жил и живу с ощущением одинокого странника, лишенного дома и очага. Та единственная, которая могла бы дать и то и другое, осталась где-то там, на просторах детства. И вот я пытаюсь вызвать тебя из твоего небытия, вернее, из незнакомого и враждебного мне московского бытия. Я безмолвно взываю к тебе, я признаюсь тебе в любви и приглашаю в путешествие. «Извините, но я вас не слышу, перезвоните, пожалуйста».

Твой голос за эти двадцать лет почти не изменился. Интонации, — пожалуй, да. С годами они стали раздраженнее, нервнее. Правда, сейчас я начинаю замечать, как они становятся все мягче. Ты просишь, даже молишь, чтобы я отозвался, тебе так хочется услышать меня, понять, чего я от тебя хочу. Ты уже научилась распознавать мои звонки, и я не удивлюсь, если ты называешь меня своим подружкам (или мужу) «мой Петрарка». Да, наверное, именно так ты меня называешь. Возможно, я даже помогаю тебе жить. Когда тебе плохо, когда случается беда или размолвка (с мужем? с детьми?), возможно, ты говоришь себе: «Есть человек, который меня любит, но боится в этом признаться», и это дает тебе силы для жизни. Люблю ли я тебя? Я люблю тебя всей силой моих детских мечтаний и грез, люблю, «как сорок тысяч братьев любить не могут», и это чувство — единственное мое оправдание в жизни. Да, единственное. И если детские сказки окажутся правдой и меня призовут на Страшный суд, одно слово, которое смогу я извлечь из себя в свою защиту, будет «любил».

Услышишь ли ты когда-нибудь мой голос? Не знаю. Со временем во мне пробудился страх. Я боюсь, что окажусь не тем, кого ты ждешь, что снова сыграю роль «тупоголового идиота». К тому же муж, дети, не верится, что ты осталась одна. И вот я звоню тебе из Нью-Йорка: «Дорогая, я хочу пройтись с тобой по этому марсианскому городу, показать фантастические планы и ландшафты, погулять по ночному Бродвею. Ау, ты слышишь меня, ты слышишь барабанный стук моего сердца?» И твой такой знакомый голос, идущий навстречу: «Алло. Я слушаю. Говорите! Говорите же!» Ты молчишь и прислушиваешься. Ты ловишь мое дыхание. Ты рисуешь себе мой скрытый от тебя образ. Ты уже почти любишь меня. «Извините, но я вас не слышу». В твоем голосе отчаяние. «Перезвоните, пожалуйста». И ты медленно, очень медленно вешаешь трубку.

Январь 2001, Солт-Лейк-Сити

In Chiesa и другие рассказы из итальянской тетради

Ирина Чайковская

Лючия

Жарко было, нестерпимо жарко. Духота, не освежаемая ветерком. Гриша, сидевший в майке на своей кровати, начал плакать, повторяя одно и то же: «Мне жарко, мне жарко, мне…» «Хватит,- прикрикнула на него Алла, — Пошли», — и она подтолкнула его к двери. Они вышли на безлюдную улицу. Вообще эта улица не была безлюдной, как раз наоборот, здесь обосновалась банкарелла, итальянский базар, она была шумной и многолюдной, но не в этот час. В этот час — было три пополудни — на ней никого не было, складные торговые палатки разобрали, на раскаленном асфальте валялся разнообразный банкарельский сор. Шло время раннего помериджо, когда люди или отдыхают, подставив темя освежающему вентилятору, или спят лицом к прохладной стене.

Алла тянула маленького Гришу, пот застилал глаза, солнце слепило, укрыться от него на улице, зажатой с обеих сторон каменными домами, было негде. Они свернули направо и стали подниматься в гору, здесь была тень, за забором с двух сторон росли пинии и ярко-зеленый глянцевый кустарник. Можно было перевести дух. Наконец, начался очень крутой подъем — Алла поднялась в горку по ступенькам, а Гриша вбежал на нее отвесно, и они достигли каменных ворот, закрытых на щеколду. Воздух стал заметно свежее и влажнее, ощущалось близкое присутствие моря. Его не было отсюда видно, но оно расстилалось внизу, за Campo degli ebrei, еврейским кладбищем, которое начиналось сразу за каменной оградой дома, куда они пришли. Алла отодвинула щеколду, и они вошли во дворик.

Алла огляделась. Хозяйки не было, все остальное было на привычных местах. Возле дома на протянутой веревке висело белье, дряхлая Лесси приветствовала их с Гришей бессильным жидким лаем. Гриша подбежал к собаке, а Алла села за каменный стол возле дома. Здесь было даже прохладно. Стол стоял в тени, да и с моря дул бриз. Алла закрыла глаза и просидела так несколько секунд, блаженно, ни о чем не думая. Внизу, с подножья взгорка, послышалось тарахтенье машины. Это Лючия на новом фиате совершала свой ежедневный подъем к дому. В который раз Алла подумала, что Лючия не чета ей - molto brava - не боится ни крутого подъема, ни жизненных передряг. Одинока, но всегда окружена людьми, вечно всем помогает — вот и дом этот после своей смерти завещала пожилым, уже не способным работать священникам, не имеющим ни семьи, ни угла. Как ей это удается? Ведь старая, не слишком образованная, мало что видела. А внутри — покой, незыблемость, то, что сама она на своем незамысловатом итальянском называет «serenita,» такого слова и нет на русском — разве что «солнечность»…

В калитку входила Лючия, с большой пластиковой сумкой в руках, она приветливо кивнула Алле, устало подошла к столу, поставила на него сумку, тяжело присела на лавку. Алла знала, что после обеда Лючия - церковная активистка — развозит продукты по бедным семьям. Откуда берутся силы на такое в несусветную полдневную жару? Немного передохнув, Лючия вытянула из сумки перевязанный веревочкой пакет и направилась к Грише, сидящему на корточках рядом с собакой.

— Эй, джованотто, смотри, что я тебе принесла!
— Чикита?
— Чикита. Ну ты и догадлив!

Оба захохотали. Связка «чикиты» — особого сорта эквадорских бананов — была постоянным Лючииным подарком для Гриши. Сама она их не ела, считала «ребячьим угощением», да и вообще не тратила на себя ни одного лишнего сольдо. Алла подумала, что, если бы ни Лючия, Гришуня вряд ли бы лакомился дорогими бананами. Она понимала, что они с Гришей пришли не вовремя, Лючия должна сейчас по своему распорядку часика два поспать, чтобы потом снова неутомимо приняться за дела…. но жара, что Алла могла поделать с этой жарой? Выдержать ее в их с Гришей жилище под самой крышей было свыше сил. «Гришуня прямо плавился»,- оправдывала себя Алла, глядя в немного настороженное, хотя и приветливое лицо Лючии, которая снова села с нею рядом. «Мы ненадолго, Лючия,- я подумала,- что сейчас могла бы записать твои рассказы».

— Рассказы? Да ты уже сто раз их слышала. Это про то, как еврейский Савл стал апостолом Павлом?

— Совсем нет, Лючия, не про Савла-Павла, а про тебя. Расскажи по порядку, как родилась в Кастельфидардо, как росла без отца, как работала с матерью по чужим семьям, как в войну стала медсестрой, как выиграла в лотерею и купила этот дом рядом с Campo degli ebrei...

— Погоди, погоди, да ты вон уже все знаешь. Я же вам с джованотто - Лючия указала на Гришу, который лениво раскрывал банан, — уже сто раз рассказывала — и про лотерейный билет, и про дом, и про свое замужество...

— Про замужество? Про замужество я, хоть и слышала, но не все запомнила, надо бы записать. Алла вытаскивала из сумки заготовленный лист бумаги и ручку. Ну, Лючия!

Лючия начала привычный рассказ, Алла пыталась в него вслушаться, но что-то ей мешало. Параллельно голосу Лючии звучал какой-то другой, рассказывающий ту же историю, но по-иному. К тому же Лючия говорила на местном анконитанском диалекте, многие слова которого Алле были просто не понятны. Она оставляла на листе зияющие пробелы, в надежде когда-нибудь их заполнить.

Хотя кому и когда это может понадобиться? Пригодится ли ей, Алле, в ее другой жизни, что когда-нибудь да начнется, история замужества малограмотной старой итальянки из глухой итальянской провинции? Ответа она не знала. Записывала, потому что нужно было хоть как-то оправдать их с Гришей неурочное появление у Лючии в нестерпимо знойный час итальянского померилджо.

Лючия вышла замуж неожиданно — и для себя, и для своих товарок-медсестер, с которыми вместе работала в больнице. Как это ни печально, но ее замужество совпало с трауром по матери, умершей незадолго до того. Была Лючия смолоду скрытна, не очень многословна, дичилась проказливых игривых подруг, которые однако именно ей любили поверять свои сердечные тайны. Была в ней какая-то скрытая невидимая сила, выделяющая ее из прочих. Рослая, очень прямая, с серьезным, даже немного суровым выражением лица, она смотрелась намного старше своих ровесниц. Мало кто с первого раза угадывал в строгом взгляде карих Лючииных глаз спрятанные в них доброту и искринки смеха. Окружающим казалась она слегка блаженной, да и история с выигрышным лотерейным билетом сделала ее почти легендарной личностью. История была такая. Знакомая медсестра предложила Лючии поучаствовать во всеитальянской лотерее, объявленной в газете. Лючия, поколебавшись, — она не любила подобных затей, — все же согласилась и продиктовала той свою цифровую комбинацию. Потом она об этом забыла и вспомнила, когда уже лотерея прошла. Случайно на обрывке старой газеты прочла она набор цифр, выигравших крупную сумму. Не сразу до нее дошло, что именно ее билет оказался выигрышным. Когда же пришло осознание, головы она не потеряла. Сумма была большая. На ее часть она купила себе с матерью дом на границе с Campo degli ebrei, давно хотелось ей жить около моря. Оставшиеся деньги потратила, заказав места на кладбище для себя, матери и всех своих еще живущих родственников. Так она стала «невестой с приданым» — все же свой дом для Италии не шутка. Но прилива женихов не наблюдалось. Как-то стояла она возле банкарельного лотка, перебирая текстильную мелочь. Неожиданно над ее головой раздался мужской негромкий голос: «Что синьорина ищет в этой куче? Уж не жемчужное ли зернышко?» Она подняла глаза и в двух шагах от себя увидела довольно высокого плотного человека с уже седеющей головой. Видно, ему стало неловко за незлую насмешку, прозвучавшую в вопросе, он закашлялся. А Лючия тем временем раздумывала, нужно ли его «срезать», что она обычно делала в таких случаях, или стоит подождать продолжения и промолчать. Она промолчала. Незнакомец, оправившись от кашля, продолжал: «Пожалуйста, не принимайте меня за назойливого нахала, но можно оторвать вас на пару минут от этого барахла?» Лючия ни жива ни мертва отошла в сторонку от толпы, окружавшей лоток. Ее сознание фиксировало, что соседей и домашних поблизости нет, но банкарельщик, как ей показалось, на нее покосился. Незнакомец, подходил к ней, смущенно потирая переносицу. «Синьорина, открою вам свои карты. Я вдовец, у меня трое совсем взрослых детей. Вы мне понравились.» В этом месте Лючия недоверчиво на него взглянула. Ей шел сорок четвертый год. Никогда не была она красавицей, женское кокетство было ей не свойственно. В то же время мать бесконечно ей твердила, что все мужчины хотят от женщин лишь одного, что дурят бедняжкам голову разными прельстительными обманными словами и что нужно быть начеку и уметь обороняться. Лючия сжалась в комок. А незнакомец, поймав ее взгляд и как-то по-своему его истолковав, продолжал: «Да, синьорина, я понимаю, что староват для вас. Но я здоров, у меня неплохая работа, я работаю в полиции, и есть свой дом.» Лючия перевела дыхание. Никогда до этого ни один мужчина не объяснялся ей в любви, она даже не предполагала, что может кому-то понравиться. В последнее время мать чувствовала себя неважно и частенько заводила разговор о необходимости замужества для Лючии. Обычно она связывала этот предмет со своим скорым уходом и с домом, которым теперь владела дочь. На дом, мол, женихи найдутся. Но вот у этого есть свой дом, но он все равно подошел к ней, к Лючии, значит, что же — действительно она ему понравилась? Лючия так глубоко задумалась, что пришла в себя, лишь когда поняла, что уже несколько минут они оба молчат. Он стоит и ждет от нее ответа, причем взгляд у него довольно жалкий и растерянный. Вспомнив, как в таких случаях вели себя ее товарки, Лючия быстро достала из сумки записную книжку, вырвала из нее листок и записала на нем свой домашний телефон. На этом они распрощались. Только когда незнакомец скрылся из виду, Лючия подумала, что не знает его имени.

Он позвонил в неудачный день. В день, когда матери Лючии стало совсем худо. К вечеру она умерла. Лючия даже не смогла подойти к телефону, соседка Антония шепнула ей, что звонил какой-то Джакомо Джакометти, спрашивал «синьорину» Лючию. По этой-то «синьорине» Лючия легко догадалась, кто такой этот Джакомо Джакометти.

В день похорон матери, 24 апреля, Лючия видела Джакомо в толпе возле дома. Он поклонился ей издали, в руке он держал маленький букетик весенних фиалок. Лючия так и не поняла, для кого предназначались эти цветы, для нее или для умершей матери. На кладбище, куда ехали на специальном автобусе, Джакомо она уже не видела. Кладбище располагалось за городом, в долине. Запах влажной, уже пробудившейся от зимнего оцепенения земли ударял в голову. Огромное, залитое солнечным светом, но мрачноватое кладбище было пустынно. Гроб с телом матери поставили на второй этаж каменного склепа, третий этаж предназначался для самой Лючии и родственников.

Вернувшись после похорон в пустое жилище, Лючия бросилась в одежде на кровать и долго, в голос, плакала. Ей не нравилось место, где она оставила мать, было оно неприглядным и страшным, и ей не хотелось со временем улечься в нишу на третьем этаже мрачного склепа. Как мало осталось жизни, как много уже прожито, но ничего, ничего из прожитого не хотелось ни вспоминать, ни длить в памяти, ничто не давало чувства радости или хотя бы светлой грусти. Разве что - Лючия чуть умерила рыдания — разве что маленький букетик фиалок в руках у полузнакомого мужчины. Почему он, этот Джакомо Джакометти, не подошел к ней, кому предназначались его цветы? Лючия так и заснула, не раздеваясь, с этим странным вопросом в голове.

Прошло чуть больше месяца - Джакомо не появлялся. Лючия и рада бы была не думать о нем, да не шел он у нее из головы. Впервые за всю ее жизнь встретился ей человек, которого трудно было бы назвать «пустозвоном» или «шалопаем» — так Лючиина мать определяла всех без разбору холостых мужчин. К тому же Лючии понравились его голос и повадка, временами — Святая Мадонна — ей даже чудилось, что обними ее такой вот, как Джакомо, и не было бы в этом стыда и непотребства. Ощущение стыда и непотребства возникало у нее всякий раз, когда к ней прикасались грубые мужские руки. Было это всего два раза в ее жизни, незадолго до встречи с Джакомо, когда мать, обеспокоенная одиночеством дочери, присматривала ей в церкви «кавалера». Первый раз это был тридцатишестилетний смазливый парень без определенных занятий, но с ворохом богобоязненных родственников — клан занимал целую скамью в церкви, во втором ряду, напротив самой кафедры Дона Паскуале. По словам семьи, парень был фармацевтом, но то ли не доучился, то ли заучился, понять было трудно. В течение многих лет его родственники громогласно заявляли, что «Артуро учится на фармацевта». Параллельно с ученьем Артуро вел довольно свободный образ жизни, однако каждое воскресенье неизменно появлялся на мессе к великой радости семейного клана. В одно из мартовских воскресений мать Лючии шепнула тетке парня, Клаудии, что Лючия слегка прихворнула, и неплохо было бы, если бы Артуро посоветовал ей какое-нибудь снадобье от ее хвори. Тетка пошепталась с Анжелой, матерью Артуро, обе решили, что в следующее воскресенье после мессы Артуро может прийти на обед в дом Лючии. Явился он точно к часу, Лючию неприятно кольнуло, что пришел он в дом с пустыми руками. Мать ей всегда твердила, что скупость — наихудший из пороков и что всегда можно найти дешевый пустяк, чтобы принести в чужой дом. Гость скользнул по Лючии невнимательным взглядом и тотчас поспешил к столу, уже накрытому к приходу гостя. Мать Лючии, насмотревшись за годы работы в богатых крестьянских домах на «светские приемы,» постаралась в грязь лицом не ударить.

Утром сходила она на рыбный рынок, купила недорого отличную красную рыбу-сальмоне и много креветок, в садике возле дома нарвала ранних специй-трав. Рыбу, обложенную травами, испекла в металлической фольге, креветки и эти же травы употребила для соуса к пасте. Соус гость выделил особо, ел он с превосходным аппетитом, попивал Россо Конеро - огромную его флягу привез за год до этого «полуродственник» из Монте Марчано - похваливал кулинарное мастерство Лючииной матери. Лючии запомнилось, как он несколько раз повторил, что варвары завоевали Рим исключительно из зависти к разнообразным вкусным и полезным травам, произраставшим в Италии. Лючия сидела молча, ела мало, гость не обращал на нее ни малейшего внимания. О Лючииной «хвори» речи не заходило, видно, семья Артуро верно поняла цели предстоящего визита. После обеда мать Лючии предложила «молодежи» погулять. Мартовское послеполуденное солнце припекало, но еще не жгло, сразу за домом начинались заросли, ведшие к Еврейскому кладбищу. Тут-то Артуро, ни слова не говоря, схватил Лючию за талию и попытался прижать к себе. Лючия почувствовала бесстыдные пальцы на своем теле, ее обдал тошнотворный запах выпитого вина и съеденной пищи, она с ужасом отпрянула и дико закричала; покрасневший и растерявшийся кавалер быстро ретировался. Лючия вернулась домой одна, мать внимательно на нее посмотрела и ни о чем не спросила.

Вечером мать Лючии, накинув на голову кружевную шаль, отправилась к священнику. Дон Паскуале жил на втором этаже приходской церкви. Мать Лючии застала его за подготовкой вечерней проповеди, на столе лежали раскрытая библия, очки, листочки с выписками. Маленькая комнатка была темноватой и неуютной. Анна хорошо знала Дона Паскуале, они родились в одном селе, Кастельфидардо, росли в соседних домах, по весне вместе с одноклассниками запускали воздушного змея — аквилоне. Паскуале тогда был ужасным непоседой и сорванцом, Анна помнит, как однажды они с ним долго тянули змея, и тот летал высоко в небе, а потом Паскуале нарочно выпустил веревку, и они упали — Анна и Паскуале - упали прямо друг на друга под гогот и шуточки одноклассников. Анна потом долго краснела, завидев Паскуале, а иногда даже пряталась от его, как ей казалось, назойливого взгляда. Так случилось, что отец Паскуале, сельский портной, отдал сына — подростка в духовную школу, что и определило его будущую судьбу одинокого бессемейного священника. Анна же очень рано вышла замуж за сына пекаря, рано овдовела, с маленькой дочкой на руках прислуживала в богатых семьях, лишь сейчас на старости лет зажила «как матрона» в собственном (Лючиином) доме. Каждый раз, видя Дона Паскуале в церкви и слушая его проповеди, Анна начинала сомневаться, уж тот ли это сорванец Паскуале, с которым они когда-то по весне запускали аквилоне. Дон Паскуале с каждым годом становился все строже и молчаливее. Он был образцом священника, сделавшего служение пастве своим прямым делом. Только не было в нем больше ни прежнего озорства, ни веселья.

Выслушав сетования матери Лючии, что дочь не пристроена, что ей, Анне, горестно будет уходить, оставив Лючию одну-одинешеньку, дон Паскуале вздохнул. У него оставалось всего несколько минут до вечерней мессы, но из уважения к Анне он говорил не торопливо, с участием. Нет, он никого не знает, кто бы мог подойти Лючии. И в голову не приходит. Люди стали очень развращены — и старики, и молодежь. Артуро? Но это самый неподходящий кандидат, нигде ни учится и не работает, слоняется по пиццериям и барам, его родители и рады бы сбыть свое сокровище с рук, да Артуро вечно где-нибудь да нашкодит, он, Дон Паскуале, уже устал от рыданий его бедняжки-матери. Нет, не видит он для Лючии достойного кандидата. Да и стоит ли ей, в ее уже немолодом возрасте, искать суженого? Не лучше ли остаться Христовой невестой? Дон Паскуале снова глубоко вздохнул и посмотрел куда-то поверх Анны. Там, над Анниной головой, висела старая черно-белая фотография — его молодые, счастливо улыбающиеся родители и он, длиннорукий и нескладный, словно чем-то озадаченный подросток перед воротами семинарии. Дон Паскуале поднялся, вежливо показывая, что аудиенция окончена, пора было на мессу. У дверей он замешкался, потом повернулся к Анне, и в темноте прямо перед собой она увидела его лицо. До этого он избегал ее взгляда. Анна ужаснулась, таким старым и безжизненным показалось ей лицо Дона Паскуале, так мертвы были его глаза. Они вышли из темной, похожей на келью комнаты на лестницу, где и распрощались. Дон Паскуале направился вниз по лестнице в церковь, а Анна через входную дверь попала на разогретую за день, еще светлую улицу, на которой шумела говорливая и пестрая банкарелла.

Несмотря на неутешительные результаты визита к священнику, мать Лючии продолжала поиски жениха для дочери. Ее внимание привлек служивший когда-то в трибунале адвокат Джованни, который со старушкой-матерью не пропускал ни одной воскресной службы. Вызывало удивление, как трогательно он привязан к матери, как бережно ее поддерживает, идя с нею к полдневной мессе. Разговор с синьорой Витторией у Анны не получился, глухота и тяжелый склероз мешали той понимать обращенные к ней вопросы. Тогда Анна обратилась непосредственно к синьору Джованни, не хотели бы они с матерью провести Пасхальное утро — в том году Пасха пришлась на 15 апреля — в их с Лючией доме за праздничным столом. Бывший адвокат слегка удивился предложению, но не отказался, а сказал, что подумает и непременно позвонит сегодня же вечером. Мать с Лючией ждали весь вечер обещанного звонка, но его не было. Позвонил он перед самой Пасхой, сказал, что матушка плохо себя чувствовала, поэтому он так задержался со звонком и что они непременно придут в дом Лючии в Пасхальное утро. Мать Лючии опять купила рыбу у знакомой торговки, снова нарвала в садике трав, вытащила огромную бутыль красного вина, привезенного из Монте Марчано молочным братом Лючии. Они ждали гостей все утро. Солнце играло на небе, с Еврейского кладбища раздавался женский смех, детские крики — сюда приезжали семьями на прогулку после праздничного застолья. Синьор Джованни с матерью появились только к вечеру, когда их уже не ждали. В согнутой подрагивающей руке синьора Виттория несла коробку с маленькой коломбой - пасхальным куличом. Поздний обед проходил скучно. Бывший адвокат молчал, искоса поглядывая на Лючию. Его матушка задремывала за столом. После обеда старушки остались в доме, а «молодежь», по предложению Анны, вышла на прогулку. Стоял светлый вечер. Полосы красного заката опоясывали высокое небо, которое плавно спускалось к морю. Лючия остановилась возле яркого, усыпанного желтыми листьями-цветами кустарника джинестры, ее кавалер в напряженной позе встал рядом. Обрывая цветочные листики-лепестки, Лючия чувствовала на себе цепкий оценивающий взгляд. Внезапно Джованни с молодой резвостью подскочил к ней и схватил за обнаженный локоть. Это было так неожиданно, что она вскрикнула. Побледнев как полотно и ни слова не говоря, бывший адвокат направился к дому. Оттуда, подхватив упирающуюся и ничего не понимающую матушку, под недоуменным взглядом Анны, быстро убрался восвояси. Лючия, заплаканная и несчастная, вернулась, когда уже стемнело. Эти два неудачных опыта общения с мужчинами убедили Лючию, что Дон Паскуале прав и что на роду ей написано быть Христовой невестой.

Прошло чуть больше месяца после похорон Лючииной матери. Лючия вернулась к своей прежней монотонно-спокойной жизни. Работа отнимала у нее много сил — она была сестрой в тяжелом — урологическом отделении. После ночного дежурства возвращалась Лючия домой по пробуждающемуся городу. «Синьорина»,- еще не подняв глаза, она узнала голос Джакомо,- «Можно я провожу вас? Куда вы направляетесь?» Лючия ответила, что идет домой после дежурства. «Хотите спать? А не то мы с вами прогулялись бы по вьяле - уж больно хорошее утро!» Утро действительно было чудесное. Солнечные лучи грели ласково и равномерно, дул свежий ветерок. В центральной части Италии необыкновенно хороши именно два предшествующих лету месяца — апрель и май. В них словно сфокусировалась вся восхитительная мягкость и дымчатая прозрачность воздуха итальянских предгорий. Лючия, сама себе удивляясь, утвердительно кивнула, говоря себе в оправдание, что выспаться она всегда успеет, и они с Джакомо через маленькую, окруженную пальмами площадь Кавура направились к вьяле - длинному прямому проспекту, ведущему к морю. Лючия уже забыла, когда была здесь в последний раз, может, девочкой.... Джакомо взял Лючию под руку, и это было так естественно, что она даже не успела удивиться. Проспект в этот ранний час был безлюден. Они бодро вышагивали по красивым узорным плиткам, среди пышной листвы, почти полностью заслоняющей солнце. Джакомо говорил о чем-то незначащем, но звук его голоса был приятен Лючииному слуху, она вслушивалась в звуки, в интонации, не в смысл. Ее удивило, что проспект, который когда-то казался бесконечным, кончился так быстро. Вышли к морю. Постояли на смотровой площадке наверху, потом спустились по петляющей в кустарнике каменной лестнице вниз к не совсем спокойному, темно-изумрудному морю. Усеянный галькой пляж был пуст, прибой обдавал их брызгами. Джакомо, повернувшись к Лючии, указал рукой куда-то наверх: «Узнаете? Вон там, за Дуомо, должен быть ваш дом. Отсюда виднеется поле и белая стена, а уж за ней…»

Ветер смешно растрепал его седеющие волосы, Лючия осторожно провела по ним ладонью. Оба притихли как школьники. Джакомо притянул Лючиины плечи к себе. Он хотел ей что-то сказать, его губы шевелились, а звук не шел. Большой, с седым ежиком волос мужчина чего-то испугался и заробел. Лючия чувствовала себя рядом с ним девочкой, но девочкой-повелительницей. Ее распирали два чувства — чувство счастья и чувство жалости к Джакомо. Она ответила на его не выговоренный вопрос: «Конечно, мы будем вместе жить в этом доме.» И она указала туда, где за зеленым полем, усеянным белыми камнями, располагался ее дом.

***

Алла не сразу вернулась к реальности. Чтобы перейти из того мира в этот, надо было, чтобы подошел Гриша и потянул ее за рукав: «Мне надоело, пойдем!» Алла стряхнула оцепенение, внимательно оглядела каменный стол, лежащую подле него Лесси, недовольного Гришу. Лючия встрепенулась. — Чего хочет джованотто? Устал сидеть? Пусть побегает по садику, там, слава Мадонне, уже не так жарко. Удивительно, как точно Лючия угадывала смысл того, что Гришуня говорил ей, Алле, по-русски. Гриша, оставив Лесси, вприпрыжку побежал к маленькому, туго заселенному фруктовыми деревьями и съедобными травами Лючииному саду. Алла снова начала вслушиваться в довольно монотонный рассказ Лючии. Та уже приближалась к концу повествования. Они с Джакомо очень быстро надумали пожениться. Он перевез к ней, Лючии, свои пожитки, а свой дом оставил младшей дочке, только что вышедшей замуж. В больнице, где Лючия работала, долгое время ничего не знали о перемене в ее жизни. Узнали, когда как-то вечером Джакомо зашел за ней в своей нарядной форме «марешалла»- начальника полицейской части. Медсестры и даже врачи забегали, зашушукались: «Кто это? Чей это?» Высказывались различные догадки. Тайна начала раскрываться, когда, закончив работу, Лючия подошла к улыбающемуся импозантному седеющему «марешаллу» и они вместе, рука к руке, покинули помещение. На следующий день Лючию с утра окружила целая толпа. Ей пришлось признаться, что вот уже две недели, как она замужем. Коллеги устроили в честь Лючии и ее Джакомо праздничную «чену» в ресторане «Il Vecchio Pirata», а больничное начальство подарило им целый чемодан с маркеджанскими винами. На этой кульминационной ноте Лючия закончила свой рассказ. История эта имела свое невеселое продолжение. Лючия прожила с Джакомо семь счастливых лет, потом муж ее заболел неизлечимой болезнью. Лючия не отходила от его постели, звала в дом врачей, знахарей, священников. Все было напрасно — болезнь не уходила. Все, что случилось после смерти Джакомо, Алле трудно было представить. Это была особая тема — тема, как смогла Лючия выжить, что удержало ее на земле, не дало отчаяться.

Гостям давно пора было уходить. Алла взглянула на Лючию: ту клонило в сон, глаза сами собой закрывались. Собрав листочки и запихнув их в сумку, Алла быстро поднялась и стала звать Гришу. Под бессильно-хриплый лай Лесси они вышли за ограду Лючииного дома.

Было около пяти часов, жара еще не спала, наоборот, солнечные лучи стали более прямыми и обжигающими. Поразмыслив, Алла повернула не домой, а в сторону Campo degli ebrei, где было много деревьев и, следовательно, тени.

Гриша шел за ней не охотно, он не любил долгих прогулок, к тому же он проголодался. Алла достала из сумки плитку шоколада:» Терпи, Гришуня, на ужин сварю тебе пасту с «морскими фруктами». Они уже выходили из зарослей кустарника на широкое зеленое поле, слева упиравшееся в громадную отвесную гору, а справа в крутой обрыв, за которым далеко внизу плескалось море. Это место с давних времен называлось Еврейским кладбищем. Оно и было когда-то, вплоть до XYII века, местом захоронения местных евреев, повсюду там и сям среди земли торчали белые каменные плиты с процарапанными на них странными еврейскими буквами-значками. Эти странные надгробия, чудом сохранившиеся на небольшой прибрежной полоске земли (большая их часть была поглощена обрывистым берегом и упала в море) выглядели как ископаемые ящеры, древние реликты ушедшей жизни и культуры. Алла, как и все, знала, что это заповедное место, купленное у города много столетий назад еврейской общиной, власти собираются превратить в городской парк. Пока этого не произошло, она часто приходила сюда, ее сюда тянуло. Ей казалось, что на этом давно заброшенном кладбище, которое в скором времени станет обычной землей, местом для прогулок, были захоронены ее предки, ее далекие не известные ей родичи, чьих имен она не знала. Не знала она и языка надгробных надписей, ходила в непонятном оцепенении от одного камня к другому, задавая себе один и тот же вопрос: «Этот? Или этот?» Кладбище не было безлюдным. Даже в этот неурочный час здесь было много народу — семьи кучками сидели и лежали на траве, дети бегали между надгробий, звенели звонки велосипедов. В сущности это место давно уже стало парком. Захороненные здесь кости сгнили и сделались частью почвы, осталось только собрать и вывезти могильные камни. Весной, когда возле древних камней зацветают дикие фиалки, сюда за ними сбегается целый город. Скорее всего, Лючиин Джакомо именно здесь нарвал свой букетик, который принес на похороны ее матери. Алла стала думать о Лючии. Ей, Алле, трудно ее понять, все противится пониманию — и возраст, и воспитание, и чужая культура, и не родной язык. Но бывают мгновения, когда Алле кажется, что она чувствует, ЧТО стоит за Лючииными словами, за ее многоречием или умолчаниями. У них с Лючией есть странная связь, не словесная, иная.

Алла помнит, как год назад Лючия взяла их с Гришей на загородную прогулку. После воскресного обеда посадила на свой тогда еще совсем новый фиат, и они помчались. Лючия, севшая за руль после смерти мужа, когда ей было за пятьдесят, вела машину смело, почти безрассудно. Ветер свистел в ушах, дорога вилась между гор. Остановились в горной лощине. Огромное пространство было огорожено оградой, сквозь решетки которой виднелись странного вида сооружения. Была ранняя весна, пахло землей. Лючия ввела их с Гришей за ограду, подвела к одному из темных многоярусных сооружений. «Здесь,- показала она рукой на уровне второго ряда,- лежит мама, а здесь,- она указала выше,- лежит Джакомо.» Она замолчала. Гриша показал на свободное пространство, рядом с заполненной ячейкой: «А здесь? Кто будет лежать здесь?» Он почти догадался, но не был до конца уверен в ответе, потому и спросил. «Здесь, — спокойно сказала Лючия,- буду лежать я.» И улыбнулась Грише. Она ничего не сказала Алле, но они посмотрели друг на друга, и Алла постаралась понять, чего от нее хочет Лючия. Нет, не спроста Лючия привезла их с Гришуней на это место, не спроста. Потом Лючия пошла к машине и вынула из багажника два небольших горшка с синевато-фиолетовыми мелкими цветочками. Она поставила горшки на землю подле темного камня. Вокруг, кроме этих цветочков, не было ничего живого — ни кустика, ни деревца, не было даже скамеечки, на которой можно было бы посидеть и погоревать. Все трое стояли и смотрели на трехъярусное чудовище. Гриша заскучал и начал ныть. Лючия, быстро на него взглянув, весело крикнула:» Эй, джованотто, скорее беги к машине, там в багажнике есть кое-что для тебя.»

— Чикита?

— Ну, ты и догадлив! И они оба захохотали. Потом той же виляющей в горах дорогой возвращались в город; Лючия снова гнала, и Алле пришло в голову, что так безрассудно мчаться по этой опасной дороге можно тогда, когда тебе уже ничего не страшно.

***

«Мам, пойдем домой — я хочу па-асту»,- тянул Гриша. Он устал от долгого пребывания вне дома — сначала у Лючии, потом на еврейском кладбище — проголодался и начал капризничать. Нужно было возвращаться. — Погоди минутку, сейчас пойдем!- Алла стояла на самой кромке вздыбленного обрывистого берега и смотрела на море. Было оно спокойно-величаво, безмолвно взмывали над ним чайки. Далеко-далеко за морем, за высокими горами и просторными долинами, за вековечностью долгих месяцев и мгновенных лет, лежит Аллина родина. Не достучаться до нее, не докричаться, вплавь не доплыть и чайкой не долететь. Чудным сном спит она в каменном чудище-склепе. Мерно качаются цепи на столбах.

Алла отвернулась от моря и оглядела раскинувшееся перед ней пространство. Замыкающую его могучую гору с отвесным склоном, зеленую траву, кустарник, деревья, белые камни с процарапанными на них непонятными надписями, людей, подставляющих загорелые тела уже убывающим солнечным лучам. «Пошли»,- и она взяла Гришуню за руку. Когда они поравнялись с Лючииным домом, к воротам подбежала Лесси и несколько раз пролаяла в их честь бессильным старческим лаем. Лючия, конечно же, еще спала, и Алла подумала, что когда-нибудь она обязательно опишет и Лючию, и историю ее замужества, и весь этот долгий жаркий июльский день… Это непременно, непременно будет в той ее новой жизни, которая когда-нибудь да начнется.

***

Апрель 2003, Бостон

Ирина Чайковская

Мечта о крыжовнике

Тот, кто ходит в правде и говорит истину... тот будет обитать на высотах.

(Исайя: 33, 15-16) 1.

1. Откуда она взялась

Моя мечта — о крыжовнике. Да, я, Алессандро Милиотти, шестидесяти восьми лет от роду, отец двоих детей и заведующий терапевтическим отделением больницы в городе А., мечтаю о крыжовнике. Это моя любимая мечта. Я понимаю, что для многих такая мечта — как клеймо на человеке. Люди мечтают о поездке на Гавайи, в Танзанию, на Мальдивы или хотя бы в Петербург. У кого-то мечта стать великим ученым, композитором, певцом. Другие мечтают прославиться, замелькать на телеэкранах, чтобы о них писали в газетах. А я... о крыжовнике. Но надо объясниться. Я люблю путешествовать и побывал уже во многих местах. На Гавайях, правда, не был, но в Петербурге довелось. Красивый город, волшебный, почти как наша Венеция. Великим ученым или там писателем я уже не стану, поздновато; говорят, из меня получился неплохой врач, спасибо судьбе и за это. А про славу зачем думать? Она или есть, или ее нет... в моем городе меня знают; смею думать, многие хотят лечиться только у меня, каждый день с утра и до вечера от звонков, конфетных коробок и благодарственных телеграмм нет спасенья. И что мне от этого? Только суета, нескончаемая работа без выходных и праздников, недовольство жены, невозможность побыть с внуками... Вот и сейчас пишу, когда на часах четыре часа утра. В семь поднимется жена и станет варить мне кофе, четверть восьмого я выйду из дома и по свежему, обдуваемому морским ветерком городу пойду в свою больницу... Но я отвлекся. Надо сказать, моя мечта возникла далеко не сразу. Вначале я прочитал у Чехова, моего любимого русского писателя, рассказ «Крыжовник». Прочитал и задумался. Почему Чехову так не нравится человек, который любит свой крыжовник? И что это за ягода такая — крыжовник? У нас в Италии она не произрастает. Татьяна, знакомая русская, с которой мы часто ведем литературные разговоры, объяснила мне, что для Чехова (как потом и для всех русских) крыжовник стал символом пошлости и мещанства. Дескать, человек уперся носом в свой клочок земли и больше ни о чем знать не хочет. Она не очень меня убедила. Я ведь родом из Севильяно, сын крестьянина в энном поколении. Все они, крестьяне, возделывают свой клочок земли, всем он дорог — где здесь мещанство или пошлость? И вообще, что обозначают эти русские слова — пошлость, мещанство? Татьяна сказала мне довольно зло (мне кажется, она злилась на соотечественников), что они, эти слова, обозначают сытость. Что ж, можно понять, что голодный, у которого ничего нет, ни земли, ни крыжовника, ненавидит того, кто сыт и кто всем этим владеет. Но Чехов, Чехов-то тут при чем? И насколько я знаю, у самого Чехова тоже был сад, он вообще был садоводом, я читал про его «сад непрерывного цветения» в Ялте. Так заронилась во мне эта мысль, пока только мысль, — о крыжовнике. И вот два года назад, летом, мы с женой поехали в Россию. Татьяна была нашим гидом. Когда-то много лет назад Татьяна жила в Петербурге, она работала там экскурсоводом и на одной из экскурсий познакомилась с милейшим Сандро. И вот теперь они наши соседи по дому в А. Про поездку в Россию писать сейчас не буду — отдельная тема. Скажу только, что Петербург и Москва показались мне сказочно прекрасными городами, но их жители выглядели людьми не вполне здоровыми, даже больными. Мне было их жаль и так хотелось облегчить их страдания, обозначенные на хмурых, неулыбчивых лицах.

Правда, эти больные неулыбчивые люди отличались редкой добротой и благожелательностью к нам, иностранцам. И были очень честны. Клаудия выронила из сумочки пятидолларовую бумажку, и какая-то сгорбленная до земли старушка ее подняла, догнала нас и протянула. Мы были потрясены. Мне кажется, в Италии такое невозможно. Но продолжу свой рассказ. Татьяна повезла нас к себе «на дачу», деревянный дом в деревне, где жила сухонькая юркая синьора — ее мать. А та повела нас в сад и быстро набрала с круглых, мощно-ветвистых кустов кружку каких-то незнакомых ягод.

— Что это?

— Кружовник (так правильно по-русски звучит это слово). — И она угостила нас с Клаудией крыжовником. Мне «кружовник» необыкновенно понравился. Крупные, продолговатые, зеленовато-красные ягоды, покрытые легким ворсом. Ягода напоминала одновременно и виноградину, и персик. А по вкусу... я ничего не могу придумать, чтобы обозначить этот вкус. Повторю только, что он был отменный.

И вот тогда моя мечта стала обретать очертания. Я в тот миг подумал, что когда моя работа подойдет к концу и мы с Клаудией поселимся в Севильяно, я обязательно, обязательно посажу там крыжовник. С тех пор я мечтаю о крыжовнике.

2. Мой младший брат Франческо

Мой брат беспрестанно твердит мне, что я счастливец. Стоит мне набрать его номер, как он тут же выдает мне этого «счастливца». Привет, говорит, счастливец. Сколько у тебя нового счастья народилось за день? У меня застревает в горле ворчливый или ехидный ответ — я всегда помню, что мой брат несчастен. Самое его большое несчастье — сын. Даниеле, единственный ребенок моего младшего брата, пять лет назад попал в аварию. Возвращался с дискотеки, был не вполне трезв. Его машину занесло на повороте, и он врезался в каменный бордюр. У мальчика — ему было тогда двадцать лет — оказался сломанным позвоночник. Его оперировали, но сделать ничего было нельзя — Даниеле остался инвалидом. Когда я приезжаю в Севильяно, в родительский дом, где теперь живет Франческо, и слышу за спиной скрип приближающейся инвалидной коляски, мне хочется вскрикнуть. Но я делаю усилие и поворачиваюсь к Даниеле с улыбкой. Мальчика не узнать. За эти годы он сильно поправился, его щеки лоснятся от жира, у него толстый живот и большие бессильные ноги. Он отрастил бороду, на лице его выражение апатии и скуки. Он словно нехотя мне кивает и обращается к матери: «Ты обещала приготовить к обеду фокаччу, где она?»

Кристина всплескивает руками и кричит так громко, что кажется, сейчас у всех должны лопнуть барабанные перепонки: «О, Мадонна, ребенок хочет фокаччу, а у меня как назло кончилось оливковое масло. Твой отец сказал, что ничего страшного, что можно съесть на обед пиццу из ресторана, к тому же приехал твой дядя Алессандро, мне было не до приготовления обеда, его комната наверху в таком запустении, а ты ведь знаешь — у нас нет служанки, чтобы сделать эту работу вместо меня. Твой отец не так богат, чтобы держать служанку, он экономит на своей жене...» — и все в таком роде. Кристина — второе несчастье моего брата. Он женился на этой женщине после рождения Даниеле. До нее у него было бесчисленное множество подруг, выбор был богатый, и угораздило же именно ее родить ему ребенка. Плохо не то, что она из простой семьи и не имеет образования, — у нее совсем нет здравого смысла, как, впрочем, и у моего брата. Оба они люди легкомысленные и беспечные. Может быть, если бы брату досталась такая жена, как Клаудия, из него что-нибудь бы получилось. А теперь...

Кое в чем, наверное, виноват я. С юности Франческо привык, что я о нем забочусь и ему помогаю. Его всегда привлекала уличная жизнь — кафе, рестораны, веселые компании таких же беспечных, как он, лентяев. Они колесили по всей Италии с гитарами и в широких соломенных ковбойских шляпах. Народ собирался поглазеть на диковинных артистов, а те завывали и вертелись в подражание англичанам и американцам. Однажды эта группа поехала на Сицилию. Но тамошний народ не привык к диким завываниям на чужом языке. Во избежание провала Франческо и его ребята выучили несколько сицилийских песен, одну из них, возвратившись из вьяджо, он напел мне. Песня про засохший куст жасмина, простая, но берущая за душу.

Много ли заработаешь шарлатанством? Франческо бросил школу и скитался неизвестно где, а потом пожаловал ко мне в А. и попросил денег. Я тогда второй год учился на медицинском факультете, деньги на учебу давал отец, на жизнь я зарабатывал сам — давал уроки поступающим и отстающим. Франческо сказал, что задолжал приятелю крупную сумму и, если не отдаст, его могут убить.

Я взглянул на него и почти поверил, что это правда, — вид у него, восемнадцатилетнего оболтуса, был как у американского мормона — белая отутюженная рубашка, черный пиджак и широкие черные же брюки. Немного жарковато для сентября, не правда ли? «Франческо, отец говорит что дает тебе деньги». — «Да, но я их трачу, а сейчас мне нужна сразу большая сумма, я отдам тебе, как только заработаю», — и он утер нос рукавом своего черного пиджака. Что было делать? Я отдал ему всю сумму — несколько миллионов лир, присланную мне отцом в уплату за университет. Конечно же, ничего он мне не отдал.

Тот год я запомнил как каторжный. Я подрядился работать фельдшером на «скорой помощи», ночами работал, днем же посещал лекции; ночь и день слились в один нескончаемый морок. Наверное, раб на галерах находится в таком же состоянии. Но сколько бы я ни работал, денег на оплату семестра у меня не было, а срок ежегодного взноса неумолимо приближался. Однажды на улице меня окликнула милая девушка, с которой я вместе сдавал вступительные экзамены. После экзаменов все большой компанией пошли в пиццерию, и эта девушка, Клаудия, сидела рядом со мной, и мы с ней, расхрабрившись, громко, на весь зал запели одну старую сицилийскую песню, которую каким-то чудом знали мы оба. По той ли причине, что эта песня про куст жасмина никому не была известна, или попросту студенты не жаловали народных песен, никто нам не подпел, и мы допели ее в полном одиночестве, после чего были награждены смешками, криками и жидкими хлопками. Сейчас эта девушка смотрела на меня с жалостью, наверное, вид у меня был совсем не такой, как тогда. «Тебе плохо?- без обиняков спросила она. — Ты нуждаешься в помощи?»

Я посмотрел на нее и увидел все то же милое лицо, добрые, полные сострадания глаза. «Ты мне помочь не можешь, я должен справиться сам». — «Деньги? — спросила она быстро. — Я могу тебе одолжить. Я выиграла в лотерею».

Не знаю, почему я ей сразу поверил. Потом оказалось, что про лотерею она выдумала, но эта спасительная ложь помогла мне взять у нее некоторую сумму, заплатить за университет и не погибнуть от сверхнапряжения.

Да, а Франческо, как я думаю, те мои присланные отцом деньги прокутил.

3. Мой старший сын Лоренцо

Не понимаю, почему бы Даниеле не начать чему-нибудь учиться. Я слышал, что в Америке люди в инвалидных колясках преподают в университетах, участвуют в соревнованиях, зарабатывают деньги работой в цирковых представлениях. Но мой брат и невестка и слышать не хотят ни о чем подобном. У Даниеле сформировались инстинкты нахлебника, капризного и истеричного ребенка. Но и мой брат до сих пор живет благодаря нашей помощи: мы с Клаудией ежемесячно посылаем ему приличную сумму. Вино, которое теперь делает Франческо (а он унаследовал отцовский виноградник и все хозяйство), не может его прокормить. Не знаю, что тому причиной, — конкуренты ли виноделы или непутевый нрав моего брата, не умеющего как следует взяться за предприятие... У меня не поворачивается язык сказать о своих сомнениях Франческо. Знаю, что следом за моей критикой услышу от него: «Ты просто не можешь понять чужое несчастье. У тебя-то вечное счастье. Крестьянин зависит от погоды, работников и техники. Виноват ли я, что эти трое всегда против меня и ведут диверсионную войну с моим виноградником? Погода — сплошной дождь и сибирский холод, сезонные работники — пьяницы и лентяи, а техника вечно ломается». Техники, между нами, у него и нет никакой, оно и лучше, ибо нам с Клаудией пришлось бы покрывать и эти расходы. Да, именно так, про погоду, работников и технику Франческо мне и скажет, и еще прибавит, что мне лучше помалкивать, так как у моего Лоренцо тоже не ладится ни учеба, ни работа. И тут мне крыть будет нечем. Действительно, не ладится.

Мой старший сын Лоренцо учиться в университете не захотел. Это наша с Клаудией постоянная боль. Как могло случиться, что наш первенец, наш умненький и такой непохожий ни на кого Лоренцо даже не попытался получить высшее образование, предпочел работу менеджера в магазине, — оба мы понять не в состоянии. Наши с Клаудией отцы-крестьяне лелеяли мечту об образовании для своих детей. И вот я — врач, Клаудия — педагог (после первого курса, спотыкнувшись об анатомию, она бросила медицинский и занялась латинским языком и историей), а наши дети, Лоренцо и Сильвия, увы, образования не имеют. Сильвия работает телефонисткой, Лоренцо...

Если бы Лоренцо только работал в магазине, было бы еще полбеды, но он захотел стать актером и пошел учиться на курсы при здешнем Театре Муз. Вот это привело нас с Клаудией в ужас. У Лоренцо, к сожалению, совсем нет актерских способностей. Год назад в нашем городе снимали фильм «Собака сына». Лоренцо надумал попробоваться на главную роль, естественно, не собаки, а ее хозяина. По всему городу тогда висели объявления, что требуется непрофессиональный актер, лет шестнадцати-семнадцати, для этой роли. Известный режиссер, родом из А., решил снимать здесь свой новый фильм, и город в связи с этим сильно оживился. Вся эта суета меня лично весьма забавляла (правда, я слышал и наблюдал только отголоски, когда поздним вечером шел пешком из больницы и видел на площади Папы скопление народу, полицейское оцепление, оттуда слышался непрерывный собачий лай (возможно, лаяла настоящая героиня картины). Наш Лоренцо прямо с ума сошел.

Ему было уже за тридцать, но все же он решил попробоваться, чтобы, как он выразился, «не пропустить свой шанс». В картину его взяли, правда, вовсе не на главную (человеческую) роль, как он надеялся. Ему поручили сыграть продавца из пиццерии в крохотном проходном эпизоде. Таком крохотном, что, по правде говоря, если бы Лоренцо меня не толкнул и не вскрикнул «смотри! смотри!» в момент своего появления на экране, я бы, возможно, его пропустил.

Эпизод такой. Проголодавшиеся герой и его собака подходят к дверям пиццерии, собачка остается на улице, а хозяин входит и покупает кусок пиццы, которую потом делит на двоих со своим симпатичным псом. Пиццу выдает стоящий за стойкой наш Лоренцо, но в кадре почти нет его лица, только руки, выхватывающие специальной держалкой с противня кусок дымящейся «маргериты». Лоренцо всем рассказывал, что обучался этому движению — быстро выхватывать кусок — целый месяц. Что ж, выхватывал он его действительно быстро, мог бы не так торопиться, тогда, возможно, мы смогли бы рассмотреть его получше. После этого «дебюта» Лоренцо совсем ополоумел. Он решил, что его судьба — стать актером, хотя ничто ни в его внешности, ни в харатере, ни в складе личности не говорило об актерской жилке. Внешность у него не вполне обыкновенная, он слегка полноват, с кудрявыми, на мой взгляд, излишне длинными черными волосами и большими, по большей части полузакрытыми и какими-то сонными глазами. Мне кажется, что его глаза кажутся сонными не от недосыпа, а от постоянных мечтаний. Он, наш Лоренцо, сдается мне, все время находится в мире своих грез. Там, на актерских курсах в нашем Театре Муз он и повстречал свою Дульцинею. Девушка-марокканка, по имени Уда. Она работала там уборщицей и сторожихой. Мы кое-что узнали о ней от нее же самой. Лоренцо не хотел на ней жениться, и она пришла к нам с Клаудией, умоляя воздействовать на сына. Тяжелая ситуация, скажу я вам. Ничего не имею против марокканок, но все же в подруги для семейной жизни опасно брать первую попавшуюся тебе на дороге женщину. Особенно у нас в Италии, где церковный брак заключается один раз, а расторжение нецерковного влечет за собой долгий и мучительный процесс развода с дележом детей и имущества, как правило, в пользу женщины.

История этой Уды вкратце такова. В Марокко семья ее голодала. В Италии у нее была старшая сестра, вышедшая замуж за бедолагу-итальянца, кормившегося в летнюю пору подсобными работами в садах и виноградниках. У того была старая машина, и вот на ней-то старшая сестра с бедолагой-мужем поехали выручать младшую. Они положили Уду в большую картонную коробку, по бокам которой вырезали отверстия для проникновения воздуха. Сверху девушку прикрыли разными цветными тканями и детскими игрушками. На итальянской границе машину остановили карабинеры, начался досмотр. Уда с трудом удерживалась от того, чтобы не чихнуть, тело ее затекло от долгого лежания, ей хотелось справить хотя бы малую нужду. Карабинеры досматривали лениво, дело было до всех нынешних террористических актов. Правда, игрушки они все же разгребли и спросили, что в коробке. Сестра Уды, ни жива ни мертва, пролепетала, что там надувная лодка — коробка действительно была из-под надувной лодки. Карабинеры махнули рукой, и бедолага-муж завел свою развалюху и тронулся. Но через десять минут их опять встретил пост. Досмотр был такой же беглый, как и в первый раз, но бедная Уда во время этой второй остановки почти лишилась чувств. Когда они порядочно отъехали от границы и смогли остановиться, то Уда была чуть жива; за недолгое время пути она так сильно похудела, что из цветущей девушки превратилась в сухую мумию, и на ее теле, как она рассказывала, выступил пот в палец толщиной. Всю эту историю я слышал в пересказе Клаудии. Дело в том, что, связавшись с Лоренцо, Уда разузнала наш адрес и стала приходить к нам с жалобами на нашего сына. Главная жалоба была, естественно, та, что он не хочет на ней жениться. Каждый раз Клаудия ее утешала, давала советы, наделяла продуктами и деньгами. Однажды Уда пришла заплаканная (дело было в мое отсутствие, меня застать дома довольно трудно), со страхом взглянула на Клаудию и пролепетала, что беременна. От кого? Естественно, от нашего сына. Тут же она разразилась рыданиями, сквозь которые прорывались ее сетования на злую судьбу, пославшую ей такого черствого парня. Знает ли Лоренцо? Конечно, знает, но говорит, что ребенок — это ее проблема, а не его; он не брал и не собирается брать на себя никаких обязательств. Когда Клавдия, пересказывая мне всю сцену, повторила эти слова Лоренцо, я с тоской подумал, что мой сын — самый обыкновенный дюжий парень. Господь не дал ему чувствительного сердца и отзывчивой души. Разве может такой быть актером? Ведь актер в моем представлении — это тот, кто способен вместить в себя трагедию мира, все катастрофы человечества и отдельного человека, и слезы матери, и горечь старика, и страх ребенка. Актер, как врач, берет на себя все эти муки и страхи и освобождает зрителей-пациентов от их тяжелых, болезненных состояний. Так я понимаю смысл слова «катарсис», которое употреблял великий Аристотель, объясняя воздействие трагедии на человека.

Потом был долгий период нашего с Клаудией «воздействия» на Лоренцо. Уда нам обоим не очень нравилась, была она закрыта от нас вследствие своего происхождения и воспитания. Но мы понимали, что Лоренцо не должен оставлять ее одну с ребенком, значит, он обязан на ней жениться. Тяжело это было осознавать, но делать было нечего. И Лоренцо таки женился. Уда приняла католическую веру (никто ее к этому не понуждал, брак мог бы осуществиться и останься она мусульманкой, но — захотела). Церковный обряд венчания был совершен в нашей приходской церкви Сакро-Куоре нашим с Клаудией многолетним другом доном Агостино, пожелавшим молодым «взаимопонимания, терпения и чадолюбия». Уда была в тот момент на седьмом месяце беременности.

В свой срок появился на свет чернявый, черноглазый, похожий на маленького жучка Алессандро. Мальчонку назвали в мою честь. Так у нас с Клаудией появился еще один внук.

За четыре года до этого младшая Сильвия принесла нам Марианну.

4. Моя младшая дочь Сильвия

Сильвия — еще одна моя головная боль. Я не то имею в виду, что у нее нет образования и она работает телефонисткой на станции, я — про другое. Хотя ее работа телефонистки тоже приносит всем нам много огорчений. Сильвия говорит, что от такой работы можно помешаться. Она действительно порой производит впечатление не вполне сбалансированного человека. Бедный Микеле, не знаю, как он выдерживает ее вспышки, истерические рыдания, долгое молчание или нескончаемую болтливость.

С некоторых пор эти ее состояния участились и стали вызывать в нас тревогу. То, что с Сильвией неладно, первой, как всегда, заметила Клаудия. После работы она ездит к Сильвии, чтобы помочь с четырехлетней Марианной. Клаудия обычно отпускает Микеле, возившегося с девочкой, к его рабочему компьютеру и выходит с ребенком погулять, или кормит малышку фруктовым пюре, или рассказывает ей страшные сказки из эпохи Древнего Рима. Так они проводят время до прихода мамы, то есть Сильвии, с работы. Микеле с некоторых пор работает дома. Он сидит за компьютером и делает объявления и рекламу для различных компаний. Микеле всегда вызывал у меня добрые чувства, доходящие до щемящей жалости. Не везет парню, что тут поделаешь? Заслонил бы его от недоброй «фортуны», да как поймешь ее замысловатые ходы? Микеле — сирота, родом с Сицилии.

Про родителей его ничего не известно, разве что были они красивы и уравновешенны. Во всяком случае, Микеле унаследовал от них редкой соразмерности и чистоты лицо, светлые вьющиеся волосы, спокойный нрав. Почти до тридцати лет прожил он в приюте для брошенных детей, вначале как воспитанник, затем — как воспитатель. Там, в Палермо, проявились его редкие музыкальные способности. Играл он и на мандолине, и на гитаре, и даже на ветхой виолончели, которую судьба чудом занесла в детский приют. Но больше всего ему нравилось упражняться на органе; когда в церкви при приюте никого не было, он становился безраздельным владельцем небольшого, но звучного органа немецкой выделки, самостоятельно освоил игру на этом сверхнепростом инструменте и стал аккомпанировать на нем детскому хору.

Пять лет назад этот хор из Палермо гостил в нашем городе. Его принимал наш хор, созданный небезызвестным в нашем городе человеком Чезаре Гречи. Но должен отвлечься, чтобы сказать несколько слов о славном маэстро Чезаре.

Чезаре — человек талантливый и честолюбивый, при этом его способности разнообразны, так что он напоминает мне по совокупности своих свойств блестящего представителя Ринашементо эпохи Лоренцо Медичи. Преуспевающий инженер, отец многочисленного семейства, Чезаре умудрился создать при церкви Сан-Пьетро очень неплохой хор, куда ходят самые разные любящие пение люди, в том числе моя жена Клаудия и наша дочь Сильвия. Я бы тоже посещал этот хор, будь у меня время. Чезаре, человек ищущий и склонный к авантюрам, всегда находит для хора что-то особенное, редко исполняемое. Музыкальные его способности замечательны, что, однако, не делает его поверхностным дилетантом: с хористами он занимается часами, так что два раза в неделю Клаудия возвращается домой глубокой ночью после долгой изнурительной репетиции, на которой Чезаре гоняет два женских и два мужских голоса хора вдоль и поперек какой-нибудь замысловатой партитуры.

Как раз пять лет назад Чезаре отыскал почти не исполняемую в силу своей трудности, расписанную на десять голосов пасхальную мессу Доменико Скарлатти. Он сам распел и записал на магнитофон все десять партий этой сложнейшей вещи, и хор начал ее репетировать. В один из тогдашних дней я встретил Чезаре на вьяле, возвращаясь из своей больницы. Он нес на руках младшую Мартину, девочку полутора лет, свою точную копию и любимицу. Меня удивило мрачное выражение его лица. Оказывается, Чезаре был расстроен из-за Скарлатти. В хоре было очень мало басов, и это пагубно сказывалось на звучании Stabat Mater маэстро.

«Хоть посылай в Россию за басами», — горько шутил Чезаре. Известно, что русские славятся своими басами, в то время как в Италии их днем с огнем не сыщешь, итальянцы, по Божьему замыслу, — теноры.

Думаю, что мой блестящий собеседник был расстроен не только из-за хоровых дел. Оба — и он и его жена Кьяра — до сих пор еще не могли оправиться после рождения у них пятого ребенка — девочки. Почему-то они были уверены, что уж пятый обязательно будет мальчик. Но пасьянс сей, как и распределение высоких и низких голосов, находится в руках небесных сил. Мальчик не получился, Чезаре со всей страстью принялся за воспитание Мартины. И все же было видно, что на сердце у него не ладно. Возможно, эти обстоятельства спровоцировали его раздражение против плохого звучания басов в пасхальной мессе Скарлатти.

Наверное, мы слишком многого ждем от своих детей, особенно мальчиков. А они, чувствуя это, порой словно торопятся доказать свою заурядность и несостоятельность...

Возвращаюсь к своему рассказу. Вместе с детским хором из Палермо приехал Микеле в качестве воспитателя и аккомпаниатора-органиста. Случилось, что Чезаре зашел в церковь перед концертом гостей, в то время когда Микеле репетировал на органе. Играя, тот безотчетно напевал, вторя мелодии, и Чезаре поразило, что напевает он басом. Трепеща, он приблизился к Микеле и попросил его спеть какой-то пассаж. Удивленный Микеле безошибочно повторил пассаж, обнаружив при этом не только блестящий слух, но и то, что обладает красивым и глубоким баритональным басом.

С этого момента началась история укоренения бесприютного сироты в нашем городе, а затем и в нашей семье. Микеле был привлечен Чезаре к участию в хоре. Надо сказать, что многоталантливый и вездесущий Гречи возглавлял также комиссию по присуждению премий на ежегодном общеитальянском конкурсе органистов, каждую весну проходящем в нашем городе. Чезаре привлек своего протеже к участию в этом конкурсе, и Микеле без особого труда выиграл первый приз — три миллиона лир. Сумма эта, довольно пустячная, казалась Микеле громадной, он, воспитанный в приюте, никогда не держал в руках больше ста тысяч лир. Не знаю, на что он их потратил, но подозреваю, что на ребячью забаву — сласти. В сущности тридцатилетний Микеле был большим ребенком, ничего не смыслящим в окружающей жизни. На время Чезаре стал его поводырем, дал кров и работу — Микеле присматривал за пятью малышками, пока Кьяра вела судебное разбирательство или готовилась к очередному процессу.

Хор Чезаре Гречи, кроме того, что был лучшим в округе, отличался еще одним весьма привлекательным качеством. Он был местом знакомства и встреч для юношей и девушек, что, как правило, являлось прелюдией к браку. Сам Чезаре подал хористам пример, женившись на Кьяре Амичи, студентке юридического факультета, чей сильный, но сухой и немелодичный голос теперь раздается в суде. Выйдя замуж, Кьяра перестала посещать репетиции и, говорят, даже возненавидела хор как своего главного соперника в жизни Чезаре.

Моей дочери Сильвии к моменту появления в хоре Микеле было 28 лет, внешне она была точной моей копией, высокой, очень прямой, со смуглой кожей, черными глазами и резкими энергичными движениями.

Сильвия с детства росла очень самостоятельной, никогда не оглядывалась на окружающих и не считалась в своем поведении ни с чем. Смею думать, что иногда мое близкое присутствие сдерживало ее природные инстинкты, но, скорее всего, не слишком. Сильвия, не будучи красавицей, сменила уже десяток кавалеров, когда на горизонте появился Микеле.

Клаудия рассказывала, что, когда Сильвия увидела его в первый раз, у нее непроизвольно вырвалось: «О, Мадонна, бывают же такие красавчики!»

Микеле и в самом деле был красив, но не мужской, а какой-то детской или даже ангельской красотой, единственным его недостатком был низкий рост. Не знаю, сколько времени потребовалось Сильвии, чтобы сделать Микеле своим, думаю, немного. Был он, я полагаю, несмотря на свой неюный возраст, совершенно неопытен в любовных делах. У Сильвии же, унаследовавшей некоторые черты нонны Марго, Клаудиной матери, — любовного темперамента хватало на двоих.

Как-то, когда я вернулся домой чуть раньше обычного, Клаудия после позднего ужина предложила мне погулять. Мы вышли на темную улицу и пошли по направлению к морю. Февральский вечер пронизывал холодом, дул резкий встречный ветер. Клаудиа говорила, повернув ко мне лицо и заслоняясь рукой от ветра. Ее слова не все долетали до меня, но главное я услышал: Сильвия ждет ребенка. Она безумно любит Микеле, а тот ее просто обожает. Оба мечтают пожениться, они не могли сладить со своими чувствами. Я слушал и дивился: все же моя жена не похожа на прочих итальянок. Ни слова не сказала она о том, что Микеле не просто беден — нищ, что нет у него ни родителей, ни родственников, что не имеет он специальности и не приспособлен к жизни в большом мире.

Не сказала Клаудия и о злых языках, которые не преминут посудачить по поводу беременности Сильвии. Мне так и слышался громкий шепот одной моей пациентки, богомольной старушки, дарящей мне по праздникам книги о святых и праведниках, что, видимо, намекало на мое с ними сходство: «И в кого у них такие дети? Оба еще до свадьбы обзавелись потомством! Бедный Алессандро Милиотти, он всегда мне казался немножко слишком праведным, и вот следствие — его дочь безнравственна до мозга костей, посмотрите на ее живот!»

Неужели у Сильвии не хватило ума понять, что в таком городе, как А., все на виду и что она ставит нас с Клаудией, преподавательницей лицея, в очень щекотливое положение! А может, потому она и поспешила, что была не уверена в нашем согласии на ее брак с Микеле? Кто из нормальных родителей захочет иметь такого зятя? Безродного, инфантильного, не умеющего зарабатывать деньги. Неужели нам с Клаудией суждён именно такой? А сама Сильвия? Не слишком ли она торопится? Я совсем не был уверен, что поговорка «с милым рай и в шалаше» создана для таких, как моя дочь.

Тем временем мы подошли к самому берегу. Темные торопливые волны бились о гранит и разбивались в пену. Далеко впереди на глянцево-черной поверхности моря блестящей точкой светился паром, направляющийся в Грецию. Хорошо бы очутиться сейчас на таком вот комфортабельном судне. Ни о чем не думать, сидеть в каюте с доброй подругой, попивать вино и мирно беседовать о кризисе культуры, о падении нравов, о предвиденьях Чехова... Я посмотрел на Клаудию. Что за нелепый вид был у нее. Обычно подтянутая, красиво причесанная, сейчас она напоминала встрепанную замерзшую птичку — обхватила себя руками, спасаясь от ветра, пряди полуседых волос топорщились и закрывали лицо, из глаз текли слезы. Наверное, и я в эту минуту выглядел как жалкий нахохлившийся воробей. Сколько же лет прошло с тех пор, как Клаудия предложила мне деньги, якобы выигранные ею в лотерею? Она даже не подозревает, что, возможно, спасла мне тогда жизнь. Как изменило ее время, но в моих глазах она все та же — строгая, милая, доверчивая. Мне стало ее нестерпимо жаль, я обнял ее и прижал к сердцу: «Помнишь, как мы с тобой начинали?» Она смотрела непонимающе, и я запел припев той сицилийской песенки о цветах, которая была нам обоим одинаково дорога.

Fiori, fiori, fiori di tutt l'anno,
L'amore che mi desti te lo rendo.
Fiori, fiori, fiori di primavera,
Se tu non m'ami moriro di pena.

Клаудия подхватила чуть слышным шепотом. Порывы ветра мешали, ломали мелодию и уносили слова. Вдруг Клаудия остановилась и произнесла: «Я хочу, чтобы Сильвия была счастлива. Как ты думаешь, Алессандро, ведь счастье не в деньгах?»

«Конечно, нет». — Мне стало ужасно смешно — я рассмеялся. Клаудия сначала не поняла, а потом подхватила мой смех. Мы смеялись, глядя друг на друга, в каком-то едином порыве. А потом, отсмеявшись, я сказал: «Микеле мне нравится. Возможно, Сильвия вытянула свой счастливый билет». Клаудия сжала мою руку, и мы еще несколько минут молча стояли под злыми ударами ветра, глядя на маячащую в беспредельности моря яркую точку парома.

5. Мой зять Микеле

Но дело было сложней. Сильвия и Микеле, прожив вместе пять лет, так и не стали «настоящей парой». Не знаю, что тому причиной, подозреваю, что взбалмошный нрав Сильвии, ее неукротимые гены, возможно, унаследованные от нонны Марго, матери Клаудии, родившейся на Сицилии.

В последнее время то, что подспудно таилось внутри этой семьи, стало просачиваться наружу. Началось с того, что Клаудия обнаружила, что Сильвия «впала в депрессию». Несколько раз, возвратившись с работы, Сильвия начинала истерично кричать, что она устала, что сил ее больше нет и что от такой жизни лучше в петлю. Клаудия и Микеле, как могли, ее успокаивали. Четырехлетняя Марианна, глядя на маму, тоже начинала плакать. Было понятно, что Сильвия переутомилась и нужно дать ей отдохнуть. Мы с Клаудией, поразмыслив, организовали «детям» поездку в горы. Микеле, как обычно, противился, говоря, что жить надо по средствам и что мы слишком часто берем на себя их расходы.

В начале их с Сильвией совместной жизни он работал настройщиком инструментов, консультировал музыкантов, за что получал сущие гроши. Много ли музыкантов в А.? Затем, под нажимом Сильвии, он отошел от музыки, единственного дела, которое любил и знал, освоил компьютер, стал оформлять для заказчиков какие-то открытки, обложки. Получал все те же мизерные деньги, несмотря на то, что целые дни проводил у злосчастного компьютера.

Мне было его жаль, он, ясное дело, жертвовал собой ради семьи. Толку от этого, однако, было немного. Бог не дал Микеле ни предприимчивости, ни оборотистости, ни больших художественных способностей (понятно, что о музыке, где он был царь и бог, я не говорю). Ему давали советы все кому не лень; Клаудия рассказывала, что даже обожаемая им Марианна требовала, чтобы милый папочка прибавил красок в открытки для детей, так как дети любят поярче.

С Сильвией явно что-то происходило. Однажды в воскресенье, во время совместного обеда у нас в доме, Микеле опрокинул на скатерть бокал вина. Клаудия, как и подобает хозяйке, подала ему салфетки, поинтересовалась, не залил ли он свой костюм. Сильвия же разразилась громким истерическим смехом, после чего выскочила из-за стола и убежала.

Нонна Марго, сидевшая тут же, пробурчала что-то сквозь зубы и покачала головой. Жизнь, а быть может, старость сделали мою не поддавшуюся времени суочеру мудрой и рассудительной, словно и не числилось за ней «грешков» и ошибок молодости. Я видел, что Марго, как и я, сочувствует и жалеет Микеле. Клаудия же, в одно слово с Сильвией, осуждала его за инфантильность и неумение зарабатывать деньги. Но ведь эти его качества всегда были на поверхности, он их и не скрывал; может, именно за них Сильвия вначале так его и полюбила. Отдых в горах облегчения не принес — Сильвия продолжала принимать антидепрессанты, я несколько раз водил ее на консультацию к коллегам-психоневрологам.

Как-то поздним вечером, возвращаясь по проспекту с работы, я приметил далеко впереди пару — высокую сильную женщину в нарядном белом костюме и еще более высокого мускулистого мужчину в яркой рубашке. Оба шли довольно быстро, по-видимому, оживленно беседуя.

Не сразу до меня дошло, что женщина впереди — это Сильвия. Пара остановилась посреди дороги, горячо обсуждая какой-то вопрос, я свернул на подстриженный газон и, проходя мимо, невидимый ими, взглянул на обоих сбоку. Сильвия была необычно весела, взгляд ее светился, потухшее в последнее время лицо было оживленным и ярким, словно с него сняли пленку. Парень... я его никогда не видел прежде... показался мне довольно заурядным: хорошо подстрижен, спортивен, высок. Думаю, что рост Микеле, а он был заметно ниже Сильвии, сыграл большую роль в ее к нему охлаждении. Женщины не любят низкорослых.

Придя домой, я ничего не сказал Клаудии о неожиданной встрече. После ужина, когда она снова завела разговор о состоянии здоровья Сильвии, я, наверное от усталости, отключился и заснул. И что вы думаете мне снилось? Мне снилось нескончаемое поле крыжовника. Между огромными мохнатыми ягодами бегала маленькая Марианна, плакала и кого-то громко звала, наверное, отца с матерью...

6. Русская Катя

Домой я прихожу поздно. Обо всех событиях в семье узнаю в основном от Клаудии. Влиять на эти события мне не под силу. Что можно сделать с женщиной, мечтающей вырваться на свободу и возомнившей, что это очень легко, стоит лишь принести в жертву одного маленького, когда-то близкого человека? Сильвия, как я понимаю, собирается принести в жертву Микеле. Она не учитывает, что сделает несчастной Марианну. Оба — отец и дочь — жить друг без друга не могут. Почему всегда страдают самые слабые? Слабых мне как-то особенно жаль, может, потому я и врач. Но сам врач не должен быть слабым. Или, во всяком случае, никто не должен видеть его таким. Когда я прихожу к себе в отделение, я перестаю быть просто Алессандро Милиотти, человеком со своими семейными и прочими проблемами, — я становлюсь Геркулесом, Ахиллом, Антеем. Мои больные наделяют меня чудной силой, они верят мне и почти боготворят. Некоторые живы только потому, что ждут моего прихода, из-за них я хожу в отделение и в субботу, и в воскресенье... Нельзя, чтобы человеку стало плохо, только потому что у меня выходной.

Но я отвлекся. Говорил ли я, что у Татьяны, нашей русской знакомой, есть дочь Катя? Почему-то главное чувство, которое она вызывает во мне, — жалость. Мне ее невыносимо жаль, хочется загородить ее от мира, с его жестокостью, несправедливостью, одичанием. Хочется, чтобы она ничего этого не знала и не видела — уж очень беззащитна. Катя — тоненькая, хрупкая девочка со светлыми волосами, синеглазая. Глаза у нее какие-то очень грустные, и она редко смеется. Но даже если она смеется, глаза остаются грустными.

И вот эта-то Катя надумала стать медиком! Татьяна ее не отговаривала, она объясняла мне, что Катя так много болела в детстве, что, видно, ей на роду написано бороться с болезнями. На мои доводы, что настоящий врач все же мужчина, а не женщина, Татьяна отвечала, что такой взгляд устарел даже в Италии, а уж на ее родине, в России, женщин-врачей гораздо больше, чем мужчин. Еще она добавляла, что всю жизнь мечтала иметь в семье врача, что итальянская система здравоохранения никуда не годится и, если не имеешь дома своего врача, легко загнуться или пропустить у себя что-нибудь страшное... Короче, девочка поступила в А. на медицинский.

Что такое медицинский факультет в маленьком провинциальном городе Италии? Врачи во всяком цивилизованном обществе составляют хорошо организованную сплоченную корпорацию, не желающую, чтобы в нее просачивались люди со стороны. Так уж повелось у нас со времен Медичи, великих медиков, давших имя славному флорентийскому роду. В мое время, когда врачей не хватало и работа еще не сулила высокого вознаграждения, учиться было несомненно легче. Сейчас же все по-другому. Студенты учатся десятилетиями и выходят из стен альма-матер напичканными никому не нужными схоластическими знаниями.

На эти горькие размышления навели меня Катя и ее судьба, за которой я пристально следил все эти годы. Катя оказалась целеустремленной и упорной, с цепкой памятью. Ее семья не принадлежала к медицинскому сословию, мать была иностранкой, с неизбывным русским акцентом — Кате пришлось тяжелее многих.

Ей выпало учиться целых десять лет, сдать кучу ужасных экзаменов, на подготовку которых тратились не недели и месяцы, а годы, отказаться от всех радостей жизни и зубрить, зубрить, зубрить. Девочка, и без того худосочная, превратилась в прозрачного эльфа, глаза ее стали еще более грустными и при первой возможности наполнялись слезами. Все эти годы перед самыми страшными экзаменами она приходила ко мне в больницу, и я ухитрялся найти для нее хоть немного времени и хоть чуточку помочь. Думаю, что эти посещения стали для Кати своего рода талисманом, она вкладывала в них именно такой — мистический смысл.

В самом деле, чем мог я, врач-практик, отучившийся несколько десятилетий назад, помочь ей в таких сложнейших дисциплинах, как анатомия и физиология, иммунология и эндокринология, неврология и психиатрия? Но, однако, успешно сдав очередной неподъемный экзамен, Катя всегда рассказывала примерно одну и ту же историю: после часового опроса профессор, прищурившись, задавал синьорине-студентессе последний вопрос. Как правило, это был вопрос на засыпку, тот самый, ответ на который синьорина-студентесса не могла бы найти ни в многопудовых учебниках, ни в лекциях.

В этом месте рассказа Катя обращала ко мне оживившееся лицо и после паузы с торжеством произносила: «И я ответила. Помнишь, Алессандро, ты крикнул мне вдогонку, чтобы я не забывала про проблемы печени, ведь пациент не будет рассказывать, что злоупотребляет алкоголем?» Конечно же, ничего я не помнил и, по правде говоря, не очень верил, что мои разрозненные пояснения практикующего врача могли принести Кате какую-то пользу.

Неделю назад Катя пришла ко мне в больницу во время обхода. Как-то так получилось, что все эти годы на обход я ее с собой не брал. С непривычки обход тяжел, особенно для такой худосочной девицы, как Катя. Юноши, проходящие практику в моем отделении, после обхода падают с ног от усталости. Конечно, девочка уже кончает университет и скоро ей придется впрягаться в лямку, но... Катя иногда бывает упрямой. В этот раз она увязалась за мной, присоединившись к выводку практикантов. Закончив обход, я отыскал ее глазами — зеленовато-бледная, улыбнулась мне через силу. И зачем она выбрала себе такую неженскую профессию? Она задержалась возле моего кабинета, и я предложил ей зайти передохнуть. Подавая стакан воды, пошутил:

— Скоро ты, Катя, будешь обмывать свой диплом. Ты уже выбрала местечко для праздничной чены?

Она ответила с некоторой запинкой:

— В артистическом кафе, с друзьями.

Странно, никогда не знал, что у нее есть друзья-артисты.

— Я думал, что только мой Лоренцо ходит в это кафе.

— Там будет и Лоренцо.

Когда у человека бледное лицо, он краснеет каким-то фиолетовым цветом. Катя не покраснела, а заливолела. И очень быстро стала говорить, что Лоренцо подготовил какой-то очень смешной скетч, что у него уморительно получается номер с говорящей собакой. Опять собака! Я вспомнил фильм «Собака сына», где играл мой Лоренцо. Там он, однако, играл бармена. Почему Катя так волнуется? Что ей Лоренцо?

В последнее время Клаудия говорила мне, что Лоренцо совсем забросил свою марокканскую жену, что бедный кудрявый Алессандро растет без отца. Уда жаловалась, что муж перестал приходить ночевать. Уж не Катя ли тому виной? Какие мысли мне лезут в голову! Зачем этой скромной, строгой девушке мой непутевый легкомысленный сын? Но вот нравится же ей его, по-видимому, идиотский скетч. Катя продолжала что-то говорить, а я отключился и смотрел на ее усталое прозрачно-кукольное личико, тонкие руки, глаза, в которых затаилась мольба. Чего нужно миру от этой девочки? Таких следует баюкать, голубить, успокаивать. Какой из нее врач? Она не может помочь даже себе самой. Внезапно что-то в этом лице изменилось. Оно искривилось жалкой гримасой, и Катя заплакала.

— Катя, что ты? Что с тобой?

Девочка беззвучно плакала, ее узкие плечики тряслись от рыданий, она вытирала ладонями мокрые слепые глаза. Устала на обходе? Обычная ее слезливость? Что-то мне говорило, что дело в другом.

— Успокойся, девочка. Тебе нужно отдохнуть. Бесконечные экзамены, тут еще этот длиннющий обход...

Я гладил ее по голове, она продолжала всхлипывать.

— Посмотри, какая благодать за окном!

Высокое окно в кабинете выходило в прибольничный сад. Я подошел и открыл его — в ноздри ударил терпкий и тонкий запах — царственно белоснежный куст рос под самым окном.

— Чувствуешь запах? Это джельсомино, жасмин. Есть такая песня, — и я напел ей нашу с Клаудией песню:

I bei gelsomini rampicanti
Sotto la tua finestra son seccati.
Fiori, fiori, fiori, fiori di primavera,
Se tu non m'ami moriro di pena.

Катя подняла голову, вслушиваясь, и прошептала вздрагивающим голосом:

— Я ее знаю, слышала.

— Слышала? От кого?

Она отвернула от меня лицо и почти беззвучно выдохнула:

— От Лоренцо.

Я подошел и взял ее лицо в ладони.

— Катя, ты плачешь из-за Лоренцо? Ты... ты его любишь?

Она перестала плакать, но упорно отводила взгляд в сторону.

— Катя, скажи, что тебя мучает? С тобой что-то случилось?

— Я не хочу убивать ребенка,- вдруг тихо и внятно произнесла она. — Ему уже три месяца, и он все чувствует и понимает, но даже если бы ему было всего три недели или даже три дня, он все равно уже живое существо. Я не хочу его убивать! — И она снова залилась слезами.

7. Моя родина Севильяно

Севильяно — моя родная деревня. В Центральной Италии таких много. Холмистая равнина, на которой рассыпались белые каменные домишки с красными крышами. В центре высокая церковь — Дуомо, по сторонам в уходящих вверх предгорьях — сады, виноградники.

Когда я выйду на пенсию, я куплю здесь себе кусочек земли с маленьким домиком. На участке Клаудия обязательно посадит цветы и цветущий кустарник, а я, как уже говорил, разведу плантацию крыжовника.

Засыпая, я представляю себе картину: круглые, раздавшиеся вширь мощными ветвями кусты, усыпанные мохнатыми красноватыми ягодами. Почему-то эта картина меня успокаивает, и я проваливаюсь в сон, тем более что очень устал за день и мое не слишком уже молодое тело нуждается в отдыхе.

Да, в последнее время я стал чувствовать, что тело уже далеко не так мне подвластно, как казалось совсем недавно. Ну да ничего, поживем еще и порадуемся жизни, как говорил мой покойный отец, простой крестьянин. Здесь в Севильяно, на деревенском кладбище, в семейном склепе, лежат они оба — мама и отец. Здесь же будем лежать и мы с Клаудией и мой брат Франческо.

Вот насчет детей не уверен — они могут разлететься по свету, да и просто могут не захотеть покоиться на простом деревенском кладбище. Лоренцо такое место последнего упокоения наверняка покажется слишком обыденным, неинтересным. Сильвия же над этим вопросом пока не задумывается, ей сейчас надо решать земные дела, например, как разъехаться с несчастным Микеле. Я уже предчувствую, что моя дочь захочет выгнать Микеле из дому, чтобы поселиться там со своим новым мужем. Куда тогда денется Микеле? Ну да ладно, нельзя зацикливаться на таких темах, ничего, кроме сердечной боли, они не принесут. Да, кладбище.

Пожалуй, только нонна Марго будет лежать тут вместе с нами. На ее родине, Сицилии, родственников у нее не осталось. В Тунисе, где ее бедствующая семья нашла себе приют, у нее тоже уже никого нет.

Нонна Марго поживет еще, у нее крепкая сицилийская порода и жизнелюбивый веселый нрав. Это она научила Клаудию той песне — про жасмин. А мне напел ее мой младший брат Франческо — беспечный вьяджаторе привез ее из своих музыкальных странствий.

Эту девочку, Катю, песне про жасмин обучил наш Лоренцо.

Странно, мне казалось, что ни Сильвия, ни Лоренцо ничего не взяли у нас с Клаудией. Внешне Лоренцо походит на Клаудию, а Сильвия на меня, но внутренне они одинаково от нас далеки, хотя... кто знает? Может, Лоренцо не так бесчувствен и зауряден, как мне кажется? А может, в его и Сильвии детях, в курчавом арапчонке Алессандро, в маленькой разумной Марианне, пробьется что-то, идущее от бабки с дедом?

Мой отец-винодел мечтал, что сыновья оторвутся от земли, выбьются в люди. Наверное, он доволен, глядя оттуда, из родового севильянского склепа, что я стал врачом, что люди уважительно обращаются ко мне «дотторе». Отец умер от рака желудка, в страшных муках, несмотря на большие дозы морфия. Не жаловался, как-то в одночасье похудел, однажды проговорился матери про боли в области желудка. Когда попал в больницу, метастазы были уже повсюду, даже в печени, оперировать было поздно. Что будет с Клаудией, если я скажу ей, что постоянно чувствую боль в желудке? Представляю смесь ужаса и сострадания на ее лице. Нет, Клаудии я ничего не скажу. Буду жить как жил, авось случится чудо — и Господь смилуется над рабом своим. Если же нет, перед тем как покинуть этот мир, хотел бы я поглядеть на того ребенка, на того нежного ангела, которого родит Катя. И еще бы мне хотелось, перед тем как навечно смежить веки, узреть залитый майским солнцем сад в Севильяно и в нем — кусты крыжовника, усыпанные крупными, невиданными здесь ягодами.

Май 2005, Бостон

Рассказы

In Chiesa[1]

У Дона Агостино появился помощник. Валерия его еще не видела, но Кьяра говорила, что «molto bravo»- молодой и красивый. Было странно, что молодые и красивые идут в католические священники, обрекая себя на целибат — обет безбрачия, тем любопытнее было на него взглянуть. Увидела его Валерия в церкви, на мессе. Высокий, очень крупный, с выразительными итальянскими глазами и пышными черными волосами, он обладал к тому же приятным голосом и четкими выверенными интонациями. Валерия подумала, что женщины, составляющие большую часть паствы, будут покорены. Она поискала глазами Дона Агостино, но его на мессе не было — наверное, уехал по делам. Бедному Дону Агостино уже давно был нужен заместитель- vice-parroco, он крутился как белка в колесе.

Валерия успела привязаться к пожилому священнику. Из его рассказов она знала, что подростком он был отдан родителями — деревенскими ремесленниками в церковную школу. С того времени судьба его была предрешена: отсутствие своей семьи, жреческое служение церкви. Между тем, Валерия видела, как тянется он к домашнему теплу. Как бы ни был он занят крестинами, похоронами, свадьбами, сколько бы служб в день ни проводил, — находил время зайти на «чаек,» приносил Оленке сладости. Валерия была бесконечно благодарна Дону Агостино: в страшный час, когда умер ее муж и она, с дочерью на руках, осталась одна, в чужой стране, без работы и без

---
1 В церкви (с итальянского)

денег, он пришел на помощь. Поселил у себя в церкви, в пустующей квартире привратника, под самым чердаком, помог найти работу. Работа не ахти какая — она сидела с больным стариком,- но на этот миллион лир они с Оленкой могли более или менее сносно жить, если учитывать, что священник ничего с них не брал за жилье.

Народ расходился после воскресной мессы. К Валерии подошла Кьяра и громко, как могут только итальянцы, начала расхваливать Дона Леонардо,- так звали молодого священника. Между прочим, она сказала, что тот учился на инженера, но страсть к религии перетянула — и он продолжал образование уже в семинарии. Валерия в прошлой жизни тоже была инженером и внутренне обрадовалась этому совпадению. «Посмотри, посмотри,- Кьяра радостно кивала в сторону немолодой пары, только что вышедшей из церкви,- Это его родители». Она понизила голос, но он все равно долетал до ушей стоящих поблизости:» Крестьяне из Арчевии, им и не снилось, что сын станет священником. Смотри, прямо лоснятся от счастья». Смущенные старички прохаживались возле церкви, видимо, поджидая сына. Наконец, он вышел, поменяв облачение на скромный цивильный костюм. Кьяра, когда все трое проходили мимо, окликнула мать Леонардо: «Sei felice, Leonella?» (Ты счастлива, Леонелла?) Та оглянулась, торопливо кивнула и почему-то очень пристально, без улыбки, поглядела на Валерию. Взгляд был явно изучающий, Валерии стало не по себе.

Нового священника поселили в другом крыле церкви. Валерия там никогда не была, но всезнающая Кьяра, забежавшая после мессы к Валерии, рассказала, что комнатка как в монастыре — два стула, кровать, на стене железное распятие, шкафчик для одежды.»Маловата будет для такого гиганта,»- подытожила Кьяра и почему-то шепотом, хотя они были одни, добавила:» Я ему свое зеркало принесу. У меня лишнее, а ему нужно — вон волосы какие, как у Самсона.» Валерии хотелось сказать: «В отсутствии Далилы». Но она промолчала. Кьяре она старалась не говорить лишнего. Кьяра была приходящей домашней работницей у Дона Агостино и волей-неволей являлась передатчиком всевозможных слухов и сплетен. К Валерии она относилась по-доброму, очень любила Оленку, та даже стала звать ее «nonna» (бабушка). Порой Валерию тяготило ее общество, как ни убеждала она себя, что лучше Кьяра, чем тишина в четырех стенах. Но гораздо чаще Валерия нуждалась в Кьяре, в ее болтовне, в простых и грубоватых манерах. Когда молодой женщине становилось особенно тяжело, хоть волком вой, они с Оленкой шли к «бабе Кьяре,» в маленькую вдовью квартирку неподалеку от церкви, и там за кофе, за разговором отогревались и веселели.

С уходом Кьяры стало как-то особенно пусто. Сквозь занавеску кухонного окна било солнце, наступал послеобеденный час — итальянское помериджо, когда душа млеет и томится. Валерия не любила помериджо, с некоторых пор особенно тягостны стали воскресные вечера — незаполненное время грозило воспоминаниями. Она посмотрела на часы. До семи — времени когда привезут Оленку, гостившую в семье одноклассницы, — еще далеко. Накинула на плечи легкую синюю куртку и вышла на улицу. Несмотря на солнце, в воздухе еще держалась прохлада. Валерия подумала, что такой ветреный мартовский денек вполне мог быть и в России, разница только в солнце — здесь оно нестерпимо яркое,- да в снеге, которого здесь и зимой-то не бывает. Секунду поколебавшись, она пошла по дороге к Дуомо. Это была ее любимая прогулка.

Необыкновенным был город, в который ее забросила судьба. Морской торговый порт в бухте, открытой в незапамятные времена еще греками, он располагался на бесчисленных холмах — так что не было в нем ни одной улицы без заметного уклона. Валерию поражало, что к морю она могла выйти, идя по вьяле (проспекту) как в одном, так и в другом, противоположном направлении. Говорили и хотелось верить, что это единственный на земле город, где солнце встает и садится прямо в море. Над морем, на крутой горе, высился главный храм округи — Дуомо. Огромный, неуклюже вытянувшийся, он был выстроен из остатков древнего храма Афродиты тысячу лет тому назад. Христианство в этот город принес еврей из Иерусалима, по имени Чирияко, ставший первым христианским священником (весковым), а затем,- замученный язычниками, — первым в этих местах святым. Храм носил его имя. Валерия шла все вверх и вверх по узким, покрытым брусчаткой улочкам старого города по направлению к Дуомо. Там, где дорога ветвилась, она привычно выбрала нижнюю дорожку и пошла вдоль баллюстрады, над которой нависали кроны высоких пиний, растущих по всему склону холма, упирающегося в море. Лента дороги шла отсюда вверх, к асфальтированной площадке на самой оконечности холма, где стоял Дуомо. Но туда ей не хотелось. Здесь у баллюстрады открывался широкий вид на море, на шумный, гудящий кранами порт, на сказочно-прекрасный город, раскинувшийся на холмах. От пиний шел одуряющий хвойный запах. Валерия прислонила лицо к мягкой хвое, на уровне ее глаз висела маленькая зеленая шишка. Сорвать на счастье? А вдруг дереву будет больно, как бывает, когда отрывают что-то родное? Валерия отдернула руку. Взгляд ее упал на дорожку: прямо у ее ног лежала точно такая маленькая зеленая шишка. Затаив дыхание, Валерия ее подняла. Было ощущение, что свершилось что-то сокровенное. Домой она шла медленно, почти не глядя по сторонам, сжимая в кулаке зеленую шишку.

На развилке, ведущей к Дуомо, ее кто-то окликнул. Она подняла глаза: перед ней стоял новый священник. Они не были знакомы, и она не знала, что сказать. Начал он: «Мне про вас говорили — вы русская. Я знаю, у вас случилось горе, - взгляд был добрый, сочувствующий, — Бог вам поможет.» Он замолчал и вдруг добавил: «Два дня назад у меня умер дядя, ближе у меня не было человека»,- ей показалось, что он вот-вот заплачет. Какое у него хорошее, совсем юное лицо. И вовсе он не дамский угодник, каким показался ей на мессе. Безотчетным движением она протянула ему шишку. «Возьмите это на счастье. У вас сегодня началась новая жизнь. Она, эта дочь пинии, принесет вам удачу.» Священник медленно взял шишку из ее рук. Валерия кивнула и пошла вперед по дорожке. Шагов за собой она не слышала.

Приближалась Пасха. В Пальмовое воскресенье Оленка вместе с подружками продавала возле церкви окрашенные золотом веточки оливы. В воздухе уже жила и торжествовала весна — примавера. Какая-то необыкновенная свежесть, разлитая в природе, понуждала людей бодрствовать, строить планы, радоваться своему существованию. Адольфо, старичок, за которым присматривала Валерия, впервые за много дней решил подняться с постели и, опираясь на ее руку, прибрел к церкви. Он сумел высидеть часть мессы, которую сегодня вел Дон Агостино. Проводив Адольфо, Валерия вернулась в церковь. Дон Агостино завершал проповедь. Он то и дело обращался с вопросами к детям, которых обучал катехизису, — они занимали первые две скамьи в церкви. До Валерии доносился звонкий голос Оленки, смело отвечающей на все вопросы. Валерия подумала, что теперь, с появлением Дона Леонардо, простые и незамысловатые проповеди старого проповедника многим покажутся слишком пресными. Дон Леонардо привносил в проповедь элемент актерства. Он выбирал случаи из жизни, почерпнутые из газет, и давал им моральную оценку, покоряя аудиторию продуманными интонациями, выверенными паузами, умелым затуханием красивого голоса. «Наверное, их так учили»,- думала Валерия, с грустью вспоминая такое юное и беззащитное лицо молодого священника там, возле Дуомо. Теперешний Дон Леонардо отрастил бороду, что прибавило ему солидности и некоторой живописности. Его громкий выразительный голос проникал во все уголки церкви, разговаривал ли он с Доном Агостино, поднимался ли по лестнице, напевая или весело насвистывая. В заброшенной кладовке на первом этаже он расставил клетки с птицами, рассадил на подоконнике неслыханной красоты и хладостойкости цветы, ухаживал за тем и другим все свободное время. Валерии казалось, что во всем этом есть что-то искусственное, фальшивое. Ей гораздо больше импонировал тихий и мудрый в своей простоте Дон Агостино. Но и Дон Агостино изменился в последнее время. Перестал приходить на «чаек.» В нем появилась странная раздражительность. Иногда -она замечала,- общаясь с собеседником, он вдруг замолкал на полуслове и уходил к себе. Что-то зрело между двумя прелатами, она ощущала какие-то подземные толчки. Ее поражало, что Кьяра, как будто ничего не замечала и не чувствовала — продолжала восхищаться обоими священниками, приговаривая в разговорах с Валерией: «Tutti e due sono bravi». (Оба молодцы). Неделю назад Валерия позвала их обоих на свой день рожденья. Приготовила воскресный обед, испекла любимый Оленкой ореховый пирог, купила красного вина Rosso Conero. Пришли они ровно в час — шумный, экзальтированный Дон Леонардо и молчаливый Дон Агостино. Дон Агостино протянул Валерии книгу о Франциске Ассизском, Дон Леонардо — красочный альбом о комнатных растениях. Когда они ушли, Валерия нашла вложенную в альбом карточку, на которой были каллиграфически выведены число и подпись «смиренный леонардо». Разговор в тот раз зашел в тупик. Дон Леонардо, услышав, что она читала теологические работы Честертона, воодушевился, начал задавать вопросы, между тем как Дон Агостино молча и хмуро ел. Ей тогда стало ужасно неловко и стыдно перед Доном Агостино, у которого, как она знала, было теолого-философское образование и который однако не проронил ни слова, явно не желая участвовать в их диспуте. Может он обиделся на нее? В чем она провинилась перед ним? Этот вопрос терзал Валерию все последующие дни.

После обедни дети снова вынесли корзины с веточками оливы и продолжили праздничную торговлю перед церковью. На шесте рядом с ними висел плакат, оповещающий, что весь доход идет в пользу бедных. Валерия с Кьярой стояли неподалеку, Кьяра, как всегда громко, делилась своими впечатлениями. «Дон Агостино болеет — у него поднялось давление, поэтому проповедь сегодня такая короткая. А какая молодчина твоя рагаца! Весь катехизис наизусть знает!» Из церкви вышли нарядно одетые родители Дона Леонардо, по праздникам они приезжали в гости к сыну. Кьяра помахала им рукой, и Валерии снова показалось, что Леонелла, мать Леонардо, взглянула на нее как-то особенно пристально.

Дон Агостино болел. К нему приходил врач, сказал, что нужен покой. Болезнь была особенно некстати в эти предпасхальные дни, когда священники ходят по домам, благословляя свою паству. Валерии очень хотелось навестить Дона Агостино, но было неловко. В конце концов она собрала корзинку «гостинцев», написала записку и попросила Оленку отнести все это священнику. Оленка долго не возвращалась, а когда пришла, вся лучилась. Дон Агостино расспрашивал ее о школе, об учителях и подружках, угостил вкусным ореховым струделем и велел поблагодарить маму за гостинцы. Но это еще не все, Оленка хитренько сощурилась и протянула Валерии открытку. На ней была известная в городе мадонна Кривелли, чье изображение висело в Дуомо, нежная, с опущенными долу очами. Как ни искала Валерия, никаких надписей на открытке не было.

За два дня до Пасхи к ним с Оленкой пожаловал Дон Леонардо. В руках у него была большая синтетическая сумка, из которой выглядывали кочаны капусты, листья салата и другой зелени. Сумку он оставил на пороге, прошел в квартиру и очень торжественно благословил скудное, почти без мебели, жилище Валерии, состоящее из двух маленьких спален и кухни. Оленка следовала за ним по пятам — она только что закончила делать уроки. Помериджо переходило в вечер, наступали сумерки. Валерия зажгла свет на кухне, предложила Дону Леонардо выпить чаю. Он не отказался. Валерия разогрела остатки обеда, и Дон Леонардо с аппетитом съел рыбу с картошкой. Валерия подумала, что, наверное, ему не хватает той еды, что готовит Кьяра. При его могучем телосложении и молодости вряд ли он наедался за обедом у Дона Агостино. Дон Леонардо как раз рассказывал, что ходит иногда в столовую для бедных, ест бесплатную похлебку. «Там вполне прилично кормят,»- говорил он с улыбкой, и Валерии в этой улыбке снова мерещилось что-то неестественное, фальшивое. «Приходите лучше к нам, у нас с дочкой всегда есть обед,-» проговорила она, и что-то дрогнуло у нее внутри. Со смертью мужа она не перестала готовить, но потеряла интерес к приготовлению пищи, Оленка ела плохо и мало. Совсем другое дело, когда готовишь для взрослого мужчины. Дон Леонардо никак не отозвался на ее реплику, только еще более повеселел. Со смехом стал рассказывать, что каждый день под дверью находит огромную сумку с зеленью — видимо, какая-то прихожанка предполагает в нем наклонность к вегетарианству. «Регулярно сдаю эту зелень Кьяре, а сегодня решил поделиться с вами». Поднялся из-за стола и втащил сумку с зеленью на кухню. Чай пили вдвоем — Оленка ушла смотреть телевизор. Глядя с какой жадностью он ест варенье, Валерия думала, что, несмотря на свой священнический сан и густую бороду, в сущности он еще ребенок, ребенок, оторванный от материнского тепла и ласки. Может быть, в пристальном взгляде его матери таилась просьба к ней, Валерии, поделиться с ее сыном домашним теплом?

На Пасху Дон Агостино встал с постели и, еще слабый и бледный, вел службу. Читался текст Евангелия от Матфея, роль Спасителя взял на себя старый священник, Иудой был один из молодых прихожан. Люди, заполнившие церковь, замерев, словно в первый раз, слушали знакомую историю. Шла сцена «суда Пилата», и Валерия порадовалась, что за Христа читает старый священник, так просто и естественно произносил он слова. Дону Леонардо достались слова осуждения иудеев: «Кровь его на нас и на детях наших». Он их произнес так, что Валерии показалось, что церковь содрогнулась. Или это у нее самой закружилась голова? Пришлось схватиться за спинку соседней лавки. Была мысль: еще мгновение — и она потеряет сознание. Но обошлось. Об ее еврействе знал только Дон Агостино. Знал и хранил молчание — скажи он хоть одному человеку, в ту же минуту узнали бы все. Валерия, как большинство русских евреев, не знала ни еврейского языка, ни религии, но еврейство сидело в ней крепко, и она не собиралась его предавать. В смутной детской памяти сидели дедушкины рассказы со всегда завершающей их фразой: «Израиль спасется!» Разве можно предать такие корни, корни, ведущие к спасению? Да, они жили в католической церкви, Оленка изучала вместе с итальянскими сверстниками катехизис, ну и что из этого? Валерия была уверена, что и Оленка ни за что на свете не предаст своей еврейской крови, приносящей, увы, жизненные невзгоды, но и несказанную радость избранничества.

После праздничной пасхальной мессы народ долго не расходился. Кьяра вышла из церкви вся заплаканная. В ней боролись два чувства: умиление перед подвигом Христа и ярость к тем, кто его казнил.

Первое чувство сидело глубоко в душе, второе — рвалось наружу. «Я бы своими руками придушила этих евреев,»- как всегда громко делилась она с Валерией. «Еще говорят, что умные, где же их ум был — распяли Спасителя, а разбойника пощадили? Они и сейчас такие же — вон говорят, пьют, как вампиры, христианскую кровь…» Валерия в испуге смотрела на Оленку. Та стала пунцово-красной и с искаженным лицом подскочила к Кьяре: «Баба Кьяра, что ты такое говоришь? Это все глупости. Мы с мамой еврейки — разве мы пьем чью-нибудь кровь?» Наступила тишина. Валерия взяла Оленку за руку, и под взглядами расступающейся толпы они проследовали к двери своего жилища.

Вечером Валерии позвонил Дон Агостино, попросил спуститься к нему. Она посмотрела на Оленку, которая с независимым видом рисовала что-то на кухонном столе, вздохнула и открыла дверь. Дон Агостино полулежал в кресле, укутанный пледом, окна в его просторной гостиной были распахнуты — в них врывались снопы света и морской, напоенной зеленью свежести. Он говорил глухо, не поднимая глаз. Оказывается, вескоп уже давно предупредил Дона Агостино, что присутствие в церкви молодой безмужней женщины нежелательно. Он, Агостино, все оттягивал этот разговор, но, по-видимому, переезд Валерии неизбежен. Он поговорит со своими знакомыми, чтобы условия найма не были слишком тяжелы и у Валерии оставалась какая-то толика денег на жизнь. Валерия молчала. Больше всего ей хотелось поскорее выскочить из комнаты и, запершись в своей спаленке, вволю поплакать. Прощаясь с Валерией, Дон Агостино встал с кресла и проводил ее к выходу. Стоя у двери, Валерия бросилась к священнику: «Спасибо вам, спасибо за все»,- она не могла говорить, голос срывался. Лицо Дона Агостино было-близко, в глазах его стояли слезы: «Я полюбил вас, тебя и твою дочку. Вы — как моя семья. Ты ведь тоже немножко любишь меня, правда?» Он смотрел вопрошающе, хотел еще что-то сказать, но не сказал. Валерия вышла.

Через неделю они с Оленкой переезжали. Квартира нашлась аж в другом городе, так что они, если не навсегда, то надолго прощались с церковью и ее обитателями. Дон Агостино снова заболел и глядел на них, махая рукой из окна. Кьяра хлопотливо помогала перетаскивать корзинки и тюки, а Дон Леонардо подарил Валерии на прощанье огромный букет неслыханной красоты роз.

Декабрь 2000, Солт-Лейк-Сити

Печальный демон

Этому мальчику идет Лермонтов. Ему идет и Леопарди, так как мальчик-итальянец. Но Леопарди нравится многим итальянцам, слишком многим. Паоло не хочет быть в их числе. Ему нравится Лермонтов. И вот он сидит у себя в комнате, перед ним томик стихов — на левой стороне по-русски, на правой — по-итальянски. Паоло читает сначала по-русски. Читая, он испытывает наслаждение не только от стихов, которые понимает с трудом, он наслаждается своим владением чужим языком. "Печальный демон — дух изгнанья", — в который раз читает он, и ему не хочется смотреть направо, в итальянский перевод. Само звучание слов его завораживает. Как красиво это сказано — "печальный демон". Сказано с любовью к демону. Получается, что демона можно и пожалеть. Если подумать, в нем, Паоло, есть что-то от печального демона. Он гордый, независимый, чуждается людей. Это у него наследственное — от отца. Отец был совершенно клинический тип. Странно, что мать с ним не развелась. Это неизбежно бы случилось, если бы отец ни пропал без вести — не вернулся домой из очередного путешествия.

Отец за свою жизнь не сумел опубликовать ни одной строчки. Бросил филологический факультет университета, занялся коммерцией. Коммерция не давалась — он злился, кричал на жену, топал ногами. Запирался у себя в комнате и что-то там писал. Непризнанный гений? Нет, гением он не был. Паоло недавно снова вытащил толстую тетрадь, куда отец записывал свои странные рассказы, без начала и конца, начинающиеся как бы с середины. Это больше было похоже на бред или сновидение, чем на нормальный рассказ. Среди неоконченных отрывков нашел сцену в горах Кавказа, куда Власть и Сила привели Прометея, чтобы приковать к скале по велению Зевса. Отец склонен был к высоким сюжетам. Паоло совсем его не помнил. Судя по фотографиям, он походил на отца даже внешне.

— Паоло, — это мать его окликает. Он так зачитался, что и не слышал, когда она вернулась. Зовет его ужинать. Ужин вдвоем с матерью — их ежевечерний ритуал. Вот и Энки занял свое обычное место под столом. Будет как всегда ждать вкусной подачки. Ужасно невоспитанная собака, они с матерью его избаловали.

Джованна пришла возбужденная. На уроках ничего особенного не было. Но в перерыве эта русская опять завела разговор о Паоло. Какой смысл бесконечно трепать языком? Она и сама знает, что Паоло способный, что его место в университете. Но не может же она гнать его туда силой. Самое главное сейчас, чтобы он не сорвался, чтобы не махнул на себя рукой, чтобы в конце концов не наложил на себя руки, как отец. Он, Паоло, не знает про отца. Он был тогда совсем маленький — трехлетний карапуз. Странно, в то время он был круглолицый, толстощекий, очень похожий на нее. Сейчас же худой и бледный — точная копия Пьетро. Про отца она ему сказала, что тот отправился в путешествие и не вернулся. Ничего другого просто не пришло в голову. Маленькому Паоло очень понравилась версия путешествия, и он неоднократно возвращался к этой истории. Она, как правило, быстро обрывала рассказ — мол, извини, подробности не известны, а тема мне малоприятна. В последние годы Паоло об отце не спрашивал. Русская ничего этого не знает, талдычит свое: "Не понимаю, как вы терпите, что ваш ребенок, такой способный к языкам и вообще..." У русской все итальянские фразы немножко дикие. Муж-итальянец и двадцать лет в стране не избавили ее от привычки говорить сбивчиво. "Такой вообще способный, а работает в табакерии, словно без образования. Вы же мать, заставьте его вернуться в университет и написать, наконец, эти проклятые тезисы или что там еще по истории философии или чему-то в этом роде!" Русская никак не может уразуметь, что дело не в Джованне, а в Паоло. Как можно заставить взрослого парня что-то сделать против его воли! Это еще счастье, что Франческо взял Паоло в табакерию! Сколько сейчас безработной молодежи! Целыми днями прохлаждаются в кафе, пьют, веселятся с девчонками на деньги родителей. А сколько наркоманов! Паоло, слава Мадонне, работает. И Франческо нормально к нему относится, не обижает, не издевается, не доводит придирками. Это счастье.

А русская ничего этого не понимает и лезет с советами. Вот испортила ей, Джованне, настроение. Обычно после урока настроение у нее хорошее, приподнятое — она любит свою работу, и группы попались хорошие, ровные. В одной из групп занимается дочь русской — Нина. Хорошая девочка, миленькая. Но к английскому способности средние. Она, Джованна, ожидала большего. Все же девочка уже знает два языка — язык матери и язык отца. Да еще Паоло говорил, что русская на самом деле вовсе и не русская, а из какой-то кавказской республики, так что они с дочерью знают еще один язык — кавказский. При таком обилии изученных языков можно было бы предположить, что и английский пойдет у Нины легко, без напряжения. Ан нет, заело. Может, причина в том, что девочке уже за двадцать. В этом возрасте язык не усваивается естественно, автоматически. Уже идет в ход грамматика: выучить десять неправильных глаголов, какого предлога требует слово "depend?" Да, девочка миленькая, но способности к английскому близки к нулю. Может, ей мешает природная робость, чуть что — сразу заливается краской. Джованне кажется, что Нина боится ее, теряется в ее присутствии. Уж не Паоло ли тому виной? Джованна не делится своими наблюдениями с русской. Тем более, что Паоло занимается в ее группе и, по ее словам, делает поразительные успехи.

Мать и сын ужинают в молчании, каждый думает о своем. Под столом поскуливает Энки — напоминает о себе, требует подачки. Хозяева сегодня какие-то невнимательные. Только в конце ужина Энки перепало несколько вонгол из тарелки Паоло. Быстро проглотив облитых томатом вонгол с застрявшими в них макаронинами, жуковато-черный, взлохмаченный Энки побежал к двери. Вечером с собакой обычно гулял Паоло.

На улице было темно и ветрено. Паоло поежился в легкой куртке, Энки бежал впереди — лохматый и легкий, как нечистый дух. Два года назад Паоло увидел в сквере возле дома черный небольшой комочек. Комочек шевелился и скулил. Прохожие проходили мимо — кому охота взваливать на себя заботу о приблудной беспородной и такой неприглядной собаке? Паоло взял нечесаного и грязного щенка на руки и принес домой. Это было как раз то время, когда Паоло, бросив университет, бесконечно бродил по городу. Джованна обрадовалась щенку, хоть что-то отвлечет сына от черных мыслей, привяжет к дому. Имя для собаки Паоло нашел в шумеро-аккадской мифологии. Случайно наткнулся на книжку с шумерскими мифами в городской библиотеке. Одно из божеств у древних шумеров звалось Энки. Показалось забавным назвать таким странно звучащим экзотическим именем простую дворняжку. Со временем Паоло стало казаться, что имя приросло к щенку, что в него действительно вселилось древнее восточное божество. В черных хитроватых, с безуминкой, глазах собаки, в ее неровной, торчащей в разные стороны шерсти было что-то роднящее ее с таинтственным восточным злым духом. Собака завернула за угол, Паоло посвистел. Умный Энки и без того понял, что следует остановиться. Они стояли напротив темного длинного дома. Окно третьего этажа с розовой занавеской светилось. Паоло посвистел еще раз. Через минуты две из дома вышла тоненькая, но сильно накутанная девушка. Если бы не ее чрезвычайная худоба, количество одежды могло бы сделать из нее клушу. Но нет, даже в двух кофтах и куртке на меху Нина не казалась толстухой. Паоло с Ниной пошли рядом, Энки бежал впереди.

Пятничный вечер переходил в ночь. Улицы были слабо освещены, в небе через равномерные промежутки загорался огонь маяка, расположенного возле еврейского кладбища, высоко над морем. Когда Паоло заговорил, ему показалось, что изо рта у него идет пар — воздух был резкий и обжигающе влажный.

— Что ты сегодня делала?

— Поехала в университет на лекцию по коммерции, но не выдержала и сбежала. Она вздохнула.

— Боюсь, коммерсанта из меня не выйдет, зря папа настаивает. Мне кажется, я ни к чему не способна. Вот мама преподает себе русский язык итальянцам, очень довольна, а я, я толком и русский-то не знаю... Гораздо свободнее говорю по-итальянски, как сейчас с тобой.

Собака впереди остановилась в нерешительности. Перед нею была развилка, она ждала решения хозяина.

— Нина, пойдем на еврейское кладбище?

— Ни за что на свете! Я боюсь — уже темно.

— Тогда просто постоим над морем. Энки, вперед!

Они пошли по направлению к маяку. Дорога шла в гору. Паоло взял Нину за руку, помогая подниматься. Рука ее была теплой и влажной.

— Паоло, ты знаешь, почему тебя так назвали?

— В Италии сто тысяч Паоло.

— Я знаю, но подумала, что здесь неподалеку Римини, и, может, твоя мама назвала тебя в честь того Паоло... который был влюблен во

Франческу. Она почувствовала, что краснеет и была рада, что кругом темно.

— Может быть. Я тоже хотел тебя спросить про твое имя.

— Я точно не знаю. Мама говорила, что так звали одну грузинскую княжну, жену какого-то русского. Она рано осталась вдовой, но сохранила ему верность, хотя была красавица и ей делали предложения.

— Это похоже на историю Тамары. Ты читала "Демона?"

— Нет. Ты забываешь, я родилась в Италии, мои первые книжки были на итальянском. Я прочла не так много русских книг. Если можешь, расскажи мне про "Демона".

Нина выпалила все это единым духом. Ей было неловко, что она такая темная, не знает Лермонтова. Она немного побаивалась Паоло и в тайне восхищалась им. Паоло был на середине рассказа, когда они подошли к маяку. Далеко внизу плескалось море. Лучи маяка временами вырывали лицо Паоло из темноты. Оно было таким бледным, таким страдающим. У Нины сжалось сердце.

— Ты так хорошо рассказываешь. Почему ты бросил университет, не стал защищать диплом?

— Знаешь, какую тему они мне подсунули? Средневековую английскую схоластику. Я бы предпочел Восток или Россию... Меня притягивает Россия... Кавказ... У меня это в генах.

И срывающимся голосом он заговорил про отца. Это было неожиданно для него самого. Еще минуту назад он и думать не думал рассказывать Нине о своем сокровенном, тайном. Он с удивлением вслушивался в свой голос — что это с ним? Зачем он рассказывает этой девочке то, что никому никогда не говорил? Внезапно его словно обожгло — он остановился. Прямо перед ним — нежное сочувствующее Нинино лицо. Далеко внизу — темное безликое море. Паоло пошатнулся, отпрянул от края. Чуткий Энки вовремя оказался рядом, потянул его за штанину — пора домой. Они начали спускаться вниз, к развилке. Паоло уже не держал Нину за руку — отчужденно шел рядом. Девушке оставалось только гадать, за что он на нее сердится. Весь оставшийся путь они молчали.

Дома Паоло быстро разделся и лег. Мать еще сидела у телевизора — завтра суббота и она могла не торопиться. Паоло лежал, прислушивался к звукам из гостиной и старался поймать мысль, поразившую его возле маяка. Ах, да, ему тогда отчетливо представилась нонна Марция, старая, уже умершая их соседка. Он вспомнил, как она на вопрос, где мама, ответила ему не задумываясь: "На похоронах".

На каких похоронах была мать? Тогда, трехлетним мальцом, он не стал этого выяснять. Мало того, эта сцена полностью ушла из его памяти и сознания. Почему она выплыла теперь? Паоло понял, что не заснет, если сейчас же не встанет и не задаст матери страшный вопрос. И вот он поднимается, приоткрывает дверь в гостиную.

— Мама, ты не в курсе — отец был на Кавказе? В его записках я нашел сюжет прикованного Прометея...

Джованна в замешательстве, чего вдруг Паоло возобновил свои детские расспросы? С усилием она произносит:

— Возможно, был. Он любил путешествия.

Оба страшно напряжены и ждут чего-то ужасного.

— Он... он так никогда и не вернулся?" — продолжает Паоло.

— Так и не вернулся, — отвечает мать.

— И ты не видела его мертвым?

Паоло смотрит на мать не отрываясь.

— Нет, не видела, — Джованна стойко выдерживает его взгляд.

Паоло поворачивается и идет к себе в комнату. Засыпает он мгновенно, и в предрассветном смутном сне ему видится печальный демон, пролетающий над горами Кавказа. Лицо демона поразительно напоминает собственное лицо Паоло, но он старше, гораздо старше. Далеко внизу, в долине, по ступенькам, ведущим к реке, спускается девушка, чем-то неуловимо напоминающая Нину, а высоко-высоко на самой макушке горы, на снежной горной тропе чернеет шерстью и поблескивает хитрым, с безуминкой, глазом лохматый нечистый дух Энки.

Декабрь 2000, Солт-Лейк-Сити

Идиомы

— Я тебя просила подготовить идиомы русского языка. Ты справился с заданием? - Надя говорила четко и медленно, чтобы итальянский юноша Франческо понял ее без затруднений. Вообще он хорошо понимал, даже когда она говорила быстро, так как много лет изучал русский язык в университете. Все же ее удивляло, как быстро он все схватывает, – она бы предпочла иметь менее сметливого ученика. Дело в том, что в лингвистической школе в Италии она преподавала первый год, в России много лет назад училась на нефтехимика и очень боялась поначалу, что преподавание у нее не получится. Но, кажется, получалось. Во всяком случае Франческо, платящий за обучение большие деньги из кармана отца, регулярно посещал уроки и не жаловался на нее синьору Този, владельцу школы. Сейчас он сидел напротив нее за столом в расстегнутом модном черном полупальто, очень ему идущем, и говорил почти без акцента, глядя не на нее, а куда-то в пространство:

— Мне тридцать лет, надо определяться в жизни, отец торопит. А что я могу? Спрягать русские глаголы? Склонять существительные? Ты говоришь, идиомы? Скажем, жизненное призвание – это идиома? — Он снял пальто, повесил его на спинку стула и остался в сером вязаном свитере, тесно облегающем его плотную фигуру.

— Мама вязала? - спросила про свитер Надя. Он кивнул и продолжил:

— Да, мама. Хотя могла быть уже жена. Все-таки тридцать лет — не двадцать. Домашний очаг, семейный уют – это идиомы или нет?

Надя неопределенно хмыкнула. Сказать по правде, она всегда сомневалась в своих теоретических познаниях, вот и сейчас не знала точно, что такое идиомы. В свою тетрадочку вчера вечером она переписала абзац из учебника Маковецкой. Быстро заглянув в тетрадь, она сказала наставительно:

– Идиомы – это устойчивые словосочетания, например: терпеть убытки, стоять насмерть, быть себе на уме.

Франческо взглянул на нее, ей показалось, насмешливо, но тона не изменил и продолжил:

– Да, терпеть убытки. Мой отец в последнее время терпит убытки и сильно нервничает. Дома его ничего не устраивает – мать разучилась готовить пасту, у нее плохо вымыта посуда, она никогда не была хорошей хозяйкой, и он женился на ней из-за внешней привлекательности, от которой теперь не осталось и следа. Все это он регулярно выплескивает за обедом. Мать плачет и грозится уехать к сестре. Но тогда отец перекинется на меня. Он уже сказал мне вчера, что у него нет лишних денег, чтобы кормить и обучать бездельников. Ведь я учусь уже десять лет.

Франческо вздохнул, достал из рукава пальто теплый шарф и обмотал им шею, покосившись на полуоткрытое окно, за которым начинался дождь. Наде всегда не хватало воздуха, и она обрадовалась, что он не стал закрывать окно. Франческо вечно мерз, бесконечно жаловался на болезни и недомогания, чем и объяснялось его пребывание в платной лингвистической школе, гораздо более дорогой, чем университет. Несколько секунд, пока в классе стояла тишина, Надя думала, как ей, в сущности, повезло с учеником. Урок катится сам собой, она почти в нем не участвует, может немного расслабиться и даже подумать о своих проблемах. Ее муж, итальянец, недавно вышел на пенсию и сразу стал брюзгливым и прижимистым. Возможно, здесь сказывался возраст. Когда-то, когда они оба работали на нефтяных разработках в Тунисе и Адольфо был кареглазым крепышом, остроумным и чуть развязным балагуром, возрастная разница между ними почти не ощущалась. Сейчас ему за шестьдесят, ей на двадцать лет меньше, и его иногда принимают за ее папашу. Где-то на Сицилии живет его первая семья, отношения с которой – ужасно запутанные – он скрывает от Нади. Она подозревает, что здесь замешаны деньги, один раз она слышала, как он надрывно кричал в трубку, что у него нет денег – ни на учебу младшей, Паолины, ни на приданое для старшей – Сильваны, что все, что у него было, он уже давно им отдал, и теперь, кроме нищенской пенсии, у него нет ничего. Увидев входящую в комнату Надю, он замахал на нее руками, и она поспешно вышла, затаив в душе ожесточение против «этих хищных сицилиек». О своей нищенской пенсии Адольфо теперь говорил постоянно, как-то после одного крупного штрафа за превышение скорости (она не заметила предупреждения) он отказался оплачивать ее счета. Короче говоря, Надина семейная жизнь в последнее время дала трещину. Произнеся про себя эти слова, Надя подумала, что они похожи на «устойчивое словосочетание», и, обрадовавшись возможности показать себя учительницей и сдвинуть урок с мертвой точки, с нажимом произнесла:

— Дать трещину — вот еще одна хорошая русская идиома.

Франческо опять на нее странно покосился, он расхаживал по классу, потирая то лоб, то руки, было впечатление, что он проверяет, есть ли у него жар. Плотный синий шарф в два слоя стягивал его шею. Закинув концы шарфа за спину и никак не откликнувшись на Надино замечание, он опять начал свой монолог:

— Если так будет продолжаться, мне придется уйти из дому. Один приятель обещает мне найти переводы с английского. Конечно, я бы предпочел с русского, но за эти переводы почти не платят, на них не проживешь. Приятель сказал, что я должен добиться от отца материальной поддержки, пусть платит за квартиру и дает деньги на расходы. Тут надо, — он на минуту задумался, — как это? стоять насмерть? Я правильно вспомнил вашу идиому?

Надя, занятая своими мыслями, не сразу его поняла, а поняв, в который раз подивилась цепкости его памяти. Ей тоже приходилось стоять насмерть, отстаивая независимость. Она хотела иметь свою, не связанную с Адольфо личную жизнь, чему он всеми силами противился. У Нади были свои, не знакомые с Адольфо друзья — женщины и мужчины, с которыми она время от времени встречалась — в спортивном зале, в бассейне, на прогулке, в магазине и в баре. Некоторые из них звонили ей домой, и Адольфо после нескольких мужских звонков начал устраивать ей скандалы. Если дальше так будет продолжаться, может быть, она начнет ему изменять. Мысль об измене уже появлялась у нее в голове, но в последнее время стала все навязчивее. После раздраженных и несправедливых криков мужа Надя, как правило, успокаивала себя одной фразой: «Ты у меня еще увидишь». Она не знала, была ли эта фраза идиомой, и не сказала ее вслух, тем более что монолог Франческо не иссякал.

Он снова сел и в упор посмотрел на Надю. Казалось, он ждал ее реакции на что-то, чего она по рассеянности не расслышала. О чем он только что говорил? Она вздрогнула, постаралась сосредоточиться и вдруг, холодея, услышала слова, которые только сейчас дошли до ее сознания.

– Что ты сказал? – спросила она, уже почти понимая жуткий смысл сказанного. Франческо был у нее единственным учеником, уход его из школы грозил ей потерей заработка.

– Я сказал, что у нас сегодня последний урок. Я начинаю новую жизнь.

Он встал и подошел к застывшей учительнице. Взгляд его блуждал, хотя голос казался бодрым.

– Какие идиомы русские употребляют в подобных случаях?

У Нади было сложное отношение к ученику. Она и сочувствовала Франческо – бедняге не повезло с деспотичным отцом, и слегка презирала его за слабость, вечные болезни и никчемные, как она полагала, занятия русским языком. Но, с другой стороны, эти никчемные занятия были связаны с ее заработком. Сейчас Надю переполнял гнев. Как можно вот так, без предупреждения, лишить ее работы? Что будет, если Адольфо наотрез откажется платить по ее счетам? Почему этот избалованный итальянец, ее ученик, думает только о себе? Почему он так нахально с ней разговаривает? Голос Нади дрожал, когда она отвечала на вопрос об идиомах:

– Русские в этих случаях говорят по-разному. Например: валяй на все четыре стороны! Или: скатертью дорога! — Надя поражалась своей смелости и своей неожиданной находчивости. Обычно она не сразу находила нужные примеры, а тут идиомы сами слетали с языка.– Есть еще одна идиома, я думаю, тебе следует ее выучить, – закончила Надя с победной улыбкой : – Катись колбаской!

– Как, как? Катись колбаской? Это что-то очень забавное, - проговорил Франческо и, неловко обогнув Надин стул, боком вышел из класса. До конца урока оставалось еще десять минут. Когда после звонка синьор Този заглянул «к русской», она неподвижно сидела над раскрытой тетрадью. Буквы на тетрадной странице расплылись, и синьор Този аккуратно прикрыл окно, за которым моросило.

Декабрь 2001, Солт-Лейк-Сити

Только в мире и есть...

> *Только в мире и есть этот чистый*
> *Влево бегущий пробор.*
>
> Афанасий Фет

Роман "Война и мир" я читала кусками, в далеком детстве. Читала один мир, пропуская войну. Но и мир читала не весь, а только там, где про любовь. И вообще я этот роман сильно бы сократила, почистила и оставила бы только любовь, только князя Андрея и Наташу, даже Пьера бы не оставила. Зачем ему третьим лишним? Только Наташу и Андрея. И назвала бы "Любовь и мир". В смысле любовь — посредине, а мир — вокруг, на расстоянии. Понимаете меня? Вообще-то меня зовут Наташа. И у меня в жизни тоже была любовь. Такая же как у той Наташи — неосуществимая. Моего князя Андрея звали просто Андреа, он был итальянец. И началось это летом, ровно 10 лет назад.

Мы тогда только приехали из России, был поздний летний вечер. Джорджо привез нас к себе, мы стояли на пороге, а он бегал по громадному дому и что-то кричал, наверное, звал семью. Первым к нам вышел высокий черноволосый юноша. Я сразу заметила, что у него нос с горбинкой, и вообще он был очень породистый, очень ни на кого не похожий. Но, может, я ошибаюсь, и про породу я подумала потом, а вначале он мне просто показался очень красивым, как ни один парень до этого. Мне было пятнадцать лет, и мне никто, ну просто никто до этого не нравился. Джорджо представил нам сына по-английски: это Андреа, ему 22 года. Мы все кивнули, мама сказала: меня зовут Анна, папа сказал: меня зовут Павел, тут все посмотрели на меня, я залилась краской и выдавила из себя: меня зовут Наташа. Тогда Джорджо весело подмигнул, тронул Андреа за плечо и сказал: ты Наташа, а он Андрей. А? Прямо как в "Войне и мире". И он засмеялся вместе с подошедшими женой и дочкой. А мы стояли тихо, мы были немножечко не в своей тарелке: еще не освоились в этом огромном доме и вообще в этой чужой стране.

На следующее утро, сразу по водворении наших вещичек в крохотной квартирке на площади Кавура, Лаура, жена Джорджо, повела нас с мамой на базар, по-итальянски "меркато". Мы были просто ослеплены изобилием земных плодов и оглушены криками торговцев. Все кричали что-то типа "фаволозо" и "меравильозо". Сейчас я уже понимаю, что это означало, что товар просто "сказочный" и "чудесный". Но и на самом деле, так оно и было. Мы остановились перед лотком с громадными лунно-желтыми лимонами. Никогда таких не видела, просто произведения искусства. Мама нерешительно взяла один роскошный плод и подала черноглазому молодому продавцу. Он кинул лимон на чашку весов, а потом быстро и весело произнес: тре милля лире. Мама достала кучки тысячных бумажек, выданных нам Джорджо на первое обзаведение (папа только приступил к работе в его лаборатории), отсчитала три бумажки и протянула продавцу. И лишь тогда мы заметили, что за нашей сделкой пристально наблюдает Лаура, и в глазах у нее выражение ужаса: "Вы отдали за лимон три тысячи лир?" Она говорила по-итальянски, но я ее поняла, кажется, поняла и мама. Мы обе перестали улыбаться, мы просекли, что нам, с нашими полученными в долг деньгами, не стоит делать такие роскошные покупки. А Лаура медленно, чтобы мы улавливали, нас наставляла: каждый день — пасту, это вкусно и дешево, так питаются многие итальянцы. Паста будет вам как раз по карману, а лимоны... лимоны, да еще такие огромные, — это роскошь. Взглянув на наши потухшие лица, она, видно, что-то поняла и подвела нас к большому киоску в углу рынка. Там продавались хлеб и сладости. Они были очень-очень аппетитные, гораздо аппетитнее тех засохших полосок с повидлом, что я покупала в пустой булочной на Покровке в Москве. И она купила нам кекс, усыпанный разноцветными горошинами — самое неаппетитное из того, что лежало на полках.

Джорджо сказал папе, что вечером они ждут нас у себя, будет сеньор Марио. Тогда мы уже были знакомы с Кьярой Латини, строгой религиозной итальянкой, дающей бесплатный приют бездомным, но подчинявшей всех, кого она у себя поселяла, железному режиму. Правда, когда я жила с родителями, мне на это было наплевать. Вот потом, оставшись одна и поселившись у Кьяры, я поняла, какой она деспот. Но до этого было еще далеко — родители уехали через три года. Так вот Кьяра подарила мне яркую кофточку китайского шелка — богатые итальянки часто приносили ей, церковной активистке, вещи для бедных. Кофточка была впору и почти неношенная. Теперь мне было в чем пойти в гости. Про сеньора Марио папа сказал, что, как он понял, это отец Лауры, Джорджин тесть. Джорджо с юмором рассказывал папе во время ланча, какой этот сеньор Марио капризный и неугомонный по женской части. Они с Лаурой боятся, что свой дом в Модене он завещает какой-нибудь очередной домработнице.

За нами должен был заехать Андреа. К тому времени мы уже кое-что о нем знали. Он по неизвестным нам причинам ушел с первого курса университета в Мачерате, где учился на философском факультете, потом целый год сидел дома и читал книжки, надеясь, что они его чему-нибудь научат, потом им овладела страсть к фотографированию — и он приобрел специальную камеру. Но найти работу фотографа в хорошем журнале ему не удалось; как раз к нашему приезду отец устроил его на какую-то фирму, где от него требовалась рутинная работа на компьютере. После нашего знакомства я видела его пару раз на улице, когда он шел в свое учреждение. Окликала я его первая, так как шел он задумавшись и не глядя по сторонам. Он оборачивался и недовольная гримаса, которую он нес на лице по дороге на нелюбимую работу, сменялась мальчишеской улыбкой. Мы говорили друг другу "чао", добавляли еще 2-три словечка и расходились, но каждый раз у меня было ощущение, что на меня упал солнечный луч — так прекрасна была его улыбка.

Мы с мамой едва успели одеться, когда Андреа приехал. Мне было интересно, как он прореагирует на мою китайскую яркого шелка кофточку. Но он посмотрел и промолчал, мне даже показалось, что она ему не понравилась. Может, слишком цветная? Но и я ведь не старуха.

В машине мама, сидевшая впереди, пыталась завести разговор о книгах, мол, что он сейчас читает, но Андреа отделался словами, что читать ему сейчас некогда, а в свободное от работы время он спит, так как катастрофически не высыпается. Мама попыталась пошутить, что у русского поэта Пушкина есть герой, который ночью танцевал на балах, а утром спал. Это она Онегина имела в виду. Андреа на это сказал, что у русских, кажется, есть один единственный поэт, Пушкин, они всегда только его цитируют. Прозвучало не очень вежливо, и мама умолкла. Зато мне стало обидно и за маму, и вообще за всех русских поэтов, и я на своем тогда еще далеком от совершенства итальянском языке выкрикнула примерно следующее: "Почему только Пушкин? У нас есть и Лермонтов, и Фет..." Про Фета я так сказала, в запале, я никогда его стихов не читала, просто мне больше никто не вспомнился.

К восьми часам, к самой чене, итальянскому ужину, мы подъехали к дому.

Огромный, странных очертаний, он располагался в уединенном месте, к нему вела аллея пиний. Когда мы вышли из машины, такой резкий и влажный ветер ударил в лицо, что я подумала, что где-то совсем неподалеку должно быть море.

Все расположились в просторной ярко освещенной гостиной в креслах, Мариза, младшая сестра Андреа, разносила на подносе соленые палочки — как я потом узнала, чтобы у гостей пробудился аппетит. Сеньор Марио сидел в центре зала, в самом большом кресле. Он мне сразу понравился — у него, как у Андреа, был породистый, с горбинкой, нос, очень живой и пронзительный взгляд, который он то и дело устремлял на меня. Наверное, я ему тоже понравилась.

С ним рядом сидел Андреа, и сеньор Марио с энтузиазмом рассказывал ему, как мне показалось, о лошадях, но потом оказалось о кордебалете. Он называл длинноногих девушек из кордебалета "лошадками". Андреа было явно скучно, он слушал с застывшим лицом, ему на помощь пришла Лаура. Она подвела меня к сеньору Марио и усадила в кресло напротив. Андреа состроил при этом такую уморительную гримасу, покосившись на деда, что мне стало весело и свободно. И мы завели с сеньором Марио разговор, он меня спрашивал — я отвечала, еще не очень уверенная в граммматике, но полностью доверяясь пожилому итальянцу, источавшему приязнь и восхищение. Он не скрывая мною любовался, и в перерывах между своими вопросами и моими ответами то и дело шептал "коме беллья", "уна рагацца фаволоза", оглядываясь на Андреа и словно призывая его в свидетели. Андреа улыбался и строил уморительные гримасы. — Ты читала "Промесси спози?" — вдруг громко спросил сеньор Марио.

— Нет, я ведь недавно приехала. — Эту книгу читай первой, она для таких, как ты и как мой внук, — он кивнул на Андреа, — вроде букваря. Ты, Андреа, ведь помнишь эту вещь, нашу итальянскую "Войну и мир"? Расскажи девочке содержание.

Тут я впервые увидела, что Андреа покраснел и, кажется, лишился дара речи. — Ну что же ты, — требовал сеньор Марио, — расскажи хотя бы в двух словах. Андреа начал: "Это про двух обручившихся влюбленных. Они никак не могут... никак не могут... — Ну что же ты, Андреа, — продолжал сеньор Марио, капризно надув губы, — ты что же, забыл все итальянские слова? Чего они не могут? Андреа молчал.

— Стать мужем и женой, рагаццо модесто, — провозгласил сеньор Марио. — Американцы употребили бы здесь свой любимый глагол "fuck", — он с нажимом произнес заморское слово. — Но девочка должна знать, — продолжал сеньор Марио, — что итальянцы всегда добиваются своего в любовных делах. Скажи девочке, Андреа, что в хорошем романе дело всегда кончается свадьбой — и он орлом взглянул на нас с Андреа, пунцовых и не глядящих друг на друга. Потом была чена, мы ели пасту с креветками, и сальмоне, и листья салата, и абрикосовую кростату, и мороженое с шоколадными крошками — страччателлу. Сеньор Марио весь вечер мною восхищался и цокал языком. А Андреа сидел на другом конце стола, и мне казалось, я сгорю от его пристального взгляда.

Когда все поднялись из-за стола, выяснилось, что Мариза, все время хмуро сидевшая рядом с матерью, хочет отвезти нас домой.

— Почему не Андреа? — спросил сеньор Марио, покосившись на меня. — Рагацце будет приятно, если ее отвезет кавалер. Мариза ответила с ехидством: "Андреа слишком много пил, я за ним наблюдала. Видно, что-то ударило ему в голову". — Не что-то, а кто-то, — поднял палец сеньор Марио, — разве может итальянец, да еще молодой, устоять против русской бамболины? Он подмигнул, и все взрослые засмеялись, кроме моей мамы, которая не поняла, о чем речь. Андреа помрачнел и, ни слова не говоря, повернулся и ушел к себе. Домой нас везла Мариза.

А сеньор Марио умер через две недели после нашей встречи, свой дом он завещал дочери — как положено. Лаура рассказывала, что перед смертью он позвал к себе Андреа и попытался ему что-то сказать, но язык ему уже не повиновался. Мне почему-то кажется, что сеньор Марио хотел сказать Андреа обо мне.

После того вечера я не видела Андреа целую вечность. Нужно было врастать в чужую жизнь, учиться в лицее, стараться получить самые высокие оценки — десятки, чтобы потом было легче поступить в Университет. Прошла осень, кончалась зима. Помню, как в феврале, во время карнавала, глядя с холма на наряженных взрослых и детишек, весело плясавших на площади Папы, я вдруг заплакала. Мне стало так тоскливо и неуютно, я подумала, что никогда за все свои 15 лет не плясала на таком веселом празднике и уже, наверное, никогда не смогу включиться в это безудержное веселье...

Неожиданно кто-то тронул меня за плечо. Оглянувшись, я увидела Андреа — он белозубо улыбался и, казалось, не заметил моих слез. Он взял меня за руку и почти насильно потянул вниз по крутому склону, к танцующим. Музыка гремела как из преисподней, мы вошли в кружок танцевавших, опоясанный многочисленной веселой толпой, перед нами все расступились, и мы чудесным образом оказались в самой сердцевине круга. И тут внезапно медь замолкла, и из репродуктора раздались звуки вальса. Сейчас, когда я все вспоминаю, мне представляется сцена из фильма "Война и мир", где Наташа танцует с князем Андреем. Это сравнение меня смешит. В фильме они так парадно, так по-бальному танцевали. Наш танец был совсем-совсем другой. Стремительным, задыхающимся и очень коротким. Почему-то музыка кончилась как оборвалась, буквально через мгновение после начала. Или мне так показалось? Мы с Андреа замерли глядя друг на друга, он держал мои руки в своих. Толпа вокруг хлопала, что-то кричала, репродуктор внезапно заглох, завибрировал и стал отбивать оглушительно скрежещущие такты рока, вокруг нас понеслись в дикой пляске гномы, принцессы, собаки и львы. Первым опомнился Андреа, он потянул меня за собой — прочь от толпы — к краю площади, на самую макушку холма, где перед собором высилась статуя одного из средневековых Пап со странной длинной шапкой на голове.

Задыхаясь, мы добежали до статуи и, спугнув расположившихся на высоком постаменте голубей, прислонились к холодному серому граниту.

— Ты чего не в школе? — спросил Андреа.

— Нас отпустили с уроков — из-за карнавала. А ты почему не работаешь? — спросила я в свою очередь.

— Проблемы со здоровьем, — он улыбался, — ходил в Умберто Примо.

Больница Умберто Примо была расположена неподалеку. Я посмотрела на него с недоверием — такой высокий, здоровый парень, зачем ему больница?

— Ты шутишь?

— Шучу, — он говорил улыбаясь, но как-то не очень уверенно. А потом резко сменил тему: "В России есть карнавал?"

Я кивнула, мне не хотелось говорить, что в России сейчас ничего, ну просто ничего нет.

— И что написал ваш любимый Пушкин по поводу карнавала?

— Он написал — я задумалась, а потом прочла первое, что пришло в голову: "Под голубыми небесами великолепными коврами, блестя на солнце, снег лежит".

— Красиво! Мне нравится, как звучат русские слова. "Коврами", — повторил он, смешно растягивая гласные. — Коврами — это и есть русский карнавал?

— Конечно! Ты замечательно догадлив — точно почувствовал значение русского слова, — и я взглянула сначала на улыбающегося Андреа, а потом на папу, в чьем бесстрастном сосредоточенном взоре мне почудилось осуждение.

С той встречи на карнавале со мной началось что-то странное. Я все свое свободное время думала исключительно о нем, об Андреа, днем и ночью. Ничего не могла с собой поделать — ложилась на кровать и вспоминала мельчайшие подробности наших с ним немногочисленных разговоров, а еще надоедала маме своими излияниями — какой он красивый, умный, начитанный. В сущности, ничегошеньки о нем не знала, и о начитанности его могла только догадываться, но если человек влюблен... Теперь я хорошо понимаю, что мое тогдашнее состояние называется влюбленностью. Мама, наверное, тоже это понимала и терпеливо меня выслушивала, иногда вставляя что-нибудь ободряющее и ведущее, на ее взгляд, ко спасению: "Но вот же ты рассказывала, что ваш новый учитель физкультуры на тебя глаз положил и что он очень интересный, голубоглазый. Вот и переключись на него".

— Сердцу не прикажешь, — шептала я безнадежно, и мама тяжело вздыхала и согласно кивала головой. Мы с мамой очень похожи — обе ужасные дурочки.

Однажды маме пришло в голову написать Лауре поздравительную открытку с Международным женским днем 8 марта.

— Ну и наплевать, что итальянцы этот праздник не отмечают и он им вообще неизвестен, я напишу, что поздравляю ее с русским праздником. И через 5 минут мама прочитала мне составленную ею открытку, в которой в переводе с итальянского значилось:

Дорогая Лаура,
поздравляю тебя с русским национальным праздником 8 марта. В этот день в России отмечается женский день, никто не работает, все сидят за праздничным столом и пьют за здоровье женщин. Приветы и поздравления шлют тебе и Маризе также Павел и Наташа.
P. S. У Наташи появился "рагаццо", спортивный и голубоглазый, он преследует ее взглядами, но она не обращает на него никакого внимания и говорит, что всем голубоглазым предпочитает кареглазых.

Мама считала, что в открытке она прозрачно намекнула родителям Андреа о моих к нему чувствах. Зачем она это делала? И почему я ее не остановила?

Не знаю. Сейчас трудно все это понять, но тогда мне даже хотелось, чтобы открытка скорее была отправлена.

Через несколько дней, 13 марта, мне исполнялось 16 лет. На мой день рожденья приглашена была вся семья Джорджо. Первыми пришли родители. Джорджо нес впереди себя большую корзину с провизией — галетами, макаронами, сыром и оливковым маслом. Лаура протянула мне сверток, стянутый плотным узлом.

— Посмотри, что я тебе принесла, — шепнула она, — такую вещь ты сама себе не купишь. В свертке оказалась кофточка унылого грязно-серого цвета, Лаура, как и Андреа, явно не одобряла моего пристрастия к ярким цветам. Сели за стол, Джорджо тут же приступил к салату оливье, который в Италии называют русским. Выпили за мое шестнадцатилетие.

И тут мама робко спросила: "А где Андреа? Почему его нет?". Она словно забыла, что нет не только Андреа, но и Маризы.

Джорджо оторвался от салата и медленно произнес: "Андреа женится". Не знаю, почему я покраснела, — потому ли, что он это сказал, или потому, что сразу после этих слов взглянул на меня?! Я почувствовала, что буквально заливаюсь краской. Под неотрывным взглядом Джорджо я схватила салфетку и прижала к горячей щеке. Обычно не очень понятливая мама тут пришла мне на подмогу: "Как у нас душно, ребенок прямо задыхается, нужно открыть окно!"

Лаура сидела с каменным лицом и только спустя минуту произнесла: "Джорджо как всегда шутит. Дети задерживаются, они должны прийти". Действительно, минут через 20 раздался звонок. Я услышала в коридоре голос Маризы. А Андреа так и не пришел.

Весна пролетела как бабочка — так же быстро и так же невозвратно. В конце мая площадь Кавура, на которую фасадом выходил наш дом, была полна зелени, шорохов, солнечных бликов и запахов. Всю весну я прогрустила. Каждый вечер наведывалась на площадь Папы и стояла возле холодной каменной статуи, вспоминая его лицо, улыбку, как он смешно сказал "коврами". Дома я рылась в книгах, ища что-нибудь хотя бы отчасти соответствующее моему настроению. Мама привезла с собой в чемодане русские книги в ущерб платьям и домашнему скарбу. Вот их-то я и разбирала. Я искала стихи, так как прозу читать мне не хотелось — душа была слишком легка для прозы, слишком воздушна. Как-то я наткнулась на тоненькую книжечку без обложки. Первой страницы тоже не было, а на второй было маленькое стихотворение, поразившее меня как прямое попадание — прямо в сердце:

*Только в мире и есть, что тенистый
Дремлющих кленов шатер.
Только в мире и есть, что лучистый
Детски задумчивый взор.
Только в мире и есть, что душистый
Милой головки убор.
Только в мире и есть этот чистый
Влево бегущий пробор.*

Это было мое стихотворение, не в том смысле, что про меня, а в смысле, что оно отражало мое тогдашнее состояние. Мне ничего было не нужно, меня не интересовал мир вокруг, важен был лишь один человек в этом мире. Вы скажете, что такое сознание можно назвать болезненным, оно ограничено, сужено до предела и не отражает объективной реальности. Все правильно, я с вами соглашусь — тогда я находилась в состоянии ненормальном и нездоровом. Подозреваю, что поэты находятся в нем постоянно или, во всяком случае, в период писания стихов.

С книжкой в руке я побежала на кухню, где мама что-то писала на кухонном столе. — Это чьи стихи? — Эти? Фета. Ты малышкой вырвала из книжки несколько страниц, так обидно! — Так это Фет! Я была потрясена. Сразу вспомнилось, как в машине я назвала его имя Андреа. Тогда я еще не читала этих стихов. Такое совпадение показалось мне не случайным. Стихи Фета запомнились сами собой, и я попыталась строчку за строчкой переложить их на итальянский. Мне очень хотелось, чтобы их прочитал Андреа. Теперь все вечера я проводила за переводом. Уроки — математику, историю, латынь — старалась делать как можно быстрее, высвобождая время для своей заветной работы. Был конец мая — и многим итальянским школьникам, как и мне, стало не до ученья. По вечерам на широких мраморных скамьях, расставленных вдоль утопающей в распустившейся зелени площади Кавура, сидели влюбленные. Меня удивляли и забавляли их позы. Девушки почему-то сгибали одну ногу в колене, а другую вытягивали вдоль скамьи. Юноши обнимали девушек за талию. Мне даже в голову не приходило, что я могла бы сидеть с Андреа на одной из этих скамеек. Просто хотелось получить от него хоть какую-то весть.

Однажды, когда я зачеркивала в тетради очередную неудавшуюся строчку, в комнату вошел папа. Он внимательно посмотрел на меня и сказал очень спокойно: "Ты знаешь, Джорджо говорит, что Андреа серьезно болен. У него рак".

Вбежала мама и закричала, заволновалась: "Зачем ты это сказал? Я же тебя просила!" Она встала за моим стулом и стала гладить мои волосы, и ее слезы капали мне за шиворот.

Я вышла из автобуса и остановилась: куда идти? Кругом было безлюдно. Пошла наугад узенькой белой тропинкой, над которой возвышался шатер вечнозеленых кудрявых пиний. Тропинка привела меня к дому, похожему на Средневековый замок. Неужели в таких домах можно жить? И почему я не знала, что этот дом — замок? Ах, да, я видела его только ночью, в темноте не разглядела. Я дернула за веревочку — дверь открылась, и я вошла. Тишина. Комнату за комнатой обходила я пугливо озираясь. Где-то неподалеку слышался недовольный голос Маризы, мелькнула тень Лауры. Чтобы избежать с ними встречи, я свернула на лестницу, ведущую на второй этаж, и с колотящимся сердцем юркнула в первую попавшуюся дверь. Я попала в светлое, пронизанное солнцем помещение, стена напротив меня вся была из стекла, за ней плескалось море в ярких полуденных лучах. Я оглянулась — в углу стояла узенькая походная кровать. На ней лежал он. Он не спал, глаза его были открыты, он улыбался. — Андреа! — с этим восклицаньем на губах я просыпаюсь.

Это путешествие я совершала много раз — и только во сне.

Через три года родители уехали в Америку. К тому времени я закончила лицей и поступила в Университет на медицинский факультет. Поселилась у нашей хорошей знакомой Кьяры Латини, которая не брала с меня денег за жилье, но требовала неукоснительного следования своему жесткому распорядку. Учеба на медицинском факультет забирала все силы, бороться с Кьярой было трудно, и я подчинилась: приходила домой не позже 10, никого у себя не принимала, мыла квартиру, готовила еду, когда хозяйка уже спала, чтобы не слышать ее довольно ядовитых замечаний, экономила на газе, воде, тепле. Экономия была Кьяриным "пунктиком", и, хотя я сама оплачивала свет и тепло, в промозгло — холодные итальянские зимы приходилось прятать нагреватель под кроватью, подальше от зоркого хозяйского взгляда. Кьяра экономила не для себя, все сбереженные деньги она отдавала бедным, посылала — осиротевшим детям на Филиппины, на устройство ночлежек в Африке, на оборудование родильных домов в Палестине. Очень религиозная, крестьянских корней, была она одновременно и необыкновенно доброй, жалостливой, и строгой, властной, порой чересчур нетерпимой. Жилось мне у нее нормально, но очень не хватало домашнего тепла, маминой опеки и просто ласки.

Все эти годы Андреа жил где-то рядом. Правда, жизнь его свелась к одному состоянию: он болел. От Джорджо мы знали, что как раз в нашей области разработана терапия лечения лимфомы, того вида злокачественной опухоли, который был у Андреа. Его усиленно лечили, он прошел химиотерапию. Лежал он не в больнице, а дома, и вся семья замирала, когда подходили сроки сдавать очередные анализы. По словам Джорджо, переданным папой, Андреа был капризным больным, мучил мать и сестру. Чем мучил? — допытывались мы с мамой. Папа не мог вспомнить, морщился, а потом говорил неуверенно: "Кажется, он молчит. Лежит, повернувшись к стенке, и молчит". И это было похоже на правду. Сведения "оттуда" просачивались скудно — Джорджина семья закрылась для общения, нас не звали в гости и на наши приглашения не отзывались. В самом начале я попыталась, по маминому примеру, написать Андреа письмо. Собственно говоря, мама и была инициатором всей "акции". Она сказала, что в мире существует лишь одна великая книга, которая может даровать таким, как Андреа, надежду. Это "Раковый корпус" Солженицына. Мы купили две книжки в итальянском переводе, сравнили их с оригиналом, друг с другом и отобрали ту, у которой на обложке не было мрачной вышки с колючей проволокой вокруг. Потом мама провозгласила: "Его может спасти только любовь!", она не сказала "твоя", но это подразумевалось. И я, воодушевленная, принялась за письмо. Я написала там, что "верю", что "хочу", что "надеюсь", про "любовь" я не писала ничего. Долго думала, дать ли письмо на прочтение маме, и в результате дала — мама у меня, хоть и витает в облаках, но про любовь и про меня все понимает. Письмо она одобрила, сказала: "Я бы ни одной буквы не добавила". И мы передали книгу с вложенным в нее конвертом папе, а тот — Джорджо.

Потекли дни, недели, месяцы. Наступил август. Ответа не было. К тому времени что-то во мне сломалось, я уже не была такая сумасшедшая. Летом мы ездили в Россию, я встречалась с одноклассниками, с одним из них, светловолосым и румяным крепышом Сережей хорошо было гулять по ночной, азиатски дремучей Москве.

Училась я как проклятая. Впрочем, на медицинском факультете нельзя было по-другому. Каторжные работы в Италии называют "галерами", это отзвук римской эпохи, когда прикованные к ненавистным галерам рабы были обречены на смерть от непосильного физического напряжения. Вот и мы, студенты-медики, отбывали свой срок "на галерах". Те, кто через семь лет доползли со мной до защиты диплома, поступились многим: своей молодостью, здоровьем, беспечностью, они дошли до стадии изнеможения, они еле передвигались, как вышедшие из концлагеря, но они ощущали себя победителями.

Я защищала диплом последней. В зале, кроме нонны Кьяры, моей хозяйки, я разглядела Джорджо и Лауру. Они приветливо мне помахали со своих мест. Мариза, как я знала, училась во Франции, а отсутствие Андреа меня не удивило. Мне уже начинало казаться, что его и не было в моей жизни, что все, что с ним связано, я придумала, намечтала, нафантазировала. Ничего, ничего не было — все родилось из солнечных бликов, из сомкнувшихся в шатер крон пиний, из белой тропинки, ведущей в волшебный замок. Во всей этой истории не было ни грана реальности, придуманный роман с вымышленным героем.

Когда после защиты я пила кофе в баре, ко мне подошла Лаура.

— Поздравляю! Ты так красиво выглядела на кафедре. Я всегда считала, что тебе идут темные тона.

Тут появился Джорджо с бутылкой итальянского шампанского — спуманте в руках. Мы выпили за мою удачу и за мой скорый отъезд в Америку. Джорджо спросил о моих родителях, о папиной работе в чикагском университете, о дальнейших планах. Язык прилип к моей гортани, и я так и не задала тот единственный вопрос, который из меня рвался. И вот они уходят. И мы ни слова не сказали о нем, об Андреа. Да и существует ли он на самом деле? Может, он уже давно умер?

— Лаура, — кричу я, — Лаура, погоди. Погоди, Лаура! Мой рот открывается, но звуки не идут. Я гляжу им вслед. Лаура и Джорджо удаляются, уходят.

И вдруг Лаура резко поворачивается и торопливо идет ко мне. Она заметно волнуется, ее щеки бледны и губы дрожат: "Наташа, Андреа просил тебе передать" — и она протягивает мне запечатанный конверт.

— Как он? — шепчу я.

Она машет рукой и говорит улыбаясь: "О, замечательно! У него прекрасные анализы, он опять работает". И она уже окончательно уходит. А я окаменело стою с конвертом в руках.

В конверте лежал сложенный вдвое листок с маленькой запиской. В ней всего два слова: "Не уезжай!" Я раз за разом читала эти слова, стараясь понять их смысл. Потом положила конверт в потайное отделение своей сумочки.

Перед отъездом в Америку, отбирая вещи, которые возьму с собой, я наткнулась на пожелтевшую тоненькую тетрадь. В ней было переписанное стихотворение Фета и мои неуклюжие попытки его перевода на итальянский. Подивилась себе тогдашней — как смело взялась за перевод гениальных стихов, как жила мечтой послать эти корявые строки ему, Андреа. Можно только порадоваться, что этого не сделала. К чему? Чтобы дополнить выдуманный роман еще одним штрихом? Но все же тетрадку я отложила в сторону. Возьму ее с собой и буду хранить как реликвию — спрессованное в восьмистишие время моей жизни, моей любви. Только ли моей? А Андреа? С ним ведь тоже что-то происходило. И эта его записка... Я достала из секретного отделения сумочки конверт и вынула сложенный вдвое листок. Приложила его к странице пожелтевшей тетради — итальянские буквы наложились на русские и слились с ними. Одно любовное послание устремилось навстречу другому. Они совпали и соединились в некой точке пространства. В голове мелькнуло: они должны быть вместе — стихи и записка. Возьму их с собой и спрячу между книг на книжной полке своей будущей квартиры. Пусть в моей комнате будет укромный уголок, запечатлевший миг любви, хранящий память об Италии и об Андреа — о том, что только и есть в мире.

Ноябрь 2005, Бостон

Я вспоминаю. Было или не было?

Я вспоминаю...
(Всем родившимся в декабре)

Плачу, плачу — громко, горько, отчаянно. Реву. Слезы - потоком. Неужели никто - ни мама, ни папа — не подойдет? Неужели они не видят, какая несправедливость случилась? Какая неправда? Разве можно с этим мириться? Лучше умереть. Я, наверное, умру от этого плача. Если никто не подойдет, точно умру. Разорвется сердце. Неужели? Никто? Дядечка подходит неслышно, берет за плечи. - Ты о чем плачешь? — Они... они... они сказали. Слова не выговариваются, да и смысл плача сформулировать трудно. Накатило. Мама что-то сказала, потом папа, потом оба... показалось, что все неправильно, все не так. И вот дядечка. Пришел на кухню, успокаивает. Как я люблю дядечку, он лучше всех!

Дядя Леня! Сколько часов мы с сестрой простояли возле кухонного окна, выходящего на говорливое Рязанское шоссе. Высматривали машину с зелененьким огоньком - тогдашнее такси, ведь дядечка должен приехать, обещал. Сколько раз он не приезжал, и какое это было разочарование - не приехал! А когда приезжал - какая это была радость: дядечка приехал. Привозил подарки. Но радость была не из-за подарков, дядечка был красивый, добрый, веселый. Самый лучший!

Как-то случилась авария с такси, в котором он ехал. Дядечка отделался травмой носа. Какие были у нас переживания! Дядечка такой красивый, каким он выйдет после больницы?! Нос получился с зазубринкой, даже не очень заметной. Вполне можно было не заметить. Только иногда казалось: хорошо бы без зазубринки, чтобы дядечка был совсем как раньше.

Однажды на его дне рождения я увидела очень красивую женщину, с зелеными глазами, светлым, словно сливочным лицом, платком на покатых плечах. Я глядела на нее неотрывно: какая красавица. А она смотрела — и тоже неотрывно — в другую сторону. Я проследила направление ее взгляда. Она смотрела на дядечку.

Наверное, у него было много романов. Мы знали нескольких молодых женщин, которые страдали, плакали из-за него. Почему дядечка не хотел жениться? Женщины были такие милые, такие красивые, так его любили, так плакали от его невнимания – даже мы это видели.

Дядечка женился почти в сорок, это был мезальянс, жена была простая, без образования, зато появилась дочка. Но дядечка оставался веселым и беззаботным человеком, художником. Дома появлялся поздно. С дочкой гулял наш папа.

Одна наша знакомая называла его дядя Леня из Рио-де-Жанейро. Вот-вот. Наверное, в Рио-де-Жанейро все такие. Красивые и беззаботные. Умеющие утешать детей. Только не своих, со своим ребенком у них получается хуже. Совсем не получается. Что поделаешь — нет в мире совершенства.

***

А в день рожденья приезжали гости. Взрослые. Это были наши общие гости, но немного мамины.

Мама кончала с этими веселыми людьми аспирантуру. Они называли ее Саркой и Чаечкой. Они привозили нам — не помню что. Главное, они привозили нам беспрерывное веселье с момента приезда до момента отъезда. Разве можно забыть такой день рожденья, когда ты без остановки смеешься, радуешься, рот до ушей? Они вспоминали всякие случаи. Упоминали незнакомые фамилии: — А помнишь, Ермольева? — А однажды Зильбер... Молодая была компания, ученые-микробиологи, вступающие в жизнь. С каждым годом они прибавляли солидности, росли в должностях. Но наш день рожденья оставался все таким же долгожданным и веселым.

Самое большое веселье приносила с собой одна пара. Мирра Александровна и Илья Николаевич. Она черная, остроглазая, в очках, стремительная, с насмешливым взглядом. И он – очень высокий и худой, блондин, степенный и спокойный, с добрыми глазами – полная ей противоположность. Как же они пикировались! Как же она изводила его своими колкостями. И как он умел ей достойно, не обидно ответить. И как бы они ни пикировались, было видно, что любят, жить друг без друга не могут...

А когда нам было девять лет, точно по Данте, они привезли с собой своего сына, Сашу.

И подарили нам дружбу на много–много лет, дружбу, которая прервалась, но не кончилась... она будет еще долго продолжаться, до самого конца и дальше, когда Там все встретятся и будут беспрерывно смеяться, словно две маленькие девчонки-близняшки на своем когдатошнем дне рожденья.

***

Мы звали ее Машинчик, она была тетя Маша, няня. Убежала из своей мордовской Зубовой Поляны, где голодала и бедовала. В Москве нашла приют у мамы с папой, к тому времени заимевших двойню.

Плохо говорила по-русски, мы, маленькие, не понимали, откуда такие слова: метермондрик, субцы. Могу их расшифровать, но зачем? Мама уходила на работу и оставляла нас с Машинчиком. И давала ей рубль. На рубль в день мы все жили, ели жареную картошку на постном масле, мы с сестрой любили жаренки. Из девятиметровки в старом доме перебрались в новостройку, одна комната с соседями. Машинчик спала в коридоре под вешалкой. Соседи не возражали. И мы не возражали, когда пьющий Мишка падал в коридоре и лежал в луже.

Мне было до слез жаль Машинчика, что она одна, что спит в коридоре и на нее, бывает, сваливаются пальто и шапки. Когда мы подросли, а тетя Маша, благодаря папе, получила свое отдельное жилье, нам очень хотелось ее повеселить, чем-то порадовать. Она ведь прожила такую тяжелую, непосильную жизнь. Водили ее в кафе-мороженое, в кафе в парке Горького. Не помню, нравилось ли ей ходить в кафе. У нее была церковь, она ездила туда по воскресеньям. Куда-то на Рогожскую. А на наши дни рожденья не оставалась. И так много людей, а площадь маленькая. Уходила и приходила только поздно вечером. Рассматривала подарки. Однажды — было это в раннем детстве - я с бидоном отправилась за водой во двор. Но ручка колонки не поддавалась, вода не шла. Тогда я вспомнила, что говорила Машинчик: «Нужно сказать, Господи, помоги». И сказала. Вода пошла.

Нет давно нашей тети Маши, но, когда что-то не получается, я всегда говорю: «Господи, помоги!» Помогает не всегда. Но всегда при этом вспоминаю тетю Машу, нашего Машинчика. И сжимается сердце, закипают слезы, возникает ощущение ужасной вины... Да простят нас все, кто жил рядом с нами на этой земле!

***

Еще мы пели хором. Сидели за столом – и пели. Уже гости попробовали все нехитрые припасы – картошку, селедку, рижские шпроты, оливье, бывало, что и рыбку, и грибочки, и моченые яблочки. Уже спели свое соло и тетя Тамара – «Вай, Хайне», и дядя Исаак – «Дывлюсь я на нэбо». Уже дядечка, под аккомпанемент пальцев по скатерти, исполнил «Шаланды полные кефали» и «Рио-де-Жанейро – чего же там только нет». И тут наступала очередь хора. Пели упоенно. Репертуар был разнообразный. «Каким ты был, таким ты и остался», «Старый клен», «На тот большак, на перекресток». Все песни были о любви, пелись с душой. Когда компания была чисто еврейской, пели величальную «Ломералом нейнэм». Каждого сидящего за столом «аида» называли по имени и славили. И сердце переполнялось гордостью, что мы – евреи и поем на непонятном, но своем языке.

Но самой любимой песней, песней венчающей вечер, обычно была «Индонезия». Не знаю, откуда она взялась и кто сочинил такие чудесные слова и такую звучную мелодию. Пели на голоса.

Ты красот полна, в сердце ты одна,/Индонезия, страна моя!

Рвалась песня из груди, летела на простор, растворяясь в нагретом воздухе застолья. Перед глазами возникал мираж — «страна родная Индонезия» с яркими цветами, под жарким солнцем.

Никогда-никогда не думалось, что придется когда-нибудь там побывать. Страна мечты.

Мама с папой, дядечка, тетя Тамара и прочие гости, они так и не побывали в Индонезии. А где они вообще-то побывали? Где они побывали, наши замечательные мама с папой?

Страна родная Индонезия – поет наш домашний хор, сестра ведет втору. Все еще впереди...

Декабрь 2017, Б.Вашингтон

Из цикла "Кедр ливанский"

Петя

Почему мы думаем, что родственная нам душа может жить только в человеке? В моем случае она поселилась в собаке, и даже не моей - у меня собак никогда не было - в собаке, встреченной случайно, во время прогулки. Мы тогда только переехали в этот штат и в этот городок, пригород столицы, где муж получил работу.

В один из первых дней после переезда — дело было весной — я шла мимо одноэтажных деревянных домиков, озирая окрестности. Из-за одного из заборов довольно внушительного двухэтажного особняка на меня смотрели две собаки, очень похожие друг на друга, обе бело-пятнистые, причём их пятна разнились — у одной были рыжие, у другой — чёрные.

Не знаю почему, мне приглянулась та, что с чёрными. Может быть потому, что эта собачка сама ко мне потянулась. Она вскинула лапы на прутья решетки, вытянулась своим длинным телом почти вертикально и стала на меня глядеть влажными темными глазами, подняв кверху узкую, ужасно милую морду и издавая при этом какие-то звуки, похожие на подвывание. Я это поняла как признание в любви.

Вторая собачка стояла рядом и никак на поведение товарки не реагировала. Не скрою, мне было лестно такое внимание незнакомой собачки, ничем с моей стороны не вызванное. Я немножко задержалась возле этого забора. В ответ на собачье признание выдала свое: «Я тоже тебя люблю, песик. Ты мне сразу понравился, такой милый и симпатичный». Американская собака может не понимать по-русски, но интонацию ласки и симпатии — она понять должна.

Спустя несколько дней я опять проходила мимо, и снова во дворе по свежей травке гуляли две собаки, и мой песик опять на меня среагировал. Угощать чужих собак здесь не принято и погладить ее я не решилась — просто повторила еще раз, с чувством: «Ты хороший песик, я тебя люблю» — и пошла дальше. Черненькую собачку я стала называть Петя, не знаю почему, показалось, что это имя ей подходит. А рыжую я никак не назвала, мы были друг другу не интересны. Даже наоборот, когда я приближалась, рыжая демонстративно разворачивалась и уходила, увлекая за собой Петю. Он с большой неохотой, как мне казалось, шёл за ней вглубь двора.

Это однако было уже позже, когда я освоила дорогу в Safeway, так назывался ближайший супермаркет, о существовании которого я узнала. Туда я шла не сворачивая по нашей длинной улице, а вот назад возвращалась с вариациями, в зависимости от погоды и настроения. Весной довольно часто мой путь пролегал мимо знакомого двухэтажного дома с большим пустынным двором, по которому там и сям были разбросаны собачьи игрушки, и двумя собаками за оградой.

Первое время Петя всегда подбегал при моем появлении, но потом что-то случилось — и мой песик, завидев меня, стал вслед за своей подружкой убегать вглубь двора. Я это восприняла как измену. Как-то раз в дальнем углу двора я увидела Петину хозяйку, она что-то крикнула – и Петя что есть мочи помчался к ней; я ускорила шаг — мне показалось, что она взглянула на меня не слишком дружелюбно. Естественно, она не хотела, чтобы ее собака ластилась к чужим. Возможно, она слышала, как иногда, проходя мимо пустого двора, я тихо зову по-русски: «Петя, Петичка!» – и это ей неприятно. Кому понравится, когда чужой прохожий человек зовёт его собаку, да еще и на непонятном языке! Мне даже подумалось, что Петю нарочно увезли от меня куда-нибудь подальше, в ту же Флориду, куда живущие в наших краях американцы часто уезжают на зиму. Да, да, не удивляйтесь, почти год прошел с нашей первой встречи с Петей, наступила зима.

Грустно мне было проходить знакомой дорогой и не видеть моего песика. Какое-то время я возвращалась из магазина коротким путем, чтобы не расстраиваться. Но потом решила, что лучше все же возвратиться к прежнему маршруту — ведь Петя мог вернуться в любой день и я могла его пропустить. Так и случилось. Скорей всего, ни в какую Флориду его хозяева не уезжали, так как зима ещё не кончилась, а собаки гуляли во дворе.

Дело было под вечер, я, на всякий случай, свернула на заветную тропу — и в сумерках увидела за забором Петю и вторую собачку. Она показалась мне страшно исхудавшей, просто сложившейся вдвое. Переживает? Ревнует Петю ко мне? — почему-то подумала я, хотя уже не маленькая и должна бы понимать, что у собак своя психика, не такая, как у человека. Да и вглядевшись получше, я увидела, что это другая собака, тоже с рыжими подпалинами, но меньшего размера. У меня сразу нашлось для нее имя – Симочка. Оно очень шло к ее остренькой мордочке. Однако вела она себя точно так, как ее безымянная предшественница, — увидев меня, бросилась прочь от забора и увела с собой Петю. Мой глупый Петя послушно затрусил за нею, правда, напоследок виновато оглянулся — мол, сама видишь, не своя воля.

Зима уже кончается, и я во время прогулок регулярно сворачиваю на проторенную тропинку, подхожу к особняку, смотрю на пустынный двор, по которому разбросаны собачьи игрушки. Собачек за забором нет. Только однажды, когда я проходила мимо, мне послышалось откуда-то сверху, со второго этажа, глухое подвывание, в котором я узнала голос моего Пети. Мой песик из своего заточенья приветствовал меня. Мне кажется, что весной что-то должно измениться, собачек снова начнут выпускать во двор. Я с нетерпением жду весны. Петя, где ты?

Ирина Чайковская

Кедр ливанский

Никогда не видела ливанских кедров, в Израиле не была, в среднерусской полосе они не произрастают, и тут, в Америке, они, скорее всего, не растут. Где-то я читала, что кедров ливанских, древней породы, о которой так много говорится в Библии, почти не осталось – вырубили. Я, к большому моему сожалению, плохо разбираюсь в породах деревьев. Родилась и полжизни прожила в столице, где всех птиц-то — воробьи да голуби, а из деревьев – тополя, легко определяемые по весенним своим сережкам да ватному пуху, залетающему летом в открытые форточки.

Приехав в штат Мэриленд, я даже купила себе различитель местных деревьев и птиц.

Пару-тройку птиц определила, чему была несказанно рада, но дальше дело не пошло. С деревьями было еще хуже: вроде читаешь описание, и листик есть на рисунке, и даже деревце целиком нарисовано, — а оно или не оно растет на твоем участке, пойди пойми. Да и названия эти иностранные как-то плохо запоминаются и языком, привыкшим к русским звукам, с трудом воспроизводятся... Но это в сторону. Я начала про ливанский кедр.

По дороге в наш Safeway – такое смешное название носит магазин продуктов и товаров, — я прохожу мимо одного дерева. На него нельзя не обратить внимания — оно высится красавцем-исполином, и его крона дает тень всем проходящим по нашей нескончаемой улице. Формально оно принадлежит хозяевам маленького одноэтажного дома, стоящего в глубине не огороженного забором участка.

Дерево расположилось у самой кромки этого участка — и не доставляет хозяевам никаких хлопот, не затеняет окон, не грозит падением веток на крышу, зато нам, прохожим, оно дает радость. Во-первых, красота – есть на что полюбоваться: стройное, с крепким стволом и могучими хвойными ветвями снизу доверху, — во-вторых — тень, что в жару бывает просто спасительно. Хотелось знать, что это за порода. Знания у меня в этой области невелики, в чем я уже призналась, но я смело предположила, что это кедр. Пусть не ливанский, но кедр, просто кедр. В самом деле, если не елка, не сосна и не лиственница, а эти породы мне были хорошо известны, то остается кедр. Прекрасный роквиллский кедр (Роквилл – это наш городок).

С этим кедром я подружилась. Уж очень он был дружелюбен, его хвойные лапы прямо тянулись к твоим рукам для пожатия. И вот я стала с ним здороваться. Пройду мимо – «здравствуй, кедр!» и пожму мохнатую, совсем не жесткую его ладошку. И сразу на душе становится легко, словно он наделил тебя частицей своей зеленой прелести. А когда возвращаюсь назад, всякий раз киваю сосне, стоящей неподалеку от кедра, на другой стороне улицы. Сосна эта, на первый взгляд, всем хороша, высокая и ветвистая, но, если подойти к ней сбоку, увидишь, что она кривая.

Бедняжку неправильно посадили. И так она выросла – кривая на один бок. Ни в чем она, как все понимают, не виновата, и вообще, если глядеть анфас, этот ее дефект даже совсем незаметен. Проходя мимо, я ее подбадриваю: «здравствуй, красавица!» — чтобы она не грустила, что получилась кривой. У сосен свои законы, но кто знает? может, они, как и люди, страдают из-за дефектов внешности и у них тоже развивается «комплекс неполноценности»?

А то, что сосна и кедр так близко стоят друг к дружке и легко могут видеть один другого, — это большое счастье. Это живое воплощение романтической мечты поэта Гейне, гениально переведенного нашим Лермонтовым. Так я думала – и радовалась, что два деревца могут не во сне, а наяву видеть друг друга и дружить хотя бы на расстоянии.

Но радоваться было рано. Однажды по дороге в магазин я так сильно задумалась, что пропустила мой кедр. Пропустила его и второй раз, и третий. А потом специально, без всякой надобности, пошла по нашей длиннющей Rockland Avenue, чтобы удостовериться, что кедр на месте. Но его на месте не было. Тогда я в ужасе вспомнила, что три дня назад, когда мы поздним вечером возвращались домой на машине, возле того домика, где рос кедр, стояла техника и до наших ушей донесся какой-то противный скрежет.

Неужели спилили? Могучее красивое дерево? Которое ничем никому не мешало? И поднялась рука? Это же как убийство. Недаром в словах срубить и убить один и тот же корень.

Несколько дней я боялась пойти на то место. Наконец – пошла. На месте моего друга кедра я увидела пень.

С тех пор я здороваюсь с этим пнем, проходя мимо. Я останавливаюсь, как перед могилой, и говорю: «здравствуй, кедр!» И слушаю. В эти мгновения я слышу шум исчезнувшей, но оставшейся в моем сознании зеленой пышной кроны. Как раковина, несущая в себе шум морского прибоя, пень хранит звуки, окружавшие кедр: шелест кроны, завыванье ветра, пенье птиц, трепетанье крыльев насекомых. Минуту или две я пытаюсь уловить эти звуки, а потом, вздохнув, продолжаю свой путь.

Лето 2017, Б.Вашингтон

Красное пальто

В тот год носить красное пальто было опасно. В городе появился маньяк, выбиравший себе жертву в красной одежде. Оля почему-то его не боялась, да она и вообще ничего не боялась, жила своей отъединенной от других жизнью. Стояла ранняя весна, городской воздух был ею пронизан. Оле было восемнадцать, красное пальто было ей к лицу, и тем утром она ехала в троллейбусе. Поступив в том году на вечернее отделение литфака Педагогического института, она ежедневно, с большой радостью, ездила в Историческую библиотеку и с упоением читала и перечитывала там русскую литературу — от «Слова о полку Игореве» до Блока и Цветаевой, упоминания о которых только-только начали появляться в школьных учебниках.

В троллейбусе было много народу, все места были заняты. Вагон качнуло, она схватилась за железную ручку сиденья. И неожиданно почувствовала, что на ее руку легла чья-то ладонь. Оглянулась. Рядом стоял молодой человек приятной наружности, примерно ее возраста, в клетчатом пальто и клетчатом берете. У юноши были красивые серые глаза и длинные ресницы. Королевич. Оля была в другом роде, но тоже королевна: темноволосая, луноликая, с глазами, в которых бегали искринки.

Из троллейбуса они вышли вместе. До остановки Старосадский переулок, где находилась библиотека, Оля не доехала. Еще раз взглянуть на юношу она не решалась, ей было стыдно. Она не ожидала от себя такого вольного поведения. Нужно было сразу отдернуть руку, но какой-то голос внутри сказал: попробуй, уж слишком ты скромна, другие же пробуют. К тому же, паренёк показался ей симпатичным.

А тот поглядывал на нее сбоку и тоже казался смущенным. Несколько минут шли в молчании. Разговор никак не завязывался. Вокруг шумела многолюдная улица. Еще безлистые деревья виднелись где-то далеко, в глубине переулка. Люди спешили на работу. По проезжей части, тесно примыкающей к тротуару, сновали машины. Наша пара, следуя неизбывному человеческому инстинкту, искала более уединённого и спокойного места. Завернули в переулок. Здесь уже не было ни людей, ни машин.

Юноша остановился и повернулся лицом к Оле. Какая белая у него кожа, — подумала она, — и почему он в берете? Мальчики не носят беретов. Но берет ему шел. А тут он как раз коснулся его кончиком тонких пальцев и представился: – Андрей. — Оля, — она протянула ему руку. Он ее слабо пожал. Оба покраснели, особенно Оля.

Андрей оказался студентом Бауманки, тоже первокурсником. Странно, что он учился в обыкновенном институте, выпускающем инженеров. Оле казалось, что он похож на музыканта или художника. А может быть, и на поэта.

Андрей... Он Оле нравился. В тот первый день он проводил ее до дома, и они тут же, возле ее двери, договорились, что в дальнейшем будут связываться посредством писем.

В коридоре, рядом с квартирой, где жили Оля и ее мама с папой, стоял большой ящик с откидной крышкой, в котором ее родители хранили на зиму картошку. Сейчас он был пуст, и Андрей сказал, что будет класть туда письма. Оля обрадовалась, получалось, как в повести Пушкина, где Дубровский оставлял письма для Маши в дупле дуба. Жил Андрей на Разгуляе, довольно далеко от Олиного дома. Но его это не останавливало. Он обещал, что писать будет часто.

Теперь каждое утро Оля первым делом выбегала в коридор и заглядывала в ящик. Легко было попасться на глаза соседям. Родители тоже могли задаться вопросом, отчего это дочь, встав с постели, сразу бежит за дверь. Но Оля об этом не думала. Она жила так, словно на свете больше никого нет. Только она и Андрей.

Сначала письма от Андрея приходили довольно часто, примерно два раза в неделю.Он описывал ей своих приятелей, скучные лекции, рассказывал про свою кошку Таську.

Почти в каждом письме приглашал ее на прогулку. И каждый раз у Оли сладко трепетало сердце. Свидание. Гуляли по маленькому Бауманскому саду, расположенному как раз на полпути от их домов. Андрей боялся встретить знакомых, и они гуляли поздним вечером, в темноте. Оля из-за этих прогулок пропускала занятия. Садик был такой маленький, что нужно было сделать десять кругов от его начала до конца, чтобы нормально прогуляться. Оля считала круги. Андрей шёл погруженный в какие-то свои далекие мысли. Сочинял?

Довольно скоро письма Андрея начали приходить реже. Оля выходила на лестничную клетку, открывала ящик и шарила рукой по его дну. Письма не было. День был испорчен. И Оля, в плохом настроении, садилась в троллебус и ехала в Историчку. Настал день, когда она поняла, что больше писем не будет. С момента получения последнего письма прошло три месяца. За окном радовал сердце май. Только Олино сердце он не радовал. В последнем письме Андрей писал, что завёл собаку, пуделя, который не ладит с кошкой Таськой, и что у него сильно болит горло.

Может быть, у него ангина? — думала Оля. Она часто болела ангиной, и знала, какая это ужасная пакость.

Неизвестно, заболел ли Андрей ангиной или с ним случилось что-то другое, но больше они не встретились. Даже случайно.

Красное пальто Оля разлюбила, и оно висело у неё в шкафу без употребления.

Коробку с письмами Андрея она перевязала красной лентой, как возлюбленная Блока, Ксения Садовская, которой поэт посвятил прекрасные стихи о первой любви. Ночами Оля мечтала, что Андрей станет поэтом, прославится и когда-нибудь посвятит ей, к тому времени уже взрослой замужней женщине, свои стихи. Иногда она доставала письма из коробки, перечитывала ничего не значащие строчки – о кошке Таське, пуделе и ангине – и радовалась, что у нее уже есть прошлое. Спала Оля тяжело, вскрикивала и стонала, и даже однажды перепугала маму, когда ночью, в одной рубашке, выбежала на балкон. Оля не сказала маме, что ей показалось, будто под балконом стоит Андрей, в своем клетчатом берете, и зовет ее простуженным голосом: Оля!

Весна 2018, Б. Вашингтон

Ирина Чайковская

Однажды весной

Той весной случались необыкновенные вещи. Однажды в холле института Оля увидела красавицу. До того она только читала про таких, у которых «все гармония, все диво». Оля знала много стихов, она училась на первом курсе филфака. Красавица была с какого-то старшего курса. Когда она появилась, глаза всех, находящихся в холле, обратились к ней. Смотрела на неё и Оля. Девушка была ничем особо не выделявшаяся, невысокая, даже чуть сутулая, но у неё была копна невероятно рыжих волос и, судя по белизне ее кожи, она была естественно рыжей, не крашеной. Ещё была у неё какая-то завораживающая походка, словно она не шла, а перемещалась воздушно, легко, без усилий, и с беззаботной неспешностью. Но самое важное — все, даже простушка Оля, ощущали в ней такой избыток жизненных сил, такую земляную магию, что каждый из мужчин, кто видел ее в этот час, наверняка думал: «Как жаль, что это не мне, что это не мое». А тот, к кому девушка бежала через весь холл, конечно же, был любимчик фортуны, он, глядя на ее неторопливое приближение, сиял как сосулька на солнце.

А что же Оля? Она просто влюбилась в эту девушку и пошла бы за нею, но та очень быстро исчезла со своим парнем, видно, пришедшим ее встречать после лекций на вечернем отделении. Да, Оля училась на вечернем, так как боялась не пройти на дневное: там был какой-то запредельный конкурс. Справку о работе Оле выдавал мамин университетский товарищ, директор школы. До лекций она пропадала в библиотеке. Но этой весной на неё что-то напало, навалилось, завертело. Она перестала ездить в родную Историчку, а просто гуляла по улицам, выходила на Новый Арбат, рассматривала припасы в витрине кулинарии при ресторане Прага, иногда покупая там что-нибудь вкусненькое, думая какую-то одну неотчетливую думу о весне, о призвании, о своей жизни. Чего-то ей хотелось, чего-то недоставало. Может, любви?

Той весной было и ещё одно необычное происшествие. Она рано приехала в институт и стояла внизу, возле колонны в своем любимом ещё со школы синем платье. Неожиданно к ней подошёл человек лет тридцати, немного взлохмаченный, но вполне приличного вида. Не дав опомниться, человек обратился к Оле:

- Девушка, я попал сюда случайно. Но, видно, это перст судьбы. Я увидел вас. Вы... вы так прекрасны, что... – он выдохнул, — выходите за меня замуж! Незнакомец молчал и смотрел на краснеющую под его взглядом Олю. Потом, словно предвидя возражения, быстро добавил.
— Уверяю — не раскаетесь.

Он стоял и ждал от Оли ответа. А она так была ошарашена и испугана, что не могла говорить. Да и что сказать?

Вы сумасшедший? Я вижу вас впервые? Так руку не предлагают? Как предлагают, она толком не знала. В книжках предлагали по-другому. Но то были романы прошлых веков.

Все это в одно мгновение пронеслось в Олином сознании, а в следующее мгновение она уже бежала. Бежала на всех юных парах, вперёд по лестнице и дальше, на самую верхотуру, под купол — ни за что не догонит! ни за что не поймает! Она такая. Потом в течение жизни, время от времени вспоминая этот чудесный случай, выпавший ей первой весной в институте, она решала и никак не могла решить: что было бы, если бы она тогда не убежала? Какая жизнь бы ее ждала? И не убежала ли она от своего счастья?

Впрочем, Олина жизнь сложилась хорошо. Она ни о чем не жалела, разве что иногда, когда за окном снова колдовала весна.

Весна 2018, Б. Вашингтон

Ирина Чайковская

Легкая походка

Всякий, кто на меня посмотрит, скажет: этот живет только для желудка. Я большой, у меня нескладное тело, самый вид которого словно исключает присутствие мозга. Так всю жизнь, со школы. Все считали меня придурком, существом без извилин.

Но это и лучше. Такое положение меня устраивает, оно избавляет от людского любопытства. Кому интересен недоумок?

Но я не недоумок, напротив, порой мне кажется, что я умнее всех политиков вместе взятых.

Мне сорок лет. И работаю я в первоклассном супермаркете. Вот бы удивились мои мамочка и папочка, отдавшие меня в класс для придурков. От мамочки и папочки, называвших меня кабанчиком, я благополучно сбежал.

Теперь живу на Восточном берегу, между мною и ними океан. Работать в магазине мне нравится. Конечно, надо шевелиться. Но я физически силён. Бывает, вечерами, после работы, хожу в зал, благо он в двух шагах от магазина.

Многие оттуда, после тренировки, приходят к нам — за продуктами. Эта пара пришла, похоже, тоже после фитнеса. Оба в тренировочных костюмах, он в чёрном, она в фиолетовом. Я их заметил, когда они подходили к кассе. Он седой, улыбчивый, она слишком серьезная, словно заснула и ещё не вышла из сна.

Наверное, я слишком пристально на неё посмотрел, женщины не любят таких взглядов. Я смотрел им вслед, когда они отошли от кассы. Он шёл впереди, толкая тележку, она шла за ним. У неё была удивительно легкая походка.

Появлялись они довольно регулярно, видно, ездили на фитнес раза два в неделю; не знаю почему, но я за ними следил, особенно за ней, но так, чтобы она не видела. Если они подходили к моей кассе, она всегда смотрела в сторону. Иногда они перебрасывались фразами. В своих скитаниях я сталкивался с разными людьми, говорящими на разных языках. Мне не трудно было понять, что они говорят по-русски.

Я сразу вспомнил, как однажды, когда я ещё кантовался на том берегу, мне в руки попалась книжка. Она называлась «Легкое дыхание», в ней были рассказы. Мне эти рассказы жутко не понравились, в них не было сюжета, описывались разные женщины, с которыми у автора было то, что сейчас называется сексом, а в те незапамятные времена звалось любовью. Я книжку не дочитал и выбросил где-то по дороге, мне показалось странным, что ее написал нобелевский лауреат, что значилось в предисловии. Но, наверное, и среди нобелевских лауреатов есть такие, чьи произведения нравятся только тем, кто делает их лауреатами.

Да, пара меня заинтересовала, особенно она, и трудно объяснить, чем именно. Может быть, непохожестью на американок? Что-то в ней было нездешнее, но не в смысле яркости и крикливости, как у женщин с островов, или, скажем, пуэрториканок или негритянок из Африки, а как раз противоположное — тихое и воздушное.

Видела ли она, что я за ней наблюдаю? Точно не скажу, но, может, и видела. Женщины чутко ловят взгляды.

А потом вдруг что-то случилось — он стал приезжать один. Ее не было. Он набирал продукты, они были те же, что и при ней. Но он был один.

Наверное, я мог бы выбрать ещё кого-нибудь для наблюдений, какую-нибудь другую пару или просто женщину, за которой хочется наблюдать, но больше такие не попадались.

Прошло месяца два с момента ее исчезновения. И вдруг я увидел их вдвоём. Вечерами я выхожу из магазина и собираю тележки. И вот вижу: подъезжает машина, и из неё выходит он. Вытаскивает из кузова складную инвалидную коляску, ставит ее на колеса и подкатывает к передней дверце. И она усаживается в эту коляску для инвалидов, одна нога у неё в тяжелом чёрном сапоге, какие носят после переломов, попавшие в аварию. И этим тяжелым чёрным сапогом она отталкивается от мостовой, и коляска медленно, ужасно медленно едет. Я отвернулся — не мог смотреть. Очень уж это было неожиданно.

Больше вдвоём они не приезжали. А мне в ту ночь привиделся сон. Вообще-то я сплю без снов, а тут вдруг привиделась, что бегу что есть мочи по мощёной дороге и знаю, что оглядываться нельзя. А сзади, как назло, раздаётся какой-то лязг, что-то скрежещущее едет за мной. Я не могу удержаться — и оглядываюсь. Всего на долю секунды, чтобы только заметить медленно двигающуюся коляску и женскую фигуру на ней. Просыпаюсь с мыслью, что нарушил запрет — оглянулся и теперь мне за это что-то будет. Но потом оказывается, что это тоже во сне. При настоящем пробуждении уже ничего такого не было, светило солнце, нужно было собираться на работу… Одеваясь, я размышлял, почему женщина в коляске сидела ко мне спиной, мне бы хотелось увидеть ее лицо.

Летом я по четвергам езжу на подстрижку газонов. Мы справляемся с этим вдвоём с тинейджером Джоном, я управляю косилкой и стригу траву, он сгребает ее в кучу.

В тот день мы приехали на новое место, видно было, что траву здесь не стригли давно, я работал в саду, а Джон на дороге вдоль проезжей части, где лежала куча скошенной травы. Помню, я вылез из кабины и вышел за садовую ограду — и тут увидел ее.

Она шла по дороге. Сначала я подумал, что обознался. Но потом понял, что это она. Она шла медленно и сильно хромала. Джон освободил от травы местечко для прохода, она ему кивнула — и взглянула на меня. И заулыбалась радостно. Я понял, что она меня узнала, — и тоже ей улыбнулся. А потом она прошла ещё раз — уже назад, видно, это была ее прогулка. Мы с Джоном стояли возле дорожки, и я помахал ей рукой как старой знакомой.

В ту минуту я ни о чем не думал. А потом, когда она прошла, подумал вот о чем. У русского писателя, рассказы которого мне так не понравились, был один, кажется, он назывался «удар молнии». Это когда увидишь человека, женщину, и словно молния тебя ударит. Сейчас я думаю, что такое бывает. В следующий четверг я снова поеду косить траву. Я очень жду четверга.

Весна 2018, Б. Вашингтон

Еврейка из Толедо

Он кричал «гевалт» так громко, что было слышно на ресепшн. Там, на регистрации посетителей, сидели две немолодые женщины, одна негритянка, другая по виду еврейка, полная, с грустным взглядом темных глаз. Обе вздрагивали при громком крике врача, еврейка при этом опасливо смотрела на дверь кабинета. Все же «гевалт» на идише означает «караул», и это было одно из немногих слов, которые она помнила с детства.

Пациентка, лежащая на зубоврачебной кушетке, тоже знала это слово. И тоже с детства. Тетушка, приехавшая к ним в гости из Риги, привезла с собой старые, еще довоенные пластинки — в подарок. На одной из них пронзительный женский голос громко выкрикивал «гевалт», а потом быстро-быстро пел про какие-то «варнечки». Маленькой Рите — тетка предпочитала называть ее Ривкой, было объяснено, что варнечки — это вареники, и этими варениками певица собиралась приманивать жениха. А пока его не было, она кричала гевалт.

Врач был необычный. Рита, боявшаяся стоматологов как огня, пришла к нему, когда зуб уже ныл без передышки и не обращать на него внимания стало невозможно. Врач был той специальности, с которой Рита столкнулась всего один раз, как только они с Аликом приехали в Америку. Тогда тоже зуб разболелся ни на шутку, боль шла из-под коронки, и Рита, замученная неусыпной болью, решила было, что нужно ехать в Россию, к стоматологу Мише, чтобы он снял эту поставленную им же коронку. Про американских стоматологов она слышала, что они берут деньги уже за то, что пациент раскрыл рот, и идти к ним опасалась. Но подруга, поселившаяся в Америке задолго до их с Аликом приезда, сказала ей по телефону, что она дура, если хочет ехать в Москву лечить зубы. — Здесь есть такие врачи, — сказала подруга, — они называются эн — до-дон — ты, так вот, они, эти эндодонты добираются до рут-канала, не снимая коронки, они ее пробивают, поняла? Она посоветовала Рите найти в «Желтых страницах» врача этой специальности и записаться к нему на прием. — У меня есть свой метод, как определить хорошего эндодонта, — напоследок сказала подруга. — Могу поделиться: нужно, чтобы он был высокий, мускулистый и чтобы пел, когда работает…

В тот раз все получилось не совсем так. Песен не было. Молодой американский врач-эндодонт был баскетбольного роста, сильный и мускулистый. Здесь все совпадало. Но вот петь он не пел. Петь ему было некогда. Ритин случай был не из легких, и он промучился с ее зубом ровно два часа, пробивая его, удаляя нерв и заделывая дырку. Врач вызвал у Риты восхищение, а Америка, в которой были такие врачи, перестала быть пугалом и страной «желтого дьявола», как звали ее на Ритиной родине. Да и за работу они заплатили совсем не ту астрономическую сумму, которая ей со страху рисовалась.

И вот теперь она пришла к эндодонту через двадцать лет после того посещения. Жили они с Аликом уже в другом городе, и врач был новый, совсем не похожий на того, первого. Сухощавый, с коротко постриженными седыми волосами, далеко не молодой. Он вышел из кабинета вслед за предыдущей пациенткой, и, увидев Риту, тоскливо сидящую на скамье, улыбнулся и приветливо ей кивнул. Вроде симпатичный. Но ей все равно было страшно. На листке с направлением было написано его, как ей показалось, скандинавское имя. Фамилия Хамсун, имя Эдвард. Тут же ей вспомнилось, что в любимом ею с юности романе «Пан» Кнута Гамсуна героиню звали Эдварда. Вполне возможно, что его родители родом из Норвегии. Врач предложил ей лечь на стоматологическую кушетку и быстро сделал рентген. Увидев снимок на экране — Рита боялась туда смотреть, — он громко запричитал: — Нет, вы только посмотрите, это невозможно. Я не могу это сделать. Это уникальный, редчайший случай. Тяжелейший. Такого не бывает. Зуб мудрости, у него, скорей всего, два корня. Их еще нужно найти. Нет, это невозможно.

Рита еще больше съежилась. Он взглянул на нее, похолодевшую от страха, взял в руки шприц и предупредил: — Сейчас вы почувствуете укол. Сделав три укола в десну, он продолжил очень спокойно, словно не он только что кричал как ошпаренный: — Вы откуда? — Из Москвы, — пролепетала Рита, язык плохо ворочался в пересохшем рту. — А я еврей, мои предки жили в Испании. — Еврей... из Испании? А я думала, судя по фамилии, что вы из Норвегии... Там был такой писатель... Гамсун... Рита пыталась словами прогнать страх. — Не знаю такого писателя, — он помедлил и наклонился к ней. — Вы чувствуете онемение в правой части? Рита чувствовала онемение и справа, и слева, и во всем теле. Врач прикоснулся к ее зубу чем-то холодным, ее пронзила боль. — Ага, эта новость уже получше. Ваш корешок реагирует на холод... Вы слышите, это хорошая новость! Заморозка стягивала губы, но ей так хотелось отдалить все последующее, что она постаралась четко выговорить: — Так вы сефард? ... Я тоже думала... всю жизнь... что сефардка... что из Испании. Но вот недавно дочка прислала тест... и я оказалась ашкенази... на сто процентов. — Почему вы решили, что сефардка? — Лион Фейхтвангер «Испанская баллада»... прочла в юности — и поняла, что я — оттуда... Он отрицательно мотнул головой, что могло обозначать, как и в первый раз: «Не знаю такого писателя». — А еще «Вид Толедо». Я увидела эту картину на выставке Эль-Греко. И мне показалось, что я жила в этом городе.

Врач никак не отреагировал на эти слова.

Он вставил в ее рот что-то вроде кляпа, чтобы зубная крошка не попадала в глотку, и взялся за свои инструменты... — А насчет того, что вы сефардка даже не сомневайтесь, эти тесты врут. Они учитывают только последние несколько поколений, за сто лет. А что было до того, не учитывают. Он долбачил ее зуб, искал канал, канал не находился. Тогда он несколько раз громко прокричал «гевалт». И ей вдруг стало смешно, что он кричит «гевалт» — и она знает это слово. Караул — и больше ничего.

Страх куда-то улетучился. И тут он запел. Тоже на идише. Слова были незнакомые, а мелодия совсем такая, какую напевал дедушка, когда был в хорошем настроении. И еще у врача был припев, что-то вроде ой-вэй. Так приговаривал ее папа, когда садился в кресло и думал, что никого рядом нет. — Наконец-то, — торжественно произнес врач, — отыскался ваш рут-канал... Прекрасно. Второй поищем в следующий раз, не все апельсины сразу. Он быстро заделал дырку — и на прощанье поглядел на нее светлым взглядом. Словно и не устал после долгой работы.

Из кабинета она вышла шатаясь. В голове было мутно, но зуб притих, действовала заморозка. Врач был уже в ресепшн. Она шаткой походкой подошла к нему близко и громко пропела пересохшим и стянутым заморозкой ртом, стараясь точно воспроизвести интонацию певицы со старой рижской пластинки: «Гевалт». Врач улыбнулся. Сидящая на телефоне полная еврейка с грустным взглядом понимающе на нее посмотрела. Рита записалась на следующий прием и вышла на улицу. Собирался дождь. Голова раскалывалась, но зуб не болел. Рита перевела дыхание. Гевалт! Мысли перекинулись на врача. Как странно, что он не читал Фейхтвангера, не знает картины Эль-Греко. В следующий раз, — подумала она, — нужно ему обязательно рассказать. Рассказать о Фермозе, толедской еврейке, об испанском короле Альфонсо, оставившем ради нее свою молодую испанскую жену. Ей представилось, как она рассказывает эту чудесную историю, и предстоящая встреча с врачом казалась уже не страшной, а наоборот, манящей и полной настоящего смысла.

Лето 2019, Б.Вашингтон

Встреча

Я шла за ним, стараясь не отставать. После прошлогоднего падения это было трудновато, я просто выбивалась из сил. А он не шёл — летел, в руках он держал трость, довольно тяжёлую на вид. И время от времени подкидывал ее вверх и ловко ловил как жонглёр. Нет, она ему была нужна не для ходьбы.

Глядя на жонглированье тростью, я думала, что сейчас мне не помешала бы моя палочка, с которой я ходила совсем недавно. Сейчас было бы проще догонять незнакомца. Ну да, незнакомца. Он подошёл ко мне на входе в наш парк так неожиданно, что я едва не вскрикнула. Он спросил меня о чем-то.

Я даже сразу не поняла, что он говорит по-английски. Почему-то это было для меня странным, хотя на каком языке должны говорить в Америке? Но он мне страшно напоминал кого-то с родины. Невысокого роста, курчавый, с тросточкой в костистых пальцах.

Я смешалась, ответила с запинкой и невпопад. Только когда он отошел, усмехнувшись и сверкнув белками, я поняла его вопрос. Он спрашивал, как называется этот ручей, а вовсе не как меня зовут. Странно, что название ручья было ему неизвестно. Так называется и здешнее метро, и площадь.

Он удалялся, быстро шагая вдоль ручья, а я ковыляла за ним, крича ему вслед что-то вроде Scusi, singore! Не знаю, почему с губ срывались итальянские слова.

В его внешности было что-то итальянское. Да и одет он был карнавально, в черный крылатый плащ, словно только что пришёл с венецианского карнавала и не успел переодеться. Наконец, видимо, услышав мои крики, он оглянулся.

Стоял и ждал, пока я приближусь. Я показала рукой на ручей и произнесла на какой–то смеси языков: «Questo e' Twinbrook. Близнецовый ручей». Не знаю, почему мне виделся в нем соотечественник. Он кивнул и широко улыбнулся, обнажив белоснежные зубы. «Близнецьовий, — произнёс нараспев. — Карашо. Вери гуд. Мерси». И махнул мне рукой на прощанье.

Удалялся он так быстро, словно хотел убежать от преследования. Мне его было не догнать. Когда я дошла до конца тропы, его уже на ней не было. Его уже не было нигде — я напрасно озиралась, ища его взглядом. Невысокого роста, курчавый, с толстой тростью в руке.

Кого-то он мне страшно напоминал, словно был с одного со мной московского двора, где в детстве я играла в песочнице. И где курчавый замурзанный Сашка отнимал у меня ведерко.

Июнь 2019, Б.Вашингтон

Ночной дилижанс. Прогулка в чужой век

Старый муж

> *Старый муж, грозный муж*
> *Александр Пушкин*

– Иван, прикрой дверь за барыней и вели никого не пускать. Маленькая сгорбленная старушка в рыжеватом парике и кокетливой белой кружевной накидке просеменила к креслу, цепкой рукой в перстнях схватившись за спинку, ловко поместила в него хлипкое свое тело и поманила пальцем вошедшую.

– Иди, Наташа, ближе, садись хоть сюда, – она указала на низенький пуфик подле себя. Та присела на пуфик. Старушка оглядела ее придирчиво: «Все хорошеешь, сударыня моя. Вот, говорят, Урсула, бабка твоя, тоже была хороша несказанно. Да и маменьку твою, Наталью Иванну, бог красотой не обидел. Красавица, только дура,* прости господи. Теперь твоя Наталья нумер три – тоже, небось, красавицей растет? Сколько ей времени? Дети растут быстро как трава и расцветают незаметно как цветы. Годок уже есть?»

---

*Здесь и далее звездочкой обозначены слова и фразы, переведенные с французского.

– Нет, тетенька, годок ей будет через четыре месяца, в мае.

Дама говорила тихо и головы не поднимала. Низенький пуфик не мог скрыть ее роста и статности. Простое платье серой английской шерсти, отороченное серебристым мехом и стянутое в талии широким меховым поясом, пепельные локоны, перевитые малиновой лентой, гляделись празднично и ярко в сумраке покоев. Старушка позвонила в колокольчик, вошел чинный слуга.

– Степаныч, повороши, любезный, в камине – кости мерзнут. Старые кости мерзнут даже летом*. Красными угольками вспыхивал камин. Старуха глядела в его зев, набиваемый поленьями. Справа из трех больших итальянских окон в комнату лился свет январского дня. Поглядев в окно, дама увидела встрепанную черную ворону, неподвижно сидевшую на темном суку, бледное низкое небо, снег, бьющего в ладони кучера...

– Ступай, Степаныч, славно поворошил – эвон как камин разгорелся. Да никидку мою прихвати с собой. Отдав накидку слуге и выждав, пока тот скрылся за дверью, старушка обратилась к посетительнице.

– Ты что, сударыня моя, грустна? Аль не рада счастью сестрину? Свадьба-то была уже?

– Вчера, тетенька.

– Ты, Наташа, можешь передо мной не таиться. Меня ты знаешь: лишнего ни про кого не говорю: ни про живых, ни про мертвых. Да и умру скоро. Не смотри так – я, сударыня, зажилась, слыхано ли, девяносто лет минет в сентябре! Да не доживу, сердцем чую.

– Не говорите этого, тетенька, не дай бог. Я осиротею без вас, у меня кроме вас и нет никого, с кем можно посекретничать.

– Да ты, душа моя, не охотница секретничать. Все молчишь. Ты, чай, и маменьке ни словечка.

– Вы маменьку знаете. Она и на свадьбе сестриной не была, сидит в своем Ярополье, капусту солит...

– Водочку пьет?

– Давно уже, оттого и сестры с нами живут.

– Мужчина пьяница – проспится, женщина – никогда*. Папенька твой тоже пил дай боже... Помню, как ты родилась, а ты знаешь ли, что родилась в родовом поместье Загряжских Кариан, что под Тамбовом... так вот, родилась ты, сударыня моя, ровно через день после Бородинской баталии. Тогда в Кариане много родни по Загряжской линии собралось – из Москвы бежали, от француза, все больше дамы с детьми, как твоя мать. Сейчас уж не вспомню, прибыл твой папенька из армии или уже тогда из-за душевного своего недуга не служил, только он у нас вечером фейерверки затеял. Во славу победы на Бородинском поле и в честь твоего рождения. Грохот, огни, тарарам... А в полночь такую пальбу завел – всех перебудил, маменька твоя еле-еле его увела. Тогда ведь горя больше было, чем радости, – Москва-то за французом осталась... Дворовые, да и господа вместе с ними, плакали и молились.

Старушка быстро перекрестилась, брильянты на ее пальцах блеснули в лучах камина кровавыми искрами.

– Не приходит в себя папенька-то твой?

– Нет, папеньке не лучше, он уже много лет в помрачении рассудка. В Москве за ним присматривают монашки, брат Дмитрий платит за уход.

– Детям твоим не передалось бы! У мужа твоего тоже дед был помешанный, при живой жене сочетался браком со своей любовницей*, фальшивую бумагу справил, что жена-де его умерла. И брат его был не лучше, Петр Абрамыч: в своей деревне восточную сераль завел из крестьянских девок. Бешеная кровь, арапская. К женскому полу прилипчивая и жестокая. Знаешь, поди, что корень всем Аннибалам, Абрам Петрович, жену свою, гречанку приревновал да побоями и голодом ее, лебедь белую, чуть не до смерти извел.

Старушка остановилась и внимательно посмотрела на слушательницу.

– Да ты что, никак плачешь?

Дама на пуфике еще ниже наклонила голову, охватила ладонями лицо, плечи ее вздрагивали от беззвучных рыданий.

– Что ты, Наташа, бог с тобой, – соскочив с кресла, старушка ласково обняла молодую женщину за плечи. – Что у тебя на сердце? Али правду говорят, что муж твой стал как тот бешеный Арап?

– Хуже, тетенька, никакой жизни не стало.

– К этому вертопраху тебя ревнует? К французу?

– Жорж не ветропрах. Он благородный, нежный, учтивый. Я, тетенька, таких, как он, в жизни своей не встречала. Дама подняла лицо, облитое слезами: в чуть косящих темных глазах светилось детское обожание.

– Да и не мудрено, сударыня моя, ты в семнадцать лет под венец пошла, вон уже четверых нарожала. Что ты в жизни видела? И что ему неймется, мужу твоему? Кто в свете не флиртует? Кто из дам светских не кокетничает? Будто сам молодым не был!

– Он в молодости не только флиртовал, тетенька. Если бы вы знали, сколько у него было романов, да и с замужними дамами.

– Ныне замужние дамы первые норовят роман закрутить. Вон кузина твоя Идалия. Зеленоглазая дьяволица.* Ей ничего не страшно, все нипочем. Все кавалергарды, что под началом ее мужа, перебывали в ее любовниках*. А муж, святая простота, только бы угощенье подали да после за зеленый стол усадили.

Не муж, а божья коровка.

Молодая женщина распрямилась и повела дивными плечами, высвобождаясь из-под теткиных рук. А та с неожиданым проворством ухватив племянницу за малиновую ленту в волосах, резко наклонила ее к себе: «Верно говорят, красавица, что ты у Идалии с младшим Геккерном2 встречалась»?

– Отпустите, тетенька, больно. Сухонькая ладошка разжалась; бриллиантовые перстни вновь опасно блеснули; красавица повернулась к тетушке лицом, встретила взглядом застывшие, вопрошающие глаза.

– Я, тетенька, не стану скрывать – встречалась.

Старушка моргнула.

– Два месяца тому, осенью, в Конногвардейских казармах, где Идалия поселилась с мужем после его назначения полковником.

– Ты знала, что встретишь там младшего Геккерна?

– Знала. Но не предполагала, что Идалия оставит нас одних.

– Так уж не предполагала? Она хитрая бестия. Ты уверена, что она с ним не кувыркалась? Мне говорили, что у нее роман с Пьером Ланским...

– Про Ланского мне неведомо. Далека я, тетенька, от светских сплетен. А про Жоржа скажу, что ему Идалия не интересна. Ему интересна только одна женщина во всем свете.

– Ты разумеешь себя или сестру свою Екатерину?

– Я, тетенька, разумею себя.

– И как ты о сем узнала? Во время свидания?

– Оставьте, тетенька, будто вы сами не знаете, как женщина догадывается, что ее любят. Не было бала, чтобы он не смотрел на меня – восхищенно, смиренно, издалека.

– А муж твой на тех же балах смотрел на него и на тебя из своего угла.

– Пусть. Вольно мужу моему на балу не танцевать, а предаваться скуке и ревности.

Пожилая дама снова заняла свое место в кресле и позвонила в колокольчик. Вошел тот же слуга:

– Передвинь, Степаныч, кресло мое ближе к камину. И открой, любезный, хоть одну форточку – нечем дышать.

---

2 Жорж Шарль д'Антес барон де Геккерн

Молодая дама снова посмотрела в окно. За окном начиналась поземка, вьюжило, ворона, все так же нахохлившись, сидела на дереве, кучер исчез из поля зрения. В то время как Степаныч важно катил к камину кресло барыни, молодая дама подвинула туда же свой пуфик. Слуга подошел к окну и с силой распахнул форточку – в комнату ворвался такой жгучий ветер, что барыня замахала руками: «Закрывай, закрывай, любезный, не будем зиму впускать. Да и накидку мою мне верни».

Степаныч, с поклоном отдав барыне накидку, медленно удалился. Старая барыня прикрыла глаза и, казалось, заснула, убаюканная треском поленьев и одуряющим теплом камина, но всего через мгновение, очнувшись, с живостью взглянула на молодую:

– Щеки раскраснелись у тебя, Наташа, – от жары ли, от нашего ли разговору... Но раз начала – продолжай. То свидание у Идалии – оно... было любовное*?

– Нет, тетенька. Да и длилось оно всего несколько минут: маленькая дочка Идалии вбежала в комнату.

– А если бы не это?

– Я, тетенька, трусиха и не люблю неожиданностей. Жорж на коленях просил моей любви, умолял, заклинал, даже плакал. Я ему отказала. Отказала – а так возможно было счастье... так оно было близко... Если бы за шесть лет до того, я, по приказанию маменьки, не вышла бы замуж за человека, которого не любила, с тем чтобы вырваться из домашнего плена, уйти от строгого присмотра, мелочных придирок и сцен, я бы, тетенька, узнала счастье взаимной любви. У нас с Жоржем так много общего. Родились в один год, под одной звездою — кометою двенадцатого года; оба мы любим общество, балы, наряды – словом сказать: веселье и праздник; он добродушен и беззлобен, прекрасно танцует, наконец, он красив как греческий Аполлон, в него влюблен весь Петербург. Мы словно созданы друг для друга. К тому же, он богат, приемный отец отказал ему все свое состояние.

Если бы вы знали, тетенька, как унизительны долги, бедность, вечная нехватка денег. Если бы не вы, взявшая на себя оплату моих туалетов, мне не в чем было бы появляться на балах. Да, я расточительна, не умею экономить и не трясусь над каждым грошом, чего требует от меня нынешнее мое положение, огромные долги моего мужа казне и кредиторам. Но как горько сознавать, что при красоте, о которой твердят без умолку с утра и до ночи, ты родилась для нужды; как обидно не иметь ни своего дома, ни приличного выезда, вечно рассчитывать и экономить копейки! Такое ли будущее рисовалось мне и моим близким!

Лицо молодой женщины все больше и больше разгоралось, в глазах полыхали молнии, голос дрожал, в нем звучали искреннее волнение и негодование, она говорила как говорят после долгого молчания, не желая и не умея остановиться.

– А про Жоржа вам, тетенька, наговорили. Вовсе он не вертопрах. Жорж родился в феврале, под знаком Водолея. Все Водолеи хранят верность своей любви.

– Побойся бога, Наташа. Ты говоришь чушь*. Водолей твой со вчерашнего дня женат на другой. И эта другая – родная твоя сестра. Какая тут верность, кому?

– Вы, тетенька, не понимаете. На сестру падает отраженный свет. Я не свободна, а она... Помню, в детстве мадам читала нам вслух из старинной французской книжки, там рыцарь влюбляется в одну даму – Золотоволосую, а женится на другой – Белокожей. Но всю жизнь любит ту, первую. Жорж – как тот рыцарь.

Молодая женщина остановилась как бы в нерешительности, стоит ли продолжать. За окном шел обильный снег, ветер, завывая, гнул деревья, вороны на месте не было. Отведя взгляд от окна, дама продолжала, понизив голос, почти шепотом.

– Скажу вам правду, тетенька: сестра его преследовала. Она надоедала ему своей любовью, своими потревоженными чувствами старой девы. Зрелый возраст не сделал ее рассудительной... у нее были с ним интимные свидания*.

Голос ее прервался, она перевела дыхание и выдохнула почти не слышно: «Она... она... ждет от него ребенка...».

Дама зарделась и вновь опустила голову:

– Увольте, тетушка, не буду продолжать. Жорж был вынужден жениться, чтобы не запятнать ее доброе имя в свете.

– Вижу, сударыня моя, ты из козочки превратилась в тигрицу, когда пришлось вступиться за младшего Геккерна. Так ли и мужа своего защищать станешь?

– А что его защищать, тетенька? Со времени злосчастного анонимного письма он ведет себя как грубый неотесанный варвар или как помешанный. Ходит чернее тучи, разговаривает сам с собой, выкрикивает ругательства и угрозы. Я боюсь, что он меня или ударит, или, чего доброго, задушит. Кормилица маленькой Натали уносит ребенка, едва заслыша его шаги. Простая женщина, она принимает его за нечистый дух* и боится как огня. Ребенок при виде отца начинает плакать, жизнь в доме превратилась в кошмар. Меня он словно не замечает, допускает до себя только Александрину...

– Ты, сударыня, не ревнуешь ли?

– Ревнуют, тетенька, когда любят. А я... , — она замялась, — я его ненавижу и...боюсь.

Молодая дама встала.

– Простите мне, тетенька, неурочный визит и горькие жалобы. Я о них пожалею, едва выйду от вас. Но сердцу когда-нибудь да нужно себя высказать, иначе, — голос дамы задрожал, но она с усилием продолжила, — иначе оно разорвется, переполненное до краев.

Дама наклонилась и поцеловала морщинистую нарумяненную щеку. Старушка на сей раз осталась сидеть в своем кресле, по-видимому, совсем обессилев. Она осенила красавицу крестным знамением: «Молюсь, Наташа, за всех вас. Молись и ты». Позвонила в колокольчик и отдала приказание молодому камердинеру, явившемуся в вышитых красных сапогах: «Иван, проводи барыню к карете, да укутай хорошенько – вон какая метель!».

И правда, на дворе снежный ветер хлестал в лицо и сбивал с ног. Кучер, в веселом приподнятом настроении, отворачивая от барыни довольное красное лицо, взобрался на козлы. Последнее, что увидела молодая дама, заботливо укутанная мехом, из окна своей кареты, было обледенелое тело черной вороны, отброшенное прочь с дороги носком вышитого красного сапога.

После ухода гостьи старушка, неподвижно сидевшая в своем кресле, стала задремывать. Сквозь наступающий сон ее сознание уколола мысль о возможных последствиях свадьбы, случившейся вчера. Подумалось: быть сей свадьбе кровавой. Но следом пронеслась встречная утешная мысль: «Господь милостив, не даст мне стать свидетельницей сего — я уйду раньше».

И она погрузилась в сон.

**

P.S. Наталья Кирилловна Загряжская (урожд. графиня Разумовская), которой Наталья Николаевна Пушкина приходилась внучатой племянницей, умерла 19 марта 1837 года, полугода не дожив до своего девяностолетия и пережив на полтора месяца дуэль и смерть Пушкина.

Июнь 2007, Бостон

Ирина Чайковская

Зуб Шамана

Я отрицаю то царственное место, которое дают любви в жизни, я отрицаю ее самодержавную власть...
Александр Герцен. Былое и думы

Любовь вспыхивает в нас, не спрашивая совета ни у нашего опыта, ни у нашего разума.
Жорж Санд. Лукреция Флориани

Беги, возлюбленный мой; будь подобен серне или молодому оленю на горах бальзамических!
Песнь Песней, ч. 8, ст. 14

1

Гора была в Альпах, в окрестностях Женевы. Про себя — по созвучию с французским Dent de Jaman — Натали называла ее Зуб Шамана. Гора имела форму правильного конуса, она располагалась вдали от обычных прогулочных троп и манила своей новизной. Натали, в легком открытом платье и широкой, защищающей от солнца соломенной шляпе, и ее спутник, снявший безрукавку и нацепивший ее на длинную суковатую палку, поднимались медленно, без натуги, наслаждаясь тишиной и горной прохладой, столь отличной от накипающей внизу полдневной августовской жары.

Георг шел сзади, на каменистых и скользких участках осторожно брал ее за локоть — и она в этот момент останавливалась и замирала, словно к чему-то в себе прислушиваясь. Затем он отпускал ее локоть, и они продолжали путь, разговаривая мало и почти машинально и ведя параллельно внутренний, тайный диалог друг с другом. Вслух говорили они по-французски. Для обоих этот язык был чужой. Внешность Натали — ее бледное лицо с высоким лбом, темно-русыми волосами и ясно глядящими серыми глазами — выдавала ее славянское происхождение. Она не была молода, усталые и даже страдальческие складки лежали возле губ, во взгляде порой проступали тревога и беспокойство, но, оглянувшись назад и встретив его ласкающий и восхищенный взор, она светлела и молодела, словно от животворных молодильных яблок, про которые слышала в детстве в доме спесивой московской княгини, призревшей сироту. Крепостная старушка няня нашептывала ей перед сном эти сказки — про Василису Премудрую, про Ивана-царевича, ходившего за тридевять земель в тридесятое царство за живой водой и молодильными яблоками… И вот теперь она сама оказалась за тридевять земель от московского дома, и, похоже, в этом новом для нее тридесятом царстве (куда прибыла она всего год назад) действительно водятся и молодильные яблоки, и живая вода…

Ее спутник не был похож на Ивана-царевича, но проглядывало в нем что-то от заморского принца или, скорее, от галантного маркиза эпохи Реставрации: тонкий стан, высокий рост, маленькие изящные руки. Выходец из Германии, имел он вид совсем не немецкий: волосы и красиво подстриженная борода — темные, нос — довольно длинный и отнюдь не арийский, глаза тоже были не положенного цвета — жарко-карие, почти черные, они сверкали и искрились, когда он был в ударе. Если же его охватывала меланхолия, а случалось это довольно часто, ибо Георг был поэтом, к тому же новейшим, то есть революционным, глаза потухали, становились мертвыми. Не из-за этой ли своей двойственности первый, ставший знаменитым среди свободолюбцев поэтический сборник назвал он вначале "Письма мертвеца", а затем, испугавшись, переправил название на "Стихи живого человека"?!

В тот день, в тот час и в ту минуту, в присутствии этой женщины был он живым.

Она ему нравилась, его зажигала, но одновременно внушала почти детскую робость.

Ее муж был его старшим другом, поводырем, ободрил и обогрел его семью в наступившую для них всех годину беженства и изгнания. Он не может, не имеет права платить Александру за все его благодеяния черной неблагодарностью.

Легкая фигура Натали, ее летящая походка, ее милое, умное и такое понимающее лицо — все ему в ней нравилось. Их приятельство началось совсем недавно, в этом злосчастном 1848 году, в Париже, куда он с Эммой и двумя маленькими детьми попал после неудачного Баденского похода, — истерзанный, разуверившийся в своих силах. Тогда именно Натали и ее благородный муж отогрели его сердце, вдохнули в него бодрость. Сказать по правде, он побаивался Александра. Тот, старше его пятью годами — с Натали Георг был ровесником, — в свои тридцать шесть лет был уже сформировавшимся лидером, мужественным и сильным борцом, прошедшим и через тюрьму, и через ссылку. И какую тюрьму — российскую, какую ссылку — в Сибирь! При всем при этом Александр оставался человеком открытым, любящим общение и веселое застолье, его блестящая эрудиция и остроумные, легко рождающиеся каламбуры вошли в поговорку среди его парижских друзей, как и его фантастическая преданность жене и детям. Да, Натали любил он безумно. Георг слышал стороной о какой-то романтической истории их брака, чуть ли не о похищении невесты ссыльным женихом, но подробностей не знал и, честно говоря, знать не хотел. С самого начала питал он к Александру странное амбивалентное чувство любви-соперничества. Словно подспудно осознавал, что когда-нибудь им придется встретиться на узкой тропе, и встретиться уже врагами.

Про Эмму, свою жену, он совсем не думал, обходил ее в своих размышлениях. И вовсе не потому, что была она для него лишней, ненужной обузой, от которой хочется поскорее освободиться. Наоборот, Эмма была частью его самого, так же необходимой ему, как собственная рука или нога. И это делало ее продолжением его, хотя и с довеском ее женских, увы, малопривлекательных штучек. Как-то: обильной плотью, громким голосом, неуемной болтливостью и назойливым нескончаемым обожанием его, ее супруга и повелителя. Ради его комфорта она готова была питаться сухой коркой, ради его душевного и плотского здоровья — жертвовать своим. Из этого следовало одно: что бы он ни сделал, Эмма от него не отвернется, даже в случае, если ситуация причинит ей страдание и боль. И были тому примеры… Эмма не могла не знать об его похождениях в парижских салонах, о связи с парижской Клеопатрой — мадам Агу, которая некоторое время назад имела каприз принимать его в своем будуаре. Эмма терпела и молчала, возможно, сознавая все свое женское несовершенство в сравнении с его мужским великолепием, а, еще вернее, оттого, что принимала его таким, каков он был — избалованным маменькиным сынком, с полным набором разнонаправленных черт: чувствительностью и себялюбием, ранимостью и высокомерием, нежностью, сменяющейся сухостью и бесчувствием.

Натали между тем бежала вперед по тропинке. С каждым минутой пребывания ее на этой волшебной горе тело ее освобождалось — от земного притяжения, от прожитых лет, от смутного, гирей нависающего будущего. Под этим южным, ласково греющим солнцем, под невиданной синевы небом, на этой колдовской лесистой тропе она удивлялась перемене в себе. Такой — свободной, раскрепощенной, забывшей о своих земных обязанностях — она себя еще не знала. Внутри росли и искали выхода не свойственные ей раньше желания. Словно она возвращалась к себе настоящей из того темного выстуженного склепа, где долгие годы проходила ее не имеющая ни цвета, ни запаха жизнь.

Вот ей уже не тридцать два, а двадцать пять, двадцать, четырнадцать… Да, ей четырнадцать — и ни годом больше. Она девочка, а за спиной, на одной с ней тропе, — ровесник, прекрасный, как принц из сказки. Время остановилось, а она, обогнав его, все бежала и бежала вперед по колдовской, шаманской тропе.

Задумавшись, он вдруг потерял ее из виду. В этом месте тропинка делала крутой вираж над обрывом и утыкалась в зеленую лужайку, окруженную сомкнувшими кроны могучими деревьями. Она остановилась над обрывом в тени величественного бука, обвитого цепкими зелеными листьями плюща. Спиной почувствовав его появление, но не оглянувшись, она спросила, указывая на кольчатое тело плюща:

— Что это? Все говорят, Георг, что вы прекрасный ботаник.

— Это плющ, всего лишь плющ, Натали, дитя субтропиков. Древние эллины надевали его на головы на празднествах в честь бога Диониса, покровителя вина, веселья и любовных утех.

Ему показалось, что она вздрогнула. Он потянул к себе ползучее растение и оторвал довольно длинный его фрагмент.

— Смотрите, Натали, он похож на зеленую змею, — и он обвил плющом свою юношески стройную шею.

— Погодите, — ее голос звучал взволнованно и неровно, — змея может быть ядовита, как и любовные утехи... Дайте-ка эту змею мне.

Она перехватила растение, прижалась к нему губами и положила его к себе на грудь.

Их взгляды встретились. Отвернув от него лицо и словно против воли, она вымолвила:

— Мне бы хотелось, Георг, чтобы когда-нибудь на месте этого плюща лежала ваша голова.

Он задрожал и выдохнул:

— Натали, вы... вы меня любите?

— Глупый, — она уже обхватила его шею, он отступил на шаг.

— А... — он хотел сказать "Александр", но она зажала ему рот.

— Не бойтесь, я все беру на себя, я люблю вас, как никого никогда не любила, я ждала вас всю жизнь, это... сильнее меня...

Он обнял ее вздрагивающие плечи, рука накололась на черную маленькую ягоду плюща, прячущуюся у нее на груди. Где-то он читал, что ягода плюща ядовита и сулит смерть тому, кто ее попробует. Это была последняя ясная мысль в его сознании. Дальше он погрузился в водоворот, гибель и воскресение.

2

Мария Каспаровна Эрн, вот уже два года прозывающаяся Марией Рейхель, в январе 1852 года получила письмо от Александра Герцена. Маленький конверт был послан из Ниццы в Париж, в их с Адольфом небольшую уютную квартирку; прочитав его содержимое, Мария разрыдалась. Александр Иванович — даже про себя она звала его так, ибо была младше его на одиннадцать лет и всегда чувствовала себя девчонкой в сравнении с ним, — Александр Иванович писал, что нет у него человека в мире, к которому имел бы он больше доверия, чем к ней, Марии. Огарев в России, она, Мария Рейхель, за границей. Скупо и без излишних подробностей писал он о болезни Натали, об угасающих надеждах на ее выздоровление. Здоровье самого Александра Ивановича пошатнулось настолько, что он стал думать о возможной внезапной смерти. Как тогда быть с детьми — Сашей, Татой и недавно родившейся Ольгой? На случай внезапной смерти он завещает своих детей семье Рейхель. Рыдания Марию душили, она радовалась, что Адик был на репетиции и не мешал ей плакать вволю. Бедная, бедная семья Герценов! За что, почему этим необыкновенным людям выпали такие поистине нечеловеческие испытания? Уже не в первый раз пришло Марии в голову, что, в сущности, перед ее глазами разыгрывается настоящая греческая трагедия, трагедия рока, где нет ни преступников, ни виновных, где все участники попали под жернов судьбы и испускают дух в ужасных мучениях. Господи, Господи, за что?

Ночью ей не спалось. Она слышала, как пришел Адик, как тихо лег с края, стараясь не потревожить ее сон. Она его не окликнула, притворилась спящей. Адик очень хороший, чуткий, он живет только музыкой и немножко ею, Марией. Но он немец, и с ним трудно бывает говорить о некоторых вещах, например, о Герценах. Адик тотчас переводит разговор на своего обожаемого поэта, Гервега. Он считает его не коварным интриганом и соблазнителем, а жертвой. Он винит во всем Натали. Бедная женщина, мало она настрадалась от всей этой истории! Адик ничего не понимает — ни в женском сердце, ни в сердце своего приятеля Гервега. Он хорошо понимает только в музыке, и то только в той ее части, что создавалась на его родине, — Бетховен, Шуман, Брамс — о да!

Про нелады в семье Герценов слухи доходили давно. Муж был близким приятелем Гервега, тот с ним переписывался и, как казалось Марии Каспаровне, вел себя не по-мужски, выбалтывая в письмах подробности драмы, поразившей обе семьи. Сама она тоже кое-что видела, хотя разобраться в этом запутанном клубке была не в силах. Больше всего ей было жаль Александра Ивановича. Как горестно он написал ей в предыдущем письме: "Укатал меня этот 1851 год". В прошлый его стремительный приезд в Париж было заметно, как он измучен физически и морально. Был он, как обычно, подтянут, подшучивал над нею, вспоминая Вятку, рассказывал Адику забавные анекдоты о русской провинции, но от нее не укрылось, что его пальцы, державшие стакан с водой, дрожали. Герцен приехал в Париж со своим новым приятелем — Энгельсоном. Передавали, что их видели в злачных парижских местах, в кафешантанах... что Александру Ивановичу приходилось порой тащить на себе упиравшегося нетрезвого спутника. Сам он, от природы здоровый и сильный, плохо поддавался алкогольному яду, к посредству которого, видимо, решил прибегнуть.

Мария Каспаровна видела его до катастрофы с Колей и Лизаветой Ивановной, но уже тогда чувствовались ее ужасные предвестья. Гнездо в Ницце, свитое обеими семьями, Герценов и Гервегов, с треском, громом и даже молниями развалилось. Герveги электрическим разрядом вылетели из него в Женеву, Герцен — в Париж, Натали с детьми осталась на месте, и можно себе представить ее тогдашнее душевное состояние! Она оказалась яблоком раздора в трагическом разладе двух семей. Мария Каспаровна безмерно сочувствовала Натали, но не могла отделаться от мысли, что сама никогда в жизни не променяла бы такого человека, каков был Герцен, на слабого, тщеславного и капризного, как ребенок, Гервега. Неужели Натали не видела разницы между ними? Почему колебалась? Как вообще могла возникнуть ситуация, что эти две семьи поселились в Ницце в одном доме? Неужели Александр Иванович не сознавал, что мечта Натали о совместной жизни с Гервегами напоминает троянского коня, внесенного в горделивую Трою руками самих настигнутых безумием троянцев? Должен же был он понимать, что акция эта чревата теми же точно последствиями, что и коварное взятие Трои запрятанными в коне греческими воинами?!

В сущности, у Марии Каспаровны, конечно же, были ответы на эти вопросы. Но ей не хотелось даже наедине с собой стать обвинительницей Натали, сойтись в этом обвинении с Адиком, который с самого начала твердил: она виновата. Сейчас Мария Каспаровна все еще не уверена в виновности Натали. Хотя по всем раскладам получалось, что та обманула доверие Александра Ивановича, переросшее все мыслимые границы.

И, однако, до конца Мария Каспаровна не была убеждена в правильности своих умозаключений. Зная кроткую, чистую душой Натали, вечную страдалицу — то в роли бедной воспитанницы у черствой княгини, то жены поднадзорного, политического ссыльного в провинциальном Владимире и отдаленном Новгороде, то матери, у которой после рождения первенца Саши умерло один за другим трое — трое! — новорожденных детей, а оставшийся в живых четвертый был от рождения глухонемой... бедный Коля! — зная все это, можно ли поверить в ее измену? И — что еще непонятнее — в измену, творящуюся под боком у собственного мужа, чуть ли не у него на глазах — невидящих, усыпленных сознанием, что жена — неизменный оплот, верная и любящая подруга? О святая, святая простота! Недаром Александр Иванович, при всем своем уме и образованности, ощущал себя на Западе, как не раз ей, Маше, признавался, каким-то вестготом или даком, попавшим в изощренный, насквозь лживый римский мир.

О, он с этим миром никогда не сочетался. Она, будучи девочкой, видела его совсем юным, двадцатитрехлетним — веселого, полного надежд, несмотря на то, что тогда он был в ссылке, среди полудиких людей! Боже, как давно она его знает! Мария Каспаровна напряглась, цифры ей сроду не давались: даты запоминала легко, а вот арифметики страх как не любила. Семнадцать лет, как они знакомы с Александром Ивановичем, с самой Вятки, куда ее семья перебралась из Тобольска, поближе к чиновному брату Гавриилу.

Перед глазами возникла картина: снежная пустыня на тысячу верст и их одинокие сани, а в санях она, мамаша с папашей и попугай Коля в коробке, у нее на коленях. Попугай, бедняжка, замерз в дороге; как же она по нем убивалась! Грех сказать, но плакала так же неистово, как недавно по другому Коле, своему любимцу, сыну Герценов, утонувшему в море вместе с пароходом. Глухонемой мальчик, однако такой толковый в свои восемь лет, такой умный и так ее, Машу, любивший... Эта ее кровоточащая рана никогда не заживет. Глаза снова наполнились слезами, и она спешно переключилась на мысли о Вятке, о себе, двенадцатилетней, избалованной матерью и братьями, единственной девочке в семье. Александр Иванович, хоть и ссыльный, служил в вятской канцелярии при губернаторе вместе с ее братом Гаврюшей — в провинции образованных людей не хватало, да и для надзора было удобно: "поднадзорный" всегда находился перед глазами начальства. А уж за Герценом не только начальство наблюдало — все вятское общество, кто просто с любопытством, а кто и с завистью или с восхищением. Держался он довольно независимо, одет был по-столичному, невзгоды сибирской ссылки помогал ему преодолевать верный Матвей, сопровождавший барина еще из Москвы. Все связанное со столичным ссыльным было ей, девочке, бесконечно интересно, важнее всего другого. Вокруг судачили, что у москвича "роман" с Полиной Медведевой, жившей с ними по соседству вместе со старым и вечно нездоровым мужем. Один из соседей, ссыльный грузин — все называли его "грузинский князь", — даже отказал молодому шалопаю от дома, видимо, опасаясь за свою молоденькую жену-грузинку, последовавшую за ним в ссылку. Папаша, как Мария Каспаровна помнит, брал сторону обманутого мужа, кстати, скоро умершего, и ругал "беспутного Герцена", а мамаша во всем винила "Прасковью", говорила, что та сама кинулась на шею молодцу, которому тоже-де погулять не грех после почти года тюрьмы и трехлетней ссыльной жизни в пермской и вятской глухомани...

Александра Ивановича мамаша в обиду не давала, привечала, а она, Маша, была в него по-девчоночьи влюблена, держала свои чувства в тайне и злилась на себя за то, что ужасно краснела, когда он, частый гость в их доме, после чая к ней подходил и на свой особый шутливый манер задавал разные смешные вопросы. По его же совету и рекомендации мамаша повезла ее на учебу в Москву, где, естественно, первым делом они оказались на Арбате, у старика Яковлева, Герцена отца, — с приветом от ссыльного сына.

Был старик непрост, людей не любил и даже презирал, мать Александра Ивановича, вывезенную им из чужих краев, смешливую и сентиментальную Лизавету Ивановну, мало того, что женою не признавал — держал на отдалении, словно какую-нибудь приживалку; но к ней, Маше, почему-то отнесся по-доброму. Глаза опять наполнились слезами, и Мария Каспаровна в темноте стала нащупывать успокоительные капли на столике возле кровати. Снова ей вспомнилась Лизавета Ивановна, да будет земля, а точнее, вода ей пухом. Несчастная женщина, всего каких-то два месяца назад она вместе с внуком Колей гостила у них, Рейхелей, в Париже, а на обратном пути в ужасный роковой день, 11 ноября 1851 года, их пароход столкнулся с другим, при совершенно ясной погоде, и все трое — с ними был еще Колин воспитатель, добродушный здоровяк Иоганн Шпильман, все трое утонули...

Не иначе — рок преследует эту семью...

Мария Каспаровна до капель не дотянулась, надо было постараться успокоиться. О чем она думала до Лизаветы Ивановны? Вспоминала свой приезд в Москву, старого барина, хозяина дома на Арбате, Ивана Алексеевича Яковлева. Вот и нужно сейчас продолжить о нем... Почему он так к ней, Маше, привязался? Может, потому, что Сашу своего вспоминал, когда на нее глядел? Говорят, в детстве был Саша Герцен озорником, мальчиком резвым и шаловливым, что плохо сочеталось с вековой скукой арбатского дома, где все зависело от прихоти смолоду замуровавшего себя в четырех стенах, вечно брюзжащего и недовольного барина. Тогда Маше дела не было до того, почему старик день-деньской сидит в своем кабинете, вечно окружен лекарствами, общается только с небольшим числом близких и все норовит уязвить домашних, поддеть, устроить садистский спектакль... Сейчас она думает, что причина того заключалась не только в его мизантропическом характере, развращенном самовластьем, но и во времени — не было в тогдашней России для него, пожившего и послужившего за границей в самые горячие "наполеоновские годы", ни настоящего дела, ни достойных собеседников…

Она, Маша, нравом была не в Сашу Герцена — тихая, хоть и водились чертенята на дне ее омута, мечтательная, музыкальная. Старик повадился слушать, как она на фортепьянах играла, даже иногда слезу вытирал, чтобы потом еще ехиднее поддеть беззащитную Лизавету Ивановну, мало евшую за обедом: дескать, здесь ей не Германия — и копченых сосисок не подадут… Опять у нее в мыслях Лизавета Ивановна! Куда от этого деться! В окне темно. Как еще далеко до сизого январского рассвета, как давит на мозг темнота… Память — по контрасту — высветила яркий весенний день, 1 марта 1838 года. На всю жизнь запомнила она эту дату, развеявшую ее тайные, хотя и неопределенные мечты; для Натали и Александра Ивановича была она священна. Именно в этот день политический ссыльный Александр Герцен, переведенный из Вятки под надзор полиции города Владимира, на свой страх и риск прискакал в Москву — увидеться с нареченной невестой. Рисковал головой — мог бы снова отправиться в Сибирь, если бы кто из Третьего отделения узнал об его проделке. Только никто не узнал. Мало народу было посвящено в это дело. От старого барина все было скрыто. Маша узнала уже после — от горничной, которая имела ухажера в доме старой княгини. Сколько разных неожиданных мыслей всколыхнулось тогда в ее голове, полурадостных и полуревнивых! Как хотелось ей оказаться на месте Натали! Была та Герценовой кузиной, незаконной дочерью старшего брата Ивана Алексеевича Яковлева, Александра, прижитой им от крестьянки и взятой на воспитание их сестрой, чопорной княгиней Хованской, проявившей неожиданную сентиментальность.

Муж во сне вздохнул, что-то пробормотал, со стоном перевернулся на другой бок. Тоже что-то его мучает, беспокоит. Мария Каспаровна помнит, как, когда они только поженились, она рассказала Адольфу эту историю о приезде ссыльного Герцена в Москву для тайного свидания с невестой. Как жадно Адик слушал; ему не верилось, что такое бывает.

Да, все у Александра Ивановича и Натали сложилось в ту пору, как в романе какого-нибудь Дюма-отца: они едва знали друг друга до его ссылки, перед отправкой в Сибирь она пришла к нему в тюрьму вместе с его матерью — проститься; завязалась переписка, молитвенная и страстная; в Вятке он уже числил ее своей невестой и просил в письме прощения за свой "грех" с Полиной; а потом подоспело это тайное свидание в Москве, в доме княгини, когда подкупленный Кетчером слуга вызвал Натали и они с Герценом, безмолвные и взволнованные, провели несколько незабываемых минут в ее девичьей келье. Эпилогом их романа, также достойным Дюма, стало задуманное и блестяще осуществленное поднадзорным женихом похищение невесты. Зная, что ни отец, ни тем более княгиня не согласятся на их брак, Александр Иванович умыкнул Натали на тройке, привез к себе во Владимир и сумел уговорить тамошнего попа их обвенчать.

Марии Каспаровне казалось, что Адик не поверил ее рассказу; почему-то самые бешеные немецкие романтики признают романтическое только в книгах и даже не предполагают, что оно существует в жизни. Между тем все это она видела своими глазами или слышала от Натали в 1847 году, по дороге из России за границу, в долгие часы ожидания дилижанса, когда непогода или случайность задерживали их передвижение. Но, кажется, Адик так ей и не поверил...

— Мари!

Она в испуге повернулась лицом к мужу. Он приподнялся на постели и глядел на нее.

— Адольф, ты не спишь?

— Мне показалось, ты тоже; я слышал — ты плакала.

— Тебе померещилось, спи.

— Но я не могу спать. Они отняли у меня сон.

— Кто, Адольф, кто отнял у тебя сон?

— Гервеги. Сегодня днем я получил письмо от Георга.

— Да? И что же он пишет? Она подумала о странном совпадении: она получила днем письмо от Герцена, муж — от Гервега.

— Ничего нового, он пишет все то же.

— Почему же ты так взволнован?

— Там есть одна подробность. Я ее не знал.

Она чувствовала, что Адик борется с собой. Ему хотелось с ней поделиться, но одновременно что-то ему мешало.

— Что такое, Адольф? Ты же знаешь, мне все это не менее важно, чем тебе.

— Мари, я не думал, что женщины так коварны. Может быть, я мало знал русских женщин?

Он остановился, перевел дыхание, посмотрел на нее внимательно.

— Ты смотришь, Адольф, как принц Гамлет смотрел на свою предательницу мать. Чем русские женщины так провинились перед тобой или перед Гервегом?

— Мари, они провинились перед Богом или совестью, называй как знаешь. Георг пишет, что он связан с Натали уже три года, еще с Женевы, и она все это время заставляла его молчать. Они обманывали Александра. Георг не хотел, это она его убеждала, что нужно таиться, что Александр ничего не должен знать, иначе не даст согласия поселиться с Гервегами в одном доме… Представляешь — три года обмана! Георг так измучен…

Он взглянул на жену. Она уткнулась лицом в подушку и старалась сдержать рыдания.

Сквозь придушенные всхлипы слышались два слова, смысл которых он, немец, хорошо понимал: "Бедный Герцен".

3

Апрельским утром 1852 года Мария Рейхель шла на свидание с Эммой Гервег. Свидание было назначено на двенадцать утра в кафе "Бонапарт". Мария отправилась туда пешком, благо утро было ясное и теплое. Вечером же ей предстояло сесть на ночной почтовый дилижанс, отправлявшийся в Ниццу, — ее звала к себе умирающая Натали.

Время сжалось. Если раньше оно отсчитывалось неделями, месяцами и годами, то сейчас — часами и минутами. Все детство Маши Эрн, проведенное в Тобольске и Вятке, время тянулось медленно и вяло, с приездом в Москву побежало побойче, а уж когда два возка с четой Герценов, их тремя детьми, Лизаветой Ивановной и ею, Марией Эрн, отправились из Москвы по Петербургскому тракту за границу (а было это всего каких-нибудь пять лет назад!), тут уж время зачастило, закрутилось вихрем и понеслось, не обращая внимания на седоков. За эти пять лет в жизни Марии и вокруг нее произошло гораздо больше событий, чем за все двадцать четыре года ее пребывания в России. Ей подумалось, что ее "первая" жизнь так же не похожа на "вторую", как Наполеон Бонапарт не похож на Луи Бонапарта, своего заурядного племянника, недавно захватившего власть и на костях Второй республики провозгласившего империю. Вспомнились строчки недавнего герценовского письма: "…уже не семья, а целая страна идет ко дну". А ведь бурливое начало революции, приведшей, увы, к нынешней политической катастрофе, она, Мария Эрн, наблюдала воочию. Мало того — она в ней участвовала, если считать участием ежедневное хождение на демонстрации, присутствие на манифестациях и митингах, призывы "Viva l'Italia!" и "Vive la France!", срывающиеся с восторженных уст. С горячностью юности она вместе со своими "русскими подругами" — Натали Герцен и сестрами Тучковыми, очутившимися в Европе одновременно с ними, под неизменным водительством Герцена, окунулась в веселое, захватывающее дух революционное действо. Особенно запомнилась ночная демонстрация в Риме. Извивающаяся змеей колонна демонстрантов, начавшая шествие как раз с той самой via Corso, где поселились Герцены, двинулась к Колизею. Они, русские, хотели примоститься с боку, но толпа выдвинула их вперед, во главу колонны, и знамя досталось нести молоденькой, девятнадцатилетней Наташе Тучковой, схватившей его, чтобы не выронить, обеими руками. И потом, когда зажигательный оратор, простой римский работяга Чичероваккио с балкона призывал сограждан поддержать национальное восстание в Ломбардии, рядом с ним на балконе стояли они, "le belle russe", русские женщины: две Натальи, Елена и Мария. Как было не биться от воодушевления и восторга их сердцам: Россия, бедная, задавленная царизмом Россия в их лице приветствовала свободу. Мария читала подобные же чувства в глазах Александра Ивановича, в свете факелов она хорошо различала его в толпе, он пристально глядел в их сторону, как ей казалось, — на Натали.

Дни, проведенные в Париже, тоже запомнились мятежом, но уже далеко не таким карнавальным. На глазах Марии Рейхель свершалась февральская революция 1848 года, когда французы с презрением изгнали короля-буржуа Луи-Филиппа и торжественно провозгласили Вторую республику. В тот день Александр Иванович явился с шампанским, все выпили за "медовый месяц революции". Но длился он недолго. В июле французы снова взялись за баррикады; на Елисейских полях, где жили Герцены, отчетливо была слышна пальба с Марсова поля: правительство расстреливало восставших рабочих. И как результат — очередная победа деспотизма, покончившего с республикой и вручившего власть Луи Бонапарту. А тогда, летом 1848 года, в самом начале гибельных событий, в Париже после неудачного Баденского восстания появился Георг Гервег со своим верным "оруженосцем" Эммой.

Свежий ветер — то ли с Сены, то ли из недалекого Люксембургского сада — холодил голову Марии, играл волосами, прикрытыми легкой шалью. Она отдалась движению, ветру — радовалась небольшой прогалине в жестко спрессованном времени. Странно: еще совсем недавно она могла неделями рыдать и терзаться, месяцами переживать все то тяжелое, что припасала для них жизнь. Но вот уже почти полгода — со смерти новорожденного сына — она словно окаменела, слезы высохли; к удивлению Адольфа, она стала "железной". Ребенок, которого она успела назвать Колей, родился и умер ровно через год после смерти того, герценовского Коли, ее любимца, чье тело было поглощено морской стихией. Тогда два парохода столкнулись, кто говорил — из-за тумана, кто — по недосмотру, а кто и вообще считал происшедшее необъяснимой случайностью; выжить удалось немногим. Не были найдены тела трех: добрейшей Луизы Ивановны, преданного Шпильмана и Коли, славного мальчика, умевшего в свои восемь лет читать и писать по-немецки, звавшего Машу "ма" — единственным подвластным ему слогом.

Когда-то еще в Москве, на оживленной вечеринке у Грановских, хозяин дома Тимофей Николаевич стал играть с маленьким Колей, привезенным к нему родителями. Спрятавшись от малыша за угол, он громко его позвал, но тот продолжал играть и не повернул к нему головы. Звук погремушки за спиной также не привлек его внимания. Именно тогда впервые открылось, что мальчик не слышит. Правда, Мария была уверена, что Натали знала обо всем еще до открытия Грановского, хотя и предпочитала молчать. Бедный, бедный Коля! Когда пароходы столкнулись, Луиза Ивановна, увлекаемая водой, крикнула Шпильману: "Спасите Колю!" Но было поздно. Видя, что вода поднимается, Шпильман выпустил из рук веревку, брошенную ему из лодки, и побежал к Коле. Он поднял его на руки и бросился с ним в воду. Больше их никто не видел.

Подходя к кафе, Мария взглянула на часы: было почти двенадцать. Вчера вечером консьержка подала ей записку от Эммы Гервег, в которой та просила о встрече. Сначала Мария думала отказаться от этого свидания. Но сегодня утром, после того, как Адольф отправился на музыкальный урок, неожиданно для себя переменила решение: она должна встретиться с женой человека, ставшего смертельным врагом Александра Ивановича.

В "Бонапарте" было не слишком многолюдно, в этот час здесь обычно собирались пенсионеры и праздные рантье, чтобы почитать газету за стаканом сидра и обсудить с соседом по столику последние политические новости. За одним из столиков за чашками горячего шоколада весело щебетала группа типичных, бальзаковского возраста парижанок, в модных широкополых шляпах, украшенных птицами и плодами. Рядом с ними, возле самой стены, сидела Эмма, в точно такой же огромной шляпе; перед ней стояла рюмка абсента. Мария подумала, что модная парижская шляпа выглядит на Эмме нелепо, подчеркивая отсутствие изящества и провинциальность облика. С другой стороны, белотелая веснушчатая немка с выступающими из разреза платья мощными формами, неприглаженной рыжей гривой волос и тяжелой гренадерской походкой почему-то нравилась мужчинам. Мари слышала, что черноокий красавец карбонарий Орсини и польский патриот Хоецкий, входящие в ближний круг Герцена, влюблены в Эмму и даже были бы не прочь на ней жениться, уйди она от Гервега.

Мария кивнула Эмме и присела к столику. Тут же подлетел гарсон с вопросом, что мадам изволит заказать. Есть Марии не хотелось, спиртного она не пила.

— Минеральной воды, пожалуйста.

Гарсон принес бокал и бутылку холодной шипучей жидкости, обе женщины сделали глоток, одна — воды, другая — крепкого, пьянящего полынного напитка. Эмма простодушно пояснила: "Вы, наверное, удивлены, что я пью абсент, к тому же в такой ранний час. Я сегодня в неважной форме, а спиртное помогает".

Она подняла рюмку и с гримасой отвращения сделала еще один глоток. Мария не ожидала от немки такой откровенности. В сущности, она плохо ее знала, хотя знакомы они были еще с 1848 года, с момента появления Гервегов в Париже. Эмма всегда представлялась Марии придатком ее мужа, личностью инфантильной и малоинтересной. Несколько раз в последнее время она слышала об ее жадности, о желании поживиться за чужой счет, в особенности за счет Герценов, чьим гостеприимством эта пара всласть попользовалась в Ницце, деля с ними одну крышу. О чем, интересно, она хочет говорить с ней, Марией?

Эмма, хитро сощурившись и оглянувшись на парижанок, сняла с себя шляпу и положила на стул, слегка пригладила непокорные рыжие пряди и с какой-то веселой отчаянностью взглянула на Марию.

Та ответила ей настороженной улыбкой. Эмма, нервно откашлявшись, начала:

— Мари, я подумала, что по праву давнего знакомства я могу встретиться с вами и поговорить начистоту. Иначе говоря, облегчить сердце. Здесь, в Париже, у меня не осталось друзей, и, когда возникла нужда сюда приехать — у меня в Париже срочные дела, — я сразу подумала о вас: вот тот человек, вернее, та женщина, с которой мне необходимо поговорить. Вы не поверите, но, кроме Натали Герцен, у меня никогда не было конфиденток. Сейчас Натали, хотя мы живем с ней в одном городе, для меня недоступна. Герр Герцен не хочет меня принимать.

Мари, не моргнув, выдержала въедливый Эммин взгляд, устремленный на нее в упор. Опустив глаза, та сделала маленький глоток, поперхнулась, изогнулась всем корпусом, показывая, что подобной гадости она сроду не пила, и ... продолжила свои излияния:

— Положение мое и детей — ужасно. Нам всегда помогал мой отец, но сейчас он разорился и денег не присылает. Мой муж никогда не работал — он, как вы знаете, поэт, к тому же предпочитает жить вдали от семьи. Он совсем неплохо устроился в Цюрихе на деньги молодящейся фрау Кох, бывшей многолетней подружки нынешнего французского императора. Вы бесспорно об этом слышали... от ваших друзей.

Снова быстрый взгляд в сторону Марии, на который ответом была все та же настороженная улыбка.

— Продажа вещей — вот единственный источник моего нынешнего существования. Сейчас распродаю мебель из парижской квартиры. Кстати, вам не нужен рояль хорошей немецкой фирмы? Он в приличном состоянии — глупый упрямый Горас наотрез отказался заниматься музыкой, и рояль стоял никому не нужный, а у вас муж музыкант...

Мария ответила, что у них дома уже есть инструмент, но она спросит у знакомых.

— Спросите, спросите, дорогая, вы очень меня обяжете. Не знаю, что я буду делать, когда выйдут последние деньги; если бы не дети, я бы покончила с собой.

Сказано было так обыденно, что Мария даже не вздрогнула, лишь через секунду осознав, что сказала собеседница, а та с невозмутимостью продолжала:

— Я так понимаю этих несчастных женщин, которые ради детей идут на улицу, на панель... Это все равно как на войну. В революционном сорок восьмом я сопровождала Георга в Баденском походе. Тогда я не была такая пышка, как сейчас, оделась мальчиком и стала его оруженосцем... Впрочем, вы, наверное, об этом слышали. Какие-то идиоты распространили слух, что Георг спрятался от правительственных солдат в бочку с сеном, будто бы я ее катила... Все это, уверяю вас, чистая выдумка. Георг, при всей своей избалованности и эгоизме, человек безрассудно храбрый... Я никогда не полюбила бы труса. Герр Герцен очень бы хотел, чтобы это было так, но это не так.

Снова быстро взглянув на Марию и что-то для себя решив, Эмма круто изменила тему.

— Я знаю, вы подруга семьи Герценов. Я благодарна им обоим — за кров и пищу. Не все богатые люди способны делиться с бедняками... Когда мы жили в их доме в Ницце, мои дети повеселели, отъелись, научились говорить "щи" и "кисель" — их кухарка освоила русские блюда. Горас подружился с Сашей Герценом, а малышку Адду взяла под свое крыло разумница Тата. Я понимаю, Мари, вы сейчас думаете, что я рисую какую-то невозможную идиллию. Но так было, было! И Натали была моей лучшей подругой, с которой я всем могла поделиться, и она при начале нашего знакомства могла мне написать, что счастлива в обществе моего бесподобного Георга... и ни я, ни она не видели в этом ничего дурного... В этом была одна чистая светлая радость, ничего темного и постыдного, уверяю вас.

А потом... Потом Георг мне сказал, вернее, написал, ибо я тогда жила в другом месте, что они полюбили друг друга и Натали со всей очевидностью доказала ему свою любовь.

Не могу вам передать, Мари, какие тигры и пантеры проснулись в моей душе.

Я любила Георга и не хотела его отдавать, но он писал, что нуждается во мне и что ему нужна моя поддержка. И я... сейчас я не понимаю, как это могло случиться... я стала посредницей в их романе, я передавала их письма от одного к другому — они буквально закидывали друг друга письмами, — это было здесь, в Париже, куда Натали приехала из Женевы. Приехала к мужу, который ревновал, требовал ответа и определенности и был по-детски счастлив, что Натали теперь с ним, что она предпочла его. Он думал, что она предпочла его. На самом же деле...

Это был спектакль для одного зрителя. Все было разыграно как по нотам. Мы трое были заинтересованы в том, чтобы отмести ревнивые подозрения мужа Натали. Герр Герцен, убаюканный слаженным представлением, пошел навстречу мечте жены — поселиться в Ницце всем вчетвером, в одном доме, "гнезде близнецов", как Натали его называла. О, тогда я хорошо поняла мудрость французов: "Чего хочет женщина, того хочет Бог".

Не спрашивайте, Мари, легко ли дался мне этот спектакль.

С утра до ночи я твердила про себя как заклинание: "Я должна принести эту жертву, я должна принести эту жертву". Глупая, я считала тогда, что ее требует моя любовь к Георгу. Моя непонятная, неподвластная разуму любовь к нему... Я, Мари, не очень ученая женщина, я очень земная, мало читала книг... Натали — о да! Она прочитала их бессчетно, особенно французов, особенно романы Жорж Занд. Мне всегда казалось, что она ощущает себя героиней какого-то ее романа. Она была неземная, в противоположность мне. Может быть, потому Георг так ею увлекся...

Эмма остановилась и довольно долго молчала, играя куском сахара, поданного к абсенту...

Кафе наполнялось народом, так как наступил обеденный час, француженки в шляпах исчезли, к освободившемуся столику подбежали дети, мальчик и девочка, за ними чинно ступали их буржуазного вида родители. Закрыв глаза рукою и опустив голову, Эмма продолжила:

— Да, Георг меня предал, он забыл свой долг мужа и отца, но я, я его не предам. Мне горько, что к нему несправедливы, что его оскорбляют. Вы спросите кто? И я вам отвечу: герр Герцен. Георг привел мне фразу из письма, посланного ему якобы Натали. Но я уверена, автор письма — ее муж. Натали никогда не смогла бы так оскорбить Георга. Он отослал письмо обратно. А на дуэль он вызвал Герцена еще раньше, до этого оскорбительного письма. Мне не хочется, Мари, приводить эти слова... они так не свойственны порядочному человеку, их могла продиктовать только бешеная злоба. — Она убрала руку с лица и вскинула голову, глаза ее горели. — Он написал Георгу: "Ваш вероломный, низко еврейский характер..." О, откуда, откуда он взял, что Георг — еврей? Пусть даже и так, неужели название народа, давшего миру Библию, может служить оскорблением? — Эмма, словно в поисках поддержки, повернулась лицом к посетителям кафе и прокричала в пространство, не обращая внимания на шум: — Вы великий человек, герр Герцен, но вы ошибаетесь: Георг не еврей, еврейка — я.

Буржуазная пара из-за соседнего столика опасливо покосилась на Эмму.

Та быстро поднесла рюмку с абсентом к губам и допила остатки горькой полынной настойки. Потом, порывшись в ридикюле, оставила на столике несколько франков, к которым Мария добавила горсть мелочи. Обе встали. Эмма надела свою огромную шляпу. Ее щеки пылали, ноги заплетались. Она с трудом продвигалась к выходу, неуклюже лавируя между столиками. Марии несколько раз пришлось поддержать ее, чтобы она не упала. Выйдя из кафе на свежий апрельский ветерок, обе остановились, чтобы перевести дух. Высокая Эмма склонилась над Марией и прошептала:"Поверьте мне, Мари, они не подходили друг другу: Георг — человек моря, это его настоящая стихия, а она — женщина воздуха и гор. Море ей только вредило. Море принесло ей несчастье".

С этими словами она открыла ридикюль и извлекла из него маленькую, покрытую лохматым ворсом деревяшку. "Что это?" — Мария подумала, что Эмма сошла с ума. "Это? Это детская игрушка, я отобрала ее у Адды. А ей она досталась от Nicola. Это его лошадка, с которой он играл вместе с моей малышкой. Я часто видела его с вами и подумала, что вам эта игрушка нужнее, чем моей дочке, — как память…" И, оставив лошадку в руках оцепеневшей русской, на нетвердых ногах, растрепанная, в съехавшей на бок шляпе, она отошла от Марии.

4

"Маша!" — крик показался ей таким пронзительным, что Мария Каспаровна, и без того бледная, побледнела еще больше и кинулась навстречу поднявшейся с постели женщине. Женщина была отдаленно похожа на Натали, но намного худее и нематериальнее, несмотря на вздувшийся под легкой фланелевой рубашкой живот. Она ждала ребенка, но исхудавшее до прозрачности тело и страдальческое лицо свидетельствовали о глубоком нездоровье, физическом и душевном.

Александр Иванович, встретивший Марию Каспаровну на станции, предупредил ее, что надежды на выздоровление Натали нет, что врачи дают ей всего несколько дней жизни. И, по-видимому, это была правда. Но в правду эту не хотелось, да и трудно было поверить, — так неправдоподобно красивы были и стоящий на пригорке дом, и апрельский, пестреющий цветами сад, и плещущее за ним, легко различимое за стеклом веранды бескрайнее лазурное море. Как тяжело, как несправедливо покидать мир в цветущую пору весны, в тридцать пять лет! Нет, не помогла магическая восточная пентаграмма, начертанная Герценом на двери дома! Что-то более мощное и неотвратимое владело судьбами его обитателей.

Александр Иванович деликатно удалился, предупредив гостью, что больной нельзя утомляться. Натали снова легла, Мария Каспаровна села рядом с постелью.

Натали устремила на нее благодарный взгляд:

— Маша, как я рада, что ты здесь. Теперь я спокойна за детей. Ты о них позаботишься… Саше уже тринадцать лет, он очень серьезный мальчик, занят своими химическими опытами, немножко скрытный и ужасно колючий, но с возрастом это должно пройти. Оленьке всего два года, она родилась слабенькой, но сейчас выровнялась, с нею не должно быть проблем; больше всех меня волнует Тата, ей восемь, уже сейчас видно, что непроста, — мечтательница, все ходит рисовать море на закате. Сердце у нее — как мое, сильно чувствующее и уязвимое, с таким сердцем трудно жить… Александр… не знаю, как он устроится без меня, он меня любил и любит, а я разбила ему жизнь… Мне так захотелось счастья — отдельного, для себя… И я была наказана. Наказана сверх меры. Наш Коля… он теперь среди рыб, медуз и омаров. Холодно, Маша, холодно на морском дне!

Она зябко поежилась, но не дала Марии Каспаровне накрыть себя одеялом, только пожаловалась на нехватку света и попросила поставить рядом свечу. Было это удивительно — в комнату даже сквозь жалюзи проникали охапки закатных солнечных лучей.

— Маша, — Натали смотрела пытливо и вопросительно, — ты не могла бы напомнить мне одну песню? Я все время пытаюсь ее вспомнить — и не могу. Помнишь, ты рассказывала про грузинку, жену грузинского князя, они были сосланы в Вятку. Ты напела мне песню, которую от нее услышала. И вот я лежу… вспоминаю… припомнила только слова, а мелодию забыла… Правильно ли я вспомнила?

Милый, мне горе принесший,
Скорей на коня!
Мчись, чтоб проклятье мое
Не настигло тебя.

Странно, Мария Каспаровна не только не помнила мелодии, но и слова слышала как в первый раз. Каким образом и почему вдруг вспомнилась Натали эта восточная песня, — осталось для ее подруги загадкой. Увидев, что больная закрыла глаза, Мария Каспаровна на цыпочках покинула комнату.

А поздно ночью в доме начался переполох — нервная встряска от приезда подруги вызвала у Натали преждевременные роды, ставшие прологом последующей драмы: смерти матери и новорожденного дитяти.

Мария Каспаровна не отходила от Натали все полутора суток ее беспамятства и бреда, чередуясь в своем дежурстве с Герценом.

В ее памяти остались отдельные слова, произносимые умирающей, были они похожи на заклинания или на какой-то тайный шифр… "Гора-конус, — шептала в бреду Натали, — цветущий плющ у меня на груди. Зуб Шамана…" И через минуту: "О будь благословенна, моя любовь…"

Ранним прозрачным утром начала мая Натали умерла.

Хоронили ее без священника — на окрестной горе, что уступом врезалась в море.

Младших детей увела к себе знакомая итальянка. Следом за гробом, украшенным венком из кроваво-красных роз, впереди небольшой группы разноплеменных изгнанников, шли Герцен с сыном Сашей и Мария Каспаровна.

Когда подходили к горе, солнце начало садиться, обозначив на небе огромные кровавые полосы, под цвет покрывавшего гроб венка. Очень быстро, по-южному, стемнело, и гроб опустили в могилу уже при свете месяца. А потом они трое немного постояли на вершине, обдуваемые живительным горным ветром, осушавшим слезы. Вокруг, вдоль всей горы, простирался цветущий сад, столь любимый Натали при жизни, а внизу в лучах месяца таинственно сверкало и переливалось агатовой чернотой бездонное и грозящее море.

5

Вечерело. Нужно было спускаться. Но ей не хотелось уходить с этого места, от этой колдовской горы. Гладя его жесткие темные волосы, она шептала:

"До встречи с тобой я не знала, что такое любовь, я была девственницей, хотя у меня были муж и дети… Все, что происходило со мной до сегодняшнего дня, ушло, испарилось, исчезло. Оно было ненастоящее — настоящее началось только сейчас. И это настоящее так прекрасно, что в веках будут слагать песни про нас с тобой, о мой Георг. Мы должны запомнить — и эту гору, и эти деревья над нами, и этот зеленый плющ, что соединил нас. В письмах к тебе я буду рисовать конус — и ты догадаешься, что это наша гора, наша колдовская гора".

Ее голос, его женственные модуляции были ему приятны. Он не вслушивался в значение слов — его волновали интонации и придыхания. Живой человек в нем на них откликался, в нем пробуждалось страстное неодолимое чувство. Но и мертвый не дремал и продолжал нашептывать: эта женщина влюблена, она почти безумна, но в тебе сохранились остатки разума, и ты не можешь не думать о будущем, о последствиях, о тяжелом пробуждении.

И как он ни гнал мертвеца и как ни старался избавиться от его нашептываний, тот упорно наговаривал свои унылые скучные трюизмы, приобретавшие вполне узнаваемые графические очертания коренастой фигуры с крепкой шеей и пристальным, слишком пристальным взглядом. Георг даже заслонялся рукой, чтобы избавиться от наваждения. Фигура, однако, наступала. Спасительная мысль пришла, когда они в закатных солнечных лучах спустились к самому подножию горы. Глядя, как Натали стремительно и безотчетно бежит по тропинке, он подумал: "Эта женщина ведет меня. Она, а не я инициатор движения. Да сбудется же предначертанное". Ему сразу стало легко. И, догнав Натали, он указал ей на огромные кровавые полосы, обозначенные на закатном небе, и даже прочитал свое стихотворение, посвященное закату.

2009, Бостон

Ирина Чайковская

Ночной дилижанс

«Подруга темной участи моей»
(Николай Некрасов)

Он проснулся от незнакомого шума. К привычному звуку лошадиных копыт примешивался какой-то новый, странный. Поглядел направо в ночное, наполовину занавешенное окошко. Звук шел оттуда, с той стороны, понемногу нарастая.

– Piove,– протяжно произнес мужской голос впереди. Он узнал голос postiglione – кучера. А «пьове», «пьове»... значение слова было близко, рядом – он огляделся, снова быстро взглянул на стекло, по которому растекались струйки. Дождь! «Пьове» – это итальянский дождь. В декабре! Накануне Рождества! Вот так Италия!

Попутчики, между тем, спали. Худолицый господин, сидящий напротив, даже слегка посапывал полуоткрыв рот, должно быть, от нехватки воздуха. Маленькая девочка, он знал уже, что ее звали Анита, прислонилась кудрявой головкой к коленям матери, дородной белотелой итальянки. Молодая пара на одной с ним скамье сидела тихо и тоже, верно, спала.

Он прикрыл глаза, стараясь войти в сон, чтобы перебить тоскливые мысли. Но сон не шел, мысли были сильнее. Удивительно, как эта девочка, Анита, на нее похожа! Только что кудрявая, а у нее волосы гладкие, черные как вороново крыло; когда она их расчесывает, от расчески летят искры, и хочется, и страшно до этих блестящих искристых волос дотронуться – вдруг загоришься! Цвет кожи похож

– такой же смуглый, и глаза – большие, темные, словно вопрошающие. Эта итальянская девочка совсем не в мать. Та белая, дородная, рыжеволосая.

Прикрыв глаза, он увидел внутренним зрением другую картину: на скамейке напротив него сидела она с Анитой на коленях. Похожие как две ягоды с одной веточки, радостные, нашедшие друг друга. Наплывом, заслоняя ее и маленькую итальянку, встал перед глазами привычный ужас: в свете тусклой лампы ее обезумевшее помертвевшее лицо, дождь за окном, мертвое тельце в колыбели.

Тогда тоже шел дождь. Их, первенец, мальчик умер. И этот ужас их больше не отпускал. Дети рождались и не жили. Тому уже почти два года, как умер четырехмесячный Иван. Он сам тогда не успел еще оправиться от непонятной разрушительной болезни, казавшейся смертельной не ему одному... и тут эта смерть. И ее окаменевшее лицо, точно греческая маска. Маленький цыпленок с легким пухом волос, сероглазый, крепенький...Зачем, почему он должен был видеть его смерть? Ее пережить? Тогда в том своем состоянии, он думал, что следующая очередь – его. Разве имела она право в тот момент его бросить, уехать, оставить одного с его непомерным Делом, с болезнью, с тяжестью на душе и мучительной русской хандрой!

Давно еще, лет за семь до того, когда их второе дитя ушло из жизни, едва родившись, она точно так же уехала, бросила его на произвол судьбы. Тогда он вел себя как безумный, как ребенок. Читал ее письма из-за границы и – смеялся, плакал, ревновал, метался, пытался сдержаться, писал туда, в ее Европу, страстные, переполненные обидой послания. Казалось, жизнь замерла, остались только ее письма, тоненькая ниточка между ним и возлюбленной.

Однажды она написала, что не вернется, а, если даже и вернется, то не к нему, а к бывшему мужу. Что с ним сделалось! Он пытался представить себе жизнь без нее – и не мог. Смерть была лучше. Это тогда, во второй раз в жизни, стал он бояться проходить мимо водоемов и со страхом смотрел на потолочные крюки. Первый же раз тоже был связан с ней. В самом начале, когда был он человеком безвестным, только-только напечатавшим свои робкие опусы, а она – хозяйкой салона, женой известного в журнальном мире литератора, она с удивлением и даже с насмешкой встретила его признания, и он чуть было не утопился с горя.

Только его упорство и страсть смогли ее привлечь, заставить обратить на него внимание. Внешностью и обхождением взять не мог, брал другим – напором и силой чувства, посвященными ей стихами, грандиозными замыслами, которых сделал ее поверенной.

А тогда, в не столь давнее время, когда второй их ребенок ушел вслед первому, она словно помешалась. Уехала за границу и написала, что не вернется.

И вдруг – он не мог поверить глазам! – новое письмо, заветные листочки, в строчки которых он недоверчиво вглядывался перед тем, как прочесть. Что там – опять худое? или неожиданно доброе? В тот раз было доброе. Она легким тоном, как само собой разумеющееся, сообщала, что пошутила. Решила его разыграть. Посмотреть, как он примет известие. Заодно проверить крепость чувств. Одним словом, то была шутка. Она от него не уйдет и к мужу не вернется. Он читал, и слезы текли по щекам. Письмо его воскресило. Она, она была его воскресительницей.

Ему, дурню, тогда и в голову не приходило, то что сегодня ясно, как день: подло и низко – так шутить. Сейчас он изумляется себе тогдашнему, ни одним упреком не задевшему капризную своенравную свою подругу.

Да что там семь лет назад! Совсем недавно, спустя несколько месяцев после похорон пуховолосого цыпленка, сына Ивана, который уже пытался беззубо улыбаться, уже щурил на мир свои серые – отцовские – глазенки, именно тогда – после неожиданной его смерти – она заявила, что им нужно расстаться и уехала – брать морские ванны «от страданий печени». Уехала – в самый разгар его непонятной ни ему, ни врачам болезни, когда он в прямом смысле умирал, – его бил озноб, он задыхался, кашлял, сипел, так как полностью потерял голос. Она снова его покинула, а он буквально считал дни с ее отъезда – отмечал красным карандашом на календаре – 31, 52, 64... Она не возвращалась.

От потерянности он завел крупную игру, с большими чинами, кое от кого из них зависело его Дело, – и вначале везло, не проигрывал. Когда поздним вечером возвращался из клуба домой, было ощущение, что дом чужой, что там нет главного, что домашний мир и все, что вокруг, сместилось в неправильную сторону, и даже вездесущий сметливый Василий не мог тогда угодить брюзжащему недовольному барину.

А ведь еще было Дело! И оно требовало неустанного внимания, работы без отдыха, напряжения сил и нервов. Этим Делом снискал он себе имя среди современников и, если отбросить экивоки, обеспечил себе место в российской истории. Но и здесь были страшные язвящие раны, иногда хотелось впасть в летаргию, затушить память, чтобы не колола, не резала, не рвала душу. И были стихи. Они являлись сами, непрошенные. Особенно богатый их урожай, был в тот самый страшный для него год, – год смерти цыпленка, его собственного недуга и расставания с ней.

Нельзя сказать, чтобы ему нравилась такая от нее зависимость. Совсем нет, он восставал, искал утешения у других женщин, много раз уже считал себя свободным…

Как правило, эти попытки кончались одинаково. Он снова приходил к ней – сумасбродной и добродушной, гордой и застенчивой, веселой и молчаливой – к ней, в которой слились для него черты русской крестьянки и утонченной нервной барыни.

Попытки кончались одинаково – до поры. Сейчас он решил твердо: баста. Он больше не раб, не крепостной. Она, наконец, должна это понять. Он уехал почти тайно.

Тихонько собрал вещички, и ранним утром, когда она еще спала в их роскошном римском номере с видом на площадь Испании, по-мальчишески удрал. Чтобы не подняла на ноги полицию, оставил записочку: поехал к Т. И вот едет сейчас в ночном дилижансе в Париж. А уж там, в Париже, городе где живет его Лучший друг, он окончательно от нее оторвется.

Интересно, как она восприняла его бегство? Уж точно говорит знакомым – а в Риме полно русских, – что боится за него, ведь он без нее – безъязыкий. Что верно, то верно – языками не овладел. Однако и без языка его здесь все понимают – торговцы, чиновники, служащие гостиниц, всем внятен язык «сольди». Держи открытым кошелек – и будет не важно, знаешь ты язык или нет. Итальянский, французский… Где, когда было этим заниматься? В Ярославской гимназии, в которой не доучился – сбежал? В нищей голодной молодости, когда готов был за копейки составлять прошения для неграмотных, сочинять неприличные куплетики для водевилей? Тут же подумалось, что лукавит. Сейчас, живя в Италии безвылазно почти полгода, знает едва ли десяток итальянских слов. Она над ним всегда подшучивает, когда он пытается ввернуть в разговор итальянское словечко: «У вас выговор русский, надо мягче, напевнее». Сама уже вовсю выпевает итальянскую лингву. Да и по-французски тараторит и такое р закатывает, куда там француженке! А ведь училась не больше него – в школе при театре, где их, будущих актерок, ничему, кроме танцев и реверансов, не учили. Ухватчива к языкам, памятлива, переимчива.

Вон и по-русски как выучилась писать! Но тут – его заслуга. Это он сделал ее писательницей. Вложил в руку стило и трезво, коротко, без сантиментов сказал: «Пиши. Будешь мне помогать». И что ж, начала. Вместе с нею, по необходимости, когда цензура ничего социального, даже слабо остренького не пропускала, называя «революционным», написали два авантюрно-сентиментальных романа. Не Тургенев, конечно, но публике пришлось по вкусу. И пошло-поехало: между рукодельем и приказаньем служанке, что на обед приготовить, то одну повесть скулинарничает, то другую. Печатали тут же, с пылу-жару, и лишь люди литературные, близкие, знали, кто скрывается под мужской фамилией, указанной в заголовке. Слава Господу, гением себя не возомнила! А могла бы, вон даже сам Учитель похвалил ее первое творение, где она вывела свою деспотку-мать. Он-то похвалил, да цензура отругала, да и бросила в корзину.

Да, он безъязыкий. До тридцати пяти лет за границею не бывал, не случалось. Это Лучший друг с детства к заграницам приучен, там отдыхал, обучался – он нет. Родитель не то что в Гейдельберг, в Петербургский университет его не пускал, денежной поддержки лишил, когда узнал, что юный смутьян, ослушавшись отцова приказа, решил поступать не в военное училище, а на словесное университетское отделение. Нет, он за границей не обучался, не жил. Но и ему срок подошел, пришлось ехать. И не сказать, чтоб очень хотелось. Во-первых, как оставить Дело? Оно хоть шло уже и по заведенному порядку, но процесс живой, да и опасный, неровен час, что случится – по цензурной ли части, по коммерческой ли, да и времена такие, что всего можно ожидать – и от напуганных ростом вольнодумства верхов, и от взъерошенного народа, застывшего в ожидании перемены участи. Во-вторых, проклятое нездоровье. Собственно, из-за него и нужно было ехать. К тому времени он уже разуверился во всех своих горе-врачах – и в немцах, и в русаках: «душке» Шипулинском и в шарлатане Иноземцеве со всей его ученой командой. Его мутило, как только вспоминал холодные примочки, бесконечное питье ледяной минеральной воды, которой его пользовали в Москве по методу ученого шарлатана. Лечили от горла, а болезнь оказалась гораздо приземленнее и гаже... И вот тогда, когда провозгласили новый гадкий диагноз, все неучи-врачи от него хором отказались и указали на Вену, там, дескать, есть светило в этой области.

В июле он проводил в Париж Лучшего друга. Тот шесть лет ждал этого мига. Шесть лет его не выпускали, не давали паспорта из-за политической неблагонадежности. Кому сказать! - ему вменяли в вину некролог на смерть Гоголя! Из-за этой статьи сам ныне покойный император приказал посадить его в тюрьму, а затем сослать в родовое имение. Ну и времена! Лучший друг не хотел медлить ни минуты, получив паспорт, тут же отбыл - в Париже его ждала любовь. И он ему, своему другу, немного завидовал. Все же человеку 38 лет, а влюблен как мальчишка - и это после шестилетней-то разлуки! Что до него самого, он и сам не знал, хочет ли продолжения своего мучительного романа.

Может быть, так и надо: она там, он - здесь?! Сердце его пребывало в такой хандре и таком мраке, что он боялся, что с корабля его потянет в воду, чтобы уже одним разом покончить со всем - незадавшейся любовью, не получившимся отцовством, ревностью и злостью, нездоровьем, крупными выигрышами и еще более крупными проигрышами, больно жалящими сплетнями и клеветой и неизбывной своей виной - перед ней. Да, неизбывной своей виной. Когда в августе он сел на корабль, отплывавший в Штеттин, он думал только об одном: я еду к ней.

Неожиданно дилижанс резко качнуло в сторону. Пассажиров подбросило, они повскакали со своих мест, маленькая Анита жалась к матери, не понимая, что происходит, и беспрестанно повторяла: Mammina, cos'e' sucesso? Mammina, cos'e' sucesso?³

В окошке на фоне темного неба и лавиной бьющего ливня проплыл свет фонаря, дверца снаружи открылась, и высокая фигура в темном плаще, с капюшоном, накинутым на голову, держа фонарь перед собой - ни дать ни взять Ринальдо Ринальдини, - появилась в проеме и возгласила отрывистым басом: Il viaggio e'finito. La ruota e' rotta.⁴

Как ни беспомощен он был в чужом языке, а понял, что что-то сломалось в машине и путешественников просят покинуть дилижанс. Пассажиры, кто в чем был, стали по одному выпрыгивать под дождь. Мать и дочка пристроились перед ним, обе они - женщина и девочка - были без верхней одежды. Его собственная экипировка казалась вполне сносной - теплое фетровое пальто и калабрийская мягкая шляпа с широкими полями, она говорила, что такие носят повстанцы из отрядов Гарибальди; и пальто, и шляпа были куплены в лавке готового платья неподалеку от римской гостиницы на площади Испании.

---

3 Мамочка, что случилось? (итал.)
4 Путешествие закончилось. Колесо сломано (итал.)

В первую минуту ему показалось, что воду сверху льют ушатом, перехватило дыхание, ботинки сразу разбухли и зачавкали, ветер и дождь норовили отнести в сторону от дороги; собратья по несчастью пропали во мраке и ливне; где-то далеко впереди тускло мерцал огонек лампы, нацепленной на шест и возвышавшейся над головой длинного, унылого кучера-«постильоне».

Не хватало только простудиться и помереть здесь в лощине между Генуей и Турином, на границе морской Лигурии и горного Пьемонта. Кажется, несчастный гениальный Станкевич, друг Учителя, умер в дороге, путешествуя по Италии?!

Карта лежала в кармане пальто, с утра он отметил на ней городишко Алессандрию, куда они должны были добраться к ночи. По всей видимости, сейчас они где-то возле... Возиться с картами он любил еще с тех пор, как писал вместе с ней «Три страны света», тогда он заполночь засиживался за географическими фолиантами и атласами, путешествуя по городам и весям со своим героем Каютиным; ну-тка, теперь сам попутешествуй, без Каютина.

Девочка впереди захныкала, мать что-то грозно ей выговаривала, но та продолжала скулить и наконец остановилась, всем своим видом показывая, что дальше идти не может. Действительно, преодолеть сильный ветер и водоворот дождя было не по силам ребенка. Мать схватила ее на руки. Он огляделся: остальные пассажиры – молодая пара и узколицый, немецкого вида господин – были где-то впереди. – Синьора, – он не умел и боялся говорить по-итальянски, поэтому просто протянул руки к девочке и перехватил ее к себе. Анита затихла в его неумелых, но сильных руках, ее мать воскликнула что-то среднее между Santa Madonna и San Benedetto. Девочка оказалась весьма тяжелой, он боялся, что выронит ее, но она цепко ухватилась за его шею обеими ручонками. Его шатало, модные итальянские ботинки, полные воды, разъезжались в стороны.

Между тем, ливень постепенно убывал, с ними поравнялся дилижанс, управляемый помощником кучера, бывалым подростком лет пятнадцати. Лошадки шли шагом, машина скрипела и заваливалась на бок, – скорее всего, в колесе лопнула рессора.

Мальчик на козлах, что-то громко им крикнул, помахав кнутом. Мать девочки встрепенулась, схватила его за рукав и повлекла к дилижансу. – Posiamo andare con la diligenza![5] Они забрались внутрь

---

5 Мы можем поехать в дилижансе (итал.).

знакомого кузова, и машина, скрепя и переваливаясь, поползла по раскисшей дороге.

От одежды шел пар. Со шляпы, когда он ее сдернул, ручьем полилась вода. Анита, с непосредственностью ребенка, звонко засмеялась, мать строго на нее взглянула и что-то прошептала. Девочка насупилась, а когда подняла взгляд, он ей заговорщически подмигнул и с комическим сожалением показал рукой на свои мокрые редеющие спереди волосы – дескать, где ты, моя шапочка? С тобой я был гораздо красивее! Ему показалось, что девочка поняла его пантомиму. С детьми ему всегда было легко, легче, чем со взрослыми. Синьора, между тем, пыталась узнать, кто он и откуда.

– Di dove siete? polacco?[6]
– Он понял, что его принимают за поляка и покачал головой: "Из России, russo, di Volga.

Помимо его воли, когда он говорил о том, что русский, второе слово, которое само приходило на язык, было Волга. А ведь он родился совсем не на Волге – на Украине, где служил отец, но Волгу, против всех правил логики, считал своей колыбелью.

– Il russo? Di Volga? Siete molto bravo![7]

Неожиданно движение прекратилось. Отодвинув занавеску, он вгляделся в темноту: в ночном сумраке, при слабом мерцании фонаря, виднелось строение из белого камня странных очертаний, возле которого сгруппировались их товарищи по несчастью во главе с длинным печальным кучером-постильоне. Над входом висела вывеска; он больше догадался, чем прочитал: Locanda Alessandria.

Под утро он сумел разглядеть их ночной приют. Он больше напоминал крепость, монастырь или даже тюрьму, чем гостиницу. Долгие, непомерно вытянутые стены, сложенные из каменных глыб, маленькие окошки без ставней – непременной принадлежности итальянского жилья, общая непонятная конфигурация – все говорило о том, что здание перестраивали. Возможно, первоначально здесь была крепость, преграждавшая вход в город.

Вокруг не было жилья. Город Алессандрия начинался дальше, километрах в пяти отсюда по тракту. Зато какая природа! Вот где хорошо дышалось! Этот зимний воздух хотелось пить, вбирать в себя, так он был свеж и живителен. Постоялый двор стоял на дороге посреди

---

[6] Вы откуда родом? поляк? (итал.)
[7] Русский? С Волги? Молодец! (итал.)

огромной распаханной долины с островками деревьев и кустарников. Дальше, на линии горизонта, возвышались холмы, засаженные виноградной лозой. Холмы – предвестье гор. А там за горами, за завесой апеннино-альпийской гряды – тучная ленивая Швейцария, а за ней суетная страна франков, с ее «разменом и ярмаркой Европы» – Парижем. Всего несколько дней пути отделяют его от Лучшего друга. Поспеет ли он к нему до католического Рождества?

Уже в Риме он замечал приближение этого главного для итальянцев праздника – по оживлению в лавках, бумажным и цветочным гирляндам на улицах, кукольным представлениям на площадях. Здесь тоже ощущалась, что праздник близко: возле самой гостиничной двери он заметил рождественские фигурки из раскрашенной глины, представляющие сцену в Вифлееме – Мария, с лучезарным крестьянским лицом, с дитятей на коленях, рядом благообразеый старик Иосиф и три диковатых волхва в восточных тюрбанах, с дарами, ослами и верблюдами. Его позабавила яростная, с оскаленными зубами морда верблюда, он по-мальчишески всунул ладонь в его полуоткрытую пасть...и вытащил оттуда клочок бумажки. Неровными латинскими буквами на нем было нацарапано: La polizia.

Он аккуратно, предварительно оглядевшись по сторонам, – как заправский конспиратор – вложил бумажку назад в пасть верблюду и отправился в свой номер – досыпать. Прошел мимо клевавшего носом толстяка хозяина, сидевшего внизу, в отгороженной от огромной столовой клетушке, заваленной рождественскими сувенирами; поднялся по тяжелой каменной лестнице на второй этаж. Храп худолицего немца, с которым его поселили, был слышен еще в коридоре. Он храпа не терпел и вообще спал очень чутко и мало. Вот и сейчас придется промучиться без сна часа два-три до пробуждения остальных. Он быстро разделся и лег под двойное одеяло – в комнате с каменными стенами было холоднее, чем на улице.

Как ни странно, горло не болело, не было ни жара, ни озноба, что легко могло приключиться после вчерашнего. Поглядим, что будет дальше. Если бы она была вместе с ним, сколько бы сейчас было охов, наставлений, причитаний! Как хорошо, что он вырвался из-под ее опеки, навстречу жизни. Вот уже и приключения начались – он подумал о бумажке с нацарапанными буквами. Вчера ночью, когда они только прибыли в гостиницу, его удивило, что в столовой за общей трапезой сидело довольно много людей, молодых, разбойного вида мужчин; и хотя на длинном столе громоздились бутылки с вином и еда, ему показалось, что это больше напоминает не пиршество, а какую-то тайную сходку. Карбонарии? Гарибальдийцы? Что ж, в этих местах, в Пьемонте, Гарибальди начинал, здесь его заочно приговорили к смертной казни.

В сущности, революционеры везде одинаковы – что в России, что в Италии. Только здесь они борются против ненавистных австрияков, за объединение расчлененного на куски отечества, а в России – чтобы крестьяне не были подобием скота – не продавались, не обменивались. Неуклюжая самодержавная машина хрипела, раскачивалась и не трогалась с места; чтобы подвигнуть ее на реформы, требовалось подстегнуть лошадок...

Что крестьяне! Он, дворянин, постоянно в тисках – несвободы, страха, рабской приниженности. Может ли он прямо высказаться по какому-то хоть крохотному политическому вопросу? Изволь хитрить, изворачиваться, пои и угощай цензоров – и все равно получишь свое выстраданное детище изуродованным, в кровавых ранах от цензорского карандаша. У Пуританина – нет этого рабского страха, не потому ли, что еще непуганый? Жаль будет, если начнут пугать и если согнется...

Уже когда он был за границей, в Журнале опубликовали три его смелых стихотворения. Что началось! Он боялся, что придется возвращаться в Россию – такую бучу подняли напуганные блюстители порядка, такими карами грозили Журналу! Поначалу он ужасно струхнул, громы и молнии посылал приятелю, оставленному на замену и поставившему стихи в номер, но сейчас он даже доволен – хорошо, что читатели узнают его убеждения, его гражданские чувства! Пусть говорят между собой о них, а не об его домашних делах. А то сколько сплетен вокруг клубится! – увел жену у приятеля, ближайшего сотрудника, играет по-крупному, продул чужие деньги... Он приподнял голову, сердце так защемило, что он прижал его рукой, чуть подождал, потом перевел дыхание и снова закрыл глаза.

Да, Гарибальди. Чем не Бакунин? Такой же неуемный фантазер, наивный смельчак, героическая личность. И судьбы похожи. Оба шатались по миру, освобождая человечество на разных широтах. Гарибальди был заключен в Генуэзскую крепость, а Бакунин отсиживал пожизненный срок в Петропавловке и Шлиссельбурге. Не так давно прошел слух, что новый царь, взойдя на престол, получил от Бакунина прошение и помиловал – перевел на поселение в Сибирь. Но как-то не верится, что бунтарь, оказавшись на воле, хоть и в Сибири, угомонится, – не тот характер. Да и Гарибальди вряд ли успокоится, крестьянствуя на своем клочке земли в сардинской Капрере... вон, судя по вчерашнему, ворон-то в этих местах все еще летает...[8]

Мысли перекинулись на российские дела. Сейчас он уже знает, что его гражданственные стихи поместил в Журнале не скудоумный приятель, а Пуританин, человек громадного ума и железной воли. Нет, не зря четыре года назад он переманил его из андрюшкиного журнала в свой, совсем не зря – не ошибся. Благодаря ему, да еще одному, недавно взятому на работу сотруднику, юному, но, кажется, гениальному, Журнал запоем читает молодое поколение. Молодежь – за них, студенты рвут друг у друга из рук книжки Журнала, спорят, горячатся. И пусть старички ищут в оглавлении знакомые имена – Лучшего друга, Военного рассказчика, Обыкновенного цензора, Живописателя Темного царства и Эстета, он-то сам глядит дальше и лучше видит расклад: ставить нужно не на них, отцов, а на детей, то есть на будущее, – на Пуританина и его гениального подмастерья. Таков запрос времени. Вот и его стихи появились вовремя, поспели к нужной поре. Пуританин пишет из Петербурга, что его сборник разошелся мгновенно. А книжка стихов Тончайшего лирика, изданная одновременно, так и лежит нераспроданная. Тот жаловался ему в Риме, плакался в жилетку, смешной ребенок, хотя и жесткий, и расчетливый. Как он ухватился за эту сухую некрасивую «купчиху» Марью Петровну, как нежно округляет глаза при ее появлении, как живо подает руку своей «Мари», как быстро смекнул, что женитьба не ней пахнет большими деньгами! Похоже, что дело идет к свадьбе; представив язычески бессмысленную счастливую улыбку на физиономии тридцатисемилетнего грузного молодожена, он чуть вслух не рассмеялся. Приоткрыл глаза – из маленького высокого оконца посреди комнаты лился сероватый свет, скоро совсем рассветет. Сосед все так же свистел носом то в высоком, то в низком регистре. Поразительная, не доставшаяся ему способность – спать в любой обстанове!

О чем он, однако, думал? Ах, да, о Тончайшем лирике. Его стихи могут тронуть, зацепить уснувшие было чувства, всколыхнуть

---

[8] Мой герой как в воду смотрел: оба — Бакунин и Гарибальди - не успокоились. Бакунин через четыре года, в 1861 году, бежал из ссылки и через Японию и США прибыл прямо в объятия Герцена, в Лондон.

А Гарибальди после блужданий по Центральной и Латинской Америке и крестьянствования на острове Капрера в 1859 году продолжил борьбу за освобождение Италии (прим. автора).

память. Они так легко запоминаются, так звучны, так красивы! Он готов признать, что его стихи как голодные замарашки в рваных башмаках в сравнении с юными барышнями в светлых платьях – стихами Тончайшего лирика. От себя не уйдешь – он пишет о том и так, как диктует его печальная муза. Однако затесалась между ним и Тончайшим лириком одна коренная несправедливость. О Тончайшем лирике, человеке в быту суетном и прижимистом, никто не распускает зловредных пакостных слухов. А на его голову падает обвинение за обвинением. Почему даже его приятели считают, что он на все способен?

Нет, он не ангел, и бывают мучительные дни и недели, когда он себе очень не нравится. Можно даже сказать, что он преимущественно себе не нравится – отсюда его хандра, лежание по целым суткам в прострации, без мысли, без движения, в самом убийственном состоянии духа; отсюда же его ревность – как поверить, что его любят, что его можно любить, когда он сам себя едва выносит?! Еще Учитель говорил, что в нем два человека – один активный, деятельный, умело ведущий денежные аферы, а другой апатичный и мертвый, которому все безразлично. Да, Учитель... с него-то и начались все эти ужасные обвинения. В то время как сам Учитель все понял и его не укорял, его крикливые «друзья» хором загудели, что он-де обманул, надул умирающего человека, дав обещание, не сделал его пайщиком в Журнале. Нет, он не унизился до объяснений. Да и что объяснять? Как объяснишь, что он никогда бы не вытянул Журнал, если бы не был в нем самодержцем. Сейчас, когда Дело уже идет своим ходом, он готов делиться и с Пуританином, и даже с его подмастерьем. А тогда довольно было приятеля, ее мужа, с которым он нес общие расходы и делил барыши – дырку от бублика на первых порах.

Именно тогда, когда все только начиналось и не было денег ни на что – ни на печатание Журнала, ни на гонорары авторам, ни на жалованье сотрудникам, ни на объявления, ни на подкуп цензоров и чиновников, именно тогда – он неосторожно впутался в одно дело, вернее, его впутали, а еще вернее, она его впутала. Речь шла о помощи ее подруге, обретавшейся в Париже; та, ныне уже умершая, нуждалась в доверенном лице для судебного процесса над своим мужем. Самое ужасное, что ее муж, чьи деньги он помог тогда отсудить, был человеком, близким к Лондонскому изгнаннику, – его Собратом. И вот теперь тянется за ним хвост слухов, обвинений, прямой клеветы. Лондонский изгнанник, тот, кто когда-то приветствовал его начало (он до сих пор хранит его ободряющую записочку!), чья жена ссудила его деньгами для издания Журнала, теперь настроен против него, мечет в него свои язвительные, колкие остроты-стрелы.

Чего бы он ни дал, чтобы дело разъяснилось! Хотя как ему разъясниться, когда он сам сейчас не понимает, каким дьяволом его занесло в этот клубок разнонаправленных хищных интересов. Он тогда неотрывно думал об оборотных средствах для Журнала, о возможности свободно манипулировать деньгами; конечно же, взятые деньги он бы непременно вернул – не было и речи об обмане или мошенничестве... Хорошо бы, если бы Лучший друг объяснил все это Лондонскому изгнаннику и его Собрату, а нет – так он сам съездит в Лондон для объяснений, если только предубежденный и непримиримый острослов захочет его принять...

И всю эту отвратительную кашу заварила она! Из-за нее он поссорился с лучшими людьми эпохи! Временами он ее ненавидел. И это его чувство легко связывалось с одной сценой, которую ему, видно, не суждено забыть.

Незадолго до своего последнего отъезда она, роясь в вещах, обнаружила в его шкафу портфель, набитый ее письмами.

– Что это?

– Портфель.

– Что в нем?

– Ваши письма.

Она была в одном из тех настроений, когда каждое слово могло вызвать взрыв. Он старался говорить без выражения, сдержанно. Она на минуту задумалась, по лицу прошла какая-то волна:

– Дайте мне эти письма, хотя бы несколько.

– Зачем вам?

– Любопытно. Не помню, что я вам писала. А ведь эти письма имеют историческое значение. Вы наверняка удостоитесь изучения будущих историков.

В голосе звучала издевка. Он открыл портфель и передал ей несколько конвертов с письмами. Руки его дрожали. Она при нем вынула одно письмо и быстро пробежала его глазами. Ее щеки зарделись.

– Какая ерунда. Зачем вы храните такую чепуху? Что здесь может быть интересного для потомков? Я пишу из Женевы, как соседский ребенок ушиб руку и как я сделала ему перевязку. Здесь историку нечем поживиться.

Она схватила другое письмо и лихорадочно стала его читать. Оторвалась от чтения и с недоброй искрой в глазах провозгласила:

— Опять ерунда. Письмо из Парижа. Сообщаю, что приболела и упрекаю вас в невнимательности. Кому это может быть интересно?

— Мне. Мне это интересно. В этих письмах моя и ваша жизнь. В них наша любовь.

— Повод для будущих сплетен. Хватает их и сейчас. Скажут, что я была бездарная, самая обыкновенная, что заедала вашу жизнь. Впрочем, — она улыбнулась, — не бойтесь, я буду писать вам из-за границы, авось, напишу что-нибудь более значительное. А эти, — она с отвращением взглянула на письма, — в огонь. И сжав листочки в маленькой ладони, она подбежала к горящему камину.

— Что вы делаете?

— Жгу наши с вами жизни. И нашу любовь.

Кровь ударила ему в голову. Он подбежал к ней со сжатыми кулаками. В отблесках камина поймал ее взгляд: смесь какого-то языческого торжества, горечи и безумия.

— Она безумна, — вспыхнуло в сознании. — А это — репетиция; со временем она сожжет все. Рука, поднятая для удара, повисла.

Уж не тогда ли он явственно осознал, что их расставание неизбежно? Во всяком случае, сегодня он бежит и от ее безумия, и от тех горящих в огне писем.

* * *

Храп внезапно прекратился. Он открыл глаза: сосед сидел на постели и, прислушиваясь, смотрел в сторону окошка. Оттуда доносились лошадиное цоканье и отрывистая немецкая речь. Поднявшись на цыпочки, он выглянул в высокое окошко. Внизу спешивались австрийские полицейские, он узнал их по красочным мундирам. Их он видел несколько месяцев назад на улицах Вены — гарцующих на белых лошадях, словно только для видимости ведающих порядком, а на самом деле выставляющих себя напоказ перед дамами. Эти яркие мундиры, как и праздная веселая толпа на улицах, поездки в экипаже по Венскому лесу, а главное — ощущение полноты жизни, оттого что рядом была она, — все это врезалось в сознание как первоначальный образ «прекрасной Европы».

Здешние австрийские полицейские, хоть и в тех же мундирах, что и в Вене, возбуждали совсем иные мысли. Невольно вспоминалась записка с нацарапанными на ней буквами.

В дверь постучали. В дверной проем просунулась мордочка мальчишки, помощника кучера. Он, выразительно жестикулируя, чтобы иностранцы его поняли, проговорил:

– Partiamo alle nove. Venite a fare colazione.⁹

Трудно было не понять его слов, так как, произнеся первую фразу, он показал 9 пальцев и зацокал языком, погоняя лошадей воображаемым кнутом.

Вторую же фразу он сопроводил пантомимой «поедание пасты» – нацеплял на воображаемую вилку макароны и подносил ее ко рту, после чего на юном, но уже плутоватом лице появлялась улыбка блаженства.

Спустившись в столовую, он застал в ней всех своих попутчиков. Кроме них, никого больше не было. На длинном столе были разложены блюда с плоским итальянским хлебом, ветчиной и сыром, стояли кувшины с водой и соком. Анита с матерью, с аппетитом поедавшие ломти хлеба с сыром и ветчиной, бурно махали ему руками, он подсел к ним.

В столовую вошли те самые австрийцы, которых он видел из окна. Все сидевшие за столом невольно затихли, притаились. Одна Анита смотрела на полицейских в ярких мундирах с простодушным любопытством. Низенький толстый хозяин гостиницы, угодливо склонившись, что-то быстро им говорил, разводя руками и качая головой; в его речи то и дело слышалось «кариссими синьори». Полицейские, оглядев горстку завтракавших и, видно, не найдя в них ничего подозрительного, пошли к выходу. Семенящий за ними толстячок подхватил одну из стоящих у него на прилавке огромных корзин с вином и фруктами, перевитую рождественской гирляндой, и подал австрийцам. Те заулыбались, один из них принял корзину и, оживленно разговаривая между собой по-немецки, они удалились.

Он подумал, что, если давешние «карбонарии» еще в гостинице, то им сильно повезло.

В дилижансе он устроился на привычном месте, напротив него деловито разбирала свои богатства Анита – мать только что купила ей хвойную гирлянду и разноцветные ленты. Он и сам не удержался, чтобы в последнюю минуту не купить у хозяина гостиницы бутылку местного вина – в подарок Лучшему другу. Узколицый немец, его

---

⁹ Уезжаем в девять. Пожалуйте завтракать! (итал.)

бывший сосед по номеру, безмолвно кивнув сидящим, занял свое место и, кажется, снова пристроился дремать. Последними вошли в «вагон» молодожены, как он их назвал, – молодая пара: невысокий горбоносый француз и гибкая смуглая итальянка. Они держались за руки и не поднимали глаз на окружающих, и было понятно почему. Они пытались скрыть от посторонних тот самый «пламень томный», по которому узнаются счастливые любовники.

Его укололо чувство острой, прямо-таки бешеной зависти. Он подумал, что та единственная любовь, которая была послана ему судьбой, должна была вечно таиться, питаться крохами, быть в тисках сплетен и кривых улыбок. Как мало было у них безоблачных счастливых дней, совместного отдыха, безмятежных радостей. По сути дела, их первая совместная поездка началась прошлым летом, когда он нашел ее в Вене, а затем они вместе поехали в Италию. И, может быть, только в Риме, впервые за много лет, он почувствовал себя счастливым. Он любовался ею до слез, как когда-то, когда казалось: подари его такая, как она, своей любовью, и сам царь будет ему не брат.

Но одновременно тяжелая тоска камнем придавливала сердце: почему этот рай, эта сказочная Италия пришли к ним так поздно? Почему не тогда, когда были они юны, полны надежд и их сердца не ожесточились в схватках с жизнью. Под лучезарным римским небом его посещали кошмары: ему снилась рыдающая, беззащитная перед деспотом отцом мать, он, желторотый птенец, пытается за нее вступиться и получает оплеухи и оскорбления. Страшными видениями приходили к нему мучительное детство и нищая беспросветная юность. За что? Почему?

Он впадал в прежнюю свою хандру, и уже жалел, что увидел и это небо, и этих беззаботных, с рожденья наделенных счастьем людей. Однажды, в ожесточенье, он даже плюнул с самой макушки Святого Петра на толпу, снующую внизу. Это вам за мою пропащую молодость, за болезни, за злость, за подругу, которую мучил и мучу.

Мучил и мучу. О, какая это правда! А ведь как она обрадовалась, когда он приехал, – запела как птичка, расцвела, ожила, зажглись помертвелые было глаза. Куда он едет? Зачем? Не лучше ли быть с той, что делила с тобой печали и радости? пеклась о твоем здоровье? пожертвовала тебе своим именем? молодостью? несравненной красотой?

Ты пресытился, бежишь, а она? Что делает сейчас она? Одна, брошенная?

Тут в голову стали приходить дикие ревнивые мысли, и он едва не застонал вслух, но вовремя очнулся. Огляделся. Дилижанс набирал скорость. В незанавешенное окно сквозь туманную дымку пробивались солнечные лучи. Мимо, обогнав их дилижанс, на бешеной скорости промчалась закрытая бричка, управляемая маленьким лихим кучером. Он узнал мальчишку. И, видно, узнал его не только он. Скучный немец-сосед подскочил на своем сиденье и на чистейшем русском языке выкрикнул: «У, черти! Удирают к ядреной матери!». Все на него покосились. Он покраснел, достал из кармана огромный клетчатый носовой платок и стал вытирать им потное лицо. Юноша – француз и девушка-итальянка помахали бричке из окна, сопроводив этот жест восклицаньями на французском и итальянском языках. А мать Аниты притянула к себе голову дочери и, поцеловав, прошептала: "Aiutaci, Madonna Santa!"[10]

Бричка промчалась, а он все смотрел и смотрел в окно. Ему чудилось, что с той стороны стекла глядит на него женское лицо – она, какою он увидел ее в далекой юности – с задумчивым вопрошающим взором, с алой лентой на черных, как ночь, волосах.

***

Примечание:

В рассказе «зашифрованы» имена писателей и критиков того времени: Белинский (Учитель), Фет (Тончайший лирик), Чернышевский (Пуританин), Добролюбов (Подмастерье), Герцен (Лондонский изгнанник), Огарев (Собрат), а также Дружинин (Эстет), Л.Толстой (Военный рассказчик) и А.Островский (Бытописатель «Темного царства»).

2008, Бостон

---

10 Спаси нас, Святая Мадонна! (итал.)

Пьесы

Ирина Чайковская

Итальянское каприччо

в четырех частях

Часть 1

Вета. (пишет) ...не могу. Если бы ты знала, как мне тяжело. Даже не представляла себе, что буду жить одна, что смогу выжить. Когда ЭТО случилось, в сущности, я была так не подготовлена, хотя маме было уже даже не восемьдесят, я думала, что сердце не выдержит и я тоже умру. Не было ни малейшего спасения: ни мужа, к которому можно прислониться, ни друга, который мог бы дать силы для жизни. Подруги...ты же знаешь, что моя самая лучшая подруга- это ты, а ты далеко, и когда вы с Сережей тогда приехали и сказали, что хотите взять меня с собой, я сначала думала, что это мой единственный шанс выжить, но потом поняла, что не выдержу даже этой поездки, что жить даже с вами, родными, мне не под силу...я запуталась. Но ты меня поймешь. Ты пишешь о каком-то Андреа, который хочет приехать улучшать свой русский язык. Пусть приезжает. Но я принять его не смогу, нет, не смогу. Я сижу дома, как сурок, никого не вижу и ни с кем не общаюсь. Единственное мое занятие — чтение. От лекарств я одурела, телевизор мой сломался, да и раздражают меня нестерпимо всякий звук, всякая краска. Извини за жалобы, но кому и пожаловаться, если не тебе. Конечно, живя в благословенной стране, на берегу моря, среди близких людей, трудно поверить, что бывают и иные места, и иные ситуации. Привет от меня Светке, как ее консерваторский профессор? Все ухаживает? Твоя Вета. Да, спасибо за деньги, не будь их.... Звонок в дверь

(в испуге) Кто бы это мог быть? (смотрит на часы) Без четверти двенадцать. Гриша обещал приехать к часу. Может быть, решил пораньше? (подходит к двери) Гриша?
(молчание)
Кто это? Гриша, ты? (еще один звонок)
Кто вы? (открывает)
Андрей. Здравствуйте.
Вета. Почему вы не отозвались?
Андрей. Вы все равно меня не знаете. Могли бы испугаться.
Вета. Ну, вы не очень страшный. Кажется, я опоздала с письмом. Так вы из Италии?
Андрей. Из Италии?
Вета. Хотите совершенствовать свой русский язык?
Андрей. Я?
Вета. Я знаю про вас. Сестра хотела, чтобы вы у меня поселились, но, поверьте, это очень сложно для меня. Русское гостеприимство, оно существует, бесспорно, но...присутствие в доме незнакомого человека, шум, лишние движения...мои нервы этого не вынесут, поверьте (плачет).
Андрей. Что вы? Что вы? Вы не поняли. Я живу совсем в другом месте. Здесь неподалеку.
Вета. Так вы уже нашли себе жилье? А где ваш багаж? Багаж уже там?
Андрей. Багаж? Какой багаж?
Вета. Ах, вы без вещей? Я понимаю, понимаю. Сестра пишет, что вы чем-то напоминаете... простите...Идиота Достоевского, он ведь тоже...с одним узелком...Но вы даже и без узелка.
Андрей. Узелка?
Вета. Ну да, старинное русское слово. Я употребила его в метафорическом смысле. Вы хорошо понимаете по-русски? Ме-та-фо-ра. Впрочем, метафора не русское слово. Сестра говорила вам, что я филолог? Занималась когда-то очень-очень давно языком Пушкина. Простите, может мы присядем? Мне трудно стоять.
Андрей. С удовольствием. С утра пробежался вокруг дома — стометровка. Потом побегал по городу — красота, сдал все хвосты — и свобода!

Вета. Ну да, вы студент. Какого факультета? Хотя...я и так знаю: вы филолог.

Андрей. О!

Вета. Сестра писала, что вы очень способный.

Андрей.(кашляет) Да, так вот. Мне бы адресок.

Вета. Что? Что вы сказали?

Андрей. Я бы хотел узнать адрес вашей сестры, вернее, племянницы.

Вета. Адрес? Вы не знаете их адреса?

Андрей. Я потерял... вернее, она, Светлана, хотела мне его дать, но не успела.

Вета. Странно. Для того чтобы узнать их адрес там, вам пришлось приехать сюда. Вы меня разыгрываете?

Андрей. Я?

Вета. Немножечко того? (показывает) Вам знаком русский язык жестов?

Андрей. Это вы про меня? (смеется) Забавно. Так вы найдите, пожалуйста, какой-нибудь конверт, я вообще-то тороплюсь.

Вета. (суетится) Надо поискать, я, естественно, не помню, где-то у меня было записано., что-то вроде "порто" (перебирает книги и журналы), ах, вот закладка — я Иниными письмами книжки закладываю, (читает) "виа Порта Нуова 5". Держите, можете переписать.

Андрей. Вот спасибо. Приятно было познакомиться. Светлана говорила, что ее тетя немножечко...рассеянная, но симпатичная. Я побежал.

Вета. Постойте! Вас зовут Андреа?

Андрей. Меня зовут Андрей. Вам Светлана сказала?

Вета. Кажется, сестра преувеличивает свое влияние на вас, на вас влияет Светка, определенно.

Андрей. Я побежал. Может, еще как-нибудь забегу, я здесь неподалеку обитаю.

Вета. Вот как. Забегайте, буду рада. Мне порой так скучно, так тоскливо одной. Знаете, русская хандра... Угощу вас настоящим чаем, русским, вернее китайским, я предпочитаю зеленый, его не все любят, но он хорошо успокаивает, как валерьянка.

Андрей. По мне, зеленый чай — вообще не чай. Императорскую корону пили когда-нибудь? Любимый чай Петра Великого! Так я побежал.

Вета. Послушайте, вы действительно иностранец?

Андрей. Я?

Вета*.* У вас совсем нет акцента. Молодец Инна. У Светки тоже совсем нет русского акцента, у вас нет итальянского, а у нее русского. Простите, я так много говорю, устала даже. Извините меня — мне нужно лечь.

Андрей*.* Да, да. Уже побежал. Спасибо за адресок.
(убегает)

Вета*.* Странный мальчик. На итальянца не похож — те черноволосые, и даже Инна, кажется, писала, что он брюнет. Перекрасился? Зачем? Чтобы стать вполне русским? Может быть, может быть. Что же сейчас делать? Как мучительно тянется время. Если сейчас начать читать Бунина, то вечером не будешь знать, чем заняться. Пообедать? Рано, да и не хочется. На обед рисовая каша и чай с конфеткой, каша свежая, вчера вечером сварила, вкусная, но не хочется. Может, к вечеру захочется? А вот Гриша придет — он ее и съест. А придет ли Гриша? Он звонил, но может передумать и не прийти. Никому не нужна. Ни одному человеку в мире. Одна, совсем одна. Вон Гриша после нашего развода сразу нашел, вернее, она его нашла. Но это не то, не то, ужасная вульгарная девка. Ой, какое слово кошмарное — девка. А ведь лексическое гнездо какое прелестное — дева, девушка, девица, да и дЕвица, девочка, девуля, девчоночка, девишник, девственность, девство...У нас с Гришей не было детей. Интересно, у этой его "девицы" есть дети? Уборщица в институте — боже мой, хотя бы секретарша! Как низко он пал! Какие надежды, какие планы были с ним связаны! Астроном, математик, физик, механик, уникум! Эйнштейн, Макс Планк, Нильс Бор, Гриша Берман! Дальше, дальше, если я буду развивать мысль в том же духе, время пройдет незаметно. Ну дальше же, что же ты остановилась? Если тебе даже не о чем думать, как дальше жить? Мыслю — следовательно существую. Вот бы отключилось сознание — и чтоб больше не думать ни о чем и не существовать. Лежать и ни о чем не думать, и чтоб было спокойно и не было этого ужасного: а дальше... Вот у Фолкнера в одном романе есть герой, идиот, он живет как в раю, ничего не осознает, только чувствует: горячо, холодно, приятно, этот человек хороший — у него ласковый голос... Жизнь растения. Хорошо стать растением. И даже красиво. Ой, а мои цветочки не политы- забыла про них. Вот и дело нашлось.(берет лейку, поливает цветы) Сейчас я вас полью, лапоньки мои. Не сердитесь на меня. Я, действительно, немного рассеянна, Светка правильно сказала, но не до такой же степени! Я вас поливаю почти ежедневно, даже бывает по два раза на день. Бывает, бывает.

(звонок телефона)

Ой, это, наверное, Гриша.(берет трубку) Гриша, это ты? Почему ты молчишь? Я же знаю, что это ты. Ты ведь обещал зайти. Опять она тебя не пускает? Она держит тебя на привязи? Почему ты молчишь, Гриша? Мне так ужасно одиноко! Я просто погибаю. Если ты не придешь, я даже не знаю, как проживу этот день. Я ведь никуда не выхожу и никого не хочу видеть. Я хочу только умереть, только умереть вслед за мамочкой. (плачет) Положил трубку. Что за нелепый человек — даже не отозвался. Надо лечь. Лечь и, может быть, уснуть. А что тогда делать ночью? Я и так не сплю без снотворного. Может, у меня оттого и нет аппетита, что я пью слишком много лекарств. И все лекарства я чувствую, чувствую, все они мне мешают. Как та горошина в сказке. Да, я принцесса на горошине. В сущности я родилась принцессой. И вся эта жизнь, это выживание, это существование — разве для меня? Для той, какой бы я должна была быть? Ну дальше, дальше. Почему ты остановилась? Продолжай! Думаешь, плакать лучше? Действительно, думаешь, что плакать лучше? (плачет)

(звонок в дверь)

(прерывает плач) Кто бы это мог быть? Ко мне никто не заходит. Может, почтальон? Принес посылку. Сладкую. Из Италии. Как в прошлый раз. Это называлось "чокори"- дутый рис в шоколаде. Прекрасно — я съем эти чокори на обед, даже аппетит появился.

Звонок еще раз

Иду, иду. Конечно, почтальон, кто же еще? Больше некому.(открывает) Ты?

Гриша. Ну, естественно. Я же сказал, что приду к обеду.(смотрит на часы) Ровно час. Почему сразу открываешь, не спрашиваешь кто? Сейчас много убийств, квартирных краж. Ходят всякие маньяки...

Вета. А ты...ничего не принес?

Гриша. Я никогда не прихожу с пустыми руками, ты знаешь. Вот печенье к чаю, сладкое.

Вета. А чокори? То есть я другое хотела сказать. Как ты? Заработался? Ты после обеда снова туда — в свой институт?

Гриша. Ну да.

Вета. И она? Она тоже после обеда...там?

Гриша. После обеда Ольга Васильевна работает в другом месте.

Вета. Убирает?

Гриша. Да, еще она завхоз — бумага, копирка, компьютеры...Ты знаешь, она превосходная хозяйка. Вылизала дом — загляденье.

Нигде ни пылинки. Помнишь нашу хибару? Книги, газеты, статьи — все вразброс, вперемешку. Теперь все в стопочку: книги, газеты, статьи. И нигде ни пылинки. Однако есть неудобство — трудно что-либо найти. Но она...она этого не понимает. Знаешь, в беспорядке мне всегда как-то лучше думалось. Что у тебя на обед?

Вета. Каша. Рисовая каша, свежайшая. Можешь налить немного постного масла, будет вкуснее.(суетится). От этой еды у тебя ничего не будет болеть. Проверено. Сейчас я подогрею. Помнишь, как у тебя, прости меня, разболелся живот в начале зимы? Ты поел где-то на стороне или она тебя чем-то накормила.

Гриша. Пельменями. У меня желудок их не принимает. Ее бывший муж любил пельмени.

Вета. А кто он был, ее бывший муж? Грузчик? Рабочий? Колхозник? (дает на тарелочке еду)

Гриша. (ест) Не угадаешь. Писатель. Но он спился. Она от него ушла. Она ведь тоже что-то там писала, в газетах. Но потом сестра выбросилась из окна, племянник попал и тюрьму... Если бы не я, она говорит, что тоже бы уже ...того.

Вета. Она пьет? Ешь!

Гриша. Пьет? Наверное, пьет. Мне не нравится, что она курит. И наводит порядок в моих вещах. Ты никогда не наводила порядок в моих вещах.

Вета. Я вообще не любила наводить порядок. Вкусно?

Гриша. Угу.

Вета. Это тебе не пельмени, диетическая здоровая еда. И запьешь зеленым чаем. Жаль, что чокори кончились.

Гриша. Что кончилось?

Вета. Это итальянское лакомство, мне присылали. Послушай! Слышишь?

Гриша. Нет. Что нужно слышать?

Вета. Слышишь опять? Мелодия, тихая-тихая, как будто кто-то играет на дудочке, так нежно, так сладко.

Гриша. Не слышу. Тебе мерещится. Ты сходишь с ума. Почему бы тебе не выйти на улицу? Сейчас уже весна. Тепло, сегодня плюс 16 градусов.

Вета. А почему ты в шапке?

Гриша. Уши болят. Черт знает почему. Может, зимой отморозил. Болят, особенно к ночи.

Вета. Она...красивая? Ты, кажется, говорил рыжая?

Гриша. Парик. Оказалось, парик. Она стриженая, как пиковая дама и седая. Представляешь?

Вета. Гриша, ты говорил, что она твоего возраста.

Гриша. Я ошибался. Значительно старше, на порядок старше, хотя достоверно я не знаю. У нее два паспорта.

Вета. Бедный ты мой! Сними шапку, Гришуня, прислушайся. Эта музыка...она для нас с тобой. Помнишь? Сто лет назад — мне 20, тебе 23.

Гриша. Ей, Ольге Васильевне, сильно к шестидесяти, между нами лет 10 разницы в мою пользу. Я, конечно, был дурак, что так глупо попался. Она брала на жалость, к тому же в первый раз в жизни я был пьян и мы поехали к ней. Больше ничего не помню. Нет, кажется, еще одну деталь зацепило. Я проснулся от храпа ее мужа, теперь уже бывшего. Он почему-то спал рядом.

Вета. Бедный. Тебя окрутили. Они заставили тебя на ней жениться. Подожди, вскипячу чай. Как твоя астрономия?

Гриша. Никак. Нет времени. Она, то есть Ольга Васильевна, требует, чтобы я вкалывал на двух работах. Устроился почасовиком — гроши сущие, но хотя бы меньше шума. Она могла бы сдавать свою трехкомнатную квартиру, но там этот спившийся тип со своими... собутыльницами. Ты не одолжишь мне тысяч 100 или 200? Тебе ведь Инна прислала?

Вета. Инна прислала. Подожди, я сейчас (уходит). Вот, пожалуйста, 200 тысяч.

Гриша. Ты не беспокойся, я отдам. Нужно только вовремя отложить, а то она все сразу забирает...то есть я хочу сказать, что хозяйство, на хозяйство... (пьет, обжигается) Неплохой чай. Правда, безвкусный какой-то. И я люблю крепкий, а этот словно и не чай совсем, а водичка. Зато диетический, верно, верно.

Вета. Ты приходил только за...ними? (показывает на деньги)

Гриша. Что ты? Я же и пообедал заодно. Спасибо тебе, Ветуся! Ты всегда была добрая и отзывчивая. Я как-нибудь еще забегу. Обидно, живем недалеко, но при моем расписании... поверишь ли — все время в бегах. (смотрит на часы) Надо бежать.

Вета. (сквозь слезы) Когда?

Гриша. Что когда? Деньги?

Вета. Когда ты придешь еще, Гришуня? Мне так одиноко, тяжело, я действительно схожу с ума. И никого вокруг. Ни одного человека. Когда жива была мама...

Гриша. Послушай. Мне 50 лет, родители умерли 20 лет назад. Я уже сто лет не думаю про то, как мне жилось, когда они были живы.

Их нет, понимаешь? Их нет и все. Это надо принять как данность. И твоей матери — тоже нет. Привыкни к этому. Ты взрослый человек, а жалуешься как ребенок. Моя мама умерла, мне стало одиноко. Ах, ты сирота! Не кисни! Ты уже далеко не девочка. Ты давно уже женщина среднего возраста. Пора быть взрослой.

Вета. Тебе с ней хорошо, Гриша?

Гриша. Мне с ней? Да трудно сказать. Я ведь по природе нытик, ты знаешь. Но она делает меня сильным, двужильным, железобетонным. Представь, я перестал быть слабеньким еврейским мальчиком, каким тебе так хотелось меня видеть, я становлюсь эдаким дюжим российским мужичком — со всеми вытекающими... Недавно чуть не врезал одному типу: показалось, он как-то не так на меня посмотрел.

Вета. А комета Галея? А разбегающаяся Вселенная? А жизнь на Марсе?

Гриша. Проще надо быть. Скромнее. Какая там жизнь на Марсе? Была бы жизнь на земле! Разве это жизнь, Вета, разве это жизнь? Устаю, как загнанная лошадь, задачи свои забросил, ощущение, что я уже не я, а кто-то совсем другой, посторонний. Спасибо за кашу — сразу вспомнилось наше с тобой житье. (идет к двери) А пыли-то кругом, пыли!

(уходит)

Вета. (сквозь слезы) Ушел. Ли-ли-ливурно. Завтра увижу я башни Ливурны. Завтра увижу Элизий земной. Мамочка, спаси меня, неужели тебя нет больше, мамочка! Но я ведь чувствую, знаю, ты со мной, рядом. Прости меня, я была грубой, злой, я часто огрызалась, я запиралась в своей комнате, только чтобы не слушать твоих советов, я...я не ела твоего творога, творога, который ты готовила из кислого молока и кефира... Прости меня, мамочка. Я так одинока без тебя. Я не знаю, как жить, что делать. Я схожу с ума от этих мыслей. Научи меня, я сделаю, как ты скажешь. Ты здесь? Ты рядом? О, какая я сумасшедшая! Надо успокоиться. Надо обязательно успокоиться. (молчит, потом становится в позу посреди комнаты, читает постепенно приходя в состояние восторга)

Дикою, грозною лаской полны Бьют в наш корабль Средиземные волны.

Вот над кормою стал капитан.
Визгнул свисток его. Братствуя с паром,
Ветру наш парус раздался недаром.
Пенясь, глубоко вздохнул океан!

Мчимся. Колеса могучей машины
Роют волнистое лоно пучины.
Парус надулся. Берег исчез.
Наедине мы с морскими волнами,
Только что чайка вьется над нами
Белая, рея меж вод и небес.

Только вдали, океана жилица,
Чайке подобна, вод его птица,
Парус развив как большое крыло,
С бурной стихией в томительном споре,
Лодка рыбачья качается в море,-
С брегом набрежное скрылось, ушло!

Много земель я оставил за мною,
Вынес я много смятенной душою
Радостей ложных, истинных зол,
Много мятежных решил я вопросов,
Прежде чем руки марсельских матросов
Подняли якорь, надежды символ!

Нужды нет — близко ль, далеко ль до брега
В сердце к нему приготовлена нега.
Вижу Фетиду, мне жребий благой
Емлет она из лазоревой урны:
Завтра увижу я башни Ливурны,
Завтра увижу Элизий земной!

(останавливается, замерев со счастливым выражением лица)
Звонок в дверь
(Вета с трудом приходит в себя) Кажется, звонок. Гриша вернулся? (взгляд падает на стол) Ну да, вот он забыл свою шапку. Это он — вернулся за шапкой. (подходит к двери) Гриша, ты? (молчание) Это ты, Гриша? Почему ты молчишь? (открывает) входит Андреа

Нет, это не Гриша. Кто вы? О-О! Кажется, я знаю! (убегает)

Андреа. Простите, я не отозвался. Я не знаю, кто такой Гриша. Я думал позвонить вам, предупредить о своем приходе. Я звонил вам. Вы сказали, что очень одиноки и несчастны. И тогда я решился. Я не вовремя?

Вета. (медленно подходит) Извините. Я очень испугалась. Так вы не маньяк? Мне сказали, что сейчас ходят маньяки...Кто вы?

Андреа. Я ученик вашей сестры. Меня зовут Андреа.

Вета. Так я и знала. Тот был самозванец. Он вел себя крайне подозрительно, я подумала, что он выкрасил волосы — такой он был ярко-русый. А вы…(смотрит) да, вы шатен, даже брюнет, и узелок при вас, я имею в виду чемоданчик. Я...я кажусь вам сумасшедшей, да? Дело в том, что я...я немного больна. Болезнь не опасная, но мучительная. У меня, знаете, депрессия… ряд обстоятельств...(смотрит) какое у вас хорошее лицо...Вы извините, если я немного поплачу — мне так легче.

Андреа. Плачьте, плачьте на доброе здоровье. Я знаю, вы потеряли близкого человека. У меня это еще впереди. Мои родители живы и, слава Богу, здоровы, но я чувствую себя сиротой.

Вета.(всхлипывает) Мамочка была несправедлива ко мне, мы часто ссорились, я целыми днями сидела в своей комнете и не разговаривала с ней. Это так больно, так.

Андреа. Моц отец крупный финансист, он занят только своими делами, а мама — домашняя рабыня, у нее нет своей воли.

Вета. Вы хорошо говорите по-русски. Скажите что-нибудь по-итальянски, пожалуйста. Откуда вы родом? Скажите по-итальянски, откуда вы родом, можете?

Андреа. Come no? Sono nato a Livorno

Вета. Что? Вы сказали, что родились в Ливорно? Я правильно поняла?

Андреа кивает

Вы родились в Ливорно? Этого не может быть. Вы слышите, слышите? (прислушивается) звучит давешняя мелодия, пастуший напев

Андреа. Да, что-то похожее на шум моря.

Вета. Шум моря? А мне казалось...О, наверное, это шум моря. Так вы родились на Средиземном море? Счастливец! Послушайте, вы случайно не знаете, что значит "пироскаф", есть такое слово в вашем языке?

Андреа. "Piroscafo", по-итальянски, значит пароход.

Вета. Пароход. О, как это замечательно. Я так и знала. Он ведь путешествовал по Италии.

Андреа. О ком вы?

Вета. Есть русский поэт. Всю жизнь он мечтал о море, о путешествиях. А отправился в путешествие в 44 года, когда думал, что в жизни нет и не будет ни счастья, ни даже надежды. И он плыл на пароходе среди водной стихии...И ему померещилась в воде богиня судьбы Фетида, она протягивала ему благой жребий. Благой жребий — ему, который уже ни на что не надеялся... Он плыл по Средиземному морю, впереди был Ливорно. Послушайте, какие они, башни вашего родного города? Нет, нет не говорите, я знаю, что они, что их...

Андреа. Мне рассказывала ваша сестра. Вы говорите о Баратынском. Через 2 месяца по возвращении из путешествия он неожиданно умер.

Вета. Какой ужас. Это неправда. Этого не может быть! Мне порой кажется, что это все про меня. Башни Ливурны — это и моя мечта. Послушайте (глядит), поставьте чемодан вон в тот угол, ну да. Вы обязательно должны у меня поселиться. Я рада вам. У меня есть свободная маленькая комнатка, там жила...там жила... только не вздумайте за нее платить и не обращайте внимания на беспорядок. Впрочем, вы можете в ней убрать.

Андреа. Вы очень похожи на свою сестру. Но вы другая. У вас другие глаза.

Вета. Да, у Инны глаза очень красивые.

Андреа. У вас трагические глаза. Наверное, такие же были у Настасьи Филипповны.

Вета. А, вы все из Достоевского. Времена меняются, а иностранцы везде у нас видят Достоевского. Стало быть, я — Настасья Филипповна, а вы, вы — князь Мышкин?

Андреа.(молчит) Это была бы слишком большая честь для меня.

Часть 2

Вета. Сколько сейчас времени? Сколько прошло времени с твоего появления? Несколько часов? Неделя? Я как-то не понимаю. У меня тяжелые отношения со временем. Уже вечер?

Андреа. Нет еще день, но скоро вечер.

Вета. Сейчас будем обедать. Или полдничать. Вкусная рисовая каша. Свежайшая. Ты любишь рисовую кашу?

Андреа. Не знаю, наверное, люблю. Никогда не пробовал.

Вета. От нее ничего не болит, она диетическая. Еще я сама делаю творог. Мама делала из молока и кефира, а я только из молока. Надо будет купить молоко, и я сделаю для тебя творог (кладет в тарелки кашу), в кашу можно добавить немножко растительного масла. Нравится?

Андреа. Вспоминается детство. Я очень любил собирать камешки на берегу. Я играл всегда один, строил из камешков крепости, рыл каналы. Волна обычно все смывала. Один раз я пошел за волной...

Вета. Пошел за волной? И что?

Андреа. Не хочется вспоминать. Меня спасли, но потом была больница...У меня возник страх...страх непонятно перед чем, перед жизнью, наверное. Я и сейчас порой боюсь жизни, как тогда, в детстве. Но ты не думай, я могу быть опорой. Просто нужно, чтобы рядом был тот, кто нуждается в помощи. Ты ведь знаешь: Лев Толстой брал с собой в Альпы мальчика, с ним он чувствовал себя взрослым.

Вета. Мне кажется, ты не стал взрослым. Сколько тебе лет? Двадцать? Тридцать?

Андреа. Мне 33 года, возраст Христа.

Вета. Совсем младенец. Рядом с тобой я прародительница Ева.

Андреа. О нет, ты молодая. Инна мне говорила, что ты молодая, это правда.

Вета. Ты занимался с Инной русским языком?

Андреа. Мы говорили обо всем. Язык я изучал сам, когда болел... это неинтересная тема...знаешь, следствие детских страхов...Мне хотелось читать русские книги. Мне всегда хотелось увидеть Россию. Мне казалось, что я больше русский, чем итальянец.

Вета. Итальянцы — веселые и любят жизнь, так? Итальянцы придумали карнавал. У итальянцев — Бокаччо, а у русских великая русская литература и они вечно решают свои вечные неразрешимые вопросы, так?

Андреа. Ты шутишь, но все это похоже на правду.

Вета. Я не шучу. Я завидую итальянской веселости. Противно ныть, тосковать, быть всегда недовольной. Когда Инна была здесь, мы часто смеялись и пели, да, да, пели, не удивляйся. Я и сейчас, если уж очень тошно становится, читаю стихи или пою. Пение успокаивает, правда, русские песни все больше грустные.

Андреа. Мне бы хотелось услышать, как ты поешь.

Вета. Что ты, я для себя! Я боюсь публики. Когда-то у меня неплохо получалось. Я не пела сто лет, и горло болит, да и без музыки. (откашливается) Ты должен мне подпеть, это русский романс, очень простая мелодия. (поет)

> *Что это сердце сильно так бьется?*
> *Чья это песня тревожит мне грудь?*
> *Чей это голос в лесу раздается-*
> *Как ни хочу — не могу я уснуть.*
>
> *Я б отказался навеки от воли,*
> *Чтобы побыть в дорогом мне плену.*
> *Слез бы не лил я мучительных боле-*
> *Лишь бы вернуть мне любовь и весну.*

(молчит) Это домашнее пение. Тебе, наверное, не понравилось. Ты привык к опере: Верди, Россини...

Андреа. Терпеть не могу оперу! Понравилось ли мне? Это все равно, как спросить, есть ли у меня душа. Ты поешь просто, но и русские песни все безыскусны, словно их сложили не люди, а сама природа.

Вета. Как хорошо ты сказал. Ты умница. Признайся, ты был у Инны отличником. Когда-то и я была умницей и отличницей, защитила диссертацию, писала статьи в журналы, было, все было.

Андреа. Я читал твои статьи. Разве ты больше не пишешь?

Вета. Я? Ты думаешь, я могла бы...теперь? У меня было много планов, проектов, надо поискать, все это где-то тут...валяется. Ты думаешь, это кому-нибудь нужно? А почему нет? Жизнь-то продолжается. Я могла бы ... попробовать, но вся эта волокита после — напечатать, связаться с редакцией... У меня нет сил, я сто лет уже никуда не выхожу, только за хлебом и молоком.

Андреа. Я помогу тебе, ты только говори, что нужно делать.

Вета. Ты ангел? Ты послан мне Богом? (отворачивается) Спасибо Тебе, я не знала, что ты думаешь обо мне. Я не ожидала.

(Оба молчат. Вета берет с полки альбом, перелистывает, потом обращается к Андреа)

Смотри! Вот фотографии, это наш семейный альбом. Мама, папа, какие юные, красивые, мама тоненькая, как березка. А здесь уже мы с Инночкой, она постарше. Или нет, мы одногодки, но она всегда казалась мне старшей. Тебе интересно? У вас дома тоже есть семейный альбом?

Андреа. Нет, у нас нет семейного альбома. Отец занят только своим банком, мать- только домом, у меня еще брат и сестра, но они учатся далеко и приезжают редко- отец всех распугал. Он страшный человек.

Вета. А вот я. Посмотри, какая глазастая. В детстве была прелестным ребенком, да и потом многие заглядывались. Как-то один прохожий ...впрочем, что это я? Ну, здесь уже тети и дяди пошли. Иных уж нет, а те далече. И вот я осталась одна, и Инна далеко, и мамочки нет. Я иногда ночью просыпаюсь и как наяву слышу ее голос, такой хороший, ласковый: "Вета, Веточка".

Андреа. Вета... Это типичное имя? Нет? Инна говорила, что Вета — от Елизаветы.

Вета. Инна все перепутала. Меня назвали Верой, но в детстве я не произносила звука "р", так и получилась Вета. Имя очень редкое, но мне даже нравится. Я думаю, если бы я осталась Верой, моя судьба сложилась бы иначе... (смотрит в альбом) А вот Светка. Сейчас она очень похорошела, даже стала походить на итальянку, совершенно тициановский тип. Ты ее видел?

Андреа. Нет.

Вета. Она учится пению. Музыкальность — наша фамильная черта.
Кто знает? Может быть, когда-нибудь будет петь в опере. Но ты, кажется, не жалуешь оперу? Почему?

Андреа. Не люблю искусственности.

Вета. Ах да, ты, должно быть, смотришь на оперу глазами нашего Льва Николаевича (захлопывает альбом). Вот и весь альбом. Как быстро промелькнуло. Долгое младенчество и мимолетная юность. А что сейчас? Старость и смерть?

Андреа (подходит) Ты молодая. Ты молодая и очень красивая. Я не видел еще таких красивых, как ты.

Вета. Это правда? Неужели это правда? Один случайный прохожий... как-то сказал мне на улице:"Вы прекрасны". Значит, это правда?

Андреа. Да, ты прекрасна. Даже сейчас, с этими морщинками...

Вета.(закрывает лицо) О ужас! Откуда они взялись? Их не было, не было!

Андреа. Мне это безразлично. Я вижу тебя целиком, вижу твой образ, твою идеальную сущность, созданную Богом или природой. Мне кажется, я всю жизнь знал тебя. Ты беззащитна, одинока, ты страдаешь. Я помогу тебе. Я...я люблю тебя.

Вета. Любишь? Ты сказал? Но я...я старше.

Андреа. Ты моложава.

Вета. Но...у меня бессонница.

Андреа. Мы будем вместе — и сон твой наладится.

Вета. Но я...но у меня нет опыта (что-то быстро шепчет на ухо Андреа)

Андреа. Не бойся, я не буду груб и назойлив.

Вета. Потом, потом я очень мало ем. Я боюсь, что еда плохая, отравленная.

Андреа. (ударяет себя по лбу) Ты мне напомнила (бежит к чемодану и достает несколько пачек) Я знаю, ты любишь сладкое. Вот. Я привез из Италии.

Вета. Что это?

Андреа. Итальянское лакомство. Рис в шоколаде.

Вета. Чокори! Это чокори!. Как ты угадал? Господи, неужели это может быть? Это не сон, нет? Андреа, мальчик мой, можно я тебя поцелую?

Часть 3

Вета (за письменным столом) Андреа, ты здесь? Я уже проголодалась. На сегодня довольно писанины. Статья движется туговато — потерян навык, но ничего — наверстаю. Как ты думаешь?

Андреа.(оторвавшись от чтения рукописи) Конечно. Я думаю, что твою диссертацию хорошо было бы издать. Она чрезвычайно любопытна и написана таким живым языком. Но у меня есть несколько вопросов, кое-что я не понял. Вот ты пишешь про идиомы. Как раз идиомы я меньше всего понимаю. Что значит "как снег на голову"? или еще: " сойтись клином"?

Вета. Потом, потом. Потом все объясню. А сейчас — обедать. Ты что-нибудь приготовил?

Андреа. У нас паста с сыром. Одну минуточку. (колдует возле плиты) Кажется, готова. Тебе положить?

Вета. Конечно, я ужасно проголодалась. Но должна тебе сознаться, что макароны с детства терпеть не могу. Во всех детских учреждениях у нас кормили исключительно макаронами, преотвратительными. (пробует) Ты знаешь, вкусно. Особенно хорошо, что с сыром. Как ты думаешь, сыр не очень жирный? Обойдется?

Андреа. Обойдется. Этот сыр называется парминджано, твой Пушкин называл его "пармезан", он придает пасте особый вкус. Я бы тебе посоветовал запить пасту глотком вина. (берет бытылку) Это вино сделано в Тоскане, на моей родине. Я налью тебе всего несколько капель. Ну как?

Вета. О, кажется, я опьянела. Никогда не пила вина, то есть такого вина. Сознайся, по части еды ты — настоящий итальянец.

Андреа. Хоть что-то я должен был унаследовать от своих предков. Ты не хочешь пойти погулять? Сейчас март, ранняя весна. Здесь она меня поражает. Снег почти весь стаял, но деревья голые, темные. И когда проглядывает солнце, вся картина так сразу меняется, все так тянется к теплу, что понимаешь цену солнечного луча здесь, на севере.

Вета. Андреа! (что-то хочет сказать)
Давай помоем посуду потом, после прогулки.
(Звонок в дверь)
О, я знаю, кто это. Это по твоему объявлению, насчет уроков итальянского. Быстро откликнулись. Я знала, что желающие обязательно найдутся.

(открывает, в дверях Андрей)
Это...вы? А я думала...Но вы ведь не по поводу уроков?

Андрей. Здравствуйте! Сегодня я в качестве почтальона. Попросили разнести почту. Вам телеграмма. Из Италии. Пожалуйста. (протягивает квитанцию) Распишитесь вот здесь.

Вета. Что-нибудь случилось!(разворачивает телеграмму, читает вслух)
Светлана отлично сдала сольфеджио, пятого прилетает Шереметьево вечерним рейсом. По возможности встречайте. Прости беспокойство. Инна. (Все молчат) Какое сегодня число?

Андрей. Пятое.

Вета. Инна сошла с ума. Когда долго живешь в чужой стране... Ну как можно встретить человека, прилетевшего в Шереметьево? Это же за тридевять земель от нас.

Андрей. Да совсем это недалеко. Подумаешь, Шереметьево! Разрешите я ее встречу. Я на машине.

Вета. Откуда у вас машина?

Андрей. Купил. Папа купил.

Вета. А как вы узнаете Светлану?

Андрей. Да я ж ее видел тысячу раз. Мы росли в одном дворе, в один детский садик ходили. Вас тогда еще здесь не было.

Вета. Да, я жила в другом месте. Как вас зовут?

Андрей. Да Андрей же!

Вета. Верно, как я могла забыть! Простите, Андрей, мне нужно посоветоваться.(подходит к Андреа, шепчет) Андреа, как ты думаешь, ему можно доверять?

Андреа. Светлану могу встретить я.

Вета. Ты?(думает, потом подходит к Андрею) Послушайте, я вас давно хотела спросить: у вас волосы крашеные?

Андрей. Нет, а что?

Вета. Точно не крашеные?

Андрей (смеется) Истинный крест.

Вета. Ну, тогда поезжайте. Мы думаем, что на вас можно положиться. (жалобно) Андреа, пожалуйста, не смотри на меня так!

Андрей. Я мигом.(убегает)

Вета. Не одобряешь?

Андреа. Я действительно мог бы встретить твою племянницу. Этот джованотто чересчур активен.

Вета. А знаешь, Светка такая певунья, у нее звонкий голосок, будто специально для Моцарта. Она умница и хорошенькая, ей только 20 лет.

Андреа. Зачем ты это говоришь?

Вета. Ты не любишь оперу, но есть одна ария, я бы хотела знать твое мнение…"сердце красавиц склонно к измене и к перемене". Это только об итальянках или вообще…обо всех женщинах?

Андреа. Я не совсем понимаю… при чем здесь опера?

Вета. Я ведь немного…того, очень рассеянная. Но и ты, джованотто, тоже рассеян. Мы хотели прогуляться. Или мысли о моей племяннице мешают тебе сосредоточится? Кстати, что такое джованотто?

Андреа. Юноша, молодой человек, ко мне это слово уже не относится.

Вета. Не уверена. Ты еще, ты еще…кстати, почему ты ко мне не пристаешь?

Андреа. Что? А ты бы хотела? Скажи, ты бы хотела?

Вета. Хитрый какой. Так тебе все и скажи. Пока мы поцеловались всего один раз. Напоминаю; в день твоего приезда я поцелола тебя в щечку.

Андреа. Ах ты, а я и не догадывался, что тебе хочется, чтобы я тебя поцеловал. (подходит) В губы? (Вета кивает, Андреа осторожно ее целует) Так хорошо?

Вета. Можно было и покрепче.

Андреа. Да? Так я попробую?(Вета кивает)
Тебе нравится?

Вета. Да. Может, зашторить окно? Вдруг кто-нибудь смотрит из другого дома?

Андреа. Оттуда не видно.

Вета. В подзорную трубу. Мне не хочется делить тебя ни с кем. Когда ты появился? Час назад? День? Неделю? Почему все так изменилось? Ты чувствуешь, что я изменилась? Я себя не узнаю. Ты пришел — как снег на голову. И свет сошелся клином на тебе, на темноволосом, темноглазом джованотто. О как богат, как прекрасен русский язык. Русский язык, твои идиомы говорят мне, что я не одна такая, что многие в течение веков попадались в ту же западню. Сколько мне лет? Я не знаю. Мои годы растаяли, растворились, улетучились. О русский язык, как ты богат синонимами, как ты мне помогаешь. Мне сейчас лет 18-20. Я девочка. Девочке хочется, чтобы мальчик ее поцеловал.

Андреа. (тихо) Девочке больше ничего не хочется?

Звонок в дверь

Вета. Вот так всю жизнь.

Андреа. Открыть?

Вета. Неужели это уже Светка? Слишком рано. Опять какой-нибудь почтальон? Боже, как сделать, чтобы нам никто не мешал! Знаешь, мы не откроем. Пусть звонят — не откроем, и все.

(несколько звонков подряд, потом тишина)

Ну вот, слава Богу, прекратилось. Андреа, почему ты отошел? Подойди ко мне, пожалуйста. Нас прервали. Ты не помнишь, на чем нас прервали? Ты меня о чем-то спросил. Я не успела ответить. Послушай, разве можно начать все сначала, когда тебе...18-20 лет. Ты такой взрослый, Андреа, ты старше меня, ты старше меня на тысячу лет. Ты научишь меня всему, да? Всему, что знаешь сам.

Андреа. Я такой же, как ты. Я ничего не знаю. Но мы научим друг друга, ведь мы хотим этого. Пойдем!

Вета. Подожди. Ты слышишь? Волны бьются о берег. Дай сюда руку (прикладывает к сердцу) Ты слышишь? Наедине мы с морскими волнами. Так ты из Ливорно, мой мальчик, мой джованотто? Скорее же, идем!

Часть 4
(Вета и Андреа сидят обнявшись.)

Звонок телефона

Вета. Телефон. Нужно подойти. Сейчас только кофточку накину. Кто бы это мог быть? Андрей с аэродрома? Какие неделикатные, бесцеремонные люди (берет трубку). Да. Это Андрей? Гриша? Какой Гриша? Ах, Гриша, Берман. Я поняла, поняла. Почему ты так кричишь? Не открывала? А с какой стати я должна была открывать? Я не хотела открывать — вот и все. Да, ты правильно угадал: была с мужчиной. Да, и мужской голос. Был, был мужской голос, раз был мужчина, значит, был и мужской голос. Я вполне в своем уме. Придешь? Зачем? Мы, кажется, недавно виделись....я...я не понимаю. Шапку забыл? Но при чем здесь твоя шапка? Бросил трубку. (жалобно) Андреа, он сейчас придет. Он очень несчастный, надо его понять.

Андреа. Он — это твой бывший муж? Он тебя бросил?

Вета. Я даже не знаю, кто кого бросил. Когда мама заболела, его просто не оказалось рядом. И вначале мне было даже лучше. Правда, потом, когда я осталась совсем одна...

Андреа. Я слышал, как ты умоляла его прийти. Он тебя любит?

Вета. Очень своеобразно. Он приходит ко мне жаловаться на новую жену.

Андреа. А ты, ты?

Вета. Что я? Я ему всей душой сочувствую.

Андреа. Ты...его?

Вета. Я — его? Ты задаешь этот вопрос? Ну-ка подойди ко мне. Знаешь, я боюсь: вдруг кто-то нас подслушивает, двери такие тонкие. Я буду шепотом. Так трудно сказать, что я люблю тебя. Русский язык стыдлив. И женщины — тоже...это невозможно объяснить... мне так хочется тебя погладить...ты такой волосатый — прямо снежный человек...волосатые руки, ноги... ты не стесняешься меня?

Андреа. Стесняюсь.

Вета. А ты не стесняйся. Я люблю волосатых.

Звонок в дверь

Это он. Прошу тебя. Будь спокоен. Вот тебе его шапка. Объяснитесь с ним как мужчина с мужчиной. Я пойду ... в ванную.

(Андреа открывает дверь. На пороге Андрей с большим чемоданом и Светлана)

Светлана. А это мы. Андрюша, чемодан вот сюда. (показывает на угол) Спасибо, что довез. Зайди через часик, хорошо? Будешь мне показывать ночную жизнь Москвы. Даже не представляла, что таковая существует. Как ты сказал — ночной клуб или ночной бар?

Андрей. Вообще-то и то, и другое. Называется "У филина", 50 долларов за вход.

Светлана. У филина, так у филина. За часик, я думаю, оклемаюсь. Да я и не устала. (прихорашивается) Андрюша, я выгляжу усталой?

Андрей. Усталой? Да нет вроде. Ты выглядишь обычно, словно с картинки дамского журнала.

Светлана. Мерси. Стало быть, до скорого! Ci vediamo presto. Arivederci Понял, дружок?

Андрей. Да, да, все понял, через час. Я буду как штык. Чао!

Светлана. (к Андреа) А где же дзия? (кричит) Тетушка! Вы, как я понимаю, Андреа. Мама мне говорила. Почему вы так странно на меня смотрите? Во мне что-нибудь не так? Вам не кажется, что мне следует похудеть?

Андреа. Нет.

Светлана. Вы любите женщин в теле?

Андреа. У меня... у меня мама полная.

Светлана. Тогда я должна прийтись вам по вкусу. Ведь как учит умница Фрейд мужчина ищет в женщине мать. Однако вы мне что-то не слишком нравитесь. Почему вы застыли? Почему молчите? Почему вы раздеты, кажется, эдесь не жарко! И еще эта шапка в руках! Что за комичный вид! Российский Голиаф в ожидании Давида. (смеется). Почему вы все время молчите? Скажите хоть что-нибудь. Ой, вы ужасно похожи на идиотика, правда, правда. Обиделись? Опять молчите? (смотрит, потом тоном ниже) Извините меня. Я сюда приехала после ужасного экзамена. Сдавала одному жуткому типу, этакому стареющему льву. Б-р-р! А вопросы, вопросы — на них сам Моцарт бы не ответил. Вы любите Моцарта?

Андреа. Нет. Я не люблю оперу.

Светлана. Как — всю вообще оперу? Оперу как жанр? И даже самого Моцарта? И вам не стыдно в этом признаться?(поет фразу из Дон Жуана) Ну, разве не прелесть? Скажите, ведь прелесть?

Андреа. Я в этом ничего не понимаю.

Светлана. А в чем понимаете? Хотите поговорить по-итальянски? Кстати, ваш русский превосходен. Представьте себе: In Italia ho dimenticato il russo e pensavo di non riuscire piu a ricordarlo. Что скажете? Есть акцент?

Андреа. Кажется, нет.

Светлана. Почему так неуверенно? А я знаю — некоторые звуки у меня типично русские, например е. В пении это проклятое "е" мне ужасно мешает.

(поет еще одну фразу из Дон Жуана)

(входит Вета)

А, дзия! Привет! Ужасно рада тебя видеть (целует). Ты ничего себе выглядишь — такая же стройненькая, тощенькая. Знаешь, что я тебе привезла? Прекрасный итальянский крем против морщин. Довольна?

(вынимает из чемодана, дает)

Вета. Морщин? Каких морщин? Странно.

Светлана (смотрит) Послушайте, вы словно два заговорщика. Чем вы тут занимались без меня, а? Признавайтесь, признавайтесь.

Вета. Что ты, что ты, что ты говоришь?

Светлана. А, испугались! Я такая. Держи, дзия. (достает из чемодана) Целый ящик лекарств — это от мамы. Там внутри записка, что от чего, простуда там, геморрой и прочее.

Вета. Помилуй, какой геморрой! Что ты говоришь!

Светлана. Прости меня, тетушка, это не я, это мой противный характер. Знаешь, привезу тебе в следующий раз махровый купальный халат. Так и вижу тебя в махровом купальном халате, сиреневом, да, да, именно в сиреневом. (к Андреа) Не правда ли, это было бы потрясающее зрелище?

Вета. Ты устала, бедная. Отдохни с дороги.

Светлана. Я устала? Сколько мне, по-твоему, лет?(к Андреа) Как вы полагаете, сколько мне лет.

Андреа. Вам двадцать.

Вета. Точно. По нашим меркам можно уже и замуж. Это в Италии, пока не выучишься, замуж не смей, у них с этим строго. Андреа, а как вы считаете, ваш русский тезка — хорошая для меня партия?

Вета. Света, как ты себя ведешь? Этот юноша, Андрей, может он и не думает жениться на тебе.

Светлана. Не думает, так будет думать. Все в наших руках, дзия. У него отец обслуживает новых русских, что-то им строит. Машина, дача, квартира в Москве, что еще? Только я, тетушка, боюсь продешевить. Мне сейчас больше иностранец подходит, хоть плохонький, но иностранец. (смотрит на Андреа) Что вы так насторожились? Вас я не имею в виду. Вы не в моем вкусе. Дзия, хочешь послушать из Дон Жуана? Я разучиваю дуэт. (поет начало музыкальной фразы из партии Церлины, обрывает) Я решилась по-новому интерпретировать эту дурочку Церлину. Все ее так и представляют наивной дурочкой, простушкой. А я вижу у нее расчет. Вы думаете, Дон Жуан ее соблазнил? О нет, это она соблазнила Дон Жуана, да так хитро, что он даже и не заметил. Нужен ей этот деревенский недотепа, ее жених! Ей подавай благородного, сильного, красивого и главное — искушенного — мужчину.

Вот чего ей хочется (поет)

Вета. Ты ужасно взрослая, Света. Когда ты успела так повзрослеть? Мне кажется, ты находишься под дурным влиянием.

Светлана. Да? А вот давайте спросим у Андреа, что он обо мне думает. Или вы опять отмолчитесь?

Андреа. Вы хотите знать мое мнение о вас? Извольте. Вы чистая наивная девушка, у вас еще не было ничего серьезного в жизни. Не спешите, дождитесь своего часа.

Светлана. Спасибо за совет.

(Звонок в дверь)

А это, должно быть, Андрюша. (открываеет, входит Андрей) Ты раньше времени — я еще не одета. Ну да ничего, non fa niente. Присаживайся, сейчас я надену свое потрясающее вечернее платье (роется в чемодане). Ах, да, Андрюша, что бы ты сказал, если бы чистая наивная русская девушка вдруг бы взяла да и выскочила замуж за стареющего сеньора с богатой родословной и бедной растительностью на голове?

Андрей. Дура она будет.

Светлана. Вот как. И почему же?

Андрей. В России сейчас неплохо можно прожить. Вон отец всю жизнь был рабочей лошадкой, инженер-строитель, а сейчас, вы бы видели, какие дворцы строит, с бассейнами, соляриями, и платят соответственно. Думаю, что и я с моим архитектурным образованием не пропаду. Работа и деньги будут.

Вета. Ну а остальное?

Андрей. И жену себе найду не за бугром. С женой хорошо говорить на одном языке.

Светлана. Резонно. Стало быть, меня не возьмешь?

Андрей. А ты что — иностранка что ли? Да, я хотел сказать вот вам (указывает на Вету). Здесь внизу, возле вашего подъезда, стоит человек и плачет. Уже давно стоит.

Вета. Кто бы это мог быть? Я не знаю.

Светлана. Да прекрасно ты знаешь. Гриша твой стоит. Так ему и надо. Когда мы с Андрюшей подъехали, я его сразу узнала.

Вета. Боже, Гриша. Стоит и плачет.

Светлана. Поделом, пусть поплачет.

Вета. Я пойду, я пойду к нему. (подходит к Андреа) Андреа, я должна к нему пойти, успокоить.

Светлана. Андрюша, проводи тетушку. Я сейчас выйду, мне только переодеться. (Вета в сопровождении Андрея выходят; Светлана уходит переодеваться и через минуту появляется в длинном вечернем платье)

Как вам нравится мое платье?

Андреа. Un abito da principessa .

Светлана. Мерси. А можно вас спросить еще кое о чем?

Андреа. Вы хотите спросить, нравитесь ли вы мне?

Светлана. ...Ну, положим.

Андреа. Нравитесь. Вы очень симпатичная и милая девушка.

Светлана. Мерси. Как вы думаете, мне нужно садиться на диету?

Андреа. Что вы! Ни в коем случае. Вам лучше оставаться такой, какая вы есть.

Светлана. Странно сказано "лучше оставаться", молодость-то проходит. На нее приходится малюсенький отрезок человеческой жизни. Как подумаешь о морщинах, двойном подбородке...Чем они живут эти старики и старухи? Что на душе у них? Чем живет моя бедная тетушка? Как, наверное, пуста ее жизнь. Ужасно боюсь старости, дряхления.

(Молчание)

Да, Андреа, вы не хотите посетить русскую дискотеку? Мы могли бы взять вас с собой. Честно говоря, из двух Андреев я предпочла бы вас...в качестве кавалера. Андрюша юнец, ему только 21 год, рядом с ним я чувствую себя ужасно взрослой, почти старушкой. К тому же он свой, обыкновенный. Вы же...в вас есть загадка. Так едете?

Андреа. Нет. Спасибо за приглашение.

Вета. Подумайте хорошенько. Чего вам торчать в четырех стенах! И забудьте о дзии. Поплачет и успокоится. Прекрасно она обойдется без вас. Поладит со своим Гришей, будет его кашкой кормить, успокаивать. Зачем вам нарушать их идиллию? Быть третьим лишним? Так едете или нет?

Андреа. Нет. Извините.

Светлана. Хорошо. Была бы честь предложена. Arrivederci.

Андреа. Будьте осторожны, вы едете в опасное место.

Светлана. Ну нет, с Андрюшей я в полной безопасности. (вздыхает) А иногда так хочется чего-нибудь эдакого, не правда ли?

(уходит, одновременно входят Вета с Гришей)

Вета. (Грише) Посиди, успокойся. (Андреа) Представляешь, новая жена выгнала его из дому. Она перебралась к своему бывшему мужу, а Гришину трехкомнатную квартиру сдала каким-то иностранцам за доллары. Ужас! Зачем ты прописал ее на свою площадь, Гриша?

Гриша. Не понимаю. Ослепление нашло. Она сказала, что все прописывают своих жен.

Вета. Но я не была у тебя прописана.

Гриша. Какой капкан, какой капкан! Когда я сказал, что подам на них в суд, эта шайка стала мне угрожать... Они ни перед чем ни остановятся. Авантюристы, уголовники, акулы, она еще хуже, чем он. Теперь они будут безбедно существовать за мой счет. А я...я...без дома, без денег, без семьи, без работы... Ты слышала, Вета, наш институт благополучно развалился?

Вета. Гриша, не переживай. Как-нибудь утрясется. Держи, вот твоя шапка. А теперь — иди. Сейчас уже поздно. Я не могу тебя здесь оставить.

Гриша. Не можешь оставить? Почему? А, понял. (к Андреа) Молодой человек, а молодой человек, можно вас на два слова!

Вета. Не двигайся, Андреа. Гриша, я хочу, чтобы ты ушел. Попросись к Гринбергам, может, они тебя примут...или...или ступай в гостиницу. Хочешь, я дам тебе денег. У меня еще осталось что-то, погоди (роется в кошельке).

Вот (дает бумажку), больше ничего нет.

Гриша. (бумажка падает на пол) Вета, как же так? Ты, ты меня выгоняешь? Ночью? В мороз? Как собаку?

Вета. На улице не холодно, но шапку надень, на всякий случай. Иди, Гриша, иди.

Гриша. (стоит в молчании, смотря в пол) Вот так, значит. Эй ты, бон... бонвиан, тебе смешно? Как бы не стало грустно. Я тоже умею кусаться. Эти акулы...эти акулы кое-чему меня научили. Прощай, Вета.

Не ждал от тебя. (уходит)

Вета. Тебе не холодно, Андреа? Меня почему-то трясет. Подойди ко мне. Как ты думаешь, я дурно поступила, что выгнала его? Я подумала, что вот у меня выдался час счастья, а все норовят его испортить, загадить, заставить о нем забыть. Это МОЙ час, его больше никогда не будет. Ужасные, нечуткие люди. Ты не видел, тут лежала коробка? А, вот она. Что-то я хотела сделать.

Андреа. Вета, ты дрожишь. Успокойся, девочка моя. Я с тобой. Не думай ни о чем (тихонько ее баюкает).

Вета. Как хорошо. У тебя такие сильные и добрые руки. Когда ты рядом, я чувствую себя принцессой. Ты знаешь, я ведь родилась принцессой. Об этом никто не знает, это моя тайна. Как болит сердце. Положи сюда руку. Наедине мы с морскими волнами. Слышишь, опять эта мелодия? Я все думаю, думаю, я никак не могу найти выхода из какого-то тупика, мне кажется, я тоже попала в капкан. Где же выход? Подожди меня здесь, хорошо? Не иди за мной.

(берет коробку с лекарствами и уходит, Андреа идет за ней)

Андреа. Вета, что ты задумала? Дай сюда, зачем тебе эти лекарства?

Вета. Я...я хотела...но я не могу, только не это. Жить, я хочу жить, Андреа! Жизнь еще не кончена, верно? Мы еще поживем! Я буду писать статьи...о языке Пушкина, ты давать уроки итальянского. Просыпаясь, я буду видеть рядом твое лицо, твое чудесное лицо. О как нам будет хорошо!

(звук сирены)

Что это? Я так и думала, что что-то случится. Выгляни в окно? Что там?

Андреа. Там толпа. Кого-то несут на носилках.

Вета. Андреа, прошу тебя, задерни занавески. На сегодня с меня хватит. Ничего не хочу не видеть, ни слышать.(в публику) Вы слышите — ничего не хочу не видеть, ни слышать. Я устала, с меня довольно. Давай отдохнем, Андреа, давай отдохнем.

Лето 1997 Ивановка

Квартет Бородина

(комедия в четырех частях)

Часть 1

(Открывается дверь. В комнату входит Владимир Петрович Лерин. В руках у него два почтовых конверта)

В. П. Сегодня я с уловом. Целых два письма. (Смотрит на конверт) Это от Гиви Каболадзе из Израиля.(Смотрит на другой) А это из Италии от Арика Кохмана. (Смотрит на часы) До обеда еще час. Почитаю-ка письма от милых друзей.(Вертит конверты, кладет один на стол, а другой пристально рассматривает) Что еще в них найдешь? Гиви, конечно, жалуется: все не по нем — и правительство не то, и люди. И здоровье подводит (делает несколько приседаний). Целый день, небось, сидит в конторе. Забыл: он сейчас бухгалтер или сторож? Да и жена, бедняжка, тяжело переносит климат, мучится с сердцем (делает еще одно приседание). А дети выросли и стали совсем чужие, говорят на другом языке. Естественно, для них еврейский родной, а ты с ними норовишь по-русски гутарить. Эх, Гиви, наперед знаю все твои жалобы, тошно тебя слушать. (Зажигает спичку, поджигает конверт). Я не могу расстраиваться, понимаешь, друг? Не имею права. Я хочу жить долго. А я один, у одного, как говорит статистика, меньше шансов. И помощи ждать — неоткуда. Тебе ясно, друг? Я тебе отвечу,

отвечу. Вот найдет хороший стих, и я отвечу тебе на все твои жалобы, на все твои стенания, отвечу, но не сейчас. Сейчас по плану (смотрит на стену, где висит расписание) легкие упражнения под музыку. Так, какая музыка у нас сегодня? (смотрит в расписание) 2-й квартет Бородина. (ставит кассету, делает странные танцевально-карнавальные движения. Неожиданно останавливается). Какая прекрасная музыка! Она мне что-то напоминает (взгляд падает на конверт). А, это меня Арик Кохман ждет. Подожди, друг. Сейчас освобожусь (продолжает свои движения, останавливается) Ну, хватит на сегодня.(выключает музыку). В России нужно жить долго – кто это сказал? 65 лет — это в сущности не возраст, но меры надо принять, надо принять. Среди враждебных обстоятельств, среди бурной стихии, в утлой лодчонке, одному. Практически спастись невозможно. Но я должен спастись. Я должен (выпрямляется). И я спасусь (грозит в окно кулаком). Назло им спасусь (берет письмо). Арик, ты не нытик, ты человек дела и никогда не жалуешься. Твое письмо я прочту. Оно наверняка меня взбодрит (открывает конверт, пробегает письмо глазами). Арик, ты поэт, неужели Италия действительно так прекрасна? Что? Переезжаешь в Америку? Но почему? (читает) «…прекрасна, но нет работы». Нам всегда чего-нибудь не хватает; как правило, самого главного. В качестве главного последовательно выступает все, чего мы на данный момент не имеем. Эх, Арик, Арик, когда найдешь работу, потеряешь покой. И куда денешься? (читает) Что? Валерия Лаковкина? (долгая пауза) Ничего не вижу, что такое он пишет ?(читает почти по слогам) «Да, спешу тебе сообщить, что Валерия Лаковкина развелась со своим мужем и живет сейчас одна; ее новый адрес должен знать Гиви. Он, вероятно, скоро тебе напишет, если уже не написал». Если уже не написал (кричит). Так написал же! А я, я сжег его письмо. (рассматривает обгоревший листок) Пепел, один пепел! Валерия Лаковкина, Лера, Лерочка. Она разошлась с мужем, она одна, она свободна. Я бы мог ей позвонить! О, ужас! Что я наделал! (другим тоном) Спокойно, ты сейчас выпьешь валерьянки и успокоишься. Или постоишь на голове. Но я не могу, не могу успокоиться (плачет). Лера, любовь моя. Неужели я снова тебя потерял? Арик, что ты со мной делаешь? Разве ты друг после этого? (рвет письмо, взгляд падает на крохотный клочок) Что это? Какие-то цифры? И даже можно прочесть «блирую телефон Валерии». Блирую…А, это, наверное, дублирую. Он дублирует Гиви. Ах. молодец! Арик, вот это по-дружески. Драгоценный клочок. Теперь только бы его не потерять. Сохранить. Положу его сюда, возле телефона. Позвонить сейчас? (смотрит на часы) Полчаса до обеда. Могу позвонить. А если ее нет дома? Ну нет и нет, позвоню в другой раз. А если она не одна? Не одна? Как раз одна. Одна. Ушла от мужа и одна. Лерочка, любовь моя, ты не ждешь, что я тебе позвоню? (начинает набирать номер, но обрывает набор). А что я ей скажу? Ведь это было так давно, еще мама была жива — миллион лет до нашей эры. Лера, ты помнишь Володю? Помнит? Или нет? А если скажет: кто вы? Я не помню такого. А если голос будет совсем чужой? Как тогда дальше жить? Ведь, собственно говоря, больше мне жить нечем. Да, по гамбургскому счету, больше мне жить нечем и незачем. Так я звоню?! (набирает номер) Женский голос в трубке. Алло.

В. П. Лера, это вы, это ты?
Лера. Володя!
В. П. Ты узнала меня?
Лера. Конечно, больше ни у кого нет такого голоса. Ты хочешь приехать?
В. П. Приехать? Так сразу? Но я …я еще не готов (смотрит на свой домашний костюм) Не одет.
Лера. Приезжай!
В. П. Подожди. Мне надо привыкнуть.Честно сказать, я отвык от подобных волнений, я немного боюсь…у меня, как бы это сказать, другой распорядок. Сейчас например, я должен обедать.
Лера. Приятного аппетита!
В. П. Ты смеешься надо мной. Не надо. Я сам знаю, что это смешно. Но я выработал правила, чтобы жить, чтобы выжить.
Лера. Я поняла. Позвони мне после обеда и приезжай, хорошо? Я буду ждать…у телефона.
В. П. Но я…но у меня…(связь прерывается) (тихо) Но мне нечего надеть! (кричит) Мне совершенно нечего надеть! (открывает шкаф) Тьфу, какие-то обноски, тряпье. Лера, девочка моя, я приду к тебе в этой хламиде? (прикладывает) Сколько же лет я ничего себе не покупал? Пятнадцать? Двадцать? Мне нечего надеть даже на похороны. Похороны? Какие похороны? Я должен жить. Сколько сейчас времени? Что у нас по расписанию? Обед. Обед так обед (потирает руки) Сейчас пообедаем. Обед придает силы. Раскис как слизняк. Нечего надеть, нечего надеть. Ничего страшного. Поеду в плаще. Плащ еще имеет вид. Еще ничего. Еще так себе, уже так себе, слегка э…поношен. А что под плащом? (смотрит на себя) Домашний костюм, вполне приличный домашний костюм, физкультурная форма неопределенного

цвета, пузырей на коленях еще нет, то есть они есть, но небольшие, вполне сносный домашний костюм московского пенсионера. (пауза, потом в ужасе кричит) Нет, только не в нем!

Звонок в дверь

Звонок? Кто бы это? (открывает дверь, входит Сосед)

Сосед. Добрый день. Извините за беспокойство. Не узнаете?

В. П. Нет. Хотя…вы не почтальон?

Сосед. Почтальон? Да что вы! Я ваш сосед. Живу в доме напротив, тоже на пятом этаже.

В. П. Чем обязан?

Сосед. Извините, я понимаю, такое внезапное вторжение… Жена послала за солью. Может, одолжите.

В. П. Соли не держу. Питаюсь на особый манер. Совершенно без соли.

Сосед. Как? Совсем-совсем без соли? А я слышал…(шепотом) Боитесь?

В. П. То есть?

Сосед. (показывает на потолок) Слышите, опять летают. Да еще это…земля трясется (прислушивается) Вот опять тряхануло.

В. П. Тряхануло, говорите? А вы не прислушивайтесь (включает проигрыватель) Эта музыка вам по вкусу? Постарайтесь войти в нее и…и не выходить.

Сосед. Но я, я не могу. Страшно. Это я вам так сказал про соль. Я не за солью. Я часто подхожу к окну, я вам сказал, что живу в доме напротив. Я вижу, как вы ходите, как садитесь, как кушаете.

В. П. (взглянув на часы) С вашего разрешения я начну обедать. Я, знаете ли, по часам.

(Ставит на стол какие-то банки, насыпает из них ложкой в чашку белый порошок, разводит водой, ест).

У меня особая диета. Вам сколько лет?

Сосед. 61 годик.

В. П. Ну вот, а мне 65, четыре года разницы, да еще у вас жена, у вас больше шансов. Так что не взыщите, я вам не предлагаю.

Сосед. Боже сохрани. Я не претендую. А почему вы кричали только что? Я слышал под дверью.

В. П. Кричал? Ах, да, кричал (окидывает его взглядом) Вы всегда так ходите?

Сосед. А что — я плохо одет? Сейчас все так ходят.

В. П. А получше у вас ничего нет? Может, жена купила к праздничку?

Сосед. К праздничку? Это к какому? Сказать по правде, нету у меня жены. Уехала. Уехала с сыном.

В. П. (ест и пьет из стакана) Любопытно. Куда же?

Сосед. Да в Америку. Куда еще? (встрепенулся) Слышали? Опять тряхануло.

В. П. А вы отрешитесь. Слушайте музыку. Можете потанцевать или еще лучше — расслабьтесь, дышите в ритм: раз-два, раз-два.(Сосед раскинулся в кресле, дышит) К сожалению, не могу составить вам компанию. По плану после обеда у меня спортивная ходьба (выключает музыку, быстро ходит по комнате, напевая спортивный марш. Сосед смотрит на него с любопытством). Не хотите присоединиться? (Сосед кряхтит и машет отрицательно головой) Так ваша жена в Америке? И сын? Представьте, и мои тоже. Только она мне не жена, а он не сын в полном смысле слова.(Сосед застыл) Да, не удивляйтесь. Мы с нею не расписаны и сын, следовательно, не вполне законный. Они живут отдельно, в разных городах. А ваши?

Сосед. (машет рукой) Вы разрешите, я буду иногда приходить? У вас веселее. Я совсем спятил в четырех стенах. И сны какие-то снятся — прямо как у Достоевского — банька с тараканами. А у вас музыка. Я от музыки отвык. Слушаю только это (показывает вверх и вниз)… да еще эти…известия.

В. П. (останавливается) Что ж, приходите. Лучше до обеда – с 12 до 13 у меня время для дружеского общения. (внезапно) Что ж вам жена ничего не присылает из Америки? Что-нибудь такое, ну, чтоб можно было выйти на люди.

Сосед. Обижаете. Я одет, простите, не хуже вас. Только у вас гамма серая, а у

меня серо-бур-малиновая. Взгляните, у нас и карманы одинаковые (оттопыривает карманы).

В. П. Жлобы они все, правда?

Сосед. Кто?

В. П. Да американцы.

Сосед. Ах, вы про Америку! (оглядывается) У вас есть какая-нибудь возможность? Я имею в виду уехать?

В. П. (молчит) Хотите правду? Послушайте совет. Вам в вашем возрасте и с вашей комплекцией лучше остаться здесь. Кому вы там нужны? Грузный, с одышкой, с расстроенными нервами (делает несколько приседаний). Приседания у меня вне программы, так, для самоконтроля.

Сосед. Что же делать? Что же мне делать?

В. П. Успокоиться. Перестать слушать известия и постараться не реагировать на внешние воздействия. Заняться собой. Ну-ка, втяните живот: раз-два, раз-два. Дышите равномерно. Наслаждайтесь, получайте удовольствие от физического усилия. (Сосед сопит и кривится от напряжения) Неужели не приятно победить в себе гориллу и стать человеком?

Сосед. Так я …я могу приходить? (идет к дверям)

В. П. Приходите. Иногда, знаете, и у меня голод на общение. С 12 до часу, кроме воскресенья. Милости прошу (дверь захлопывается).

Сколько времени? (смотрит на часы) Полвторого. Она сказала: приезжай после обеда. Позвони и приезжай, я буду ждать у телефона. Милая. (подходит к расписанию) По расписанию сейчас медитация. Бог с ней, с медитацией. Надо ехать, но не в чем. Не в чем ехать. (снова роется в шкафу) Хлам, тряпье. Два раза за жизнь покупал себе костюм. Первый раз, когда поступал на службу – клетчатый, мышиного цвета, сильно жал под мышками, второй раз — на свадьбу Гиви, лет через десять после первого — черный, как несбывшаяся мечта, тоже почему-то узкий. В нем потом маму хоронил. Ты еще не истлел, черный кот? Думаешь, надену тебя на встречу с любимой? Да режьте меня на куски – не надену.

(Звонок в дверь. В.П. идет открывать. Входит человек с чемоданом)

Сеня. ты?

Семен. Я, отец.

В. П. Зови меня как-нибудь иначе, хорошо? На худой конец, дядя Володя. У твоей матери было слишком много мужчин.

Семен. Она говорила, что и у тебя была репутация Дон Жуана.

В. П. Возможно. Если боязнь брака – определяющий признак Дон Жуана, то да, я был Дон Жуаном. Я выстоял в борьбе с целой шайкой девиц, пардон, вроде твоей матери, которым нетерпелось меня окрутить. Ты по делу?

Семен. (указывая на чемодан) Я из аэропорта.

В. П. Из Чикаго, стало быть, и прямо ко мне?

Семен. У меня здесь, кроме тебя, никого нет. Извини, что не предупредил – собрался внезапно. Такая минута нашла. Я тебе все расскажу. (молчит) Я могу у тебя остановиться?

В. П. Почему нет? Останавливайся. Но ты знаешь, я плохой хозяин. Устраивайся сам, где и как тебе удобно. Я вмешиваться не буду. Договорились?

Семен. Договорились.(уходит, потом появляется попеременно то с веником, то с ведром, то со шваброй, переносит подушку; во время этих перемещений и энергичной уборки идет разговор) В командировку?

Семен. Да в общем нет, я уволился с работы.

В. П. Чем ты занимался?

Семен. Это долгая история. Последняя моя работа – агент по продаже компьютеров.

В. П. (свистит) А я слышал, ты нашел работу по специальности, оформляешь какой-то бар.

Семен. И это тоже было. Я много чего там делал.

В. П. Не пондравилось?

Семен. (распаковывает чемодан, вынимает большие листы с фотографиями картин) Не знаю, как объяснить. Страна огромная, все чего-то делают, ездят туда-сюда, зарабатывают доллары. А у меня все время ощущение, что все это сон, наваждение, что моя настоящая жизнь идет где-то в параллельном мире. По ночам снился один и тот же сон. Я стою возле колодца, со мной женщина; и она бросает в колодец какой-то предмет, завернутый в холстину. И я понимаю, что это ребенок. Настоящий кошмар.

В. П. Э, друг, а ты у меня неврастеник. Признавайся, тут у тебя была какая-то Маша, так?

Семен. Почему Маша? Ее зовут Оля, у нее маленький сын, Павлик. Отец, я…

В. П. Стоп. Дядя Володя. Отец — слишком патетически.

Семен. (пожимает плечами) Как знаешь. Я не думал, что так к ним привязан, к обоим., она на 10 лет меня старше, но выглядит девочкой, а Павлик — такой чудный, такой бутуз.

В. П. (кашляет) Однако…да. Что это у тебя?

Семен. Фотографии моих картин, я там немного писал, урывками. В основном натюрморты. Старая одежда, дырявая обувь, рухлядь, короче говоря.

В. П. (оживляется) Старая одежда? А чего-нибудь поновее нет? Ты что — только это привез?

Семен. Извини, я понимаю, ты ждешь подарков, но я собрался неожиданно даже для себя.

В. П. (смотрит на него) Ты всегда ходишь в таких обносках?

Семен. Тебя шокирует? Американский стиль. Я же еще не занафталинился, чтобы носить костюм. Правда, работая агентом, я должен был носить костюм.

В.П. (оживился) Да? И где он? Где твой костюм?

Семен. Да я, может, оттого и ушел с работы, что не захотел подчиниться. Какое право они имеют предписывать мне, что и когда я должен носить!

В.П. (поник) Значит, костюма у тебя нет?

Семен. Есть. Посмотри, какой симпатичный! (вынимает из чемодана карнавальный костюм Арлекина с колокольчиками). По дешевке купил на барахолке, продавал итальянец; согласись, на нем еще лежит отблеск старинного венецианского карнавала.(трогает, звенят бубенцы). Надо бы его написать.

В.П. (поднимается рывком) Так. Я тебя понял. Мать здорова?

Семен. Я не в курсе. Мы с ней мало пересекаемся, она – в Сан-Франциско, я – в Чикаго. Но думаю, что с ней все в порядке.

В. П. Послушай, ты помнишь Валерию Лаковкину?

Семен. Лаковкину? Почему я должен ее помнить? Я о ней слышал. Она искусствовед, пишет в журналах, кое-что я читал. Зачем тебе?

В. П. Странная фамилия. Просто пришло в голову. Сколько сейчас времени?

Семен. Без пяти два.

В. П. Ты не хочешь отдохнуть с дороги? Я тут должен позвонить одному другу…

Семен. О, конечно, конечно, я удаляюсь.

В.П. (подходит к телефону, возле него нет обрывка, на котором был написан Лерин телефон; мечется по комнате в поисках) Боже, где телефон? Куда делся этот проклятый огрызок листка? Он лежал вот тут. Я его не трогал. Почему его нет? Лера, девочка моя, я ждал этого часа всю жизнь, всю мою жизнь — и вот из-за какого-то листка, из-за какого-то паршивого огрызка, оставшегося от Арикиного послания… (садится и начинает раскачиваться и стонать, появляется Сеня) .

Семен. Отец, что с тобой ?

В.П. (открывает лицо) Дядя Володя. Я бы не поверил, если бы мне сказали, что счастье может зависеть от маленького клочка бумаги с несколькими цифрами…

Семен. (с удивлением) Ты играешь в лото? Ты проиграл?

В. П. Да, кажется, я проиграл.

Часть 2

(Владимир Петрович полулежит на диване, Сеьен «ставит» натюрморт, готовясь делать карандашный набросок, для чего выбрасывает из шкафа старые вещи)

Семен. Шикарное тряпье. Неужели ты когда-нибудь носил такие брюки? И эту шляпу?(надевает) Барышня, разрешите пригласить вас на гавот (раскланивается)

В. П. Гавот. По-твоему, я из Мезозоя? Мы танцевали твист, потом шейк, пели Высоцкого и Окуджаву. Я однако не пел — голоса нет, да и склонности к хоровому пению. Однако музыку всегда любил. (встает, заводит музыку, снова ложится) Ты не против?

Семен. Что это?

В. П. Бородин. Второй квартет.

Семен. Чтоб весь день, всю ночь, мой слух лелея, про любовь мне сладкий голос пел.

В. П. Да, наверное, именно такая музыка звучит где-нибудь там, в райских кущах. Про любовь мне сладкий голос пел.(опомнился) Да, Семен, а почему ты не там, не у своей Маши?

Семен. Долго рассказывать.

В. П. Я располагаю временем. Мне теперь некуда спешить.

Семен. Я встретил ее, когда она шла по улице с ребенком, с Павликом. Это было незадолго до моего отъезда в Америку, до нашего с мамой отъезда. Ребенок плакал и рвался, а она тянула его за руку, чтобы он шел. У нее было лицо погруженного в себя человека, она не замечала ребенка. Мне стало жаль мальчонку, и я сказал: «Девушка, куда вы его тянете? Не видите – у него истерика!» Она посмотрела на меня, и у меня что-то дрогнуло внутри. А когда она сказала первое слово, что-то вроде того «молодой человек, шли бы лучше своей дорогой», я уже точно понял: «она».

В. П. Называется «солнечный удар». Что ж, ты сын своего отца. Скорее всего, мы действительно родственники.

Семен. Отец, — я могу тебя так называть? (В. П. кивает)- я думал, это пройдет. Но не прошло. Каждую ночь мне она снилась, каждую ночь; помнишь у Бродского?

> *Поздно ночью, в уснувшей долине, на самом дне,*
> *В городке, занесенном снегом по ручку двери...*

дальше не помню точно, но потом:
Я взбиваю подушку мычащим «ты»
За морями, которым конца и края,
В темноте всем телом твои черты,
Как безумное зеркало повторяя.

Как сказано: «безумное зеркало», я и был тем безумным зеркалом. Я не мог этого вынести.

В. П. Она замужем?

Семен. Нет. У нее был друг, итальянец. Но он уехал, бросил ее с сыном. Павлик ужасно на нее похож, он голубоглазый, светловолосый, настоящий «русский ангел». Она иногда в шутку зовет его Паолино.

В. П. Так почему же ты не полетел к ней, как только приехал, на крыльях любви?

Семен. Понимаешь, отец, я очень виноват перед ней. Я с нею как следует не простился, ничего не объяснил…

В. П. Она работает?

Семен. В школе. Подрабатывала частными уроками, итальянец брал у нее уроки русского языка. В нее нельзя не влюбиться. А какая ласковая — звала меня Сенчик-птенчик.

В. П. Что же ты наделал, Сеня? Я понимаю, была б она мужней женой, тогда…тогда

жди своего часа (стонет)

Семен. Что с тобой, отец? Тебе плохо?

В. П. Очень. Я просто весь извелся. Ты не видел: здесь возле телефона лежал такой крохотный листочек, такой огрызочек бумажки? Куда он подевался? В нем все мое счастье, вся моя жизнь.

Семен. (смотрит с удивлением) Возможно, твой листочек я выбросил, когда прибирался. Ты живешь в такой нечистоте, пыли, тут нечем дышать. (подходит к окну) Почему у тебя нет занавесок?

В. П. И кремового абажура. Ты забываешь, что находишься в квартире старого холостяка.

Семен. Послушай, из окна соседнего дома на меня смотрит какой-то тип.

В. П. Помаши ему, мы с ним сегодня познакомились. (Сеня машет) Они все летают?

Семен. Кто они? Ах, эти. Нет, кажется, нет, было бы слышно. Знаешь, я, наверное, выйду. Погода апрельская, дождик прошел, а сейчас вон солнце выглянуло. Ты не хочешь пройтись?

В. П. Сейчас нет, я выхожу позже. Иди, иди, прогуляйся, иди к своей Маше.

Семен. Я скоро вернусь. (уходит)

В.П. Тоска. (вскакивает) Мне нельзя так распускаться. Мне никак нельзя так распускаться. Ко всему нужно относиться стоически (повторяет, закрыв глаза) Мне все до фонаря. Мне все до фонаря. Я должен жить долго.(открывает глаза) Да, но Лера, Лера Лаковкина, если она мне «до фонаря», зачем тогда жить долго? Зачем тогда вообще жить? (бегает по комнате и стонет)

Звонок в дверь, Владимир Петрович открывает, в дверях двое мужчин, один из них знакомый нам Сосед.

Сосед. (немного смущен) Это я опять. Мне показалось, вы меня звали. Тут был человек, подавал мне из окна знаки…

В. П. (к незнакомцу) Простите, вы тоже ко мне?

Незнакомец. (улыбается) Si, si, уа, да.

Сосед. Он иностранец.. Я его встретил внизу, у подъезда. Слышу: называет вашу квартиру.

Незнакомец. (улыбается) Si, si, сто тринадцать.

Сосед. Он немножко говорит, понять можно. Паоло, ты по-русски, того, капиши?

Незнакомец. (улыбается)Si; si; капиши. (обращается к В.П.) Паоло Манчини. (протягивает руку)

В. П. Лерин, Владимир Петрович.(жмет руку) Входите, пожалуйста.

Сосед. (мнется) Я, пожалуй, попозже зайду. Погода хорошая — сделаю променад. Как вы смотрите?

В. П. На променад?

Сосед. Нет, если я попозже зайду?

В. П. (пожимает плечами) Заходите, только учтите, что с 19 до 20 я питаю тело, а с 20 до 22 – мозги, поглощаю полезную информацию.

Сосед. (тоскливо) Так, может, завтра?

В. П. Как вам будет угодно. (Захлопывает дверь. Стук в дверь. В.П. открывает)

Сосед. Я, того, вам переводчик не понадобится? Могу поспособствовать.

В. П. Как-нибудь разберемся (захлопывает дверь)

Поворачивается к Незнакомцу, тот сидит в кресле. В.П располагается на диване в расслабленной позе. Опять звучит та же музыка.

Вы меня извините, у меня час релаксации.

Незнакомец. Какая музыка?

В.П. Александр Бородин. Девятнадцатый век. Русская камерная музыка.

Незнакомец. (кивает) Выключите, пожалуйста. У меня есть разговор. (музыка замирает) Ваш хороший приятель Арнольд Кохман вам писал про меня.

В.П. разводит руками

Как? Вы не знали про мой приезд? О, эта ваша русская почта!

В. П. Дело не в почте. Арик вечно сообщает самое важное в конце. Зная мой характер, мог бы перестроиться. Где он сейчас? В Италии? В Америке?

Незнакомец. (смотрит на часы) Сейчас он на пути к Сан-Франциско, уже подлетает.

В. П. Вы кто – его секретарь?

Незнакомец. Компаньон. Мы ликвидируем свои дела в Италии и Руссии и перебираемся в Америку.

В. П. Добрый путь! Чем могу быть полезен?

Незнакомец. . У меня к вам есть разговор, деловой, но и приватный, поняли?

В. П. Не совсем. (начинает делать дыхательные упражнения) Продолжайте. Я весь внимание.

Незнакомец. (смотрит с удивлением) Но…

В. П. Что же вы? Не смущайтесь. Эти упражнения – на дыхание, очень полезные.

Незнакомец. Мой компаньон Арнольд Кохман дает вам лестную оценку. Вы были отличный счетовод, хорошо владели вычислительной техникой…

В. П. Арик всегда был склонен к преувеличениям. Наш общий друг и сослуживец, называл Арика выдумщиком, недаром он возглавлял у нас плановый отдел.Что касается до логарифмической линейки и калькулятора, то да, признаюсь, владел ими — и неплохо. Комьютеры в нашей богадельне не водились. Я был скромным служащим, отнюдь не счетоводом, но, если вдуматься, гм, чем-то в этом роде, счетоводом с университетским дипломом. (внезапно) Уж не по мою ли вы душу? Незнакомец. Я не совсем понимаю… Какую душу? Наша фирма нуждается в хорошем специалисте. Сейчас мы, как это по-русски? перебазируемся в Сан-Франциско. Вы знаете английский?

В. П. Если это можно назвать знанием... Вы что, действительно хотите взять меня на работу? В Америку?

Незнакомец. Оформление документов берет на себя фирма. (тихо) Есть одно условие.

В. П. Условие? Это любопытно.

Незнакомец. (быстро) Вы должны жениться. Претендентка уже есть. Оформление брака также берет на себя фирма. Вы женитесь и приедете в Сан-Франциско со своей...со своей подругой. Фирма, в свою очередь, обеспечивает вас работой и гарантирует вполне благополучное существование.

В. П. Что вы говорите? Вполне благополучное существование? Вот даже как!

А что ...эта претендентка... она тоже меня в глаза не видела?

Незнакомец. Это не обязательно. Брак чисто фиктивный. Да, вам придется усыновить ее ребенка. Расходы по усыновлению тоже берет на себя фирма. Арнольд Кохман, мой компаньон и ваш друг, говорил, что вы не любите болтать. Надеюсь, это правда. Итак – что скажете?

В. П. А что мне сказать? Кажется, все уже решено. Ваша фирма подумала обо всем. Впрочем...могу я связаться с Ариком? У вас есть его телефон?

Незнакомец. Нет проблем (достает сотовый телефон, смотрит на часы) Самолет уже совершил посадку (набирает номер, передает трубку В.П.).

В. П. Алло, Арик! Это Володя из Москвы. Ты уже приземлился? Ну и как тебе эта Америка? Ничего, скоро они тебе покажут. Слышь, Арик, будь другом, дай мне телефон Лаковкиной Валерии. Как же, получил. Но, понимаешь, я его...оно у меня...затерялось, ты же помнишь мою берлогу. Записываю (делает знаки, Незнакомец дает ему листок из своего блокнота и ручку) Так, записал. Слышь, Арик, сдается мне, ты еще не проснулся. Что там в Америке – утро? Утро – и вокруг Тихий океан. Красота! У нас тоже еще не вечер. Ну, бывай (вешает трубку, обращается к Незнакомцу) Послушайте! Оставим за скобками ваши цели, я в них не вникаю. Скорей всего, я соглашусь на ваше предложение. Мое существование здесь — вполне благополучное существование там, в конце концов, какая разница, где существовать? Но у меня тоже будет одно условие. Мне нужен хороший костюм. И срочно. В пределах получаса. (оглядывает гостя) Мне бы даже ваш подошел (Незнакомец ежится), но вы поуже в плечах. Надоели кургузые пиджачки! Ваша фирма возьмет на себя экипировку будущего сотрудника?

Незнакомец. Нет проблем. Я на машине, поехали!

В. П. Я сейчас. Подождите меня внизу, хорошо? (Незнакомец удаляется. В.П. набирает номер) Алло, Лерочка! Ты еще меня ждешь? Извини, вышла задержка. Пришлось звонить в Сан-Франциско, чтобы узнать твой телефон. Я буду через полчаса. Ты куда переехала? А, понятно. Ну, до встречи (думает секунду) Лера, у тебя есть второй квартет Бородина? Нет? Знаешь, там есть одно место (напевает) Скрипка спрашивает, альт отвечает, а потом то же в своем ключе повторяет виолончель (напевает). Оказывается, все очень просто. Самое простое место на земле — это рай. Ты меня поняла? Поняла? (в трубке гудки)

Часть 3

(дверь в ту же комнату открывается, входят Сосед и Незнакомка, Сосед вносит большой чемодан)

Сосед. У вашего мужа не современная дверь, нет. Современная дверь должна выдерживать бомбовый удар. А у него, как при наших бабушках: дунь – и откроется. В случае чего, меня не выдавайте, скажите: пожарные открыли.

Незнакомка. Почему пожарные?

Сосед. А смотрите, какое зарево. В полнеба! (смотрит в окно) Горит где-то рядом, в районе Высотки. (слышен звук сирены) И сирену слышите? Я, по правде говоря, уже устал бояться. Ночью спать не могу. Сон как рукой сняло. А как там в ваших золотоносных краях? По ночам спится?

Незнакомка. По ночам еще туда-сюда, а днем страшновато. Мой дом стоит на самой границе.

Сосед. (понимающе) С Канадой?

Незнакомка. Какое с Канадой! С цветными кварталами! Вообще, если бы я могла выбирать, предпочла бы китайцев. Чистоплотны, понятливы, всегда улыбаются. Но у них свое гетто, очень герметичное, туда не проникнешь. Вы не поверите, как мне обрыдли наши русские. И всех, всех надо научить, всем привить нужные навыки, всем дать путевку в жизнь.

Сосед. (сконфужен) Я как-то не понял. Вы кем будете…э…по профессии?

Незнакомка. О, я преподаю американский язык, American language. Черным, желтым, но в основном — бывшим соотечественникам.

Сосед. А, понял (переводит дух).

Незнакомка. (достает зеркальце) Кажется, я неплохо выгляжу. Вполне, вполне, вполне. Как вы считаете?

Сосед. Простите?

Незнакомка. О, мужчины! Вы мужчина или нет? Я спрашиваю, как я выгляжу.

Сосед. (смотрит) Ничего. Терпимо.

Незнакомка. Ха-ха. Здесь в аэропорту один мужлан назвал меня мамаша. Каково? В этой стране не знают, как обращаться с дамами. Правда, в Штатах тоже не знают. Даже во Франции, по моим наблюдениям, мужчины потеряли рыцарственность. Их сковал страх, страх перед женщиной. Вы были во Франции?

Сосед. Простите?

Незнакомка. Вы что – недослышите? (очень громко) Я спрашиваю, вы женаты?

Сосед. (съеживается) Д-а, жена с ребенком в Америке.

Незнакомка. (не моргнув глазом) Врете.

Сосед. Э…почему вы думаете?

Незнакомка. Так женаты или нет?

Сосед. (оглядывается) Ну если, как на духу, то не женат. Вы угадали.

Незнакомка. А жена с ребенком, которые в Америке?

Сосед. (оглядывается) Это я для самозащиты. Сейчас, если ты один и у тебя никого нет ни здесь, ни в Америке,- считай, что тебя уже похоронили.

Незнакомка. (быстро окидывает его взглядом) Кем работали?

Сосед. Как? Да я…больше по административной части, завуч – знаете? Немного преподавал, когда учителя болели; все предметы - от физкультуры до литературы. Путем самообразования много чего освоил, к чтению пристрастился…

Незнакомка. Проживаете один ? Квартира в центре?

Сосед. Один, один, как перст, один; живу здесь неподалеку. Вон мое окошко – видите – напротив? Я к вашему мужу давно присматриваюсь. По нему можно часы проверять.

Незнакомка. Насчет мужа я вам солгала. У меня пока, пока нет мужа. Я свободная женщина. Володя – ошибка молодости, я приехала к нему, потому что мне не у кого больше остановиться. Приехала практически к чужому человеку. Старому, брюзгливому мизантропу, женоненавистнику, у которого не найдется для меня ни одного доброго ласкового слова, ни одного, поверьте! (плачет, прислоняется к плечу подошедшего Соседа). Я сразу увидела: вы добрый человек. Понимаете, там — джунгли, каждый спасается в одиночку; но я – женщина, хоть и не очень слабая, но с нервами, в возрасте (опомнилась), в общем уже не молоденькая, хотя еще ого-го…

Вечный внутренний страх: нужно устроить свою судьбу, нужно устроить свою судьбу. Эти русские американцы, американские русские – брр! Им хоть кол на голове теши – не реагируют. Полная бесчувственность к особам женского пола, из летаргии их может вывести только запах доллара. (другим тоном) У вас две комнаты или три?

Сосед. Одна, малогабаритная. Мне хватает. Было бы две – я бы сдавал: и деньги, и человек в доме, все же не так скучно.

Незнакомка. Послушайте, вы не хотите прогуляться? Что нам здесь сидеть, ждать хозяина, который неизвестно когда вернется? Я так давно не была в Москве. И свою квартирку мне заодно покажете, согласны?

Сосед. Согласен-то я согласен, но как же дверь? Она ведь открыта.

Незнакомка. А мы прикроем. Здесь и воровать нечего (показывает на стены) Вот все, что этот человек нажил за целую жизнь. (громкий звук) Что это?

Сосед. Да трясет. Может, не пойдем?

Незнакомка. Пойдем. Я здесь задыхаюсь. Возьмите меня под руку. Вы будете моим кавалером. Кстати, как вас зовут?

Сосед. Меня? Петр Петрович, Петя.

Незнакомка. А меня Софа (дает руку для поцелуя, Петя неловко целует) Славненько мы с вами познакомились. По дороге будете говорить мне комплименты.

Сосед. Как? Но я… не умею.

Незнакомка. Надо учиться, надо учиться. В жизни, Петенька, вам не хватало женщины. Теперь она, то есть я, появилась. Женщина, Петюня, вас всему научит, всему. (уходят, она продолжает говорить, потом быстро возвращается и ставит чемодан в шкаф)

Комната пуста. Неожиданно начинает звонить телефон. Звонит долго, потом гудки прекращаются. Через несколько секунд снова звонит. В дверь входят Семен и Девушка. Семен бежит к телефону и берет трубку.

Семен. Алло.

Старческий голос. Простите, вы не слышали, говорят объявили воздушную тревогу.

Семен. Мы не слышали. Кто вы?

Голос. Вы меня не знаете. Я набрал ваш номер случайно, вы должны жить где-то рядом.

Семен. К сожалению, ничем не могу помочь.

Голос. Извините. Мне важно было услышать чей-нибудь голос. Можно я вам как-нибудь еще позвоню – ваш номер хорошо запоминается.

Семен. Ну…звоните…Как вас зовут?

Голос. Валентин Григорьевич. Мне в мае стукнет 80.

Семен. Заранее поздравляю. Простите…но я занят…здесь дама…

Голос. О, я понимаю, понимаю. Дело молодое. Очень приятно было познакомиться. Так вы говорите, не было воздушной тревоги? (Семен молчит, в трубке отбой)

Девушка. По-моему, звучала какая-то сирена.

Семен. Это пожарная.(подходит к окну) Какой великолепный костер! Погляди – совсем рядом! Интересно, куда делся отец? Дверь почему-то открыта. Может, пожарным что-нибудь понадобилось… О чем ты думаешь?

Девушка. Через час нужно будет взять Павлика.

Семен. Через час! У нас еще вагон времени. Я так рад, что вижу тебя. Очень хорошо, что отца нет, наконец-то мы можем побыть вдвоем. Раньше у тебя не было целого выводка теток, по одной на каждую комнату.

Девушка. Раньше была жива мама…а теток я люблю – Нина, Феня и Раичка, они тройняшки, им на троих 180 лет, они целый день что-то щебечут, как птицы, и часто смеются.

Семен. Сумасшедший дом! (обнимает ее) Я так тосковал. Говорят, из Америки не возвращаются…как с того света. Но вот он я – я вернулся. И все из-за тебя. Я там каждую ночь видел один и тот же сон – мы с тобой возле колодца, и ты бросаешь вниз, в бездну, какую-то тряпку, белое полотно…

Девушка. У меня будет ребенок.

Семен. (отшатывается) Чей?

Девушка. Твой.

Семен. Но я уехал два года назад!

Девушка. Ребенок твой, и ты это знаешь. (Семен опускает голову)

Семен. Ты не можешь мне простить? Кто он?

Девушка. Какая разница? Когда ты убежал, я осталась совсем одна с Павликом. Тогда даже теток рядом не было. Мама тяжело болела, а потом…короче, я осталась одна. Зима у нас долгая, бесконечная…и постоянно это гудение над головой . Вот где сумасшедший дом!

Семен. Теперь я буду с тобой …и с Павликом. Я так соскучился (обнимает) Я был там как потерянный. Агент по продаже компьютеров. Коммивояжер. (грозит кулаком) Я художник, художник! Посмотри, я привез сюда несколько фотографий моих картин. Я там писал…урывками (показывает).

Девушка. Кому это сейчас нужно?

Семен. Что ты? Все наладится – вот увидишь. Главное, что мы будем вместе. (целует) Я так рад, так рад, я прямо счастлив (увлекает ее на диван, она отбивается)

Девушка. Оставь, скоро уже брать Павлика.

Семен. Да возьмем мы Павлика – куда он денется!

(Шум возле двери и разговор, Семен и Девушка отскакивают друг от друга, входит Софа)

Софа. Володя, ты не один? Я на минутку — только возьму чемодан. (достает чемодан из шкафа)

Семен. Мама?

Софа. (в изумлении) Ты здесь? (кричит) Петя, Петюня, иди скорей, я познакомлю тебя с моим сыном! (боком заходит Петр Петрович) Знакомься, это Семен, мой сын.

А это Петр Петрович.

Семен. Я вас, кажется, уже где-то видел.

Петр Петрович. Дверь была открыта…пожарные…

Девушка. Мы так и подумали, Петр Петрович.

Петр. Петрович. Ольга Венедиктовна! Оличка!

Ольга. Она самая.

Семен. Ты его знаешь?

Ольга. Да, он был завучем в школе, где я работала.

(делятся на две группы: мать и сын, Ольга и Петр Петрович)

Софа. Я слышала, ты ушел с работы, дурачок.

Семен. Какой уродился (кланяется). Ты можешь представить меня коммивояжером?

Софа. По-прежнему рисуешь утиль, содержимое старых шкафов?

Семен. Как твой процесс?

Софа. Ш-ш, потише. Я устала, сын. Я устала от лжи, от продувных адвокатов. Что оставалось? Сумасшествие или яд ... Тогда я решила: лети все ко всем чертям, еду в Россию! Девочка – твоя пассия ?

Семен. Как ты думаешь, о чем они могут беседовать?
(в другом конце комнаты)
Петр Петрович. Как сынишка?
Ольга. Растет. А ваша дочь?
Петр Петрович. В Малаховке, в интернате. Я там редко бываю (вздыхает)
Ольга. Зашли бы как-нибудь.
Петр Петрович. (машет рукой) Где тут! Силы уже не те, Ольга Венедиктовна.
Семен. (кричит) Оля! (Ольга к нему подходит)
Софа. (кричит) Петя! (Петр Петрович подходит)
После обмена парами снова двойной разговор
Софа. Здесь прохладно, даже холодно, хотя уже апрель. А в Сан-Франциско всегда тепло, всегда. Кажется, там не бывает плохой погоды. Там океан, Тихий океан. Представляешь, каково жить на берегу Тихого океана?
Семен. О чем вы беседовали?
Ольга. Пустяки, не интересно.
Семен. Вусмерть напуганный дохляк. Надеюсь, это не он?
Ольга. (прислушивается) Твоя мама рассказывает о Тихом океане. Знаешь, я бы хотела жить на берегу океана. (начинает звучать музыка) Вечнозеленая растительность, свежий морской ветер, белый корабль на горизонте…
Софа. И там так много моряков. Все симпатичные, поджарые, немножко кривоногие, но это весьма пикантно.
Ольга. Мой друг – капитан дальнего плавания. И я его жду, я жду его днем и ночью, я живу ожиданием, по вечерам я хожу на пристань и всматриваюсь вдаль..
Софа. Я была знакома с одним капитаном. Он плавал в Африку, однажды привез живую змею. Ничего себе подарок!
Петр Петрович. У меня дочь в интернате для слепых, в Малаховке. Там хорошо, деревья… Может, съездим? Проведаем и заодно воздухом подышим.
Семен. Да, утиль, старая рухлядь. Для нее это ненужные полуистлевшие вещи, а для меня – безгласный затаившийся мир. Я должен его расколдовать, он скрывает так много…В детстве я часто прятался

в шкафу, среди старой одежды. Помню однажды…(музыка внезапно прекращается, что-то грохочет.)

Вбегают двое пожарных, тащат шланг. Один просовывает шланг в окно, кричит кому-то вниз: «Слышь, Коль, тут, кажись, проходит. Что? Куда? Да что ж ты, паразит, сразу не сказал? (неразборчивая ругань). Айда назад!» (убегают)

Семен. Если здесь внезапно появится марсианин, я не удивлюсь.

Слышны медленные тяжелые шаги: кто-то поднимается по лестнице.

Все застывают. В дверях показывается Владимир Петрович в новом элегантном костюме. Останавливается. Оглядывает всех. Все оглядывают его. Он слегка под хмельком.

В. П. А, все в сборе! Прекрасно. Это прекрасно. Всех приглашаю на бал. В 22 ноль-ноль по-московскому времени в моей квартире будет бал (смотрит на часы) Сколько сейчас времени? Я что-то не разберу, сколько сейчас времени.

Ольга. (кричит) Мамочки, мы же не взяли Павлика. Уже 7 часов, Павлик в садике, один, ждет меня. Какое-то наваждение нашло, словно время остановилось (мечется по комнате, бежит к двери).

В. П. Постойте! Там внизу машина, шофер — мой приятель, оч-чень хороший приятель, душа-человек. Он вас довезет. Как вас зовут?

Ольга. Оля..

В. П. А его — Пауло. Оч-чень симпатичный. Мой будущий хозяин. Он довезет. Бегите, что же вы? Он довезет.

Часть 4

(Владимир Петрович полулежит на диване. Семен пишет тот же натюрморт.)

В. П. Да, и мы поехали в «Прагу». Ты знаешь, неплохой ресторанчишка. Ты когда-нибудь ел плавники акулы? Постой, я должен был что-то сделать, всю дорогу сюда твердил про себя: я должен сделать, я должен сделать…Что я должен сделать?

Семен. Ты, кажется, говорил, что тебе предлагают работу в Штатах. Это не сон?

В. П. Если все это вообще не сон (показывает вокруг). Сначала я должен жениться и усыновить ребенка. Но это детали, в которые я не вдаюсь. Им для чего-то нужно, чтобы я вступил в фиктивный брак. Слава Богу, документы оформляют сами.

Семен. Я тебе не рассказывал? — нашелся Олин итальянец. Предлагает ей уехать с ним. Он женат, жена какая-то важная гранд-дама, так он отыскал ископаемого старичка-импотента, чтобы тот женился на Оле для отвода глаз. Но Оля не поедет. Оля не поедет – она мне поклялась.

В. П. Да? Не поедет в Америку? Не верю! Такого не может быть! Америка – это…Америка – это…Америка – это… (тихо) Вавилон. (еще тише) Горе тебе, Вавилон, город крепкий…(громко) Мечта каждого неамериканца. Не поехать в Америку! Какая глупость! Не глупость, а преступление. Преступление против человечества и человечности. Против женской и мужской человечности. Против человечности женской части человечества (хлопает себя по лбу) Лера… Я должен был ей позвонить. (набирает номер) Лера, Лерочка, не сердись! Я уже выехал к тебе, но не доехал – так случилось. Не сердись, душа моя, хорошо? Не сердишься?. Лера, я сегодня даю бал в твою честь. Ровно в 22 часа по-московскому времени. Я собираю самых-самых близких мне людей. Я хочу показать им тебя, Лера. Ты приедешь? Только не говори «нет», хорошо? Я буду думать, что ты приедешь. И ты приедешь – как Золушка на бал. Поздно? Что ты – детское время, 10 часов. Я обязательно, обязательно буду тебя встречать. (вешает трубку) (Семену) Не смотри так, я не всегда такой храбрый – просто сегодня я ел и пил в ресторане и на мне костюм, купленный на доллары. А где я буду завтра – Бог весть. Эх, однова живем. Мой размеренный распорядок летит к черту. Не одобряешь?

Семен. Удивляюсь, удивляюсь, как мы с тобой похожи, отец.
Звонок телефона (Семен берет трубку)

Старческий голос. Простите, кажется пожарная опасность миновала?

Семен. А кто его знает! Подождите минуточку.(подходит к окну) Да нет, вроде, горит по-прежнему, даже еще ярче. Где-то совсем близко.

Старческий голос. Так, может, необходимо, того, эвакуироваться?

Семен. А куда? Вы знаете, куда можно эвакуироваться?

Старческий голос. Я, признаться, нет. А вы?

Семен. Я тоже. Разве что в Америку. (оба смеются)

Старческий голос. Вы узнали меня? Я вам уже звонил давеча. Спасибо, рассмешили старика. Разве что в Америку. (вешает трубку)

Семен. Пойду пройдусь. Оля живет в получасе ходьбы отсюда, на Чистых прудах.

В. П. Не забудь: в 10 часов бал. Приходи с твоей Машей.

Семен. Она…она тебе понравилась, отец?

В. П. Как тебе сказать? Миленькая, но не в моем вкусе. Но ведь я на ней и не женюсь, правда? (Семен уходит, в дверях сталкивается с Паоло Манчини)

В. П. А, это вы! (ложится на диван и начинает упражнения на дыхание) Рад вас видеть. Вы за ответом?

Паоло Манчини. Да, фирма желает быть уверенной в вашем решении.

В. П. Пусть фирма не сомневается. Решение будет. Обязательно будет положительное решение. Все будет о' кей.

Паоло Манчини. И долго вы так…занимаетесь?

В. П. Что вы? Часа 2-3 — больше не выдерживаю. Хотя и говорят, что терпение – наша национальная черта.(останавливается) Я вас приглашал на сегодняшний бал?

Паоло Манчини. Что? На бал?

В. П. Ну да, бал. Прощальный бал. Вековая народная традиция. Вы читали классиков? Чехова? Булгакова? Я действую в их русле. В связи с этим у меня маленькая просьба: небольшой аванс в счет будущей зарплаты. Устройство бала, сами понимаете, требует некоторых расходов.

Паоло Манчини. Но…

В. П. Но я же не протестую, что вы мне подсовываете «кота в мешке»! Кто она – моя будущая жена? Может, она слепо-глухо-немая или страшней, чем смертный грех…

Паоло Манчини. (быстро) Сколько?

В. П. Думаю, мы сговоримся. Пойдемте, я должен сделать кое-какие распоряжения (уходят).

Некоторое время в комнате стоит тишина. Потом начинает нарастать гул, что-то рушится и падает за стенами комнаты. В дверь входят Софа с чемоданом и Петр Петрович.

Софа. Как удачно! Мы успели выбежать. И даже с чемоданом (гладит чемодан) Я бы себе не простила, если бы выпустила его из рук (подходит к окну с чемоданом)

Смотри, Петя, — груда развалин. Вот все что осталось от твоего дома и от твоей квартиры. Молчишь? Не унывай! Квартира малогабаритная, плохонькая. Я привезла с собой кое-что на черный день. Мы купим хороший трехкомнатный аппартамент где-нибудь в зеленой зоне. Ты меня слышишь? Петя, не молчи! Все не так страшно.

(Комната постепенно наполняется людьми. Все располагаются кто где.)

Смотри, сколько людей кругом – и все безобидные – не то что в этом противном Фриско.

Петр Петрович. Эх, выпить бы! (к нему подходит парень с бутылкой) Что, папаша? Каюк домику. На, держи, там на донышке еще осталось (Петр Петрович пьет)

Софа. (смотрит в ужасе) Что ты, что ты?

Петр Петрович (впервые обращается к ней) Цыц! Не сметь родину продавать!

(идет к двери), Софа с чемоданом за ним, приговаривая: «Петя, что ты, что ты?» На пороге останавливаются, так как начинает звучать музыка, ритмичная американская музыка из десятки современных хитов. По комнате в такт музыке двигаются официанты в белом, расставляя складные столики, они ловко лавируют между набежавшими в квартиру людьми. Начинаются танцы. Пляшут в основном старички и старушки. Остальные смотрят. Софа и Петр Петрович присоединяются к танцующим. Софа танцует не выпуская из рук чемодана, что придает ее движениям особую пикантность. В разгар веселья входит Владимир Петрович, он слегка пьян.

В. П. А, все уже на месте! Прекрасно! (оглядывается) Кажется, я вас не звал, но все равно.(прислушивается) Ага, современная музыка. Довольно громкая. Но я ожидал худшего. (к гостям) Почему вы не танцуете? Танцуйте! Я бы тоже танцевал, да не за кого, не за кого ухватиться — нет пары, и еще костюм – он мне мешает. (смотрит на часы) Ровно 22 ноль-ноль. Время прибытия главных гостей. Тише! (кричит) Тише, я сказал. (все замолкает, музыка прерывается)

Владимир Петрович подходит к телефону, набирает номер. Слушает, потом кладет трубку. Садится в большое кресло посреди комнаты. Снова звучит музыка. Все гости разбиваются на пары и проходят под музыку перед устроителем бала. Последняя пара – Софа и Петр Петрович.

В.П. (видит Софу) Софья, ты?

Софа. Я.

В. П. Когда прилетела?

Софа. Вечность назад.

В. П. Успела подцепить кавалера? (кивает на Петра Петровича).

Софа. Ревнуешь?

В. П. Почему с чемоданом?

Софа. (кокетливо) А он мне не мешает. (другим тоном) Люди кругом хоть и безобидные, но странные какие-то.

Петр Петрович. (встрепенулся) Не сметь оскорблять! Цыц!

Софа. Тише, тише. (Владимиру Петровичу) Оказался пьяницей. Не везет мне! (проходят)

Входят Ольга, Семен и Паоло Манчини

Паоло Манчини. Вот русский бал. А почему музыка американская? Это всегда так?

(проходят мимо кресла Владимира Петровича)

В. П. Вас трое. Третий лишний. Пусть девушка выберет.(Ольга стоит опустив голову)

Семен. Отец, можно с тобой объясниться? (Вл. Петрович кивает, Семен подходит и шепчет) Это Паоло Манчини, ее итальянский друг. Отец, прошу, не травмируй ее, пожалуйста, я знаю твою манеру. Ей нелегко было сделать выбор. Она никуда не поедет. Мы с нею поженимся.

В. П. (свистит) Ее зовут Ольга? Не верь Ольгам! (Семен отходит, подходит Паоло Манчини)

Паоло Манчини. Вы догадались, кто эта девушка?

В. П. Не понял.

Паоло Манчини. Еще не догадались? Вспомните «кота в мешке», про которого вы упоминали.

В. П. Ах, кот в мешке! Что? Это она? Вы не…ошиблись?

Паоло Манчини. Тише. Почему вы так волнуетесь! Она, как видите, довольно хорошенькая и не слепо-глухо-немая.

В. П. (глухо) Она согласна?

Паоло Манчини. Какие вопросы! Выйти замуж и уехать в Америку…с любимым человеком.

В. П. Любимый человек – вы?

Паоло Манчини. Какие вопросы! (придвигается ближе) Неужели вам до сих пор не понятно? Я не могу на ней жениться…по семейным обстоятельствам, я уже женат вторым браком, у меня куча детей. На ней женитесь вы, за услугу фирма вам неплохо заплатит.

В. П. А работа? А отъезд в Америку?

Паоло Манчини. Увольте, то есть извольте, будет вам и Америка. Но не рассчитывайте на долларовый дождь, при скромных запросах вам хватит.

В. П. Это называется «вполне благополучное существование»? А если я откажусь?

Паоло Манчини. Найдем другого. Теперь вы меня поняли?

В. П. (мрачно) Теперь понял. Вполне.(к Ольге) Эй, девушка, ты чего такая скучная, а? Почему молчишь? Видно, что-то замышляешь, как пра-предательница Ева…Как там у классика? Семен, как ты думаешь, почему она не танцует, а? У нас бал, а на балу положено смеяться, флиртовать, отплясывать, отбивать чечетку, стоять на голове, идти в присядку, делать приседания (делает приседание) Я сегодня не дозанимался. Послушайте! (хлопает в ладоши, музыка останавливается, танцы прекращаются) Дорогие гости! Сегодня прощальный бал…я…то есть мы…уезжаем…да… уезжаем в Америку. И вот на прощанье я хочу вам станцевать. (крики, шум). Однако…не могу. Он (показывает на костюм) мне мешает. Дело в том, что я не привык к костюмам. В жизни у меня их было два, оба мне жали, и я был рад от них избавиться. Избавлюсь и от этого.(начинает раздеваться) Извините, небольшой стриптиз. Так удобнее. Я вам станцую танец моей жизни. Эй, музыка! (бросает костюм на кресло, подбегает к шкафу и достает из него то одну, то другую старую вещь примеряет и пляшет каждый раз на особый манер) Этот козырек сохранился с детства, с майской демонстрации. Здравствуй, я рад тебя видеть! Помнишь, маму? Всю жизнь я был маменькин сынок, мне стукнуло пятьдесят, когда она умерла. Ни одна женщина мне ее не заменила.(делает па) А вот джемпер, связанный одной из моих подружек — забыл ее имя. Между 30 и 50 я был лихим гусаром. Моль проела, а так еще ничего, и по размеру подходит. В нем черви жира не найдут — это сказано обо мне и о Вийоне. (танцует) Ба, а вот полушубок, в ту зиму была в моде овчина, в нем я встретил (останавливается) впрочем, зачем имена? В нем я встретил женщину моей жизни. Но она была уже занята, увы, увы. Она сказала «нет»- и полушубок не помог…Сколько же тому лет? Боже! Овчина поистерлась, да и моя кожа задубела. Да.(делает пируэт) Софья!(ищет глазами) Ты здесь? Помнишь, ты подарила мне галстук? Я еще сказал, что слишком пестрый и носить не буду. И не носил. А сейчас надену — в память тогдашних деньков. Все же молодость была, были надежды…(надевает галстук на голое тело, делает несколько па) Неплохо смотрится, правда? А это что такое? (достает костюм Арлекина, дергает за колокольчики, они издают звук) А, вспомнил. Сын привез из Америки. Все видели? Сейчас я продемонстрирую (надевает костюм, колокольчики звенят). Точно по мерке. Как будто век носил (танцует). Что же вы не хлопаете? Хлопайте! Громче! (раскланивается) За сим парадную часть бала разрешите закрыть. Принцесса не прибыла, но праздник состоялся (медленно раздевается, остается в трусах) Все это тряпье я укладываю назад в шкаф – «до новых встреч, друзья», а это (указывает на костюм) возвращаю фирме. (отдает Паоло Манчини) Посмотрите, все ли на месте, пуговицы там и прочее. Костюм куплен на американские деньги, что поделаешь, если нет своих? (встряхнувшись) А теперь приступаем к неофициальной части нашего праздника. Все расстегнулись?(осматривает себя) (обращается к Ольге) Мадемуазель, барышня, не знаю, как к вам обратиться, вы уже разобрались в своих отношениях с… короче, в отношениях ? Вы едете или нет?

Семен. Отец, перестань, зачем ты кривляешься?

В. П. Итак, я жду вашего ответа.

Паоло Манчини. Я же вам сказал, что вы еще хотите услышать?

В. П. Так едете или нет?

Ольга. Я…не знаю. Семен, не смотри так! Я, наверное, поеду.

Долгая пауза, которая прерывается криком «мама, мама!» На сцену выбегает мальчик лет 6, за ним гонятся три полноватых тетеньки .

Мальчик. Мама, я боюсь с ними оставаться! Они все врут. Говорят, что самолеты не настоящие. А я сам слышал, как они гудят –ууууу!

Громкий звук сирены. Постепенно комната пустеет. Остаются только главные действующие лица на просцениуме. Мальчик с любопытством смотрит на В.П., еще не успевшего одеться.

В. П. Тебя как зовут?

Мальчик. Павлик.

В. П. Ты боишься сирены?

Мальчик. А что это ?

В. П. Ну, это такой противный звук (передразнивает) ууууууууу.

Мальчик. УУУУУ

В. П. Приходи ко мне в гости. Будем вместе гудеть.

Мальчик. А почему вы такой раздетый?

В. П. (смотрит на себя) Вот спасибо, что сказал. Я и забыл. (находит свой старый домашний костюм, одевается) (к мальчику подходит Ольга, В.П. не смотрит на нее, говорит мальчику) Скажи маме, что я с ней не поеду. Пусть ищет другого. Да, собственно, и искать не надо. Э, господин, забыл вашу фамилию!

Паоло Манчини. Паоло Манчини.(кланяется)

В. П. Уважаемый господин Манчини, обратите внимание на этого молодого человека (указывает на Семена) Хороший друг вашей приятельницы. Почему бы ему на ней не жениться и не усыновить вашего ребенка? А потом они вместе укатят в Америку и будут трудиться на вашей фирме.

Паоло Манчини (к Семену) Компьютерщик? Менеджментом владеете?

Семен. (гордо) Я художник. Свободный художник. Владею кистью.

Паоло Манчини. (разводит руками) Вот так всегда. С вами, господа, невозможно иметь никаких дел. Господин Лерин, не понимаю, почему русские считают всех иностранцев дураками. Я не дурак и прекрасно понимаю, кого вы хотите навязать мне в компаньоны. Натурально, я разрываю наш с вами словесный договор. Забудьте о нем. Счастливо оставаться. (Ольге) Пойдем! (К Манчини приближается Софа с чемоданом, за ней плетется Петр Петрович).

Софа. Извините, но, кажется, вы иностранец. Я недавно из Америки. Я совсем потерялась, здесь такой хаос. Вы не могли бы довезти меня до ближайшей гостиницы, ведь вы на машине!?

Петр Петрович. Цыц!

Софа. Вы видите, что за люди, что за народ – напился до полного беспамятства. Одинокий, старый человек, его дом полностью сгорел, полностью.

Паоло Манчини. Да? Это любопытно. Одинокий, старый, дом сгорел. Почему бы нам не взять его с собой? Я жду всех внизу.(уходит)

Софа. Какая душа у этого человека, какая душа! (все, кроме Семена, уходят)

Мальчик (Владимиру Петровичу) Дядя, так мы договорились? Я приду погудеть.

В. П. Приходи, приходи.

Долгая пауза

Семен. Отец, можно у тебя пожить несколько дней?

В. П. Оставайся. Только знай: у меня железный распорядок. С завтрашнего дня я его возобновляю.

Семен. Тем лучше. Мне бы сейчас подошла даже тюрьма.

В. П. Ты из-за нее? Девица миленькая, но не то. Я вижу, ты еще сосунок. Сколько тебе – 25? Любовь должна вызреть, слышишь меня? Любовь должна созреть. О, это долгий, это длительный процесс! Он требует терпения, закалки, железной воли и характера.

Семен. Ты издеваешься?

В. П. Ничуть. Ты не хотел бы прогуляться? Перед сном?

Семен. С тобой?

В. П. Нет, у меня есть одно дело, одно очень важное дело.

Семен. (пожимает плечами) Так я пошел (уходит).

Владимир Петрович ставит кассету с квартетом Бородина на проигрыватель, подходит к телефону и набирает номер.

В. П. Лерочка! Ты не спишь? Я знал, что ты не приедешь! Еще не время. Я еще не готов. Я должен подготовиться к нашей встрече — духовно и физически. Лерочка, душа моя, ты слышишь? Я люблю, люблю тебя. (отставляет трубку, чтобы в ней звучала музыка, потом медленно опускает ее на рычаг)

Входит Семен

Семен. Отец, взгляни, что я нашел в твоем почтовом ящике!(показывает открытку)

В. П. Открытка? (вертит) Из Израиля? От Гиви Каволадзе? Что у него опять стряслось? (Семену) Прочитай! Если что-то плохое, можешь ее разорвать.

Семен. (читает) Да нет, хорошее. Намечается свадьба сына. Хотят ее сыграть в Москве.

В. П. Свадьба? Это хорошо. (улыбается) Это оч-чень хорошо! Рад за Гиви и за его сына. Плохо только одно. Зачем я вернул этому типу праздничный костюм? Поспешил – не надо было отдавать!

1999, Анкона, Италия

Хазарская баллада. (В ожидании чуда)

Пьеса в трёх частях

Часть первая

Лаковкин. (влезает в окно) Не пугайтесь, ради Бога, не пугайтесь!

Долли. (она одна, смотрит телевизор, с удивлением глядит на незнакомца) Вы кто?

Лаковкин. Я? (помогает влезть сыну) Я – пожилой человек из Америки.

Долли. (громко кричит) Тетя Поля!

Лаковкин. Тетя Поля – это кто? Знакомьтесь, это мой сын Саймон, или Сеня.

Несколько староват для вас…да. Немолодой сын пожилого человека из Америки.

Долли. Тетя Поля!

Лаковкин. (сыну) А вот интересно, почему она не кричит «милиция «? Успокойтесь, дитя. Мы не воры и не бандиты. Вы, наверное, наслышались, что в Америке все бандиты и воруют детей. Да, недавно одну девочку взяли прямо из дома, из постели. Но это еще не повод…

Долли. Караул! Спасите! Тетя Поля!

Лаковкин. (сыну) В Америке бы уже сбежался народ. Почему они не сбегаются? Дитя, вы удивлены, что мы через окно?

Сеня. Папа любит экстравагантные способы. Мы сейчас уйдем, не волнуйтесь. Папа, пожалуйста, задай свой вопрос и пойдем.

Лаковкин. (видимо волнуясь) Где мама?

Долли. Мама? Мама скоро придет. Очень скоро. Вышла на минутку.

Лаковкин. Тогда мы подождем. (переводит дыхание) Мы, то есть я, собственно к ней. Он, Сеня, за компанию. Я, видите ли, 15 лет как здесь не был – я имею в виду страну. Здесь, у вас, я никогда не был. Не доводилось. И вот только сейчас – решился. Вы не пугайтесь – я в легком подпитии, для храбрости. Ваша мама такая…такая… Да, вы должны сказать мне ее имя.

Долли. Тетя По…

Лаковкин. Да перестаньте! (передразнивает) Тетя Поля, тетя Поля…Кто она – эта тетя Поля? Она у вас вместо полиции? Соседка? (Долли кивает) О, кажется, я ее припоминаю. Такая сгорбленная…с клюкой.

Долли. И не сгорбленная, и не с клюкой. Кто вы такой? Зачем вам моя мама?

Лаковкин. Э, да я вам уже докладывал. (кланяется) Последние 15 лет являюсь пожилым человеком из Америки, Бостон, штат Массачусетс. Сеня (указывает) – мой сын. Остальное не интересно. Спросите – почему через окно? Полагаю, что Ваша мама, как и я, не любит банальщины. Она должна оценить.

Долли. Вы сумасшедший?

Лаковкин. Отчасти. А что? Так заметно?

Долли. Заметно. Но сейчас многие, так что ничего.

Лаковкин. Вы не подумайте: Америка – это не фантазия, я действительно оттуда. А то есть в русской традиции такое словоупотребление: уеду, мол, в Америку… Бац – и застрелился.

Вот и вся Америка. Помните у Достоевского?

Долли. (жестко) Не помню. Вы кто – учитель литературы?

Лаковкин. … Да… а как вы узнали? Я совсем недавно переквалифицировался, а так всю жизнь программист. Такая вот метамор… (осекается под взглядом Долли) А вы, стало быть, сразу узнали.

Долли. У меня мама бывшая учительница. Сейчас учится на компьютерных курсах.

Лаковкин. Да что вы говорите! Ей не идет. Ей компьютер не идет (смотрит на Долли).

Ну и как же вас зовут?

Долли. (с вызовом) Долли.

Лаковкин. (отпрянул) Фу, какое фальшивое имя.

Долли. Так мамочка назвала.

Лаковкин. И папочка есть?

Долли. И папочка есть, и тетушка.

Лаковкин. Простите, папочка есть вообще или конкретно?

Долли. Что?

Сеня. Папа, тебя не понимают!

Лаковкин. Папочка с вами живет?

Долли. А вам какое дело? Вы к кому пришли – к маме? Или к папе?

Лаковкин. К маме, к маме.

Долли. Она будет через час или через два.

Лаковкин. Но вы же только что сказали, что через минуточку.

Долли. Раз не пришла, значит задерживается. На часик – другой. У вас в Америке поликлиники есть?

Лаковкин. Есть.

Долли. В очереди ждете к врачу?

Лаковкин. Ждем.

Долли. Как? И там ждете? И в Америке?

Сеня. А вы думали, Америка – рай?

Лаковкин. Ша, Сеня, я размышляю. (Долли) Как вы смотрите на то, чтобы нам прийти в другое время?

Долли. Окей. Сейчас как раз интересная передача по телику.

Лаковкин. Да, параллельный вопрос: почему вы не в школе?

Долли. Так каникулы же. В Америке что – нет каникул?

Лаковкин. Есть, есть. Только они все равно продолжают напрягаться. Кто учится тому, чему не успел научиться за год, кто работает на сезонной работе. Все при деле, все зарабатывают на новую машину или хотя бы на велосипед.

Долли. И телевизор не смотрят?

Сеня. Папа, ты, кажется, заговариваешься. Смотрят, смотрят они телевизор – иначе на кого вся эта мура рассчитана?

Лаковкин. Послушайте, Даша, можно мне вас так называть? Мы здесь неподалеку остановились. Ваша мама будет дома сегодня вечером?

Долли. Возможно.

Лаковкин. А, а...папа?

Долли. Да что вы все «папа» да «папа»? Вы сыщик что ли? Нет у меня папы – ни вообще, ни в частности. Довольны?

Лаковкин. О да! То есть, конечно, обидно папы не иметь. Но вот у Сени тоже нет папы. Грустно это, да, Сеня?

Долли. Как это? А вы кто?

Лаковкин. Я? Я не папа принципиально. Возможно, Сеня – мой сын, но я – не его папа.

Сеня. Лаковкин, ты заболтался. Пошли!

Лаковкин. Иду (вынимает из кармана куклу-голыша, протягивает Долли) Это вам. Я почему-то думал, – вы маленькая. Я вас видел, когда вас везли в коляске. Вы были завернуты в розовую пеленку с пелеринкой.

Долли. О, я ее помню!

Лаковкин. Вы были прелестным ребенком!

Долли. (кисло) Мерси.

Сеня. Папа хочет сказать, что вы и сейчас достаточно прелестны.

Долли. Мерси. Он вам не папа.

Сеня. Ну, как сказать…

Долли. Вы оба…сумасшедшие?

Сеня. Нет, он больше.

Долли. Угу, я поняла.

Лаковкин. Он уйдет, он уйдет, – как сказано у бывшего классика.

(уходит в дверь, за ним Сеня, на пороге Лаковкин оборачивается) Мы еще вернемся, не беспокойтесь!

(Долли подходит к окну, смотрит вниз, затем садится перед телевизором)

По телевизору. Это случилось в Остине, штат Техас. 14-летняя Джекки проснулась раньше родителей в своей спальне на втором этаже. Улыбаясь, она посмотрела на раскрытое настежь окно, потом перевела взгляд в угол. Оттуда на нее смотрел угрюмый человек с пистолетом в руке. «Перестань улыбаться, крошка, – пробасил он, – Мне не до шуток.»

(звук открываемой двери, появляется Лариса, разговор ее с Долли идет на фоне телевизионной передачи)

Лариса. А вот и я. Не прошло и часа. Чем занимаемся?

По телевизору. В то воскресное утро родители Джекки долго ждали дочь к завтраку. Наконец, мама не выдержала и поднялась в спальню девочки.

Лариса. Что там за ужасы? Что-то детективное?

Долли. Ну, как сказать. Очень жизненная ситуация. Достоверная. Прямо как про меня.

Лариса. Шутишь?

Долли. Мама, тебе все шутки! Пять минут назад отсюда ушли… бандиты.

Лариса. Что?

Долли. Ну не бандиты…американцы…

Лариса. Американцы?

Долли. Но они говорили по-русски.

Лариса. Чего они хотели?

Долли. Они искали тебя.

Лариса. Меня? Но почему бандиты?

Долли.(загибает пальцы) Они поднялись по пожарной лестнице и влезли в окно. Это раз.

Они не знали, как тебя зовут. Это два. Они путались в показаниях, кто чей сын и кто чей отец. Это три. И, наконец, четыре. У них наша фамилия.

Лариса. (садится в кресло) Удивительно. (Долли победоносно на нее смотрит)

И они…ушли? Они ничего не сделали тебе? Ничего не взяли?

Долли. (победоносно) Они оставили…вот это.

Лариса. Голыш. Похоже на детскую игрушку. Что это значит?

Долли. Мама, ты наивная. Я почем знаю, что это значит! По их легенде, они привезли «это» мне в подарок. Понимаешь, они думали, что я маленькая, ну совсем ребенок, но я-то за 15 лет во как выросла.

Лариса. Ничего не понимаю.

Долли. Ничего, поймешь. Они вечером заявятся снова. Обещали.

Лариса. Ой, у нас нечем принять!

Долли. Мама, я тебе говорю: это не гости. Мы их не звали и не знаем. Это какие-то сумасшедшие. Один чуть больше сумасшедший, другой чуть меньше. Прямо как мы с тобой.

Лариса. Ну нет. Ты у нас не сумасшедшая, Доллинька. Зачем на себя наговаривать? Сумасшедшая я. Целый день торчала в поликлинике. Ты не кормленая, не присмотренная, одна-одинешенька, бедняжечка. Смотришь всякую «ужасть» по телевизору, еще не такое может привидеться! А я, представляешь, попала-таки к невропатологу. Все врачи в отпусках. Какой-то на замене, не русский, страшный, черный, откуда-то с Востока. Работает один, без сестры, духота страшная. Посмотрел очень невнимательно, за пять минут. Говорит, сейчас голова у всех кружится, у всех без исключения – мужчин, женщин, детей, и на всех полушариях. Прописал какой-то порошок от головокружения, я уже купила в аптеке. Как думаешь, принять? (держит склянку)

Долли. Дай-ка сюда! (читает): «zicutus». Не пей, страшное какое-то название.

Лариса. Вот и я думаю. Цикута – это же отрава. Сократ выпил кубок с цикутой и умер.

Долли. Сократ – это кто?

Лариса. Сократ – это философ древнегре… (осекается под взглядом Долли)

Долли. Хорошо, я поняла. Больше не надо. Знаешь же, что я не терплю твоих лекций.

Лариса. Но, Долли, ты же спрашивала…

Долли. Все. Больше не спрашиваю. Я пошла.

Лариса. Это куда?

Долли. К Ленке Арвидас. У них сегодня «party». Приезжает какой-то иностранец, ученик Ленкиной матери. Буду часам к 11. Ты не волнуйся! И не трусь. Это я насчет американцев. (патетически) Твоя дочь сумеет тебя защитить.

Лариса. Но, Доллинька, ты ведь… тебя ведь дома не будет.

Долли. Все равно, вот увидишь (кладет в карман голыша). Вещественную улику беру с собой. Все Ленке расскажу. Представляешь фурор? Она обожает такие истории, чтобы как в кино. А ты, мамуля, расслабься. Поешь обязательно. Не работай. А если будешь, то хотя бы не лежа, с твоим-то зрением. Побежала. (убегает)

Лариса. Есть что-то не хочется. Ест только тот, кто работает (присаживается к компьютеру). Ой, не могу, голова как кружится. Может, лежа? (берет листочки, ложится на диван) Что у нас сегодня? Реклама мебели от испанской фирмы Gran Oliv. (читает)

«Господа и дамы, покупайте мебель фирмы»…Почему «господа и дамы»?

Дамы и господа. Нет, не хорошо. Друзья! Нет, слишком фамильярно. Уважаемые клиенты.

«Клиенты» не подходит. Уважаемые покупатели! Вот так. (продолжает читать) «Мебель испанской фирмы Gran Oliv – самая лучшая в Европе и в мире». Мебель испанской фирмы Gran Oliv – лучшая в мире. Gran Oliv, Gran Oliv… Что-то мне напоминает. (задумчиво) Напоминает один испанский романс… я читала его в школе … со сцены… сколько же лет мне было?

(Встает с дивана, становится перед зрителями, читает в порыве восторга и вдохновения)

*В Пасху это было, в первый день недели,
На поля Оливы мавры налетели.
Ай, поля Оливы, ай, просторы Граны,
Полонили мавры христиан немало,
Юная инфанта к маврам в плен попала.
К королеве мавров привели инфанту,
В жемчугах, в атласе, в ожерельях, в бантах.
- Эта полонянка всех испанок краше,
В дар ее примите, королева наша!
- Мне подарок этот, мавры, не годится,
Наш король так молод, может он влюбиться,
Прочь ее ведите, мне таких не надо,
Он ее полюбит с первого взгляда.
- Пусть она, сеньора, хлеб печет до ночи,
Станут щеки желты, потускнеют очи.
Пусть она стирает в ледяном потоке,
Тусклы станут очи, пожелтеют щеки.*

(останавливается перед зеркалом, закрывает лицо руками) Ах, это со мной случилось, со мной. (возвращается на диван, сквозь слезы пытается редактировать рекламу) Мебель фирмы Gran Oliv демонстрирует цветущий дизайн. (откладывает листочки в сторону) Не могу.

(Со двора за окном доносится старушечий бодрый голос)

Тридцать третья, есть кто живой?

Лариса. (выглядывает в окно) Это вы, Полина Федоровна! Здравствуйте!

Полина. Сегодня в 15 ноль-ноль Дашутка ваша кричала как резаная. Меня звала.

Лариса. Да что вы говорите? Зачем?

Полина. Вот и я спрашиваю, зачем. Я ж в это самое время аккурат сериал смотрю. Я потом его своей приятельнице во всех деталях описываю, в Германии. У их там отстают с показом. Так что с 15 ноль-ноль до 16.30 я как на часах. Зови не зови… Что с ей случилось-то хоть?

Лариса. Кто-то приходил, говорит, через окно.

Полина. Понятно, через окно. Дверь-то только с третьего захода открывается в вашем подъезде. Я уж говорю, говорю домоуправлению. Реакция ноль. Куда Дашутка-то ушла?

Лариса. К подружке.

Полина. Она девка у тебя неплохая, но ты, мать, приглядывай. Еще мама моя покойная говорила, что девчонки нынче вышли из-под контроля, все делают с точностью до наоборот против наставлений родительских.

Лариса. Да, это древняя история. Как вы поживаете?

Полина. Вся в трудах. Сейчас придут в ваш подъезд двери налаживать. Пошло домоуправление навстречу.

Лариса. Спасибо, Полина Федоровна, одна вы за всех нас.

Полина. У каждого, Лариса Михайловна, свое назначение, своя функция, свой крест.

Лариса. (отходит от окна) О чем я только что? (смотрит в зеркало) Да, бывшая инфанта, украденная маврами… (видит в зеркале отражение: чье-то черное лицо с блестящими белками, отшатывается) Ой, что это! Кто это?

Мустафа. (в окне) Это я, ваша доктор. К вам иначе не доберешься. Двери забаррикадирована. Там какие-то людей, чинят.

Лариса. А, я вас узнала, вы из поликлиники. Заходите. Вы после работы?

Мустафа. Что вы! Там еще целая коридор народ. Я дал вам не та рецепт, неправильная.

Лариса. Представьте, я тоже это поняла. Zicutus – как же, знакомый яд.

Мустафа. Я была невнимательный, очень усталый, душный в комнате. Не могу работать без кондиционер.

Лариса. Откуда вы?

Мустафа. Я из Индии, Кашмир. Я мусульман бежал в вашей страна. Ваша русский жара не привык.

Лариса. Неужели у нас жарче, чем в Индии?

Мустафа. У вас без кондиционер. Вот другая рецепт. Раз в день ложка в порошок (вытирает лицо)

Лариса. Может, водички попьете? Вон вы как вспотели.

Мустафа. Там еще целая коридор народ. Нада бегать (исчезает в окне)

Лариса. (читает на банке) Antraxus. Антракс… где-то я слышала это название. Принять? (раздумывает) Нет, погожу. Очень неприятно звучит. Помню, бабушка, когда у нее была мигрень оборачивала голову мокрым полотенцем (заворачивает голову).

Если голова будет кружиться, я не смогу работать. Геннадий Алексеевич всегда говорит: «Чтобы хорошо редактировать рекламу, необходимы сосредоточенность, сконцентрированность и внимание». О, какое головокружение! Если я не смогу сосредоточиться, Геннадий Алексеевич выгонит меня с работы. Как мы с Доллинькой будем жить? У меня никаких сбережений. Она – ребенок, тинэйджер. У нас нет поддержки, никого, ничего. О, какое головокружение!

(Звонок телефона, Лариса рассеянно берет трубку) Здравствуйте. Что вы говорите? Геннадий? Какой Геннадий? Ах, Геннадий Алексеевич! Какое совпадение, я вас только что вспоминала.

Ну почему же? Добрым словом. Я слушаю. Да, уже почти готово, три четверти готово, остался последний кусочек. Мне нужно еще немножко сосредоточиться, сконцентрироваться и напрячь внимание (болезненная гримаса). К завтрашнему дню?

(безнадежно) Хорошо, я постараюсь. Да, да, заказчик ждет, то есть заказчик не ждет.

А…послезавтра нельзя? Нет, конечно, я уже не маленькая. Да, да, я поняла. Будет сделано.

(кладет трубку) Господи, если бы голова не так кружилась! (берет листочки)

Мебель Gran Oliv демонстрирует цветущий дизайн… цветущий дизайн… цветущий дизайн. Не могу (поднимается с дивана). Мебель Gran Oliv. Испания, как низко ты пала! (подходит к зеркалу) Как низко ты пала, Лариса Лаковкина! Ты редактируешь ерунду, а мечтала о служении людям, о воспитании юношества…Куда это все ушло? В какую дыру?

Вот она стирает в холода и в грозы,
Облетел румянец, растеряла розы,
Растеряла розы, до свету вставая,
Платья королевы день-деньской стирая.

(в зеркале видит отражение нового лица, появившегося в окне. Это Лаковкин)

Кто вы? (лихорадочно снимает повязку с головы)

Лаковкин. Я – Лаковкин, Владимир Петрович.

Лариса. Лаковкина, Лариса Михайловна. Почему вы через окно?

Лаковкин. Мне казалось, вам должно понравиться. К тому же… через дверь к вам не попадешь. Два пьяненьких голиафа что-то с ней делают.

Лариса. Вы – родственник?

Лаковкин. Я – самозванец.

Лариса. Простите, но я…

Лаковкин. Это трудно объяснить. Боюсь, вы мне не поверите. Вы верите в родство душ?

Лариса. Верю.

Лаковкин. А в перерождение? В жизнь сначала?

Лариса. Пожалуй, да.

Лаковкин. Откуда взялась ваша фамилия? Где ее корни?

Лариса. По рассказам бабушки, – в Испании. Но я не испанка, не подумайте. Я …еврейка.

Лаковкин. Так.

Лариса. Вы антисемит?

Лаковкин. Вы больше похожи на испанку. Я был там, я мог бы встретить вас в Толедо, в Севилье или в Кордове.

Лариса. Я никогда там не была. Но фамилия, возможно, оттуда. La Cava – героиня испанских романсов. Из-за нее погиб последний король вест-готов Родриго. Его убили мавры. А Лакава дала имя нашему роду Лаковкиных. Возможно, бабушка все придумала, она была фантазерка, у нее был непорядок… с головой (дотрагивается до своей головы).

Лаковкин. Ш-ш ! Бабушки не врут…своим внучкам. У ВАШЕЙ фамилии испанские корни.

Лариса. А у вашей?

Лаковкин. Моя корней не имеет. Много лет назад, живя в России, я встречал на улицах города, в вашем, кстати, районе … женщину. Не знаю, ни сколько ей было лет, ни была ли она замужем. Видел ее одну или с коляской. В ней лежал прелестный ребенок в розовой пеленке. Эта женщина…(кашляет) У вас нет водички? (Лариса приносит стакан воды, Лаковкин залпом выпивает) Короче, однажды я проходил по двору, когда она разговаривала с пацанами. Отошла она, и я спросил пацанов: «Кто это, с кем вы сейчас говорили?» – А это наша училка по литературе, ее фамилия Лаковкина. Хорошая фамилия – подумалось мне. Наверное, у жизни под этой фамилией совсем другой вкус. Если бы мне выпала другая жизнь…

Полина. (за окном) Лариса Михайловна, а Лариса Михайловна!

Лариса. (выглядывает) Да? Что случилось?
Полина. Слышите? (звук сирены) Слышите?
Лариса. Да что случилось?
Полина. А милицию ктой-то вызвал. Так оне войти не сумевши. У вас в подъезде ремонт дверей производится.
Лариса. Спасибо за информацию. Я вам нужна для чего-нибудь, Полина Федоровна?
Полина. (тише) А я вам? Вы шепните, я помогу. У нас здесь самооборона налажена. Ктой-то к вам по пожарной лестнице лез.
Лариса. Да что вы, вам привиделось. Я одна.
Полина. А голос мужской, такой окладистый?
Лариса. У меня телевизор включен.
Полина. Ну, глядите сами. А то самооборона – все по гудку собираются в один момент. Даром что инвалиды – быстры-и! Куды та милиция!
Лариса. Спасибо, Полина Федоровна, как-нибудь в другой раз. Сейчас нет никакой нужды (возвращается) Вы потише говорите. Тут одна соседка… нет, она не оттуда (показывает), по зову сердца – сердобольная очень, но и спуску никому не даст.
Лаковкин. Мне ее голос как будто знаком. Видел тут неподалеку такую сгорбленную, с костылем…
Лариса. Так это Полинина мама, Ксения Лукинична, она умерла давно уже. Они и вправду похожи. Так вы где-то поблизости живете?
Лаковкин. Жил. Сейчас живу в Америке. Принесите мне еще водички, а я вам прочитаю лимерик собственного сочинения. Как филолог вы должны знать эту стихотворную форму, родившуюся в Ирландии. Я ее активный почитатель и пописатель (Лариса приносит воду, он пьет).

> *Пожилой человек из Америки*
> *Сочинял на досуге лимерики.*
> *О ненастной погоде да о русской природе,*
> *По-хазарски писал он лимерики.*

Лариса. По-хазарски? Есть такой язык?
Лаковкин. Наверное, если был народ. Я, возможно, один из последних его представителей.
Лариса. Вы – хазарин?
Лаковкин. Не похож?

Лариса. Не знаю… не знаю, какие они…были. Я читала книгу, где говорится, что они исчезли бесследно.

Лаковкин. Не бесследно. Я – один из следов.

Лариса. (внимательно на него смотрит) А, понятно.

Лаковкин. Нет, нет, вы не правильно подумали. Я не психбольной, клянусь вам. Мое помешательство другой природы.

Лариса. (сурово) Ну, хорошо. Оставим это (трет голову). Зачем вы здесь? Что вас сюда привело? (смотрит на часы)

Лаковкин. Вы спешите?

Лариса. У меня срочная работа и тяжелая голова.

Лаковкин. Хотите, чтобы я ушел?

Лариса. Нет уж, оставайтесь. Мне кажется, в своем рассказе вы что-то пропустили.

В нем нет… лирики.

Лаковкин. Видите ли, я не лирик, у меня другое амплуа. Я ни разу в жизни не признался женщине в любви. Удивляетесь?

Лариса. Нет. Я ни разу в жизни не слышала объяснения в любви.

Лаковкин. Как? А ваш муж?

Лариса. Я не была замужем.

Лаковкин. А ребенок? …Простите за бестактность.

Лариса. Он не мой. Я удочерила Долли. Она дочь…моей сестры.

Лаковкин. Она знает?

Лариса. Нет. Сестра для нее просто тетя Лиза, веселая, молодая. Она родила Доллиньку, когда ей было столько, сколько Долли сейчас. Я была на 10 лет старше. Мы жили вдвоем.

Впрочем, все это вам не интересно.

Лаковкин. Неужели до сих пор вам никто не признавался в любви?

Лариса. Представьте, никто.

Лаковкин. Ну тогда… тогда… (откашливается) Послушайте, напоите меня чаем. В горле пересохло. Слышали лимерик? Впрочем, где вы могли его услышать?

Пожилой человек из Америки

Принимал порошки от истерики.

Выпив те порошки, бил ночные горшки

И катался по полу в истерике.

Смешно?

Лариса. Про порошки мне не смешно. Кстати, не знаете, что такое «антракс»? Мне сегодня прописали.

Лаковкин. Антракс? Покажите-ка!

Лариса. У меня только рецепт (показывает).

Лаковкин. Дайте-ка сюда! (рвет рецепт) Это яд. Неужели вы не слышали? Он напугал всю Америку.

Лариса. Я стараюсь не читать газет и не смотрю телевизор. Я, знаете, излишне впечатлительна. Бабушка говорила, что мне нужно жить при отключенной нервной системе. Но не получается, не всегда получается, чтобы положительные эмоции… Вот вы пришли – и я отвлеклась, развлеклась и голова у меня…закружилась… (схватилась за голову), но как-то по-другому. Вы кто, волшебник?

Лаковкин. Я вам признаюсь, когда вы дадите мне чай.

Лариса.(суетится, наливает чай) Знаете, у нас ничего нет к чаю. Вот только два миндальных пирожных.

Лаковкин. Давайте! Давайте миндальные пирожные. Я по ним соскучился. Садитесь!

Я хочу сделать вам предложение (Лариса вскакивает)

Садитесь! Вы не поняли. Я не про лирику. Деловое предложение. (Лариса садится, пьют чай) Как вы думаете, чем я занимаюсь в Америке?

Лариса. Компьютер?

Лаковкин. Было. Компьютер был. Но все полетело к чертям. Людей разогнали. Чем занимаюсь сейчас?

Лариса. Безработный?

Лаковкин. Вы гениальны в своих прозрениях. Но есть планы. Большие планы. И кое-что уже апробировано, так, кажется, говорили в российских научных кругах.

Я открываю в Бостоне школу хазарского языка.

Лариса. (ставит чашку) Вы шутите? Этот язык мертв. Его никто не знает.

Лаковкин. Возможно. Тем увлекательней начать обучение. Главное – привлечь внимание, поразить, вызвать интерес. Под этой подливой мы начнем пропаганду русской культуры.

Лариса. Вы думаете, это вызовет интерес?

Лаковкин. Бесспорно. Русских американцев привлечет хазаро-еврейская тематика. Просто американцев – доступность цен и возможность путешествия…в Хазарию, то бишь в Россию.

Лариса. Вы сумасшедший?

Лаковкин. В той же степени, что и вы. Я приехал за вами.

Лариса.(отставляет стакан) Простите, что вы сказали?

Лаковкин. (громко) Я приехал за вами. Вы будете преподавать хазарский язык и хазарскую литературу в моей школе.

Лариса. Но я не знаю ни того, ни другого.

Лаковкин. Оставьте. Я же вам объяснил. Вы будете заниматься своим прямым делом. Обучать всех желающих русскому языку.

Лариса. Так хазарскому или русскому?

Лаковкин. Какая разница? Какому-нибудь из них. Согласны?

Лариса. Так сразу?

Лаковкин. Мы завтра уезжаем. Я и мой…сын. Он тоже участвует в хазарской затее.

Я директор, он заведует финансами. А вы – вы учитель. Соглашайтесь!

Лариса. Но как я попаду в Америку?

Лаковкин. Как все, по еврейской линии. Я постараюсь ускорить прохождение документов.

Лариса. А Долли?

Лаковкин. Возьмете с собой. Или оставите. На ее усмотрение.

Лариса. А сестра?

Лаковкин. То же самое. Еще родственники есть?

Лариса. Больше нет. Все родственники погибли в войну – или на фронте, или на оккупированной территории.

Лаковкин. Так едем!

Лариса. Постойте! Вы ничего не хотите мне сказать…лирического?

Лаковкин. (тихо) Вам мало, что я приехал за вами? Извольте. (Встает, принимает разные положения, снова садится) Хотите, прочту мой последний лимерик?

> *Пожилой человек ниоткуда*
> *Пребывал в ожидании чуда.*
> *Вот и век миновал,*
> *А он все пребывал,*
> *И другой миновал ,*
> *А он все пребывал –*
> *И вот это похоже на чудо.*

Лариса. Две лишних строчки…

Лаковкин. Я реформатор в области стихосложения. А что скажете о содержании?

Лариса. О содержании? Содержанием вы меня не удивили. Я сама всю жизнь жду чуда.

Лаковкин. И чудо пришло, оно залезло в окно. Чего вы хотите от чуда? Постойте, я, кажется, знаю, чего вы от него хотите! Вы хотите, чтобы оно призналось вам в любви, ведь так?

Лариса. Ну, положим.

Лаковкин. (встает перед зеркалом, охорашивается, вдруг видит в нем «привидение»). Кто это? (показывает на окно, где появилась голова Мустафы)

Мустафа. Я перепутала опять, такой в духота невозможно работать. Где рецепт?

Лариса. Я его порвала. Надеюсь, вы не хотели меня отравить? Очень прошу вас удалиться – у нас здесь серьезный разговор.

Мустафа.(смотрит на обоих) Любовь? Русский женщина красавиц. Но почему у вас нет кондиционер? И возле дверей лежат пьяные люди. Не дают проходить (скрывается).

Лариса. Итак, я слушаю вас, Владимир Петрович. Я слушаю вас очень внимательно.

Лаковкин. Лариса, Лара, Лакава, я увидел вас много лет назад. Я понял, вы – женщина из моих снов. Я следил за вами, я узнал вашу фамилию, я сделал ее своею. Я думал о вас все эти годы. Я приехал, чтобы взять вас с собой. Я …(мнется)

Лариса. Ну!

Лаковкин. Люблю вас.

Полина (снизу, под окном). Лариса Михайловна, а Лариса Михайловна! К вам тут целая гоп-компания. Спрашивают, можно ли в окно. Слесаря, родимые, упилися и дверь перегородили. Теперя вовсе не функционирует.

Лариса. Погодите, Поля. Я занята. Я ничего не поняла, что вы сказали. Давайте потом, хорошо? Я сейчас очень занята.

Часть вторая

(Лариса и Лаковкин продолжают пить чай)

Лариса. Интересно, кто это ко мне приходил? Признайтесь, вы наколдовали? Обычно никто не ходит.

Лаковкин. Ш-ш. Не верю (берет со стены гитару, начинает наигрывать испанскую мелодию). В вас есть что-то фатальное. Из-за вас должны биться на дуэлях, вам должны петь серенады под балконом. Сколько у вас было романов? 10? 15? Где они, ваши мужчины?

Лариса. А ваши женщины?

Лаковкин. О, имя им легион! Я ведь в прошлом Дон Жуан, у меня была страсть к обольщению. Мой сын - плод такой мимолетной связи. Он, как ни странно, признал меня отцом, отыскал в Америке, взял мою фамилию, теперь зовется Simon LakOvkin. Его мать уехала тогда же, когда и я, Сеня был подростком…Да, я кружил женщинам головы, ничего для этого не делая.

Лариса. Боюсь, вы бы мне не понравились… В юности ненавидела Дон Жуанов.

Лаковкин. А сейчас?

Лариса. Сейчас… сейчас…тоже не люблю. Я мало изменилась.

Лаковкин. Будете ревновать? Мне 67 лет (Лариса молчит). В вас я нашел свою Донну Анну (Лариса молчит). Я сторонюсь общества женщин, предпочитаю им кошек.

Лариса. Терпеть не могу кошек! Дайте сюда гитару. Что вы издеваетесь над инструментом! У меня не было романов. Меня любили издалека. Помню в шестом классе… Один мальчик…он ходил за мной по пятам, подкидывал записки на переменах…я убегала от него, а записки рвала. Его звали Сережа. Он мне нравился.

За мной всегда ходили на расстоянии. Наверное, у меня слишком гордый вид. Я ведь инфанта.

Лаковкин. Инфанта?

Лариса. Ну да (наигрывает на гитаре).

> *Ай, просторы Граны, ай, поля Оливы!*
> *В том краю росла я, вольная, счастливая.*
> *С королем - отцом моим мы гулять ходили,*
> *Вместе ту оливу в землю посадили.*
> *Королева - матушка шелком вышивала,*
> *Я мотки держала, нить в иглу вдевала.*
> *Я росла, не зная горя и заботы.*

Я росла, не зная горя и заботы. Безумно любила родителей, и была ими любима. Они погибли в авиакатастрофе. А я так и осталась инфантой. Боже, как мне их недостает! (плачет) Когда болею, некому сказать: «Ларочка, выпей горячего чаю, поставь градусник, детка! Когда холодно, никто не предупредит: «Ларуся, оденься теплее, носик замерзнет!»

Лаковкин. Ларуся, детка, теперь это буду делать я..
(Лариса замолкает, оба словно пробуждаются)
Лаковкин. Вы… вы не против, если я буду звать вас на «ты»?
Лариса. Зовите…если получится.
Лаковкин. А вы, то есть ты, можете, то есть можешь звать меня Володя.
Лариса. Хорошо. А «Володичка «можно?
Лаковкин. Конечно (смотрит на нее). Когда придет твоя дочь?
Лариса. Не знаю. Часов в 11. Она у подруги – Лены Арвидас.
Лаковкин. (безотчетно) Знакомое имя– что-то Сеня мне говорил… (смотрит на нее)

Лариса, я улетаю завтра. На самолете. И тоже могу попасть в авиакатастрофу или самолет захватят террорисБты. Ведь возможно? (кричит) Даже если ты не читала газет, про террористов ты, наверное, слышала?
Лариса. (испуганно) Почему вы кричите?
Лаковкин. Я возбужден. Ты меня возбуждаешь. Отойди, я не могу на тебя смотреть, мне хочется к тебе прикоснуться.
Лариса. Вы можете.
Лаковкин. Я могу прикоснуться к твоей руке?
Лариса. Руке.
Лаковкин. Я могу обнять тебя за талию?
Лариса. За талию.
Лаковкин. Я могу погладить твои плечи…шею…
Лариса. Плечи, шею.
Лаковкин. …грудь
Лариса. Грудь. (отскакивает) О нет, не надо, прошу вас! Я не могу. Я не умею. У меня не получится.
Лаковкин. Поверь, я не сделаю ничего плохого, дурного, стыдного. Тебе будет хорошо. Доверься мне. Закрой глаза и не открывай, пока я не скажу. Хорошо?
(*Лариса.*кивает. Лаковкин берет ее на руки и осторожно переносит на кровать, потом тушит свет)
(Телефонный звонок)
Лаковкин. Как некстати! Я подойду (берет трубку). Алло. Это Долли? Мама? Мама здесь. Она… прилегла. (Лариса вскакивает, выхватывает трубку) Доллинька, я тут. Где ты? Ходишь под окнами? Почему выключили свет? А почему ты и твои друзья ходите под окнами? Вы что, шпионите за мной? Милиция? Ты вызывала милицию? Нет, не приезжала. Вернее, кажется, они приезжали, но не сумели зайти. Вы тоже не можете? Ну так лезьте в окно, живо!

(Лаковкину) Не успели вы, Володичка, меня расколдовать, не успели. Значит, не судьба.

Лаковкин.(угрюмо) Еще посмотрим.

(В окне появляется Долли, спрыгивает на пол)

Долли. (кричит в окно) Порядок! (глядя на Лаковкина) А он что здесь делает?

Лариса. Он гость.

Долли. Прогони его.

Лариса. Долли!

Долли. (умоляюще) На минуточку! Я должна рассказать тебе одну потрясающую новость!

Лариса. Владимир Петрович, нам с Доллинькой нужно пошептаться.

Лаковкин. Понял. Вы не возражаете, если я вернусь через…через…

Лариса. Как можно скорее.

Лаковкин. Долли, дитя, не знаешь, ваша дверь работает на выход?

Долли. Не знаю. Там возле какие-то два типа …отдыхают. Вы их можете потревожить.

Лаковкин. Попытаюсь прорваться (засучивает рукава)

Лариса. Владимир Петрович, Володичка! Будьте осторожны. Эти пьяные хулиганы, с ними лучше не связываться.

Лаковкин. (подмигивает Долли) Где наша не пропадала! Ну-с, барышни, отойдите! (ныряет в дверь. Обе «барышни» прислушиваются, потом смотрят вниз в окно. Оттуда раздаются громкие крики: «Держи его!» «Хватай за печенку!» Затем все смолкает, голос Лаковкин.: «Барышни, порядок».)

Долли. (Ларисе) Ты чего такая встрепанная? И глаза странные, затуманенные?

Лариса. Ты хотела мне что-то рассказать?

Долли. Потрясающая новость, мамуля. Я - не твоя дочь.

Лариса.(спокойно) Да? И чья же ты?

Долли. Тети Лизы…и еще одного субъекта

Лариса. Да? Какого же субъекта?

Долли. Его зовут Саймон ЛакОвкин. Он сын… твоего гостя.

Лариса. Да? Это не мистификация?

Долли. Все обнаружилось случайно. Ленкина мать была учительницей в их классе. Папаша, то есть Саймон, ей позвонил, что приехал из Америки. Она устроила party, обзвонила всех его бывших одноклассников. Оказалось – кто в Америке, кто в Канаде, кто на Мальте. Одна тетя Лиза на месте. Вот они и встретились. Ты не возражаешь, если я поем? (ищет в холодильнике). У Ленки мне не до еды было. Ты когда струдель купила? (ест) У них любовь была в подростковом возрасте - в результате я появилась на свет, а Саймон про это ничего не знал, он к тому моменту уже был в Америке со своей мамашей. Ты чего молчишь? (другим тоном) Я, мамуля, сказать по секрету, про тебя уже давно знаю. Соседушки просветили. А вообще - не хочу я в родители ни Лизку, ни Саймона! Ну, Лиза еще куда ни шло, но Саймон…брр! Ни за что не назову его папой, пусть хоть треснет.

Лариса. А он хочет?

Долли. (с сомнением) Не знаю. Сейчас они друг с другом разбираются (выглядывает в окно, кричит) Тетя Лиза, а тетя Лиза! (отходит) Ушли. Во гады! Обещали меня подождать! (Телефонный звонок, Долли берет трубку). Алло! Тетя Лиза! Привет, маман. Папаше тоже привет. Конечно, свободна. Могу и не переодеваться, тем более что не во что. Ого, во французский ресторан? А долларов у него хватит? Тогда кул. Окей, говорю. Встретимся на месте (кладет трубку и подходит к Ларисе). Мамуля, ты не волнуйся, я тебя не брошу. Возьму с собой в Америку! (Лариса смотрит на нее пристально) Ты чего? Я про Америку просто так сказала. Нужна мне эта Америка! Папаша американский мне чужой человек, да и Лиза. Звонила тебе по вечерам: «Как Долька? Дай Дольке трубку! Ты хорошо в школе учишься? А с мальчиками гуляешь?» Всегда у нее была своя жизнь, отдельная от нашей. Помнишь, я гриппом болела, а она боялась заразиться, ко мне не подходила? А ты у постели моей сидела (бросается к Ларисе). Хочешь, не пойду никуда? Что я - французских ресторанов не видела? То есть не видела, но не в этом дело. Ты тут скучать будешь без меня, да? Или нет? Ты себе нашла этого… гостя, да? Он теперь будет с тобой, да? Я знаю, ты слабая, ты всегда поддаешься, на тебя кто сел, тот и поехал. Да, да, я знаю. Ты должна мне обещать…

Лариса. (строго) Долли, я ничего тебе не должна. Ты мне - тоже. Ты свободна выбирать свою судьбу. Я – тоже. Иди, детка, в свой французский ресторан. Тебя ждут.

Долли. (кидается к ней) Мамочка! (сквозь слезы) Знаешь, у Ленки Арвидас такое шикарное платье, белое - сейчас в моде белый. Представляешь? А мне и надеть нечего! (смотрит на себя в зеркало и машет рукой) Безотцовщина! (Прыскает. Идет к двери, но останавливается и поворачивает к окну) Рисковать не будем (вылезает в окно, крик снизу) Не волнуйся, мамочка! Все ОК.

(Звонок в дверь, Лариса открывает, на пороге Лаковкин с розами и бутылкой шампанского)

Лаковкин. Принимайте (отдает Ларисе цветы, ставит на стол шампанское). Два пьяных голиафа на выходе чуть меня не растерзали. Я обещал принести им бутылку - и благополучно вышел и вошел. Водка остается российской разменной монетой. Несите бокалы, будем пить шампанское. Где ваши миндальные пирожные?

Лариса. Вы их съели!

Лаковкин. Я бы съел еще что-нибудь!

Лариса. Но… кажется в холодильнике есть остатки орехового струделя.

Лаковкин. О, струдель я не ел лет шестьдесят.

(Лариса приносит струдель, ставит на стол вазу с цветами, бокалы, Лаковкин их наполняет)

Давайте выпьем за встречу хазарина и испанской инфанты. Когда-то один визирь кордовского правителя, втайне исповедовавший иудаизм, узнал о существовании Хазарского царства, где также исповедовали иудаизм, но открыто. Он написал письмо Хазарскому царю, дескать, расскажи, как вам удается сохранить свое еврейство. И был получен ответ от хазарского царя. Царь приглашал его в гости - посмотреть на цветущую Хазарию. Прошло время, и визирь был вынужден спешно покинуть Кордову, мусульмане прознали, что он «неверный». Куда бежать? И он направил своего коня в сторону Хазарии. А по дороге узнал, что такого государства больше нет, исчезло бесследно. На месте цветущих долин остались одни руины, дымящиеся головешки… Да. Так давайте выпьем за то, чтобы встреча хазарина и испанской инфанты была менее печальной, чем встреча с Хазарией кордовского вельможи.

(чокаются, Лаковкин пьет)

Лариса. (ставит бокал на стол) Это сказка?

Лаковкин. Это такой тост. Эту древнюю историю я слышал еще от бабушки.

Лариса. А бабушки не врут… своим внукам.

Лаковкин. Так вы едете со мной в мою…Хазарию?

Лариса. Дайте подумать. Не торопите меня, Володичка!

Лаковкин. Хорошо. Мой самолет улетает завтра. Вкусный какой струдель, обалденно!

(подходит к гитаре, перебирает струны). Пожилой человек ниоткуда… Знаете, Ларочка, мне кажется, я выпал и из пространства, и из времени. Кто я? Где я? Куда я? Зачем я? Откликается лишь гулкая пустота…космос. А хочется тепла, человеческого, земного, хочется простоты и какого-нибудь противоядия против страха смерти, против холода Вселенной. Вам это незнакомо? (подходит к Ларисе) Можно мне дотронуться до тебя?

Лариса. Нет.

Лаковкин. Нет?

Лариса. Нет. Я вот что подумала, Владимир Петрович. Я живу свою жизнь, плохую ли хорошую, но свою. Я не хочу ее менять. Пусть идет как идет. Что вы мне предлагаете?

Замужество? Но я вас почти не знаю. Авантюру? Но я на нее не способна. Преподавать хазарский язык в американской школе! Вы шутите надо мной! Я не стану поддаваться на розыгрыш. Вы говорите, что любите меня всю жизнь - и любите. Я не против. Любите издалека, из своей Америки, из своей Хазарии. Я, со своим реальным характером, со своей внутренней жизнью, со своей физиологией, да, да, со своей физиологией, могу не подойти вам. Зачем лишние разочарования - и вам и мне? Летите в свою Америку, в свою Хазарию!

Оставьте меня! У меня кружится голова. У меня сильно кружится голова (плачет).

Лаковкин. Лариса, деточка, не плачь! Тебе нужно отдохнуть, ты устала. (ведет ее к кровати, укладывает и укачивает) Я посижу рядом и буду тебя баюкать всю ночь, всю ночь, как в детстве. Я буду читать тебе стихи. Ничего не бойся, я с тобой.

> *Пожилой человек из Америки*
> *Сочинял на досуге лимерики.*
> *О ненастной погоде и о русской природе-*
> *По-хазарски писал он лимерики.*

Голос Полины: Лариса Михайловна, а Лариса Михайловна…

Лаковкин. (выглядывает) Тише, соседка! Уймитесь! Снимите свой контроль! Она спит.

Дайте человеку поспать!

Часть третья
Аэропорт

Голос диктора. Внимание, самолет авиакомпании «Дельта» Москва-Нью-Йорк, вылетающий рейсом 31, вылетом задерживается.

Лариса. Ну, кажется, скоро улетят.

Долли. Их рейс задерживается. Только что объявили.

Лариса. Да? А я не слышала.

Лиза. Ты что такая задумчивая, сестричка?

Лариса. А ты - такая веселая?

Лиза. Да, я радуюсь. Моя жизнь скоро переменится, и я счастлива. Я жду будущего как ребенка - с тем же ощущением.

Долли.(топает ногами) Вот неправда. Ты, Лизка, ребенка не ждала и не хотела! Ты его сестре подкинула, а сама поселилась на другом конце города, чтобы жизнью наслаждаться.

Лиза.(спокойно) На другом конце города я поселилась, потому что там жила наша с Ларой няня, она меня прописала к себе, а иначе как бы я за квартиру платила, с каких шишей?

И работала я с 15 лет, на хлеб себе сама зарабатывала, у вас с Ларой денег не брала. Сама была еще ребенком в сущности, как вспомню те подъезды заплеванные, которые убирала...эх! И не тебе, Долька меня учить, слышишь! А то разозлюсь - и в Америку не возьму.

Долли. Тебя еще саму не возьмут. Папаша новоявленный, может, женатый уже. Или girlfriend у него, как у них там принято. Ленка Арвидас там год жила по обмену, она мне много чего порассказала.Там, говорит, нормального редко когда встретишь: или наркоман, или голубой, или какой-нибудь поехавший. Папаша, кажется, из последней категории.

(Мимо проходит Мустафа с чемоданом)

Лариса. Здравствуйте! Не узнаете меня?

Мустафа.(надвигает кепку) Кто такой? Не трогай руками.

Лариса. Вы врач из поликлиники. Вы выписали мне 2 смертельных рецепта.

Мустафа. Сумасшедший женщина! Я беженец из Пакистана. Кашмир слышал?

Голос диктора. Граждане пассажиры, заканчивается посадка на самолет авиакомпании «Дельта», вылетающий рейсом 31 в Нью-Йорк.

Мустафа. Не мешай, женщина! Мой рейс эта (отталкивает Ларису, Лариса. хватается за его чемодан) Не трогай мой поклажа руками! (бежит)

Лариса. Держите! Держите его! Террорист!

Долли. Мамочка, какая тебя муха укусила? Пожалуйста, замолчи!

Лиза. Что случилось?

Лариса. Я его знаю. Он врач-отравитель.
(Лиза с Долли переглядываются)
Долли.(Лизе) Бедная мамочка, она свихнулась …от любви.
Лиза. От любви? Расскажи, расскажи. Почему я ничего не знаю?!
Лариса. Люди! Держите его! Он убийца!
(Люди идут не оглядываясь)
Лиза. Какое спокойствие вокруг. Никто даже не оглянется!
Долли. А привыкли уже - не реагируют.
Лиза. Сестренка, передохни. Тебе что-то привиделось! Хочешь таблеточку пососать?
Лариса. Таблеточку? Ни за что! В ней яд, яд!
Долли. Ну, совсем поехала мамочка. А говорила, что не способна влюбиться. Еще как способна. Если бы еще человек был хороший…
Лиза. Плохой?
Долли. Это та яблоня, с которой упал наш папа Сеня. Мамочка, перестань! А то, не дай Бог, люди начнут останавливаться. Посмотри все вокруг такие деловые, с серьезными чемоданами, с пудовыми лицами…. Пойдем домой, мамочка!
Лиза. Долли. домой - это куда?
Долли. У меня, тетя Лиза, мамочка одна и дом один. (шепотом) Ты, Лиз, не обижайся,я вечерком к тебе приеду. Поболтаем. Хорошо?
Голоса: Погодите! Погодите! (с чемоданами появляются Лаковкин и Сеня)
Сеня. Мы отказались от рейса. Сдали билеты. Хотим продлить пребывание.
Лиза. Сенечка! (обнимаются)
Лаковкин. Лиза, здравствуйте, много о вас слышал от Сени. Лаковкин. (здороваются, Лаковкин подходит к Ларисе) Лариса Михайловна, вы разрешите снова навязать вам себя? Не гоните! Я поселюсь в гостинице, надоедать вам не буду, но хотел бы вас видеть…хоть издалека.
Лариса. Конечно, Володичка! За чем же дело стало! Поедемте сейчас к нам! Я рада.
Лаковкин. Честно?
Лариса. Честно. Доллинька, не смотри такой букой!
Долли. А ты, мамочка, сразу как роза расцвела (подходит к Лизе с Сеней)
Послушайте, родители, что если я поеду с вами?
Лиза. (кисло) С нами? Но ты же хотела…

Долли. Во ситуация. Две матери - и ни одной не нужна!
Лариса и Лиза. Неправда! Нужна!
Лаковкин. Дарья, а не пройтись ли тебе по магазинам! Купишь себе каких-нибудь модных тряпочек! Сеня, выдай ребенку на гардероб! (Сеня роется в бумажнике и дает Долли бумажку) Хватит?
Долли. Хватит. Первый подарок отца.
Лаковкин. (добавляет) А это от меня, на сладости.
Долли. Какой милый дедушка - то куколку ребенку, то конфетки.
Лариса. Доллинька, ты сумеешь одна?
Долли. А я Ленку с собой возьму. Она в тряпье понимает.
Лариса. Только не задерживайся, я буду волноваться
Лаковкин. (строго) К одиннадцати быть дома как штык! (тише) Не раньше.
Сеня. возьми девочку в вашу машину!
(трое уходят)

Я остался, Лакава! Остался из-за тебя. Ты - моя пристань, мое пристанище, мое прибежище. Хорошо я говорю? Лирически? Могу по-итальянски. Sei una bella donna, ti voglio bene. Могу по-английски.
Лариса. По-английски не надо! Бежим скорее. Не люблю аэропортов.
(Выходят из аэропорта. Вокруг нарастает суматоха. Звучит сирена. Бликуют огни. Мечутся люди.)
Лаковкин. Что-то случилось. Какая-то суета вокруг
Лариса. Не обращай внимания, Володичка. Не отвлекайся, сконцентрируйся, сосредоточься на главном.
Прохожий. Вы слышали? Только что разбился какой-то самолет.
Лаковкин. Какой?
Лариса. (быстро) Мы ничего не слышали. Володичка, прошу тебя, заткни уши, закрой глаза и, пожалуйста, скажи мне что-нибудь, скажи мне что-нибудь... по-хазарски.

Июнь-июль 2002 Бостон

Посланник богов

Комедия-фантазия в двух частях

Часть 1

Марина сидит за столом погруженная в работу. Вокруг – столпотворение.

Люди входят, переговариваются, в основном по-английски, смотрят на объявление.

Объявление на дисплее возле стола Марины гласит:
This is the the Russian Studio.
The Wedding Party is to the right.

Грохот. Гром и молнии. Вбегает некто в длинном белом одеянии.

Он кружится на одном месте на манер волчка, потом как подкошенный падает на пол.

Опять гром и молнии. Затем легкая воздушная музыка.

Юноша в белом одеянии встает, он в луче света. Он медленно, словно со сна, оглядывается вокруг. Взгляд его падает на Марину, сидящую под табличкой Russian studio.

Картина 1

Юноша. Вы здесь, как хорошо. Я вас ищу. Меня вы понимаете? По-русски я говорю.

Но мог бы по-английски. И по-китайски. Не преграда мне – язык. Но отчего вы все молчите?

Марина. Ой, мамочки! Кто вы? Филя, мальчик, ты плохо смотришь. Я же сказала: на свадьбу отправляй направо (Молодой человек с коробкой шоколадных конфет в руках, приближается, потом отдаляется). Вы на свадьбу? Надели маскарадный костюм и дурачитесь с горя? Юлин воздыхатель? Так?

Юноша. Про Юлию не знаю. И свадьба здесь какая – не пойму. Я – к вам. Меня привел мой талисман (показывает на деревянную детскую вертушку, которая крутится у него в руках).

Марина. Так. Если не на свадьбу, может, вы действительно ко мне. Я записываю всех желающих обучаться русскому языку. Летние курсы. Вас записать?

(Юноша колеблется)

Вы говорите вполне, вполне прилично, но немножко странно. Вам следует овладеть разговорной формой (Юноша колеблется).

К тому же, литература. Там будет литература. Пушкин, Толстой... Американцы плохо знают Толстого... просто совсем не знают (смотрит подозрительно). Вы – американец?

Юноша. Я? Американец? Мне, кажется, что нет. Я - человек вселенной, с русским корнем. А Лев Толстой привел меня сюда. Сюда приехал я, вернее, прилетел, точнее, был доставлен – из-за него. Тому причина – он.

Марина. Простите, я не расслышала. Здесь такой шум. Из-за кого вы были сюда «доставлены»?

Юноша. Из-за Льва Толстого.

Шум, крики, столпотворение

Марина. Филя, почему ты вечно в стороне? Иди сюда (Молодой человек с шоколадной коробкой приближается). Знакомьтесь, мой сын Филипп. А как вас зовут?

Юноша. Меня...зовут? Но я еще не знаю... (Филипп протягивает ему коробку шоколадных конфет).

Филя. Угощайтесь. Шоколад пониженной калорийности, с дробленым фундуком.

Юноша. О нет, спасибо. У меня еда – своя. И нет альтернативы.

Филя (с беспокойством). Мама, у меня есть к тебе дело, подойди на минуточку.

(Марина отходит, Филя шепчет). Это ненормальный. Нужно вызвать полицию.

Марина. Ты думаешь? Посиди-ка на моем месте. Я с ним поговорю. Американцы, изучающие русский язык, - все сплошь ненормальные...

с точки зрения обычной здравой логики. Такие экземпляры встречаются – Кащенко по ним плачет.

(Марина подходит к Юноше) Пойдемте со мной. Здесь очень шумно. За домом есть сад.

Настоящее райское местечко. Мы там с вами почирикаем.

Картина 2

Марина (садится на скамью, Юноша рядом).

Признайтесь, вы специально говорите так, словно стоите на подмостках?

Хотите быть интересным? Понравиться русским девушкам (слегка кокетничает).

Юноша. О, здесь так хорошо, прохладой веет, и легкий ветер лижет мне лицо.

Мне показалось: все сместилось вспять - я снова там, откуда прилетел.

Марина. И откуда же вы прилетели? Случайно не с Гавайев? Юлия с Дэвидом завтра туда улетают. Свадебное путешествие. По мне, летом вся Америка напоминает Гавайи. Даже наш Массачусетс. Так вы с Гавайев?

Юноша. О, нет. Я прилетел с одной звезды. Но дайте мне вам рассказать подробно.

(Во время монолога Юноши идут изображения на экране, пантомима или что-то в этом роде).

> *Сто лет назад, в год смерти Льва Толстого,*
> *Великого пророка всей Вселенной,*
> *Из Космоса был послан аппарат,*
> *Он захватил молекулу одну*
> *Простого человека той эпохи,*
> *И на звезде, у коей нет названья,*
> *Землянина взрастили. Стал он дедом*
> *Моим - поскольку сына*
> *Чрез тридцать лет протекших породил.*
> *А тот - меня. Молекула ребра*
> *Способствовала нашим трем рожденьям.*

Кто нас создал, взрастил? Должно быть, боги.
Иначе я ответить не могу.
Они ж меня на землю привели,
Чтоб я увидел, что с землею сталось
За этот срок, легко соотносимый
Со вздохом Мирозданья, но солидный
Для жителей земли. Я рассказал.
Теперь понятно вам мое явленье?

Марина. Безусловно. Безусловно понятно. Вы... хотите ... вам следует... разговорная форма.

Да, непременно. Всенепременно. Отлично. (другим тоном) Скажите, кто вас ко мне направил? Случайно не Лиза Кознодеева?

Юноша. Я вам сказал: направили Они (показывает наверх). Еще - мой дед и мой отец. Безмерен их пыл прародины узнать судьбу. Пускай не самолично, чрез посредство мое. Хотят они услышать – пророка семена взошли иль нет? и дали ли плоды?

Марина. Тогда скажите, хотела б я узнать... (откашливается). Тьфу. Вы меня заразили своим «гекзаметром». Я повторяю, вам нужно научиться говорить прозой. Вас уже научили неправильно. Переучиваться, к сожалению, гораздо сложнее и – учтите - дороже. Если я решусь вас взять. Если я еще решусь. Если я приму это самоубийственное решенье. Так почему все же ко мне? Меня рекомендовали как знатока Толстого? Но, увы, все это в прошлом. Диссертацию так и не защитила. Не дали. Тема оказалась настолько крамольной...

Вы это слово понимаете? Крамола - это нечто отступающее от общепринятых истин. Так вот, Толстой оказался не ко двору ни нашей власти, ни нашей церкви, ни нашему обществу.

Мы уехали из России. Мы теперь живем в Америке. Я уже сто лет как не занимаюсь Толстым. Хотите изучать русский язык – пожалуйста. Но – дорого. Очень дорого.

Для таких, как вы, - цены на порядок выше. Заоблачные цены – понимаете? Так что лучше откажитесь. Или я сама откажусь. Филя, ты где, малыш? Когда нужно, никогда его нет.

(вбегает Юля в подвенечном платье).

Юлечка! Ты? А где Дэвид? Он в зале? С нашим папой? Побудь здесь, пожалуйста, с этим юношей. Мне что-то нехорошо. Я скоро вернусь.

Картина 3

Марина (на трибуне). Толстой радикальнее любого революционера. Почему солдат не может следовать заветам Христа? Он принес присягу государству и теперь участвует в войне и убивает, несмотря на заповедь: не убий. Он освобожден от моральной ответственности чудовищным и безнравственным Государственным Механизмом.

Почему священник оправдывает казнь преступника и благословляет войну? Он следует не христианским заповедям, а установлениям государства, частью которого стала Церковь.

Церковь озабочена не распространением нравственных максим Христа, а исполнением обрядов, относящихся к внешней стороне жизни человека.

Она на свой лад комментирует Христово учение.

Она непримирима по отношению к другим конфессиям и верованиям, для нее есть разница, эллин ты или иудей.

И наконец, наиболее радикальное воззрение Толстого касается самой природы человека. Формула «не прелюбодействуй» толкуется им в конечном счете – смотри «Крейцерову сонату» - как запрет на половые отношения. Человек должен побороть свой инстинкт, ведущий к размножению.

Вожделение уравнивает человека с животным, женщина оказывается рабыней мужской похоти. Даже брак, освященный церковью, не снимает проклятия с этого «родового порока»...

Председатель Ученого Совета. Ну, вы, маточка моя, даете! Ваш Толстой выходит гораздо опаснее ныне реабилитированного Достоевского, гораздо. Тот хоть на государство не замахивался! Нет, нет, это мы не пропустим, это антиобщественно! Помилуйте, мы не анархисты – нам в этом государстве жить. Да и Церковь... зачем ее, маточка моя, обижать? Она, как правильно вами замечено, оплот государства. Ну и на размножение, пардон, мы смотрим иначе. Милые мои, совсем старик спятил. Сам наплодил детей, а когда силушка мужская ушла, стал на основной человеческий инстинкт запреты налагать. Противу природы ополчился! Руки прочь! Вы, маточка моя, сами помыслите. Как в этом случае быть с человечеством? Оно же вымрет! Род человеческий прекратится... прекратится...прекратится...

Ирина Чайковская

Картина 4

Юлия. Не прекратится род человеческий. Таких, как я, скоро будут тысячи. А человечки будут рождаться искусственным путем, от анонимных отцов.... Вы меня слышите? Это я вам, вам говорю.

Юноша. Вас Юлией зовут, святая Дева?

Юлия. Почему святая? Вы уже и вывод сделали. То, что я вам рассказала, чур, никому, ни под каким видом. Мне просто нужно было исповедаться, а Филя сказал, что в саду сидит русский, с поехавшей крышей. Подходит, - сказала я себе, - и то, что русский, и то, что крыша поехала. Будет моим исповедником. Никому ни слова, слышите? Пусть думают, что я за старичка выхожу из-за его миллионов. Он, Дэвид, ужасно смешной. Из бедной еврейской семьи, еще до революции попавшей в Америку. Учиться толком нигде не учился. Сделал себе состояние – угадайте на чем? – на леденцах. Миллионы – на леденцах. А? Любите леденцы? Угощайтесь (достает леденец, Юноша сидит не шелохнувшись). Они без красителей. Дэвид субсидирует компанию, где работает мой отец. Они заменяют вредные химикаты на натуральные продукты. (Юноша сидит не шелохнувшись). И процент сахара вдвое уменьшен (Юноша сидит не шелохнувшись). Очень низкая калорийность (то же самое). Попробуйте, вкусно!

Сразу детство вспомнится.

Юноша. Но я... я не могу... я не умею..

Моя еда вот здесь (показывает нечто напоминающее зажигалку).

Юлия. (в ужасе) Что это?

Юноша. Энергия лучей. Лучистая энергия – иначе. Великий Циолковский – вы слыхали? - о ней писал, провидя новый род землян и новое питанье. Смотрите: подключаюсь – и вот я сыт!

Юлия. И это было вкусно? Я стала говорить совсем, как вы. Но вы могли бы тоже постараться обычной речью нашей овладеть.

Юноша. Я не умею.

Юлия. Надо научиться. Скажи: Юлия

Юноша. Юлия.

Юлия. Дай мне леденец, пожалуйста.

Юноша. Дай мне леденец, пожалуйста.

Юлия. Пожалуйста. Вот тебе леденец. Он совсем не вредный. Даже для марсианина. Ты ведь с Марса, не иначе.

Юноша. (берет леденец, начинает сосать). Не знаю, это вкусно или нет. Сосать приятно, теплая водичка во рту.

Юлия. А вкус?

Юноша. Не понимаю. Не понимаю, что такое вкус (останавливается). Юлия, ты говоришь:

«сразу детство вспомнится». Но как может вспомниться детство, если его не было...

Юлия. Не было детства? А мама? Мама была?

Юноша. И мамы не было. Был дедушка. И был отец. А мамы не было.

Юлия. Бедный. У тебя не было мамы. У моего ребенка, если он у меня родится, не будет папы.

Юноша. Как это называется по-русски? Ну, когда ребенок без родителей?

Юлия. Сирота. По-русски это называется сирота. Ты себя слышишь?

Юноша. Что? Почему ты спросила?

Юлия. Ты стал говорить по-другому. Ты спустился с небес на землю, перешел на обычный язык.

Юноша. Да? Я и не заметил.

Юлия. Чудеса порой случаются незаметно.

Юноша. Вкус... Вкусно... Я помню на нашей звезде...

Юлия. Так ты действительно оттуда? Из Космоса?

Юноша. цвело какое-то дивное растение. Куст. Это было так красиво - белые и фиолетовые гроздья цветов. Я сорвал одно соцветие и положил его в рот. И у него был вкус... как сейчас у леденца.

Юлия. Сладкий?

Юноша. Да, да, сладкий. Был сладкий вкус. И растение пахло. Оно пахло точно как пахнет здесь сейчас (принюхивается, оглядывается). Здесь нет таких кустов.

Юлия. Но мои любимые духи – белая сирень. Это пахнут духи (отодвигается). Чего доброго, ты захочешь положить меня в рот и сжевать.

Юноша. О, какой будет вкус и запах!

Юлия (загипнотизированно). Мед и молоко под языком твоим...

Юноша (с закрытыми глазами). Мне хочется дотронуться до тебя.

Юлия. (вскакивает) Так. Я побежала. До свиданья, марсианин! Надеюсь, мы еще увидимся.

Картина 5

Подходят колышущийся Николай с прямоходящим на деревянных ногах старичком Дэвидом.

Николай. Разрешите, так сказать, представиться (протягивает руку). Николай, тесть. А это Дэвид, так сказать, зять.

Дэвид (весело). Что такой так сказать? Я – зать, без всякой так сказать! (протягивает руку). Дэвид. Зать. Вы понимайт мой русский? Мы американец.

(Юноша молчит, задумавшись)

Николай. Марина сказала, что вы, так сказать, инопланетянин. Поражает, что инопланетяне научаются, наловчаются, наставляются и, так сказать, настаиваются русским языком, русскому языку, на русском языке...

Дэвид. Кола, ты много пила. Мы американец знаем термин... (громко кричит) Давольна! (Юноше) Почему не кусайт? Русский шашлык? Все гости кусайт.

Николай. Куски живого, так сказать, барашка в маринаде. Марина вегетарианка и Юля вегетарианка, а мы мужики, рвем зубами, это самое, шашлыки.

Дэвид. Леденец? Вы сосайт леденец?

(Юноша молчит, задумавшись). Послушайте (прикасается к руке). Вы спайт?

Юноша. (очнулся). А? Кто вы? (Дэвиду) Вы страшно, просто страшно похожи на моего деда.

Дэвид. (подмигнул). Как, ему тоже 100 годов?

Николай. Ты, прилгнул, Дэв. Тебе только, это самое, девяносто.

Дэвид. Ты думайт? Ты лучше знайт, чем мы. Мой дедушка рабай знайт Лио Толстой. Мой бруклинский ребенок-тайм мой папа рассказайт меня свой знакомство с Лио.

Юноша. Вы... родились в России? И вам... сто лет? Так вы ровесник моего деда! (задумался) Вы могли произойти от одного и того же корня... Вы страшно, просто страшно похожи на моего деда.

Дэвид. (комически испугавшись). Тс! Не говорить! Не повторить! Сто лет – ты уже в могыла, уже гробовщик. Какой страшный русский слово могыла. К дэвил могыла!

Я желайт быть живой. (оглядывается) Где Джулия? Где моя женка девайся?

Николай. (со вздохом). Дэв, неужели ты хочешь покинуть этот, так сказать, рай? Там душно, Дэв. В зале душно и много, это самое, лишних людей. Неужели тебе не интересен этот юноша-ино-плане-тянин? Тяне-ино-планин...

Дэвид (идет один). Давольна! Джулия, девучка! Дочка! Женка! (оглядывается, Николаю). Кола, моя тестушка, идем кусайт русский шашлык!

Николай. Куски живого барашка в маринаде. Однако, это самое, под водочку хорошо. (уходят обнявшись).

Картина 6

Марина. (подходит к Юноше) Я ждала, когда они уйдут. Николай, мой муж, страшно глупеет в обществе Дэвида. Вообще он неплохой ученый, переводит их компанию на натуральные рельсы, red 7 и blue 3 уступают дорогу краскам из свеклы и баклажана. Эти американские леденцы всех цветов радуги... повсеместно... они востребованы населением... Боже, какой ужасный, какой суконный язык! Не обращайте внимания – я просто задумалась и... волнуюсь. Мне кажется, вы в опасности. Мой сын, Филипп, он хороший мальчик. Но он может вызвать полицию – их так учат. Их так учат в школе, в университете и на работе. Вам нужно срочно улететь... назад... ну, к этим вашим родственникам... Вы... вы вообще-то вооружены?

Юноша. (показывает на деревянную вертушку). Мой талисман. Он много чего может: может стать невидимым, может помочь найти дорогу, может согреть... Если я захочу, его прикосновенье может убить. (Марина отшатывается) Но я не захочу. На нашей звезде нет зла, но мы... мы готовы к непротивлению злу насилием.

Марина. Милый юноша, здесь, куда вы прилетели, зло есть. И толстовское непротивление злу насилием – не лучший способ защитить себя. (спешит) Вам не стоит затягивать возвращенье. Вот что еще. Чтобы у вас не осталось ложного впечатленья от нашей семьи, должна сказать, что не имею никакого отношения к этой чудовищной свадьбе. Юлия сошла с ума, и мой муж пошел у нее на поводу, тем более, Дэвид - спонсор их компании. Но выходить замуж за девяностолетнего старца! Это так же нелепо, как в 90 лет жениться на молодой девушке. Вы видите, я сижу в своем уголке, ни во что не вмешиваюсь - пусть они делают что хотят – я к этому отношения не имею... Бедная девочка! Неужели богатство так притягательно?

Юноша. Вы ошибаетесь. Она думает не о богатстве.
Марина. Не о богатстве? Тогда о чем?
(Появляется Филя)
Мама, тебя приглашают в зал. Приехало русское телевидение.
Марина. Не пойду. Мне нечего им сказать.
Филя. Но Юля просила без тебя не приходить.
(к Юноше) А, и вы здесь. (бьет его по руке) Как вам наши комары? Согласитесь, нигде во Вселенной нет таких прожорливых кровососных комаров (бьет еще раз). Еще один. Так вы не из железа и не из пластика? Такой же, как все? Эх, как они на вас накинулись! Летят на свежака. (шепчет). Мне кажется, Дэвид звонил в полицию. Вы не боитесь?
Марина (Юноше) Так вы к себе? (показывает наверх) Или на свадьбу?
Юноша. С вашего позволения, на свадьбу.

Картина 7

Свадебные столы вдоль стен. Телекамеры. Юлия в центре зала среди нарядной молодежи. Тут же Корреспондент, смахивающий на массовика-затейника советской поры.

Корреспондент. Друзья, русская комьюнити нашего славного города отмечает сегодня знаменательное событие – бракосочетание нашей очаровательной Юлии и несравненного Дэвида. Этот брак вот уже несколько недель тревожит воображение не только русскоязычной общественности, но и всех прочих представителей разноязыкой Америки. Что привело столь разных людей друг к другу? Как сложится их личная жизнь? Какие бонусы принесет обоим этот брак?

Человек в сером (подходит к Юноше). Молодой человек, вас можно на пару минут!
(Увлекает его в угол)
Вы знаете эту семью?
Юноша. О, нет. Я прилетел познакомиться.
Человек в сером. Прилетели? Откуда?
Юноша. С одной звезды.
Человек в сером. Название?
Юноша. Без названия.
Человек в сером. А вас как зовут?

Юноша. Никак. У меня нет имени.
Человек в сером. Российское гражданство? Русский паспорт?
Юноша. Может быть. Если вы мне объясните, что это такое.
(Человек в сером отходит, через несколько шагов достает мобильник и что-то говорит в трубку, выслушивая начальственные рекомендации)

(В центре зала)
Корреспондент. Вот я вижу очаровательных подружек невесты. Целый выводок – все в одинаковых розовых платьицах, длинноногие – настоящие фламинго (целует пальцы).
(подходит к группке девушек) Что скажете? Завидная партия, не так ли?
Первая. Фи, старикан.
Вторая. Awfully rich old man. He made big bucks.
Третья. Юлька сможет жить где и как хочет! Путешествовать, отдыхать на роскошных виллах, покупать красивые вещи, драгоценности. Ради этого можно пойти на некоторые жертвы.
Четвертая. Мне кажется, жертвы превышают выигрыш. Представить его в постели – бр! Холодная механическая лягушка ... с испорченным заводом.
Вторая. No sex for you, baby!
Корреспондент. Как видим, мнения девушек разделились. Так чего больше в подобном браке – потерь или бонусов?

(В углу)
Человек в сером (подходит к Юноше)
Вас сюда кто-нибудь послал?
Юноша. Да, мои родственники.
Человек в сером. Кто именно?
Юноша. Дед и отец.
Человек в сером. Как их зовут?
Юноша. У них нет имени.
Человек в сером. С какой целью?
Юноша. Проведать Льва Толстого.
Человек в сером. Писателя? Но он, если не ошибаюсь, умер.
Юноша. Узнать, как обстоят дела с наследством.
Человек в сером. Ах, с наследством! Так бы сразу и сказали. Приятно было познакомиться! (отходит)

(В центре зала)

Корреспондент. О преимуществах и проколах этого брака давайте спросим... у брата невесты. (Подходит к Филе. Филя меняется в лице, поднимается со стула и убегает). Куда же вы? Ай-яй-яй. Кто-нибудь из родственников желает высказаться? Вы? (указывает на Николая, тот встает)

Марина (тихо). Коля, зачем ты лезешь?

Николай (тихо). Меня вызывают. Вы, это самое, повторите вопрос. Я что-то не понял.

Корреспондент. Вы отец новобрачной? Как вы оцените брак вашей дочери по пятибалльной шкале?

Николай. По какой? По пятибалльной? На... один, два, три, четыре, пять. Да никак, это самое, не оценю. Пусть сама оценивает – хоть по пятибалльной, хоть по десятибалльной, а хоть и (показывает что-то большое руками)... вообще по никакой ...

Корреспондент. (Марине) Вы мама? Что скажете?

Марина. Простите, это обязательно? (Корреспондент кивает). Оцениваю по высшему баллу.

Николай. (тихо) Молодец, не поскупилась.

Марина (тихо). Подожди. Нас показывают. Они распознают даже шепот - по движению губ.

Корреспондент. А что скажет невеста? Я не ошибусь, если предположу, что ваше платье из Парижа?

Юлия. Нет, не ошибетесь. Оно стоило нам миллион долларов. Дэвид считает, что на подвенечном платье не стоит экономить.

Корреспондент. Ваши планы на будущее?

Юлия. Мужу нравится, что я умею рисовать...цветными карандашами. В будущем мы планируем наладить производство детских книжек с картинками. В кармашке каждой книжки будет лежать леденец – фирменный знак компании моего мужа.

Корреспондент. Вам нравится быть богатой? Богатство для вас – дорога к счастью?

Юлия. Да, я считаю, что вытянула свой счастливый билет. Дэвид для меня идеал мужчины и бизнесмена. У него прекрасное чувство юмора, и я смеюсь над каждым его словом, особенно произнесенным по-русски.

Корреспондент. Мистер Залкинд, как вы себя чувствуете в роли мужа нашей очаровательной Юлии?

Дэвид. Прекрасный! Я обожайт юный девушки. Даже те, кто называйт мне холодный лягушка с испорченный завод. Завод работайт и нарастайт производством. Мой компания финансируйт русское телевижение в Америке, он финасируйт и этот ваш передача. И я думайт, что вы получайт за ваш работа очаровательный гонорарий.

Корреспондент. Без сомнения, мистер Залкинд. Благодарю вас! Дорогие друзья, наша передача подходит к концу. (замечает Юношу). Вы хотите что-то сказать? Вы смотритесь посторонним на этом празднике. Откуда вы приехали?

Юноша. Со звезды.

Корреспондент. Вы знаете невесту?

Юноша. Всего несколько часов.

Корреспондент. И как она вам понравилась?

Юноша. О да, она мне понравилась. Очень.

Корреспондент. Ого. Мистер Залкинд, берегитесь! Что вы думаете об этом браке?

Юноша. Что я думаю? Юлия – это святая Дева.

(В зал вбегают двое мужчин в масках и с пистолетами, они бросаются к Юноше и уводят его с собой)

Корреспондент (немного обескураженный). Надеюсь, дорогие друзья, это несколько странное вторжение не испортит нашего сегодняшнего праздника. Юноша со звезды, по-видимому, что-то перепутал в своем маршруте, и эти господа в масках доставят его по месту назначения. До новых встреч на русском телевидении нашего города! Бай-бай!

Часть вторая

Картина 1

Гостиная в доме Марины и Николая. Члены семьи сидят по разным углам в состоянии нервного возбуждения. Здесь же Дэвид, он подремывает в кресле.

Марина. Его увели русские. Я слышала, как один чертыхнулся, споткнувшись о провод телекамеры.

Юля. Откуда здесь взяться русской спецслужбе?

Марина. Они везде. Как во времена Хозяина. Филя, это ты им позвонил?

Филя. Это кьют! Да, я позвонил в российскую спецслужбу — Юля дала мне ихний телефон.

Марина. Их, а не ихний.

Филя. Нет ихний, говорю как умею. Не научили.

Марина. Ты закончил там школу!

Филя. Ну да, а потом вы меня увезли от ихней армии, от ихних разборок с Кавказом, чтобы сейчас я позвонил в ихнюю разведку и настучал на марсианина.

Юля. Он со звезды, у которой нет названия. Его послали к нам дед и отец, но за всем этим стоят какие-то высшие силы. Он не знал, что такое «сладко» и что у пищи должен быть вкус, а у цветов запах.

Филя. Он боялся убить комара, они облепили его как живую мишень. Дэвид, а Дэвид, ты спишь? Я видел, ты кому-то звонил после разговора с марсианином...

Дэвид. (вскидывает голову) А, что ты спрашивайт? Позвонить? Кому я позвонить? Моя дэнтист. От русский шашлык сильно разболиться мой зубы. Этот мальчик говорит меня: Ты страшно похожий моя дед. Его дед на звезде. Мой родня на земле весь умерл и погибл.

Николай. (откашливается) Если хотите знать...это самое... это я туда звонил.

Марина. Куда? В российскую разведку?

Николай. Зачем в разведку? Я Мише Стрижову звонил, дружку своему московскому.

Марина. Ну и что? К чему ты это говоришь?

Николай. Могли...это самое... перехватить звонок. Это допускается, так сказать, в целях защиты от инакомыслия... мыслеиначия... Мяса не ест, водки не пьет... Может, он по бабам, это самое, шастает?

Марина. Да Бог с тобой, у него же толстовские верования. Он же на зло ответить может только непротивлением. Его бьют по левой щеке, а он подставляет еще и правую.

Николай. Это как?

Филя. Давай, дэд, попробуем с тобой в эту игру поиграться.

Марина. Поиграть.

Филя. Поиграться. Я тебя ударяю по левой (легко бьет отца газетой), а ты...

Николай. Уйди, Филя, или я тебе так накостыляю...забудешь, где право, где лево... (Филя незаметно исчезает).
Юля. Они его могут убить.
Марина. Нет, нет. На крайний случай у него есть талисман... такая деревяшка, она может быть невидимой. Ее можно использовать как оружие.
Дэвид. Этот мальчик сказайт, что я страшный похож его дед.
Сто годов не смех. Юля, девучка, зачем ты хотеть мне замуж? Ты хотеть мой смерть? Играть могла?
Юлия. Нет, нет, Дэвид. Что ты! Родители, хотите я открою, почему вышла замуж за Дэвида?
Дэвид только, пожалуйста, на меня не обижайся. Я боюсь, тебе это будет...немножко больно.
(встает посредине комнаты словно перед камерой, медленно и исповедально читает строфы Блока)

С детских лет — видения и грезы,
Умбрии ласкающая мгла.
На оградах вспыхивают розы,
Тонкие поют колокола.

Слишком резвы милые подруги,
Слишком дерзок их открытый взор.
Лишь она одна в предвечном круге
Ткет и ткет свой шелковый узор.

Мама, ты помнишь, как в детстве я не любила гулять? Предпочитала читать у себя в уголке или мечтать... У меня не было подруг – вернее, девчонки не хотели со мной дружить, я казалась им странной, кривлякой, воображалой... Сердечными тайнами не делилась, мальчиками не интересовалась... В российской школе была «белой вороной», но и здесь в Америке оказалась чужой. Я с удивлением увидела, что основу устремлений и желаний здешнего общества составляет СЕКС. Какое слово, как вы думаете, содержит самое распространенное представление современных людей о здоровой, динамичной и красивой жизни? СЕКС. На фасадах кинотеатров, магазинов, ресторанов, курортов, школ и университетов можно написать одно слово СЕКС. И оно выразит все.
Жизнь как СЕКС стала повсеместной нормой.

Самое прекрасное из всех человеческих занятий? Секс.

Самый употребительный эпитет применительно к девушке – сексапильная.

Самое восхитительное качество в женщине – сексуальность.

Ум, красота, порядочность и честь – все прогнулось перед его величеством СЕКСОМ. Нам пытаются внушить, что даже Христос не был чужд этому милому занятию. В то же время, целомудрие, скромность, невинность — кому сейчас все это нужно? Кем они ценятся? Наоборот, слова – «девушка», «девственница» в наш век имеют значение оскорбления. Разве можно к 15 годам остаться девственницей! Позор! Чем девушка менее девственна, тем более желанна.

Захотела ли я принять эти правила? Нет, не только не захотела – они были мне отвратительны. Будь я религиозна, я ушла бы в монастырь, стала бы монашкой, отказавшись от служения нахальному, развращающему тело и душу СЕКСУ. Но я не религиозна, хотя и верую в Деву Марию. Эта вера пришла ко мне неизвестно когда и неизвестно откуда. Я решила выйти замуж... как она... за пожилого, даже за старого человека... Дэвид, извини меня, если я делаю тебе больно.

Дэвид. (из своего угла). Джулия, я плакайт. Кола, твой зать плакайт. Мои глаза в слезы.

Первый раз плакайт со смерть мой последний брат (поднимается с кресла и подходит к Юлии) Ты говорить для Телевижения про детский книжек и леденцов. Почему ты не говорить про СЕКС?

Юлия. Но я...

Дэвид. Назавтра ты бы стайт новый Мерилин Монро, антиМерилин Монро. О, я знайт Америка. Ты бы стайт знаменита и часть люди бы сказайт: не нада секс, мы желать как она и как дева Мария.

Юлия. Но ты...

Дэвид. (отводит Юлию в сторонку, выразительно)

Джулия, я не отказываться быйть похож на святой Джозеф. Только между нас есть маленький разница. Святой Джозеф была старый еврей и не мог, а я, тоже старый еврей, но могу. Ты понимайт? Могу, но не хочу... пока... благодарствуй твой лекция о секс (победительно, с прямой спиной и на прямых ногах идет к креслу, садится и задремывает).

Юлия.(подходит к Марине). Мама, ты поняла?

Марина. Отчасти. Про тебя отчасти поняла. Но задумалась над блоковским стихотворением. Оно, это «Благовещенье», если разобраться, кощунственно — прямо какая-то Гавриилиада. Там ведь в конце архангел совращает деву Марию.

Юлия. Да? Никогда не задумывалась. (читает)

> *Робкие томят ее надежды,*
> *Грезятся несбыточные сны.*
> *И внезапно — красные одежды*
> *Дрогнули на золоте стены.*
>
> *Всем лицом склонилась над шелками,*
> *Но везде — сквозь золото ресниц -*
> *Вихрь ли с многоцветными крылами,*
> *Или ангел, распростертый ниц...*
>
> *Темноликий ангел с дерзкой ветвью*
> *Молвит: «Здравствуй! Ты полна красы!»*
> *И она дрожит пред страстной вестью,*
> *С плеч упали тяжких две косы...*
>
> *Он поет и шепчет — ближе, ближе,*
> *Уж над ней — шумящих крыл шатер...*
> *И она без сил склоняет ниже*
> *Потемневший, помутневший взор...*
>
> *Трепеща, не верит: «Я ли, я ли?»*
> *И рукою закрывает грудь...*
> *Но чернеют пламенные дали -*
> *Не уйти, не встать и не вздохнуть...*

(останавливается пораженная)

Марина. Видишь: ты не задумывалась. И я не задумывалась. И как-то никогда не ощущала здесь кощунства. Почему? Может быть, потому, что Блок говорит не про секс, а про любовь? (обе молчат задумавшись) Зажечь свет?

Юлия. Подожди (подходит к окну, к чему-то прислушивается. Ясно слышно, что поет заливистая птица) Соловей поет. Здесь душно. Я выйду в сад (уходит и быстро возвращается). Мама, знаешь, с кем я столкнулась на крыльце? С Лизой Кознодеевой. Что-то или кого-то она высматривает. Вот идет сюда (убегает).

Картина 2

Действие происходит попеременно то в гостиной дома, то в саду.

(В гостиной)
Чайный столик накрыт для чая, горит торшер, русское чаепитие со сластями.

Лиза. Смотрю в телевизор – и глазам не верю. Это ж наша Юлия, красавица писаная... писаная... писаная.. ну да, а рядом царь Давид, оч-чень, оч-чень солидный человек, при деньгах, уже не мальчик, нет, не мальчик, не мальчик.

Николай. Не мальчик, это самое, но муж (поднимает палец). Я Дэва в обиду не дам.

Лиза. Да кто ж его обижает? А куда Юлька-то упорхнула? Кто-то еще есть в доме?

Марина. Чего ты все озираешься? Кого ищешь? Чужих у нас нет — все свои.

Лиза. А этот?

Марина. Кто этот?

Лиза. Ну, Ромео... который со звезды...

Марина. Так ты досмотрела передачу или нет? Взяли его.

Лиза. Значит, он не возвращался?

(В саду)
Юлия. Ты? Я словно предчувствовала.

Юноша. Я ненадолго. Мне нужно лететь. Они могут напасть на мой след.

Юлия. Кто они? Где ты был?

Юноша. Где был, не знаю. Темный подвал, крысы. Мне не давали ни спать, ни есть.

Юлия. А лучистая энергия?

Юноша. Они отобрали аккумулятор. Я попросил дать мне хотя бы леденец. Они только смеялись... А один, с кривыми зубами, всунул свой грязный палец мне в рот.

Юлия. Мама говорит, что у тебя есть какой-то талисман и что он может тебя защитить.

Юноша. Я не хотел никого убивать. Я надеялся, что они одумаются.

Юлия. О чем тебя спрашивали?

Юноша. Кто меня послал и с какой целью. Мне надоело отвечать на этот вопрос.

И еще я испугался.

Юлия. Чего?

Юноша. Что они начнут меня насильно кормить – мясом. Кусками животных. Они мне этим пригрозили – и я не выдержал.

Юлия. Ты наговорил на себя?

Юноша. Ну да, подтвердил то, что они хотели от меня услышать. Главный, с лицом хорька, так и сказал: вы должны подтвердить, что вы агент и вели нехорошую... или как там? ...подрывную деятельность с территории враждебной страны. Когда я в знак согласия поставил на бумаге крест, он радостно заулыбался. Наверное, его за это наградят. Повесят орден или повысят зарплату... На радостях он приказал вернуть мне мой аккумулятор. Я понял, что они меня убьют.

Юлия. Почему?

Юноша. Тот, что с кривыми зубами, принес мне аккумулятор и буркнул:

«Подзарядись-ка напоследок. Завтра тебе капут». Я не знал этого слова «капут», но легко сообразил, что оно значит. Я не стал дожидаться завтра...

Юлия. Ты давно здесь?

Юноша. С полчаса. Я спал. И знаешь, что мне снилось?

Юлия. Конечно, знаю: твоя звезда (Юноша отрицательно качает головой). Твои родственники? (Юноша отрицательно качает головой). Сдаюсь.

Юноша. Ты. Мне снилась ты. Мне снилось, что я до тебя дотронулся.

Юлия. Как?

Юноша. Вот так (касается пальцами ее шеи)

Юлия. Щекотно. Но приятно. Коснись еще.

Юноша. (касается ее плеч). Мне хочется прикоснуться губами.

Юлия. К чему?

Юноша. К твоим плечам.

Юлия. Подожди. Мне показалось, какой-то шорох... К родителям пришла Лиза Кознодеева, она работала с мамой в московской школе. Преподавала биологию и параллельно стучала на учителей директору... Когда ты улетаешь?

Юноша. Должно быть, скоро. Мне дадут знать.

(В гостиной)

Филя. (вбегает) Послушайте, почему вы не смотрите телевизор и не слушаете радио?

Весь город стоит на ушах. (включает радио): Русская община вышла на улицы с плакатами «Верните звездного мальчика!» «Долой тайные операции тайной полиции!» и даже «Юлия, вступись за своего Ромео!». Недовольство общественности вызвал инцидент на свадьбе крупного бизнесмена и мультимиллионера Дэвида Залкинда. Переходим к другим новостям... (выключает) Слышали?

Дэвид. (просыпается). Что эта? Моя фамилий?

Марина. Спите, Дэвид. Это Филя.

Лиза. Филя, как ты вырос! Давно ли я... и где работаешь?

Филя. В шоколадной компании «Свидзеленд». Вот вы пьете чай с нашим шоколадом. Наш шоколад тончайших сортов – с малиновой, мармеладной и сливочной прослойкой, с легким кофейным, имбирным и анисовым ароматом. Он производится из восхитительных натуральных какао-бобов, выращенных на элитных плантациях Эквадора, Камеруна и острова Шри-Ланка.

Марина. Ну, завел. Он может барабанить про свой шоколад полчаса без остановки.

Николай. Выучка, так сказать. Задолбил как таблицу умножения. К ним в магазин уже ходят...это самое... на экскурсии – послушать Филю.

Марина. Филя, отдохни. Попей чайку. Надо и Юлю позвать. В саду уже, наверное, свежо.

Филя. Да она там не одна. (шепотом) Марсианин вернулся.

Марина.(показывает Филе на Лизу). Да ты, наверное, обознался в темноте... какой такой марсианин... Лиза, посидите (пытается ее остановить).

Лиза (вырывается). Нет, нет, спешу. И так засиделась. (Дэвиду). Вы, царь Давид, не упустите свою красотку (уходит).

Марина. Пошла доносить. Филя, как ты неудачно... И эти сплетни по радио... Юлия и Ромео. Зачем это? Дэвид спит? Хорошо еще, что он такой неревнивый.

Дэвид. Я не спайт. Я слушайт. Где они?

Марина. Нужно предупредить юношу об опасности. Пойдемте в сад.

(В саду)

Марина, Николай, Филя и Дэвид выходят в сад, где на лавочке сидят Юлия и Юноша.

Марина. (откашливается). Вынуждена вам помешать, молодые люди. Юлечка, юноше пора собираться на звезду, а тебе собирать чемоданы. Ты не забыла, что завтра вы летите с Дэвидом на Гавайи?

Юля. Вы послушайте, послушайте. Неужели вам не интересно узнать про жизнь на звезде? Оказывается, там всего три человека: дед, отец и он... Представляете? Всего три – на всю звезду. А чем вы там занимаетесь?

Юноша. Дедушка с утра до ночи играет в компьютерные игры, а отец решает математические задачи. Я из них самый неприспособленный. Никак не могу найти себе постоянного занятия. Мне кажется, что мы живем скучно. Отец с этим не соглашается, ему хватает его математических упражнений. А дедушка... он на моей стороне. Он бы хотел, чтобы наша жизнь стала веселее и разнообразнее. Однажды он мне даже сказал, что хочет умереть, что ему все надоело и уже ничто его не радует... (неожиданно) Я знаю, что нужно сделать, чтоб его обрадовать. Вы все (смотрит на Юлю), все вы должны полететь на нашу звезду. Это единственное, что могло бы обрадовать... моего дедушку.

Марина. Странное, однако, предложение. Мы с Колей работаем, Филя работает и учится, Юленька только что вышла замуж... за Дэвида... Какая звезда? О чем вы?

Дэвид. А я полетела бы. Мой родня весь умерл и погибл. А там этот дед. Мы бы с ним подружиться. Давай полететь, Джулия!

Юлия. Но... А как же мама? папа? Филя? Как же твои миллионы, Дэвид?

Дэвид. (беззаботно) В могла не взять (что-то быстро пишет на листке из блокнота).

Кола, это мой завещания. Я, твоя зать, оставляю все моя тесть, Николай, Марина, Филипп, вы должны заверайт! Вот тут ставьте расписки (Марина и Филя подписываются).

(Заливистое пенье соловья)

Юноша. Пора. Надо лететь. Они уже тут.

Юлия. Кто они?

Юноша. Не знаю. Наверное, боги.

Юлия. Мама, неужели мы больше не увидимся? Папа, Филя, прощайте! Не поминайте лихом! (обнимаются)

Марина. Быстро все сели «на дорожку»! (все присаживаются, минутка тишины) Будьте счастливы! Я верю, что мы увидимся.

Дэвид. (подходит к Марине, заговорщически). Вы – мать, вы мне понимать?

Марина. (смотрит на него, медленно) Вы хотите сказать, что она полетела бы одна, без вас?

Дэвид. (смеется) Конечна! А теперь – мы вместе! Старый еврей еще есть разум.

(Смерч, темнота, молнии. Все трое скрываются из виду...)

Картина 3

Марина, Филя и Николай одни в саду. В изнеможении опускаются на траву.

Марина. Улетели... Какой-то сон в летнюю ночь, или Арзамасский ужас.

(прислушивается) Слышите? Кто-то идет. Неужели еще не кончилось? Коля, Филя, живо поднимайтесь! Марш отсюда, слышите! Я их сама встречу (Николай и Филя убегают).

(голос Лизы Кознодеевой) Вот она, вот. В саду.

Входит человек в маске.

Марина. Вы... вы пришли... за юношей? Его уже нет. Вы опоздали.

Человек в маске. Где он?

Марина. (показывает наверх) Там. Остальные тоже там. Я одна.

Человек в маске (говорит по мобильному телефону). Объект отсутствует. Бабку брать?

Марина. Это вы обо мне? Я бабка? И что значит брать? Я американская подданная, меня защищает закон, я на своей...

Человек в маске (убирает мобильник). Заткнись. Твое счастье. Прощевай до другого раза!

Человек в маске исчезает. С опаской подходят Николай и Филя.

Николай. Жива, мать?

Филя. Сейчас прибудет полиция. Я вызвал.

Марина. Какое счастье, он меня не убил! Мы все живы! Какое счастье! (всхлипывает)

И знаете, что еще хорошо?

Николай. Деньги? Деньги...это самое... Дэва?

Филя. Не знаю. Ты всегда что-нибудь выдумаешь!

Марина. Хорошо то, что нам есть чего ждать. Поняли? Нам на долгие-долгие годы есть чего ждать от будущего...

(Все трое обнимаются и танцуют. Звучит полицейская сирена).

2009-2010, Бостон

Звездные мальчики

Пьеса в семи картинах

Картина первая:

Ночь. Старик и Старуха лежат каждый в своей постели

Старуха. Боря, ты спишь?
Старик. Сплю. Ты испугалась самолетов?
Старуха. Ну да, зачем они летают по ночам? Пугают людей.
Старик. А днем было бы еще страшнее. Их целая туча, они закрыли бы все небо.
Старуха. Когда это наконец кончится. Ты не спрашивал у Вадима?
Старик. Я не видел его уже две недели, впрочем, как и ты. Он на дежурстве в своем ПЕН-ТА-ГО-НЕ.
Старуха. Не пугай, мне и так страшно. Пентагон – страшное название. Зачем он нанялся к ним?
Старик. Он для них лакомая добыча. Ведь он и Там занимал высокий пост, он выбрался только из-за тамошнего бардака, сделал себе новый паспорт, поменял фамилию...
Старуха. Ну да, он теперь не Лаковкин, как мы с тобой, словно и не наш сын. Ты не помнишь его новую фамилию?
Старик. Нет, не интересовался. Дай мне спать!
Старуха. Боря, я боюсь, иди сюда скорей, почешешь мне спинку.
Старик. Опять! Я вчера полночи почесывал тебе спинку, я хочу спать.

Старуха. Но они гудят! Это невозможно! Когда приезжает Маша? И сможет ли она приехать – оттуда? Мне кажется, не сегодня-завтра закроют границы. К Новицким, говорят, приехали внуки, не слышал?

Старик. Где я должен слышать? Я хожу на работу. Это ты целыми днями гуляешь или треплешься по телефону. Старший приехал или младший? Младший, вроде бы, еще учится. Старший, Ося, кажется, уже отучился, наверное, приехал к нам наниматься на работу. Там, я слышал, нет работы. (Гул усиливается)

Старуха. Господи боже ты мой, хоть бы не было войны, хоть бы не было войны...

Старик. Не будет, вот увидишь. Обе стороны слишком хорошо понимают, чем это кончится, если начнется...

Старуха. Ты думаешь? ...А прошлая война? Ты спишь? Ты же хотел почесать мне спинку!

Господи, как же страшно! Что делать? Как спастись? Боря! Спит! И Машеньки нет, дочки. Она Там, и неизвестно, сумеет ли вырваться... в такое время... В такое время. Время нашей жизни. Нам с Борей разве не хочется пожить? И внуков мы еще не дождались, Маша вон еще даже не замужем, и Вадик не женат, никак не вспомню, какая у него теперь фамилия...

Память стала совсем старческая. Но стихи помню, стихи помню. А, вот как я сделаю. Я сейчас стихи почитаю, чтобы страх прогнать. Боря, а Боря? Спит, его теперь не разбудить... Моторы жужжат над самой головой – спит. Я буду тихо читать, не разбужу.

(встает в позу посреди комнаты – в ночной рубашке, читает):

> *Оратор римский говорил*
> *Средь бурь гражданских и тревоги.*
> *Я поздно встал – и на дороге*
> *Застигнут ночью Рима был.*
> *Так, но прощаясь с римской славой*
> *С Капитолийской высоты,*
> *Во всем величье видел ты*
> *Закат звезды ее кровавой...*

Старик (вскакивает как ужаленный). Сколько можно! Хватит издеваться над человеком!

Кровавые звезды, ночь Рима! Это нестерпимо! Мила, не сходи с ума, успокойся! Все будет хорошо. То, что они летают, — это хорошо.

Они нас охраняют, понимаешь? Было бы хуже, если бы они не летали, и мы остались без охраны... Ложись. Так и быть, переберусь к тебе. Где твоя спинка?

(Она всхлипывает). Не плачь. Скоро уже утро. Скоро утро.

Картина вторая:

Утро. Мила, Боря и два незнакомца

Мила. А? Что? Кто-то стучится. Боря, ты спишь? Кто-то стучится. Не слышит. Какая тяжелая была ночь. Я только под утро заснула, и мне снилась бомбежка...Все это ночное гудение... А сейчас этот стук. Кто стучит? Почему? Может, это слуховая галлюцинация? (подходит к двери, тихо) Кто там? Кто?

Боря, к нам кто-то пришел... Подождите, я должна одеться (накидывает халат, открывает дверь, на пороге два молодых человека). Вы кто?

(Молодые люди мнутся).

Вы из России?

(Молодые люди мнутся)

Вы случайно не внуки Новицких? Я слышала, что старики Новицкие поехали на Карибы.

Кто вам дал наш адрес?

(Молодые люди мнутся)

Не Маша, нет? Неужели наша Маша дала?

(Молодые люди мнутся)

Ну, заходите же! Где ваши вещи? Почему вы без вещей?

(Молодые люди мнутся)

А, бог с ними, с вещами. Проходите, располагайтесь. Мы с Борей живем скромно по американским понятиям. Но у нас есть комнатка для гостей. Идемте я вас провожу, там есть диванчик, если расположиться валетиком... Вы знаете, что такое расположиться «валетиком»?

(Молодые люди мнутся, она машет рукой). Да располагайтесь как вам будет угодно, что я вам за командир! Мы спим до семи утра. А завтракаем в половине восьмого. Я приготовлю вам омлет. А Новицким мы дадим телеграмму. (строго смотрит) Вы точно к ним приехали? Вы меня не дурите?

(возвращается в спальню)

Боря!

Боря. (тихо) Не кричи, я не сплю. Что это за молодцы? Зачем ты им открыла? Чужим людям! Ты хоть знаешь, кто они такие?

Мила. Конечно, знаю. Они внуки Новицких. Те уехали на Карибы, им некуда было деться, и они пришли к нам. А адрес им дала наша дурочка Маша, ей всегда всех жалко...

Боря. Ты, Мила, неисправима. Будем спать? я что-то никак не могу проснуться. Мне последнее время снится детство, московский дворик в Кривоколенном... Тополиный пух. Мама... Представляешь, почти семьдесят лет, а снится мама... (переводит разговор) Странно, что ты их не испугалась, этих пришельцев!

Мила. Да они юные совсем, у них мордочки — как у сосунков. Ты думаешь, даром я в школе проработала полжизни? Я, знаешь, какой физиономист, разбираюсь. Эти ребята – не разбойники.

Боря. Я еще двадцать минут подремлю, хорошо? До семи. А то не выдержу рабочий день.

Что-то мне говорит, что эти молодые люди появились неспроста. Ох, неспроста.

Картина третья:

Завтрак в саду. Мила, Петр и Павел

Мила. (делает омлет, подает одному из пришельцев) Боря убежал на работу, даже не позавтракав. Боится опоздать. Боится, что начальник будет недоволен. Боре скоро 70 лет, его могут попросить на пенсию. Вот твой омлет. Тебя как зовут?

Петр. Петр.

Мила. Значит, Петя... (ко второму) А ты, должно быть, Павел, угадала? Сейчас приготовлю тебе, ты ведь помладше будешь?

Павлуша. Я — Павлуша, не Павел, а Павлуша. На пенсию – это плохо?

Мила. Смотря кому. Мы сюда приехали поздно, и пенсии не выработали, Боре нужно работать, чтобы мы нормально жили.

Павлуша. Нормально – это как?

Мила. Ну, сразу видно, что люди Оттуда. (дает омлет) Держи. Тебе нужно знать, сколько Боря получает? Немного он получает, а я вообще не работаю, но мы живем нормально. Вот – взгляните – у нас хорошенький домик, при домике сад, цветы, птички... Разве Там мы жили в такой экологии? Среди машин, на загазованном Садовом!

(смотрит) А вы из каких краев? Новицкие, кажется, из столицы.

Павлуша. Какие Новицкие?

Петр. (трогает его за плечо) Погоди. Можно я буду звать вас бабушка?

Мила. (передергивает плечом). Бабушка? Почему бабушка? Я что – очень старо выгляжу?

Вы думаете, я Борина ровесница? Он старше меня на два года, честное слово! Бабушка!

Просто у Новицких дети рано переженились, у детей пошли внуки... хотя... Так вы не от Новицких? Вам не Маша дала наш адрес?

Павлуша. Маша? Какая Маша?

Петр.(жмет на его плечо) Мы действительно нездешние. Но мы не от Новицких и не от Маши. Кстати, Маша – случайно не ваша дочь? Мария? Мария Лаковкина?

Мила. (в ужасе) Что с ней? Она собиралась приехать. Она заболела? Ее не выпустили?

Петр. Мы, к сожалению, не знаем, что с ней. Мы тоже хотим ее видеть.

Павлуша. Очень. Мы очень хотим ее видеть.

Мила. А что такое? Зачем вам наша Маша? Она взрослый человек, ей уже к сорока. Она вам в мамочки годится.

(Павлуша хочет что-то сказать. Петр его останавливает): Помолчи, Павлуша.

Правда, когда я преподавала в школе, — а я проработала в школе сорок лет — в меня влюблялись мои ученики, совсем сосунки, вот как вы сейчас. Сколько вам? Лет сорок на двоих, так?

(они кивают). Вы братья? (они кивают) Близнецы? (они кивают)

Мне как раз вчера Сусанна переслала одну статью, там про эпидемию рождений близнецов, теперь все женщины стали рожать из пробирки и все, как одна, близнецов, некоторые сразу по четыре, по пять штук... Ну, не штук, конечно, а младенцев. Да, а с чего мы начали? Вспомнила.

Вы хотели называть меня «бабушка». Ни за что на свете! Я Мила. Слышите. Я Мила – и никакая не бабушка.

Павлуша. Я бы хотел называть тебя бабушка Мила. Можно?

Мила. Можно, деточка, можно, мой золотой. (к Петру). Тебе тоже можно. Я рада, что у меня появились внуки! Ну и... Что скажете вашей бабушке? Даже не представляю, чем занимается современная молодежь.

Павлуша. Но мы не совре...

Петр. (перебивает его). Мы не современные, бабушка...Мила. Мы... как бы это сказать...из другого мира.

Павлуша. И нам здесь все в диковинку.

Мила. Неужели ТАМ все еще живут по-другому? В чем это выражается? Я знаю: они нас ненавидят и думают, что мы ненавидим их. Но образ жизни... как они живут? Где они живут?

Павлуша. Я не понимаю, бабушка Мила, о ком вы говорите. Где это Там?

Мы с Петром живем под землей, в бункере. (брату) Петр, пожалуйста, не перебивай. Я буду говорить подумав и скажу то, что можно сказать... У нас, бабушка Мила, нет дневного света, только электричество. Вот это место, где мы сейчас сидим, как называется? Где так хорошо и красиво и где так чудесно пахнет? Мы никогда не видели такого места.

Мила. Это сад. Господи боже мой, вы что — сада не видели? Приехали. А и правда, где им бедным городским детям увидеть сад? У нас с Борей, дорогие внуки, даже не сад, а садик. Вот видите птичка сидит на ветке – поет, с желтенькой грудкой. Это иволга. Слышите, как красиво по-русски звучит и-вол-га. Я специально смотрела в определитель, чтобы найти название этой чудной птички. А то ведь читала стихи – и не знала, что такое иволга (читает нараспев, закрыв глаза от удовольствия)

> *Есть иволги в лесах, и гласных долгота*
> *В тонических стихах единственная мера,*
> *Но только раз в году бывает разлита*
> *В природе длительность, как в метрике Гомера.*
>
> *Как бы цезурою зияет этот день:*
> *Уже с утра покой и трудные длинноты,*
> *Волы на пастбище, и золотая лень*
> *Из тростника извлечь богатство целой ноты.*

Вы слышите, как льется этот стих! Какая в нем роскошь и лень! Богатство целой ноты — как это сказано! Это поэт Мандельштам. Вам в школе о нем говорили? Он написал эти стихи перед войной. Перед Первой мировой войной.

(Все замолкли, каждый думает о своем.

Слышен стук.

(Мальчики переглядываются)

Мила. Что? Кто-то стучит? Подождите, я проверю (уходит в дом)

Павлуша. Ты слышишь? Там все в порядке.

Петр. У нас есть еще время. Можно отдохнуть.

Павлуша. Здесь так хорошо! Так пахнет! Такие яркие краски! Я не хочу назад.

Петр. Еще не скоро. Ты что-нибудь понял из того, что она читала?

Павлуша. Ничего. Но мне понравилось. Там есть слово «покой», такое хорошее слово.

(возвращается Мила)

Мила. Никого нет, показалось. А, может, какая-нибудь птица, тут у нас даже дятлы есть... Или сосед сумасшедший. Он воевал во Вьетнаме, а потом рехнулся. Он иногда стучит... Но нет, думаю, не он. Когда мама умирала, я ей сказала: «Мама, если сможешь, подай знак оттуда, я тебя услышу». Может, это мама оттуда?

Павлуша.(глядя на Петра) Откуда «оттуда»?

Мила. А я откуда знаю? Оттуда. Из другого мира.

Павлуша.(глядя на Петра) Из какого другого мира?

Мила. Послушай, «внучок», ты чего ко мне пристал? Не понимаешь, что значит «другой мир»?

В школе не объяснили? Ну, другой, еще говорят, тот свет. Те, кто умер, они находятся на том свете. Мы о нем ничего не знаем, даже не знаем, существует он или нет, и вот я мамочку умирающую попросила: «Мамочка, если сможешь, подай, голубчик, оттуда знак, я услышу»...

Павлуша. А, это где мертвые... Ты сказала «другой мир» — и я подумал...

(Петр кашляет) Бабушка Мила, вот ты нам прочитала, то, что ты прочитала. Как это называется?

Я там не понял ни одного слова. Но все слова мне понравились.

Мила.(Петру) И ты не понял?

(Петр отрицательно качает головой)

Чему вас только в школе учили! Собирайтесь, поведу вас на прогулку! Будем любоваться природой! Признавайтесь, вас кто прислал? Машка негодница? Она способна подослать к нам даже марсиан. Вы, случаем, не марсиане? Хотя... Что здесь делать марсианам!

Павлуша. Машка – это ваша дочь? Мы с Петей никогда ее не видели. Нам хотелось бы ее увидеть.

Мила. Никогда не видели? Значит, вы не от нее? Тогда от кого же? (Мальчики молчат, опустив головы)

Молчите? Вы готовы к прогулке? Тогда вперед. (оглядываясь) Хотите называть меня бабушкой? Так и быть! Но только в цветаевском смысле... (напевает) Когда я буду бабушкой — годов через десяточек... Вперед — за бабушкой Милой! (танцуя, увлекает их за собой)

Картина четвертая:

День. Обед в саду. Боря и Маша

Боря. Нет, нет, не вскакивай. Я сам. (Смотрит на часы) У меня еще в запасе полчаса. Ты вовремя пожаловала, как раз когда я приехал на обед. Мама прекрасно готовит...гречневую кашу. Тут осталось немного, но нам хватит. А когда они вернутся, мама приготовит яичницу.

Маша. Они – это кто?

Боря. Мама и эти двое юношей, неизвестно откуда взявшихся, Петр и Павел. Утром я их видел мельком и так и не понял, откуда они взялись. Беженцы – не беженцы, вид у них довольно фантастический.

Маша. Это не опасно? Для мамы?

Боря. Может, и опасно. Не дай бог, свихнется, снова начнет воображать себя воспитателем, просветителем. Я даже не узнал ее голоса, когда она позвонила, голос был как у молоденькой.

Маша. И что она сказала?

Боря. Сказала: «Боря, говорит бабушка Мила, мы вернемся через часик, здесь интересная полянка для наблюдений». Полянка для наблюдений! Но мы не о том. Так, ты говоришь, трудно было выбраться?

Маша. Не имеет значения. Выбрались. Одна я бы точно застряла.

Боря. Так ты не одна? С кем же ты?

Маша. Не имеет значения. С мужчиной. Если хочешь, с мужем. Он помог мне оформить документы как своей жене. Он военный, но сейчас на дипломатической работе.

Боря. Так.

Маша. Все произошло очень быстро, я не успела вам сообщить.

Боря. Что вышла замуж?

Маша. Что приезжаю. Про замужество я пока не думала сообщать.

Боря. Так. Военный, дипломат, наверное, разведчик – все они разведчики. Не еврей, конечно.

Маша. Не имеет значения. Еврей — не еврей, сейчас не имеет значения.

Боря. А что сейчас имеет значение?

Маша. Война. Будет или нет. У нас паника. Люди скупают спички и соль. Представляешь?

По старой памяти, как учили бабушки: если есть угроза войны — запасайся спичками и солью. Еще покупают крупу. И ты знаешь, я тоже купила спички, соль и крупу, хотя понимаю, что это глупо. Что если будет война, ничего из этого не понадобится. Мы сразу погибнем.

Боря. А что говорит твой муж? Как, кстати, его зовут?

Маша. Николай, Коля. Николай Александрович.

Боря. Очень русское имя, фамилия не Романов?

Маша. Не Романов. Он Долгорукий.

Боря. Шутишь?

Маша. Не шучу. Но не имеет значения.

Боря. Не скажи. Я Лаковкин – наш род идет из Испании, от той самой Ла Кавы, в которую влюбился король готов, потерявший королевство...

Маша. Да? Первый раз слышу.

Боря. Первый раз говорю. Хотя... Мама знает, она из меня выцарапала. Ей эти родовые дела всегда нравились. Она тут же провозгласила, что про готов писал еще автор «Слова о полку Игореве». Она и твоим Долгоруким будет гордиться. Начнет названивать своей Сусанне: «Сусанночка, наш зять из князей, да, гой, но зато княжеской крови, разница!»

Маша. Папа, как ты думаешь: будет война?

Боря. (заученно) Успокойся. Никакой войны не будет. Обе стороны слишком хорошо понимают, чем это может кончиться, если начнется... А что говорит твой... военный дипломат?

Маша. А что может сказать военный дипломат? Ты лучше скажи, как Вадим.

Боря. Не знаю, ничего не знаю. Он не звонит. Переселился на работу, дома не застать.

Маша. Он один?

Боря. Один. Кажется, один. Такие времена, что ни в чем нельзя быть уверенным.

Маша. Ты помнишь Лину? Она потом уехала в Израиль, она была влюблена в нашего Вадима.

Боря. Мало ли девчонок! Вадим красивый парень, и есть в кого (приосанивается). Он о-чень похож на Милу.

Маша. И эта Лина как-то на моем дне рожденья нам гадала каким-то особым способом, вытягивая нитки... И у нее вышло, что у Вадима не будет детей, своих детей, что он никогда не женится...

Боря. Ну, уж нет, это она со зла. Быть того не может – парень всем взял, вот только фамилию нашу поменял, но ему было нужно для карьеры, ты ведь знаешь, где он работает...

Маша. А про меня Лина сказала...

(входят Мила и двое юношей)

Мила. (не замечает Машу) Боря, ты нашел что поесть?

Боря. Да, я съел кашу, спасибо. Ты не замечаешь, кто к нам приехал? (Мила смотрит) Маша!

Ты откуда? Ты оттуда? Ты сумела вырваться? Слава Богу! Ты теперь будешь с нами?

Маша. Мама, не волнуйся так. Я приехала ненадолго, вместе с... мужем. Да, да, я вышла замуж... это долгая история, вернее, очень короткая. Мы встретились случайно, он увидел меня на улице – и подошел. И сделал предложение.

Мила. Как? Сразу сделал предложение? Прямо как мой Боря? Я думала таких больше нет.

Маша. Есть, его зовут Николай, он военный дипломат. Он здесь в командировке, и я с ним.

Мила. Маша, как ты думаешь, будет война? Я мучаюсь, у нас ночами гудят самолеты.

Маша. Я...не знаю. Надеюсь, что не будет. Вот папа говорит, что войны не будет.

Павлуша. (с большим сочувствием, но уверенно). Будет, война будет.

Петр. Павлуша, перестань, тебя предупреждали!

Маша. Кто это?

Боря. Я тебе говорил, ты забыла. Эти два молодых человека – Петр и Павел – наши ночные гости.

Свалились на нас, словно с Луны или с Марса. (смотрит) Признавайтесь, вы с Луны или с Марса? (Мальчики молчат)

Мила. Отстань от них, Боря, они устали. Я их часа три водила туда-сюда. Все местечки заветные показала. Они понятия не имели ни о зайчиках, ни о птичках, ни о белках. Городские ребята. Наш Твинбрук ввел их в ступор, Павлуша не хотел оттуда уходить. Павлуша, тебе понравился наш Близнецовый ручей?

Павлуша.(кивает, говорит не глядя ни на кого) Да, я бы хотел там остаться... навсегда.

Мила. А дом? Тебе не хочется вернуться домой?

Павлуша.(машет головой отрицательно) Нет, не хочется. У нас не дом, а бункер под землей.

Петр. Павлуша, перестань, тебя же Вэд предупреждал (бросается на Павлушу и начинает его колотить).

Мила. (бегает вокруг, пытаясь разнять) Вы что – сдурели? Еще не хватало нам драки.

Боря. Ну и ну, марсиане, а ведут себя по-обыкновенному, по-земному, то есть по-дурацки.

Маша.(кричит) Прекратите. (Мальчики мгновенно прекращают драку). Идите умойтесь и приходите обедать. Мила даст вам что-нибудь поесть.

Мила. Не что-нибудь, а кашу. Сейчас я сварю превосходную гречневую кашу. Бабушка Мила знает толк в еде. (Мальчики уходят)

Странный мальчик этот Павлуша.

Боря. Я и говорю, оба они странные. Не иначе с Юпитера.

Маша. Мама, помнишь Лину? Ну ту, которая любила нашего Вадима – без взаимности, а потом махнула в Израиль? Она как-то на дне рожденья гадала мне на нитках, смешное гаданье.

Будто у меня родятся два мальчика, два близнеца, Петр и Павел.

Картина пятая:

Ужин в саду. Мила, Боря, Петр

Боря.(Петру) Ты тоже без хлеба ешь? Сейчас мода такая: все едят без хлеба.

Петр. Хлеб? Его трудно синтезировать. Вэд говорит, что все можно синтезировать, а хлеб – нет, пропадает запах (берет кусок хлеба – нюхает). Действительно пахнет, но слабо, слабее, чем рыба или котлеты...

Мила. Ешь, ешь котлетки, куриные. Я их в русском магазине покупаю возле Clopper Road. Там они сами готовят, повар у них есть из Санкт-Петербурга. (быстро, словно невзначай) А Вэд... кто он такой?

Петр. Вэд? Наш родственник. Он взял нас к себе, когда наша мама... Я, пожалуй, съем еще котлетку.

Боря. Ничего, что мы Пашу не ждем? Но, ей-богу, к ужину не положено опаздывать. Он знает, что в семь — у нас ужин. Я ему четко сказал: «Возвращайся не позже семи. В семь у нас ужин».

Мила. Ах, как я понимаю мальчика. Наш Tweenbrook привораживает, сегодня, к тому же, такой светлый чудный день... Хорошо, что мы не слушаем известия. (словно мимоходом) А хлеб, положим, зачем синтезировать? Кому он нужен – синтетический?

Петр. (не отвечает, Боря и Мила смотрят на него) Ты меня спрашиваешь? Я уже не помню, что я такое сказал, наверное, перепутал. Когда Павлуши нет рядом, я все начинаю путать, как он, просто наказание какое-то. Ты меня лучше не спрашивай ни о чем, хорошо?

(неловкое молчание)

Боря. А космонавты, например, какой хлеб едят? Тоже, наверное, синтетический, у них, в космосе, все синтетическое. Ты, парень, из космоса к нам свалился, так? (смеется)

Мила. Хватит, Боря, ерничать, мальчик голоден, дай ему спокойно поесть (выходит).

Боря. Ты вот что, Петр, давай с тобой по-мужски поговорим: сознавайся, откуда к нам заслан.

Тебя ТЕ прислали? Следить за Вадимом? Или как его там теперь зовут?

(встает из-за стола, подходит близко). Дай хоть тебя пощупать. Может, ты не человек, а призрак.

Дунешь – и тебя нет, улетел.

Петр. Дед, не подходи ко мне. Лучше позови бабулю. Баба Мила!

Боря. При чем тут бабуля? Она наивный человек. Верит всему, еще больше придумывает сама.

Признайся, вы разведчики? Или... или посланники из других миров? Я думал про них только в книжках пишут... А тут такая х..ня на самом деле. Вы взаправду или только мерещитесь? Как призраки?

Петр. Дед, что ты заладил: призраки, призраки. Ты сам призрак. Самый настоящий призрак.

Тебя нет. Ты стал ядерной пылью, понял? Я тебя застал, когда ты еще живешь, но это будет недолго. Тебе недолго осталось, понял? И бабуле тоже, и маме. Вам всем осталось недолго.

Боря. Мила, Мила! Скорее!

Мила. (прибегает) Что ты так кричишь, Боря! Ты испугаешь мальчика.

Боря. Я? Мальчика? А не хочешь наоборот?

Петр. Молчи, дед. Это ты меня довел своими расспросами. Я же просил не расспрашивать. Мы тут, баба Мила, по-мужски говорили... о жизни. Спасибо за ужин. Никогда так вкусно не питался (встает, выходит)

Мила. (смотрит на небо) Слышишь, гудят.

Боря. Это у тебя слуховая галлюцинация. Им еще рано. Дай мне, пожалуйста, сердечных капель...

Мила. (накапывает валокордина) Четырнадцать, пятнадцать. (дает стаканчик). Давно ты, Боря, капель не пил. Тоже волнуешься? Уже восемь часов, а его нет.

Боря. Ты о ком?

Мила. Как? Ты разве не волнуешься за Павлушу? Он ушел сразу после обеда, а сейчас восемь часов.

Боря. Пусть за него Петр волнуется. Кто мне этот Павлуша – ни сват, ни брат. Чужой человек, неизвестно откуда свалившийся к нам на голову. Этот его брат, Петр, позволяет себе такое... такое... (шепчет) Мне кажется, они лазутчики – от Тех. И уже немножко повредились в уме, на почве общей сумятицы и абсурда.

Мила. (не слушает). Знаешь, я, пожалуй, пойду его поищу. Петр, а Петр, ты где?

Петр. (входит) Я здесь, бабушка Мила.

Мила. Никак не могу привыкнуть к этому наименованию. Что-то тут лишнее – либо бабушка, либо Мила. Зови меня Мила – и все. Мила – и все. Когда я еще стану бабушкой и стану ли! Вон Цветаева – мечтала, мечтала «когда я буду бабушкой», а не пришлось.

Петр. (смотрит) Ты станешь. Только не увидишь своих внуков.

Мила. (замерев). Не увижу? Почему?

Петр. (молчит)

Боря. Эй, парень, ты не слишком ли разговорился? Лучше помолчи!

Мила. Здесь какая-то тайна? Впрочем, пойдем, Петя! И как я не догадалась раньше? Павлуша, мальчик, не знает окрестностей... Он просто-напросто заблудился. (к Петру) Ты должен был мне подсказать. А ты сидел – лопал, прости меня. Теперь пойдем на поиски (уходят).

Ирина Чайковская

Картина шестая. Интермеццо

(Никого нет на сцене. Потом входит Боря, за ним бежит Сусанна)

Сусанна. Погоди, Боря! Ты мне можешь сказать, где Мила?

Боря. Мила? А зачем она тебе? Ее нет.

Сусанна. А где эти, ну... марсиане ? Не марсиане, а эти... Звездные мальчики?

Боря. Звездные мальчики? (строго) Откуда информация?

Сусанна. (смеясь) Из конфиденциальных источников. Твоя Мила сказала по телефону. Она просила не распространяться.

Боря. Так чего ж ты распростаняешься?

Сусанна. Понимаешь, Боря, я подумала: может, я могу чем-нибудь помочь. Мила такая наивная, ее так легко обвести вокруг пальца. Скорей всего, никакие они не марсиане, то есть не звездные мальчики.

Боря. Да? И кто же они?

Сусанна. И ты не знаешь?

Боря. Нет. Подскажи.

Сусанна. Я думаю, они посланцы...

Боря. Так.

Сусанна. Небесные посланцы.

Боря. Ах, так? Так их Боженька прислал?

Сусанна. А ты думал – кто? (шепотом) Не видишь – какие времена? Последние (крестится). С нами крестная сила.

Боря. Слушай, Сусанна, ты ведь еврейка. Ты что – крестилась?

Сусанна. Я это так. Со страху. Когда страшно, тогда сразу всех богов на помощь зовешь – и своих, и чужих. А этот вроде почти свой. Сын нашего. Я и икону у себя повесила. Божьей матери. Пресвятой девы. Богородицы. Я, Боря, понимаю, почему в тяжелые времена наши предки начинали поклоняться чужим богам...Свои-то слабо помогали... А этот... даже и не чужой, он, если разобраться, из нашего же племени человек. Он мне, по правде, ближе, чем наш. Нашего-то я только здесь узнала, а того знала с детства, и иконы видела с детства, и свечки ставила... ей, богоматери, пресвятой деве Марии.

У меня, Боря, ты знаешь, никого нет. Я одна. Твоя Мила для меня – свет в окошке. Я жду ее звонка прямо с утра. Позвонит – значит все хорошо, можно дальше жить. Она у тебя такая... такая... легковерная. Словно ей пять лет. Верит всем подряд. Но странно, ее вера мне помогает. Так трудно жить, когда ничему не веришь. Когда тебе страшно, а рядом – никого.

Я посижу, хорошо? Подожду ее.

Боря. (подает стул) Сиди. Пожалуйста. Я, пожалуй, тоже выйду пройдусь. А ты посиди, дом посторожи (уходит)

(Сусанна сидит посреди комнаты. Тишина. Она засыпает. Ей грезится, что Ангел спускается с неба, за ним еще один, они танцуют перед ней тихий безмолвный танец...

Внезапный шорох ее будит, она открывает глаза. Перед нею Маша, которая только что вошла в комнату).

Сусанна. Это ты?
Маша. Ой, кто вы?
Сусанна. Ты — Мария?
Маша. Вы меня знаете?
Сусанна. Конечно, конечно знаю. Ужасно, просто ужасно похожа (заговорщически) Ребеночка ждешь?
Маша. Как? Разве уже так заметно? Всего шесть месяцев. Вы врач? Или ясновидящая?
Сусанна. Не от мужа? Эх, горемычная ты моя.
Маша. У меня есть муж.
Сусанна. Знаю, все знаю. Но ребеночек от другого, хоть и не в грехе зачат. Позволь хоть постоять... рядом. Я знаю, что недостойна чести сией. Сией чести. Грешила. Мужу не простила измены, сыну – обиды. На старости осталась одна. Без веры живу. Помоги мне веру обрести. Будь оплотом в страхе моем,
Мария. Почему вы... ко мне?
Сусанна. А к кому еще обращаться? Больше и не к кому. Поможешь?
Мария.(жестко) Я всегда стараюсь помочь, если есть возможность. Вы скажите конкретно, чего вы от меня хотите.
Сусанна. (в испуге). Ой, только не сердись. Ничего не хочу. Спасибо, что беседы удостоила. (уходит)
(Мария садится на стул. В дверь входит Павлуша).
Павлуша. Мама, ты?
Мария. Похоже, меня сегодня все принимают за другую. Какая я тебе мама, юноша?
Павлуша. (с желанием быть понятым). Я Павлуша. У меня есть брат Петр.

Мария. Да помню я прекрасно. Ты мне не скажешь, где все?
Павлуша. Не знаю.
Мария. А ты где был?
Павлуша. О, я много где был! Я долго шел вдоль ручья. Я видел разных животных и птиц. Жаль, я не знаю их имен. Одна птичка была с красным опереньем, маленькая, легкая (смотрит, Маша молчит) Другая – серенькая, с черной головкой и хвостиком (смотрит).
Мария. (машет головой нетерпеливо) Нет, не знаю.
Павлуша. А куст, на нем были красные и черные ягоды, сладкие и вкусные...
Мария. Не знаю, ничего не знаю. Где ты их нашел?
Павлуша. В саду у нашего соседа. Я забрел туда случайно.
Мария. Мама мне говорила, что сосед сумасшедший. Он мог на тебя наброситься, застрелить. У них у всех оружие.
Павлуша. Он меня спросил: «Вкусно, парень?»
Мария. На каком языке?
Павлуша. На американском.
Мария. Ты говоришь по-амери... по-английски?
Павлуша. Как на русском. Вэд обучил нас двум языкам.
Мария. Кто этот Вэд?
(Павлуша мнется).
Мария. Хорошо. Что еще сказал сосед?
Павлуша. Он сказал, что с такой же жадностью ел ягоды во Вьетнаме, после одного боя, где погиб его друг.
Мария. Еще?
Павлуша. Что он полюбил вьетнамскую девушку, а она его. Но ее убило снарядом.
Мария. Еще.
Павлуша. Он вернулся и женился на кореянке, она напоминала ему ту, вьетнамку.
Мария. Что еще?
Павлуша. А сейчас у него внуки, они с раскосыми глазами, он боится, что их будут убивать, поэтому он все время на посту — смотрит из окна. Но про меня он сразу подумал, что я не страшный... Я напомнил ему молодость...Мама, ты меня ... не узнала? Я и Петр были тогда совсем маленькие. И война была совсем близко. Вэд сумел переправить нас к себе, а ты осталась Там.
Мария. Перестань. Я не хочу тебя слушать. Ты бредишь! У меня нет детей. Я только жду ребенка. Мы с Николаем обратились в одну

частную клинику. Николай не может быть отцом, но сейчас есть другие возможности, короче, нам сказали, что, скорей всего, у меня будет двойня или тройня... (смотрит на него). А где твой брат?

(шум, крики, вваливается вся компания – Мила, Борис, Петр, Сусанна)

Мила. (видит Павлушу). Ага, я так и знала, что он – дома.

Боря. Если знала, зачем же нас водила битый час по всем закоулкам?

Мила. Чтобы окончательно убедиться. (Борис машет рукой, Мила видит Машу) Маша, и ты здесь? Ты ведь останешься на ночь? Я сейчас постелю тебе...

Маша. Не нужно, я скоро уеду. Николай должен заехать за мной с минуты на минуту.

(Слышен стук)

Кто-то стучит.

Мила. (смотрит за дверью). Но здесь никого нет. Сумасшедший сосед?

Маша. Он не такой уж сумасшедший, судя по всему, просто боится войны.

Мила. А ты откуда знаешь про соседа?

Сусанна. Она знает. Она все знает.

Петр. Павлуша, нам пора. (всем) Нам нужно ехать.

Маша. Вас Вэд зовет? Так? Вы не могли бы нам объяснить, кто такой этот Вэд? И куда он вас зовет? Это становится любопытным.

Боря. Маша, не настаивай! Помолчи. Юношам нужно ехать – пусть едут. (шепотом) А то он такого здесь порасскажет! Зачем нам еще одна головная боль!

Маша. (словно не слыша). Так что же вы? Скажете? Откроетесь нам?

Петр. Мы скажем. Но скажем только то, что нам поручено сказать...на прощание. Павлуша, говори ты!

Павлуша. Вы хотели знать, кто такой Вэд? Вэд – это тот, кто спас не только нас с Петром, но очень многих. Он всегда на посту. Он не мог поехать с нами, хотя хотел. Но он поручил нам, чтобы мы сказали вам одну вещь... одну вещь, которую он не успел когда-то вам сказать. Вот записка (смотрит на всех поочередно, в итоге обращается к Сусанне: «Читайте вы»).

Сусанна.(читает вслух)

«Дорогие родители, мама и папа,

Маша осталась ТАМ, несмотря на уговоры, но ее малышей я увез. У меня уже нет времени спасти вас, простите меня! Сейчас начнется. Прощайте!

Ваш сын Вадим Лаковкин»

Маша. Он спас моих детей!

Мила. Он вспомнил о нас в страшный час!

Боря. Он вернулся к нашей фамилии, он стал Лаковкиным!

Сусанна. Похоже, что ... это письмо... что оно из будущего. Вы принесли нам письмо из будущего? (оглядывается) Ой, а где они?

Мила. (оглядывается) Их нет.

Боря. (оглядывается) Их нет.

Маша. (оглядывается). А были ли они? Может, нам померещилось? (фары автомобиля, прорезавшие темноту окон, одновременно звонок мобильного телефона) Да, я на месте, нет, лучше зайди. (всем) Как всегда под конец все происходит одновременно и в быстром темпе.

Это, кажется, называется «раскручивание пружины». Сейчас зайдет Николай. Мой муж. (появляется немолодой начинающий седеть мужчина, у него военная выправка) Прошу любить и жаловать, Николай Долгорукий, военный консультант и мой муж.

Николай. (пересекает комнату, приветствует всех кивком головы) Рад познакомиться с родственниками... моей жены.

Мила. Мы с Борей – ее отец и мать.

Николай. (кивает) Очень приятно! К сожалению, у нас очень мало времени для знакомства.

Мила. Вы не присядете? Не хотите чайку?

Николай. (Маше) Маша, ты же знаешь. Скажи им.

Маша. Мы спешим, родители. У нас нет времени распивать чаи.

Боря. Вы участвовали в переговорах?

Николай. Я был за кулисами.

Боря. И... какой результат?

Николай. Результат практически нулевой. Переговоры зашли в тупик.

Боря. И что дальше?

Николай. (разводит руками) Не знаю.

Боря. И что вы намерены делать? Лично вы?

Николай. Выполнять свой долг.

Боря. Понятно, вы военный человек. А что прикажете делать вот ей, Маше? Что делать людям, простым людям – ТАМ и ЗДЕСЬ?

Николай. Не знаю.

Маша. Папа, не приставай со своими вопросами. Видишь, он устал, измучен. Переговоры шли весь день, с самого утра.

Боря. Стоило молоть языками столько времени – и все ради того, чтобы «переговоры зашли в тупик». Что же теперь будет?

Мила. (к Николаю) Вы спешите? Вам нужно уходить? (к Маше) Ты идешь с ним?

(оба кивают) Вот и до свидания! Счастливого пути! Не поминайте лихом и доброго здоровьичка!

(подходит к Николаю и почти толкает его к двери) Идите, идите. И ты, Маша, иди, нечего рассиживаться.

Маша. Мама, ты не хочешь со мной проститься?

Мила. Зачем? Долгие проводы – лишние слезы. Мы ведь скоро увидимся. Да? Мы очень скоро все увидимся. Идите! (сквозь слезы). Маша, доченька, помни: мама с папой тебя очень любили... до своего последнего часа... (Маша кидается к Миле, они обнимаются, потом она обнимается с Борей).

(Сусанна смотрит на нее, протягивает руки)

Маша. (Сусанне) Вы хотите мне что-то сказать?

Сусанна. (истошно кричит) Не покидай нас, пресвятая Дева, не покидай на погибель! Не покидай на погибель!

Мила. Сусанна, прекрати истерику (подхватывает шатающуюся Сусанну) Идите, идите своей дорогой. Скорее, скорее!

Картина седьмая:

Поздняя ночь. Мила и Боря каждый в своей постели

Мила. Боря, ты спишь?

Боря. Где там! Я бы сейчас коньячка выпил или в присядку пошел. Сердце из груди выпрыгивает.

Мила. А ты успокойся. Скажи себе: ничего не случилось. Как жили, так и будем жить. Завтра я накормлю тебя завтраком – твоей любимой яичницей из двух яиц – и ты отправишься на работу.

А я буду тебя ждать. Пойду прогуляться вдоль нашего ручья, послушаю птичек...

Боря. Мила, ты не думаешь о том, что дальше, что нас ждет.

Мила. Боричка, это судьба человеческая. Что ждет человека в конце жизни? Всякого, любого, не только старого, как мы с тобой. Кого жаль, так это молодых, не поживших. А мы! Мы с тобой, Боричка, вместе хорошо пожили. Сорок лет как одна минута. Помню, как ты подошел ко мне на Тверской, она тогда еще называлась улица Горького, в ее начале тогда было кафе-мороженое «Космос». Я вышла из этого кафе, одна, а ты подошел и сказал: «Девушка, я еще не видел таких, как вы. Выходите за меня замуж!».

Боря. Но я не хочу уходить раньше времени. Пусть я не молод, но мне нравится жить, я еще не пожил вволю... А знаешь что? Давай забудем все, что сегодня было. Как страшный сон. Будто и не было вовсе. Давай, а? Ничего не было. Ровно ничего не было, ни этих звездных пришельцев, ни Маши с ее мужем, ни записки. Ох (хватается за сердце).

Мила. Что?

Боря. Нет, это рудименты воспоминаний, сейчас, через минуту, должен все забыть. Все, все. Как не было. (зевает) Однако, я завтра не проснусь к семи. А наш начальник не любит опозданий. Все. Спокойной ночи.

Мила. Спокойной ночи. (смотрит на Борю) Действительно заснул. Храпит.

А мне, видно, не заснуть сегодня. (Вскакивает с кровати, встает в ночной рубашке посредине комнаты, как в самом начале, и тихо читает):

Блажен, кто посетил сей мир
В его минуты роковые.
Его позвали всеблагие,
Как собеседника на пир.
Он их высоких зрелищ зритель.
Он в их совет допущен был.
И заживо – как небожитель –
Из чаши их бессмертье пил.

(Оглядывается — Боря стоит с ней рядом, он обнимает ее одной рукой. Оба они остаются в луче света, затем свет постепенно гаснет, и занавес опускается).

2015, Б.Вашингтон

Сцены из райской жизни

Сцена первая: Рай

(Три женщины под предводительством Мальчика-ангела под медленную торжественную музыку подходят к раскидистому дереву)

Мальчик-ангел. Вот глядите, это дерево познания истины и лжи. Чтобы разбирались, где правда, а где фальшак. Единственный экземпляр. Если под ним будешь стоять и соврешь — оно распознает.
Лиля Брик. А кто еще... распознает?
Мальчик-ангел. Еще Он распознает.
Лиля Брик. А для чего вам это дерево?
Мальчик-ангел. А для совести. Совесть надо иметь. Здесь тоже.
Лиля Брик. И это все?
Мальчик-ангел. Может, и не все. Я здесь недавно, до этого был при детях-сиротах, но проштрафился.
Лиля Брик. Проштрафился? Это как?
Мальчик-ангел. Да... повторил анекдот, одна сирота рассказала, а я другой повторил, а та донесла.
Полина Виардо. Бедное дитя.
Авдотья Панаева. Какой хорошенький ангельчик.
Лиля Брик. Какой анекдот?

Мальчик-ангел. Анекдот про души. Она ему говорит: «А до души ты моей так и не дошел».

Полина Виардо. Бедное дитя.

Авдотья Панаева. Проказник, а личико ангельское.

Лиля Брик. Кыш, со своими анекдотами! Скажи лучше, что нам тут делать... под этим единственным экземпляром? И почему нас только трое? Где все остальные? Я видела — там была бесконечная цепь...

Мальчик-ангел. Ничего не знаю. Я здесь недавно и на маленькой должности. Распоряжается — Он. Мне приказано — я привел. А что здесь делать? Ждать.

Все три. Ждать?

Мальчик-ангел. А чего же еще? Ждать. Тут время немеренное. Нужно его... ну как это? Забыл. Слово такое развесистое?

Полина Виардо. Passer? Пройти?

Авдотья Панаева. Препроводить?

Лиля Брик. Провести?

Мальчик-ангел. Стру-кту-ри-ро-вать. Время нужно структурировать. Это нам на тренинге сказали. Мне понравилось. Такое большое культурное слово.

Полина Виардо. Пардон, малыш, для чего стру-кту-ри-ровать?

Авдотья Панаева. Мальчик-ангельчик, ты на каком языке говоришь? Неужто это по-русски?

Лиля Брик. Так чего нам ждать, пацан?

Мальчик-ангел. Погодите, счас взгляну в инструкцию (достает чистую бумагу, переворачивает)

Ничего не написано. Просто ждать.

Лиля Брик. Может, ты устную инструкцию получил?

Мальчик-ангел. Сказано было отвести вас под дерево истины и лжи и оставить ждать.

Лиля Брик. Чего ждать? Или кого?

*Полина.*иардо. Bien sûr, les homes.Конечно, мужчины. Только какого?

Авдотья Панаева. Вы все про мужчин. ЕГО нужно ждать. Страшного суда надо ждать.

Полина Виардо. А разве еще не было суда? Мы где с вами? Разве не в раю?

Лиля Брик. Эй, пацан, мы в раю?

Мальчик-ангел. В раю.

Лиля Брик. А ад? Здесь есть ад? Или хотя бы чистилище?

Мальчик-ангел. Не слыхал про таких. Говорю же, что я здесь недавно.

Лиля Брик. Слышите? Ада нет и чистилища нет, для всех один рай. Как же все тут помещаются? И где? Наверное, все в разных камерах. Однако здесь довольно просторно.

Я-то думала, что будет теснота, перенаселенность, как в коммунальной квартире.

Авдотья Панаева. Что такое коммунальная квартира?

Лиля Брик. Неважно.

Полина Виардо. Вы думали, мадам, что рай перенаселен?

Лиля Брик. Рай? Я как раз про рай не думала. Бросила 11 таблеток намбутала в стакан — и здравствуй, смерть!

Полина Виардо. Так вы — отравились?

Лиля Брик. Неважно. Как видите, я все равно в раю.

Авдотья Панаева. Господи, с кем ты меня соединил! За что? Эта женщина — самоубийца.

Мальчик-ангел. Я пошел. У меня счас урок игры на арфе. Только вы здесь не сорите, а то с меня спросят (уходит).

Лиля Брик. Не сорите. Чем сорить? Голые и босые, раздеты до души. (Полине Виардо). Какой у вас симпатичный чепчик! А мне выдали чудовищного размера, словно это не я, а Маяковский. Володя должен быть где-то тут. И Ося, и Саша, и Рома, и Витя, и Виталик, и Вася... все они где-то рядом.

Авдотья Панаева. Да уймитесь вы, наконец. (к Полине Виардо) А вас, мадам, я знаю еще по Петербургу, вы пели в Мариинском театре. Я была на всех ваших спектаклях.

Полина Виардо. Вам понравилось?

Авдотья Панаева. Как вам сказать? Мне как женщине больше нравился Рубини. Восхитительный тенор, а какая внешность! Представьте, смотреть спектакль мне очень мешал Тургенев. Он был тогда совсем без денег, нахально захватил нашу с Панаевым ложу, садился впереди, и его спина загораживала мне сцену, а громкие выкрики и хлопки мешали слушать.

Полина Виардо. В «Сомнамбуле» меня вызывали 15 раз. Петербургская публика принимала меня по-царски. Цветы, подношения, бесконечные овации... Я была навсегда испорчена петербургским приемом. Но еда... еда была отвратительная. Помню, я спасалась гомеопатическим средством Oleum Crotonense, чтобы хоть немного наладить пищеварение.

Авдотья Панаева. Русская еда самая здоровая. Ваш компатриот Дюма бывал у меня в гостях и зараз съедал куриный бульон, ботвинью, расстегаи с рыбой, грибы в сметане, блины с маслом, баранью ногу и три вида десерта. И ничего с ним не случалось. А вот когда наш поэт Афанасий Фет побывал во Франции, он мне жаловался, что после обеда... в одном французском семействе остался совершенно голоден и вынужден был продолжить обед в привокзальном буфете.

Полина Виардо. Да? Я плохо его накормила? Он был чудовищно прожорлив. Поэт — с таким брюхом! (показывает) Это беременная женщина, а не поэт.

Лиля Брик. (Полине Виардо) Pourquoi lui parler? C'est Avdotia Panayeva. Dans ses mémoires, elle écrit de vous aussi que de Tourgeniev avec une telle haine, que à votre place je ne voudrais pas communiquer avec elle. Что вы с ней разговариваете? Это Авдотья Панаева. В своих записках она с такой ненавистью пишет и о вас, и о Тургеневе, что я бы на вашем месте с ней не общалась.

Полина Виардо. Oui? Je la connais un peu. Elle nous a visités accompagnée par un poète russe, l'ami d'Ivan, Nekrasivyi. Да? Я с ней немножко знакома, она была у нас с русским поэтом, другом Ивана, Некрасивым.

Авдотья Панаева. Я понимаю по-французски... чтобы не было недоразумений. Не думайте, что я не поняла вашего злословия на мой счет. А Тургенева я действительно не терпела, он плохо влиял на Некрасова. Барчук, избалованный маменькой. (к Полине Виардо) Вы, мадам, должны были хорошо изучить этот капризный и вздорный характер.

Полина Виардо. Не судите, да не судимы будете. Он тяжело умирал. Держался на морфине, призывал смерть. Галлюцинировал. Ему казалось, что его атакуют ассирийские солдаты, что он вынимает кирпичи из стен Ниневии. Он сходил с ума — и приводил в отчаяние всех вокруг.

Однажды он попросил, чтобы я выбросила его в окно. Мне было не до смеха, но я заставила себя улыбнуться: «Вы такой большой и тяжелый, дорогой Тургель, я не смогу вас поднять.

К тому же, это вам повредит».

Авдотья Панаева. А Некрасов умирал без меня. С ним сидела Зина. Барышня, взятая им из заведения, звалась Фекла. С этой Феклой он обвенчался перед самой смертью. Звал Зиной. А она, даже удивительно, почувствовала себя его законной женой, и, должно быть в благодарность, от его постели не отходила до самого конца. Мучительный у него был конец. Зине этой он, умирающий, стихи посвятил, трогательные. Зина, закрой утомленные очи, Зина, усни.

Лиля Брик. Володя застрелился, когда я была в Берлине. С Осей. Без меня ему всегда было худо, а в тот раз, видно, нестерпимо. И помочь было некому. Если бы я знала... Слышите, птицы? Райские, да?(среди пения птиц слышится лай и повизгиванье).

Ой, кто это? Похоже на Скотика, он точно так повизгивал, когда хотел приласкаться.

(выбегает черный щенок). Скотик, это ты? Откуда? Точно Скотик. Или не он? Нет, кажется, не он. (за Скотиком бежит Мальчик-ангел с маленькой арфой) Эй, пацаненок, откуда здесь собачка?

Мальчик-ангел. У них в животном раю сейчас перепись, он, видно, отбился.

Лиля Брик. Так у животных есть свой рай? Значит, и душа есть?

Авдотья Панаева. А вы сомневались?

Лиля Брик. У Скотика есть, безусловно... но, кажется, это не Скотик.

Мальчик-ангел. Хотите я вам сыграю? Я уже кое-что умею. (играет чижика)

Полина Виардо. Дитя, мой сын в вашем возрасте уже был виртуозом. Тургенев подарил ему, нашему Полю, скрипку Страдивари. Что вы играете? Это так примитивно! Особенно здесь, в этом божественном месте. (Берет у него арфу, садится, начинает перебирать струны, затем напевать).

Лиля Брик. О! Сладкий голос, темный дуб... прямо как у поэта Лермонтова.

Это красиво, согласна, но... архаично. Одно и то же надоедает, даже красота.

Авдотья Панаева. Пойте... не слушайте ее. Как хорошо! Вы так не пели там... тогда... Может быть, здесь место такое... становишься сентиментальной.

Мальчик-ангел. Дайте мне мою арфу. (забирает у Полины) Я теперь не скоро приду. Меня кинули к зверям на перепись. (свистит) Айда, Мефистик! (уходит)

(Молчание. Все замолкает, даже пение птиц).

Лиля Брик. Все так же светло. Я бы хотела, чтобы наступил вечер. Чтобы время как-то двигалось. А то этот рай для меня слишком скучен. Никого. Ни одной души, кроме нас.

Даже птиц не слышно. И так будет всегда? Бесконечно? Мы будем сидеть здесь и ждать? Кого? Чего? Никто не объяснит? И это называется рай? Послушайте, вы не желаете развлечься?

(Молчание)

Я к вам, к вам. Я хочу вас развлечь. Иначе тишина начинает действовать на нервы.

Эх, нет под рукой никакого тряпья, одна голая душа... Вот хоть перышками приукраситься (подбирает перья под деревом). И что-нибудь грохочущее, какой-нибудь тимпан, кастаньеты, барабан... ничего нет. Помогите, это нетрудно, повторяйте за мной пусть только губами: Лиля Брик, Лиля Брик. Я попробую, попробую стихами, была не была.

(под деревом танцует и скандирует в отключке, как шаман, занимающийся камланием)

Кто идет? — раздался крик.
— Лиля Брик.
Знают мальчик и старик
— Лилю Брик.
Не Лилит ли этот лик?
— Лили Брик.
Сотня нежных Береник
— Лиля Брик.
Роза между повилик
— Лиля Брик.
Женщина.среди калик
— Лиля Брик.
Где ваш клоунский парик?
— Лиля Брик.
Вы виновны без улик
— Лиля Брик.
В каплях крови черновик
— Лиля Брик.
Вы — коварства материк
— Лиля Брик.
Потешается остряк
— Лиля Бряк.
В этот плод червяк проник
— Лиля Брик.
Вы — отравленный родник

— *Лиля Брик.*
Вы проказа, вы гнойник
— *Лиля Брик*
Нет, вы дьявола двойник,
— *Лиля Брик.*
Вы не райский ли цветник?
— *Лиля Брик.*
Вы свободы краткий миг
— *Лиля Брик.*
Солнца луч сквозь щель проник
— *Лиля Брик.*
Потушите свой ночник
— *Лиля Брик.*
Ада нет, а рай — парник.
— *Лиля Брик.*

(опускается в изнеможении)
Ну как?
Авдотья Панаева. Самовосхваление. Вы полны собой. И почему рай — парник? Здесь нормальная средняя температура.
Полина Виардо. Я, кажется, поняла. Почему мы здесь втроем? Нас любили поэты. И у нас были мужья. И я знаю, кого мы будем ждать. Мы будем ждать — их.
(Авдотья Панаева и Лиля Брик смотрят на нее с недоумением).

Сцена вторая. Рай.

Все те же и все то же.

Лиля Брик. Сколько времени?
Авдотья Панаева. Здесь нет времени.
Лиля Брик. Постоянно светло, постоянно одна и та же температура. Как вы думаете, какое это время года?
Авдотья Панаева. Весна? Но не ранняя. Такая погода бывает в Италии в мае, в самые лучезарные дни. Мы были там с Некрасовым как раз в мае.
Лиля Брик. Почему никого нет? Где мальчик с крыльями? Где Скотик-Мефистик?
Авдотья Панаева. Зачем вам они? Чего вам не хватает?

Лиля Брик. Жизни. Мне хочется что-то делать, о чем-то думать, на что-то надеяться, чего-то ждать...

Полина Виардо. Goosey! Глупышка. Мы и так ждем.

Лиля Брик. Кого?

Полина Виардо. Их. Наших мужей и возлюбленных.

Авдотья Панаева. Ха-ха, вы сошли с ума... на свой французский лад. Неужели вы будете ждать сразу всех? И своих мужей и своих возлюбленных? Одного, выберите одного... у вас, без сомнения, есть из кого выбрать. Это, мадам Виардо, рай... а не что-то другое. Здесь одной женской душе должна соответствовать одна мужская.

Лиля Брик. Как, только одна?

Авдотья Панаева. Господи, с кем ты меня поселил в этом райском месте?

Лиля Брик. Да бросьте, вы тоже не святая, госпожа Панаева. Как я понимаю, у вас было одновременно два мужа, один — чью фамилию вы носите, и другой, поэт Некрасов, помогавший вам пробиться на литературном поприще.

Авдотья Панаева. Что? Что вы сказали? И как у вас совести хватает? Мальчик, мальчик-ангельчик! (в истерике) Переселите меня от них. Я здесь страдаю. Словно в аду. (плачет)

Полина Виардо (подходит). Успокойтесь, мадам. Вы были несправедливы ко мне — и тогда, и сейчас. Но я не держу на вас зла. Успокойтесь. (Панаева рыдает у нее на груди)

Гектор Берлиоз говорил, что моя миссия — успокаивать раненые души. Это так, это так.

Когда русские ссорятся, кажется, что еще немного — и они убьют друг друга. Когда к нам в Куртавнель приехал Афэнэс Фет — вы о нем упоминали, мадам Панаева, они с Тургеневым уединились в кабинете. Оттуда сразу же начали раздаваться громкие крики. Когда крик достиг своего апогея — все неожиданно смолкло. Мы с Луи переглянулись. Было похоже, что там в кабинете свершилось убийство. Потом Иван со смехом мне рассказывал, что в эту минуту он рухнул перед Афэнэсом на колени, умоляя внять какой-то философской доктрине... Успокойтесь, улыбнитесь, мадам Панаева.

Авдотья Панаева. Она сказала, что у меня было два мужа и что Некрасов помогал мне пробиться в печать, наверное, поэтому я ушла к нему от Панаева, да?

Полина Виардо. Мадам Панаева, нам троим нужно найти une manière de la coexistence pacifique, способ мирного сосуществования друг с другом, иначе... иначе жизнь здесь будет напоминать то самое место, о котором вы упомянули. Вы не хотите для облегчения сердца встать вон под то дерево и рассказать, кого же вы любили из этих двоих, или был кто-то третий?

Авдотья Панаева. Рассказать? Кому рассказать?

Полина Виардо. Нам. Мне и вот ей.

Авдотья Панаева. Зачем?

Полина Виардо. Для облегченья сердца.

Авдотья Панаева. Ну уж нет, я не на исповеди, а вы не святые отцы.

Лиля Брик. Она и в своих так называемых воспоминаниях ничего про себя не рассказала, только поливала на все лады вашего Тургенева, а временами и вас.

Авдотья Панаева. А это не ваше дело, Лиля Брик, кокотка вы площадная. (бросаются друг на друга с кулаками).

Полина Виардо. Ай-ай, дамы, так нельзя! (разнимает). Ничего не поделаешь. Придется мне... выйти на сцену.

Лиля Брик. (поет, передразнивая) Соловей мой, соловей, голосистый соловей. Терпеть не могу Алябьева и прочую сладкую гадость в красивенькой упаковке.

Полина Виардо. Ах, нет. Петь я не рискну — ни «Соловья», ни другое. Я уже давно не в голосе. На концертах в Москве и Петербурге «Соловей» производил фурор. Говорили, что у меня нет ни малейшего акцента. Хотя вы правы, мадам Брик, этот романс как погремушка для ребенка, много шума — и больше ничего. Но, как и погремушка, — attire l'attention, привлекает внимание.

Я, пожалуй, прочту из Катулла. Из любимого мною Гая Валерия Катулла. Там тоже про птицу, но про другую. (становится под деревом, начинает по-латыни, затем читает по-русски)

LVGETE, o Veneres Cupidinesque,
et quantum est hominum uenustiorum:
passer mortuus est meae puellae,
passer, deliciae meae puellae,
quem plus illa oculis suis amabat.
Плачь, Венера, и вы, Утехи, плачьте!
Плачьте все,
кто имеет в сердце нежность!
Бедный птенчик погиб моей подружки,
Бедный птенчик,

любовь моей подружки.
Милых глаз ее был он ей дороже.
Слаще меда он был и знал хозяйку,
Как родимую мать дочурка знает.
Он с колен не слетал хозяйки милой,
Для нее лишь одной чирикал сладко,
То сюда, то туда порхал, играя.
А теперь он идет тропой туманной
В край ужасный, откуда нет возврата.
Будь же проклята ты, обитель ночи,
Орк, прекрасное все губящий жадно!
Ты воробушка чудного похитил!
О, злодейство! Увы!
Несчастный птенчик,
Ты виной, что от слез,
соленых, горьких
Покраснели и вспухли милой глазки.

Лиля Брик. Бедный птенчик... и бедняга Катулл. Он был однолюбом. А его Лесбия любила разных мужчин. (к Виардо) Стойте. Сколько у вас было любовников?

Полина Виардо. Я должна отвечать?

Лиля Брик. Да, и желательно правду.

Полина Виардо. Два.

Лиля Брик. Один — Тургенев?

Полина Виардо. Да, а имени второго я не назову. Он был большой музыкант, но мелкий и коварный человек, он предал меня.

Лиля Брик. Кого вы ждете?

Полина Виардо. Их всех. Его тоже. Временами даже больше, чем верных мне Ивана и Луи. Я не уверена, что он придет — у него после меня было много женщин. Он был два раза женат... Он был... моей единственной любовью.

(слышны рыданья, Авдотья Панаева давится слезами в стороне от Лили Брик)

Лиля Брик. Что вы так расчувствовались, госпожа Панаева? Вас так проняло признание мадам Виардо?

Авдотья Панаева.(подходит к Полине). Спасибо, мадам, вы прочитали стихи с такой болью, так красиво и трогательно, я словно увидела этого птенчика... у меня тоже был птенчик... крошечный птенец... ему уже дали имя — Ваня. Я не понимаю, почему он тогда умер. Он не должен был умереть... в четыре месяца. Разве это справедливо? Господи, это несправедливо! Он не должен был умереть! (рыдает)

Сцена третья. Рай

То же и те же. Авдотья
Панаева под деревом что-то собирает.

Лиля Брик. Что она делает?
Полина Виардо. Собирает цветы.
Лиля Брик. Она поет? Или мне слышится? Что-то такое заунывное, уа-уа.
Полина Виардо. Оставьте ее. Займитесь собой.
Лиля Брик. Чем? Собой? Здесь нет ни нарядов, ни зеркал. Ни пудры, ни румян. Ни чая, ни пирожных. Вам не хочется выпить чаю? Или кофе? Даже в революцию мы пили чай, правда, морковный. Вы скажете: здесь место для души, а не для тела. Но моей душе нужна помада и нужен кофе. Для радости, для полета.. Ну пусть, пусть их нет, тогда где книги? Где книги? Я молчу про кино, про театр, про картины, но где книги? Почему здесь их нет? А музыка? А радость? Вы чувствуете радость? Тогда разве это рай? Мне он больше напоминает тюрьму.
Полина Виардо. Т-сс. Думайте о вечном. Я, например, вспоминаю эпизоды своей жизни, свои концерты в Брюсселе, Париже, Берлине. А Санкт-Петербург! Если бы еще не холод, не ужасная еда, не надоедливые мужланы-поклонники, не промозглые апартаменты...
Милый Тургенев, какой он был представительный в 25 лет, одет франтом, сюртук с золочеными пуговицами, высокий, на две головы выше Луи. Поль очень на него похож. Я всегда боялась, что Луи заметит это сходство.
Лиля Брик. Как вы жили, мадам, с вашим сухим, недалеким, вечно брюзжащим муженьком?
Полина Виардо. Не трогайте Луи. Он умел внушить к себе уважение. Покажите мне француза, верного жене? Таких должны выставлять в музеях. Таким был Луи. Преданный семье, расчетливый хозяин, любивший меня до последнего дня и веривший мне, как себе. Луи — с ним у меня не было проблем. О, я умела ладить со всеми, даже с его скучными сестрицами, хотя один вид Берты вызывал у меня тошноту... но я держалась, держалась. Ради семьи. Ради наших четырех детей. Мое имя было безупречно. Никто не мог указать на

меня пальцем. Среди парижских певиц-куртизанок такой случай — редкость. И Луи был доволен, он был доволен.

Лиля Брик. А Тургенев?

Полина Виардо. О, Тургенев дал мне страшную клятву, что никогда, никогда, ни в письме к хорошему другу, ни в приватной беседе с близким человеком он не выдаст тайну нашей с ним любви. Пусть жалуется, клянет мою неприступность, хандрит... только не выдает нашу с ним тайну. Он оказался настоящим мужчиной. Он сдержал свою клятву.

Лиля Брик. Как это скучно, мадам. Клятвы, тайны, обещания, вечная любовь. Мне хочется убежать. Мне здесь не нравится. И ждать мне здесь некого.

Полина Виардо. Как! Вы называли столько имен... Саша, Рома...

Лиля Брик. У них у всех свои женщины, даже у Осипа Брика. Даже у Оси, человека, которого я полюбила девочкой-подростком, который стал потом моим мужем, любимым мужем, даже у него была своя женщина. Другая.

Полина Виардо. А поэт? Что скажете о поэте?

Лиля Брик. О, Володя меня любил. Он в своей прощальной записке, написанной перед выстрелом, меня просил: «Лиля, люби меня!» Знал, что разлюбила, — и просил о любви. Но знаете, мадам, если на секунду подумать, что Володя будет со мной вечно и никуда от его тяжелой, неутолимой, безразмерной, мрачной и ревнивой любви не денешься, — хочется выть так, как Скотик подвывал — на луну. У-у-у...

(подходит Авдотья Панаева с букетиком полевых цветов, качает их как колыбельку)

(напевает)

> *Эти одуванчики — на могилу Ваничке.*
> *А цветочки прочие для душеньки дочери.*
> *Добрые люди, послушайте меня!*

Полина Виардо.(к Лиле Брик). У нее была дочь?

Лиля Брик. Была. От второго мужа — он был младше на десять лет. Аполлон Головачев. А дочь — тоже Авдотья и тоже писательница.

Авдотья Панаева. Кому не любо — не слушайте. Все мои ненавистники пусть не слушают.

Полина Виардо. Нет-нет, мы вас слушаем. (Лиля Брик скрывается за деревом)

Авдотья Панаева. Люди добрые, мой отец был артист Императорских театров, по фамилии Григорьев, по сцене Брянский. Я вышла замуж за Ивана Ивановича Панаева и стала Панаевой.

После смерти Панаева я вышла замуж за Аполлона Филипповича Головачева и стала Панаевой-Головачевой.

(хватается за голову) О чем это я? Панаева-Головачева. Ах, да. Некрасовой я не была. Некрасов женился на Фекле Викторовой — и она стала Зинаидой Николаевной Некрасовой. А я... (сквозь слезы) Я, уже немолодая, в 46 лет, в браке с Головачевым родила доченьку, Дунюшку, Дусю мою, душеньку. Родила назло всему свету и, главное — назло ему, Некрасову. Вы думаете, он меня не вспоминал? Забыл? Да я каждую ночь ему снилась, каждую ночь. За три года до смерти, когда уже у него Фекла была, что он писал? (Читает в экстазе):

*Бьется сердце беспокойное,
Отуманились глаза.
Дуновенье страсти знойное
Налетело как гроза.*

*Вспоминаю очи ясные
Дальней странницы моей,
Повторяю стансы страстные,
Что сложил когда-то ей.*

*Я зову ее желанную:
Улетим с тобою вновь
В ту страну обетованную,
Где венчала нас любовь!*

*Розы там цветут душистые,
Там лазурней небеса,
Соловьи там голосистее,
Густолиственней леса.*

Густолиственней леса. Это он про Италию, он в первый раз увидел ее со мной... Лучезарное было время... май... розы. А здесь одуванчики, лютики. Это для Ванички, а это для Душеньки.

Когда Ваня умер, Некрасов приехал — посмотрел — и ушел. А я осталась.

Панаев сказал: «Давай, Дуня, уедем, нету моих сил оставаться в этом проклятом Петербурге».

А ведь правда. Какие силы нужны! Все на тебя смотрят с усмешкой, пальцем показывают, за спиной хохочут: Ты чья жена, а? Панаева? Или Некрасова?

(проводит рукой по лицу).

Что? Что вы сказали? Я? Я Авдотья Панаева-Головачева. И при чем тут Некрасов, я не знаю.

И почему осталась жива, когда Ваничка умер, тоже не знаю.

Я хотела умереть. Господи, почему ты тогда не взял меня к себе? (Цветы падают из рук. Садится на землю и беззвучно рыдает).

Полина Виардо. (оглядывается, тихо) Мадам Брик, où es-tu? Где вы, мадам Брик?

(появляется Лиля Брик с веткой в руках, на ней красные ягоды)

Где вы были?

Лиля Брик. Хотела убежать. Но отсюда не убежишь, это очерченный круг. Все время возвращаешься обратно. За деревом куст с красными ягодами. Хотите попробовать?

Полина Виардо. Бог с вами. Они могут быть ядовитыми. Очень похожи на волчьи ягоды.

Лиля Брик. Да? Вы думаете? (показывает на Авдотью Панаеву). Почему она рыдает?

Полина Виардо. (шепотом) Мне кажется, она сходит с ума.

Лиля Брик. (берет ягоды в рот) Как вы думаете, за раем что-нибудь есть... другое? Не такое постное?

Полина Виардо. Что вы, мадам Брик? Побойтесь Бога! Что вы делаете?

Лиля Брик. Они не глотаются. Я не могу их проглотить. Они не глотаются! (выплевывает ягоды, бросает ветку на землю). Неужели это навечно? День за днем? Год за годом? Столетье за столетьем?

(начинают петь птицы, звук арфы, появляется Мальчик-ангел)

Мальчик-ангел. Я с инспекцией. У вас все в порядке? (видит брошенную ветку и цветы на земле).

Эх, я же говорил, не сорите. А вы накидали. Теперь подбирай за вами.

Авдотья Панаева. (поднимает голову). Ангельчик!

Полина Виардо. Как хорошо, малыш, что ты пришел!

Лиля Брик. Подумаешь, разве трудно прибрать за тремя симпатичными женскими душами... Мы соскучились по тебе, пацан!

2013, Бостон

Новый Пигмалион

Сцены для двух актеров в восьми телефонных разговорах

1.

Звонок

Мужской голос. Алло. Я звоню по объявлению. Это вы даете уроки русского языка?

Алла. Да я. Вы для ребенка?

Мужской голос. Да, то есть нет. Для какого ребенка? Вы имеете в виду, своего? У меня своих еще нет, то есть может быть и есть (смеется, прокашливается). Я для…одной знакомой. Вы можете научить ее русскому языку?

Алла. Она американка?

Мужской голос. Да, то есть нет, не американка, она русская, но она плохо говорит. Ее надо научить говорить. Научить хорошо говорить по-русски, ну как вы, например, говорите. Вы, по-моему, прекрасно говорите.

Алла. Спасибо, но я еще не сказала и двух слов.

Мужской голос. Э, это с первого слова чувствуется, с первого звука. Вот вы почувствовали, что я плохо говорю?

Алла. Нет, как-то не почувствовала. Вы нормально говорите, по-моему.

М.г. Это я стараюсь. Но за двадцать лет жизни в Америке я русский язык успел подзабыть. Я, конечно, говорю на нем, и довольно часто, у меня здесь много русских друзей с семьями и без. Вы, кстати, с семьей?

Алла. Вы имеете в виду мужа? Или детей?

М.г. И того и другого.

Алла. Вот здесь вы допустили грамматическую ошибку. Правильно говорят: и то и другое.

М.г. А я вам что говорил? Я русский язык уже практически не употребляю. Работаю в американской компании уже пятнадцать лет.

Алла. Вы говорили 20.

М.г. Э, это я здесь живу уже двадцать лет, а работаю только 15, вернее, нормально работаю, нормально получаю, ну вы понимаете. А вы давно здесь?

Алла. Нет, я совсем недавно. Еще нигде не работаю. Вот дала объявление об уроках. Думала родители русскоязычные заинтересуются для своих детей, а позвонили вы… для знакомой.

М.г. Да, то есть нет. Она моя гел-френд. Но по-русски «знакомая» звучит лучше. Она здесь 5 лет, по-американски еще не научилась, а русский уже забыла. Говорит как обезьяна (передразнивает) Белье надо сдать в ландри, съешь бутербродик с туной, забукай номер в гостинице, пойду шопаться…

Алла. Здесь многие так говорят, я заметила. Но никто не нанимает учителей, чтобы снова выучиться русскому.

М.г. Ну да, они стремятся выучиться американскому, но останавливаются на полдороги. У них получается какая-то смесь…

Алла. Макароническая речь. Так когда-то говорили по-русски дворяне, обучившиеся французскому.

М.г. Ну да, а сейчас так говорят приехавшие из Тьмутаракани, слабо знающие английский. А вы, простите, из каких краев будете? Не из Питера?

Алла. Ищете земляков?

М.г. Нет, я как раз из Тьмутаракани. Чего вы смеетесь? Думаете, шучу? Ну, не из Тьмутаракани, но и не из столиц, как некоторые.

Алла. Угадали. Я из Москвы. Больше пока похвастаться нечем.

М.г. Дом? Семья? Работа?

Алла. Ни того, ни другого, ни третьего. Вы обратили внимание на родительный падеж местоимения?

М.г. Да, то есть нет, я обратил внимание на другого. Вы говорите, ни дома, ни семьи? Так вы говорите?

Алла. И не работы.

М.г. Ну да, но это на фоне ни дома ни семьи.

Алла. Это не фон, а основа.

М.г. Согласен. Лет сорока?

Алла. Вы о чем?

М.г. О возрасте. Вашем.

Алла. Мне больше.

М.г. Но до пятидесяти?

Алла. Как сказать.

М.г. Пятьдесят с хвостиком и дети взрослые.

Алла. Дочка. Она меня сюда и вызвала. У нее муж-американец и скоро будет ребенок.

М.г. Это хуже.

Алла. Что хуже?

М.г. Что ребенок. Будете на него отвлекаться.

Алла. От чего отвлекаться? Я пока нигде не работаю. Только грызу себя, что стала иждивенкой…

М.г. Э, бросьте. Америка вам не Россия. Не даст раскиселиться. Я правильно употребил… это…сказуемое?

Алла. Говорят «рассиропиться», но «раскиселиться» тоже можно; значение сохраняется — эдакая густая сладкая жижа… И, кстати сказать, в России сейчас тоже нельзя ни рассиропиться, ни раскиселиться…

М.г. Подходит.

Алла. Что?

М.г. Не что, а кто; я сказал для себя: она мне подходит.

Алла. Она — это я?

М.г. Кто же еще?

Алла. И что вы про меня узнали, чтобы сделать такой вывод?

М.г. Э…Вы хороший… специалист в области русского языка.

Алла. Так вы хотите, чтобы я обучала вашу…знакомую?

М.г. Я передумал.

Алла. Жаль, я уже настроилась. Ну так…

М.г. Погодите. Я передумал насчет ее уроков. Я сам буду брать уроки.

Алла. Вы? Но у вас вполне нормальный русский язык. Немножко произношение хромает. Хотя вы и не из Тьмутаракани, но в вашем выговоре есть что-то южнорусское, ну , например, г-фрикативное.

М.г. Что вы говорите!

Алла. Вот- вот. Южнорусское «ховорите» вместо говорите.

М.г. Вот это да! Что еще?

Алла. Шипящие. Шипящие, как во всех южнорусских говорах. Вы произносите: что ешчо, а надо: что еще?

М.г. А ведь училка «ешчо» какая грамотная была, из Питера. Она в нашем захолустье на целый год задержалась. Я как раз в седьмом классе учился.

Алла. Всего год у нее учились, а не забыли.

М.г. Как забыть? Я вон после одиннадцатилетки в Питер помчался, ее искать.

Алла. Не нашли?

М.г. Да, то есть нет. Давайте о чем-нибудь повеселее. Вот в вашем объявлении написано, что надо спросить Аллу. Вас, стало быть, Аллой зовут?

Алла. Стало быть, так. А вашу «училку» как звали?

М.г. Матреной. Что вы все о ней да о ней? Я ведь не сумасшедший. Понимаю, что будь она жива, ей бы сейчас уже лет шестьдесят было. Старушка дряхлая, седая.

Алла. Не скажите. Сейчас шестьдесят лет еще не старость. Обратили внимание, как я произнесла слово еще?

М.г. «Ешчо» как обратил, ее звали Алиной. Алиной Николаевной Новиковой.

Алла. А меня зовут Аллой Наумовной Новицкой. И мне далеко «еще» до шестидесяти.

М.г. (молчит) Сорри, я сейчас прервусь. Я ведь вам с работы звоню. Да, вот так, звоню вам с работы. Строим, строим дома. Я перезвоню, если вы не против.

Так как?

Алла. Что? Я вас не поняла.

М.г. Вы не против, чтобы мне перезвонить?

Алла. Вы используете неправильную грамматическую форму; если звонить будете вы, то следует сказать «если я перезвоню».

М.г. Да черт с ней с грамматической формой. Я говорю: вы не против?

Алла. Я не против. Перезвоните, пожалуйста, когда вам будет удобно. Гудки

2.

Звонок
Алла. Алло.
М.г. Это я. Добрый день!
Алла. Добрый. У вас отбой на стройке?

М.г. На какой стройке?

Алла. На вашей. Вы ведь строитель.

М.г. Строитель? Да, то есть, нет. Я во главе строительной компании, сижу в кабинете, секретарша, все как положено. А вы что подумали? На воздухе вкалываю — раствор кладу? Да если б я за эти 20 лет, что живу в Америке, места себе под солнцем не заработал, грош мне была бы цена. А начинал точно, со стройки, цемент подвозил, не дай бог была работенка... Ну как ваши уроки?

Алла. Пока никто не звонил, кроме вас.

М.г. Дайте срок. А не то... есть и другие работы. Вот у меня секретарша уходит, уезжает в Техас со своим бойфрендом...

Алла. Так вам нужна молодая, со знанием английского.

М.г. Тоже верно. Молодая, это точно, и со знанием английского (медленно). Дуры они все. Курицы. Не с кем поговорить. Вы стихи любите?

Алла. Стихи? Вы что-то конкретное имеете в виду?

М.г. Лермонтова. Лермонтова любите?

Алла. (поет) А он, мятежный, просит бури.

М.г. Ну зачем? Есть ведь и другие стихи, вот например (звучит музыка)

По небу полуночи ангел летел.

Алла. И тихую песню он пел.

М.г. И месяц, и звезды, и тучи толпой

Алла. Внимали той песне святой.

М.г. Он пел о блаженстве безгрешных духов

Алла. Под кущами райских садов.

М.г. О боге великом он пел, и хвала

Алла. Его непритворна была.

М.г. Он душу младую в объятиях нес

Алла. Для мира печали и слез.

М.г. И звук его песни в душе молодой

Алла. Остался — без слов, но живой.

М.г. У вас ее интонация.

Алла. Я не она. Хотите, мы встретимся — и вы убедитесь.

М.г. Я вас видел.

Алла. Видели? Когда?

М.г. Неважно. Вы на нее не похожи. Совсем.

Алла. (разочарованно) А что я говорила? Вбили себе в голову.

М.г. Но ведь и времени прошло. Посчитайте: был парнишка — подросток, а теперь дядя с пузом... полтинник уже разменял.

Алла. Вы как меня нашли?

М.г. Неважно. Кто ищет, тот всегда найдет. Вы в форме, не толстая и не худая. Я бы красился на вашем месте.

Алла. Это все Кира — она считает, что седина мне идет.

М.г. Устарелый взгляд. Здесь все красятся, даже мужчины.

Алла. Гадость. Надеюсь, вы не краситесь.

М.г. Крашусь. В этом вопросе я как все. Слежу за весом. Про пузо не подумайте. Это я для красного словца сказал. Джим, бассейн, пробежки по утрам, никаких сладостей.

Алла. А я сластена. Люблю шоколад, только не американский. Американский — гадость.

М.г. Согласен... гадость... Вы любите готовить?

Алла. Вот уж нет. Я не люблю готовить. Но умею. Джону, моему зятю, нравится русская кухня.

М.г. А еврейскую знаете?

Алла. Еврейскую кухню? Конечно, нет. Откуда? Во мне еврейского — только отчество, ну еще страх погрома. Вечный еврейский страх.

М.г. И цимес не умеете?

Алла. И цимес. Даже не знаю, что это такое и с чем его едят.

М.г. Морковка. Обыкновенная морковка. Я впервые здесь попробовал. Здесь многие возвращаются к корням, ударяются в религию, кипу носят. Вот насчет кипы был один случай еще там, на родине нашей. Я как-то для форса нацепил на голову тюбетейку и в таком виде в класс препожаловал — перед ней хорохорился, перед Алиной. А один одноклассник — Говядин Пашка, мерзкая личность, как заорет на весь класс: «Глядите, Гришка Лахман в кипе, школу за синагогу держит». А я, поверите, в ту пору даже не знал, что за кипа такая и с чем, как вы говорите, ее едят. Но сижу, тюбетейку не снимаю, на смех не реагирую, словно одеревенел. А Алина ведет себе урок как ни в чем не бывало, кого-то к доске вызывает, отметки какие-то ставит, на меня не смотрит.

Алла. И чем кончилось?

М.г. Она после урока меня отвела в сторонку и говорит: «Ты чего, Гриша, гусей дразнишь? Я вот тоже еврейка, да не кричу об этом на всех перекрестках». Это она Пашке-дураку поверила, что я кипу надел. «Раз уж мы в этой стране живем, нужно, — говорит- к ее обычаям применяться». Помню, я тогда прямо застыл от удивления. Не ожидал, что она еврейка. Такая внешность чисто славянская, и имя-отчество, и выговор. Чудеса. Ну, с отчеством здесь дела понятные.

(медленно, со смыслом) Была, скажем, Наумовна, стала, скажем, Николаевна. Да и фамилию легко сменить, Новицкую, скажем, на Новикову.

Алла. Вы опять? Я же на нее не похожа.

М.г. По большому счету — нет. Так, мелочи. Голос похож. Интонация. Инициалы совпадают. Профессия та же.

Алла. Вы сумасшедший. Давайте прекратим этот разговор (отключает телефон).

Гудки

3.

Звонок.

Алла. Алло.

М.г. Это я.

Алла. Вы звоните с регулярностью в две недели.

М.г. Слишком часто?

Алла. Нет, наоборот. За это время я уже несколько раз порывалась вас отыскивать. Вас ведь Григорий Лахман зовут?

М.г. Да, то есть нет, здесь меня зовут Крис Лоу. Это имя придумал мне мой первый эмплойер, пардон, наниматель. У него было что-то вроде деменсии на имена, и он всем раздавал свои, более короткие.

Алла. Я буду звать вас Григорий, можно?

М.г. Окей, можно даже Гриша.

Алла. Спасибо. Знаете, Гриша, я вспомнила что-то очень похожее на вашу историю. Естественно, другую, но похожую — тоже мальчик влюбляется в учительницу. Все такие истории похожи, согласитесь?

Гриша. Положим. И что было?

Алла. А ничего не было. После университета меня распределили на два года в Рязанскую область. Преподавала литературу в маленькой захолустной школе. И вот один мальчик, по имени, Вова… ну он, кажется, в меня влюбился (кашляет). А потом он приехал ко мне в Ленинград, когда я уже там мыкалась, после Рязанской области.

Гриша. Так вы из Питера или из Москвы?

Алла. Из Москвы. Я в Питере недолго жила, у меня там тетка.

Гриша. И по какому адресу?

Алла. Литейный проспект. А ваша Алина где жила?

Гриша. На Московском.

Алла. Видите – мы с ней не совпадаем.

Гриша. А в каком городе Рязанской области вы преподавали?

Алла. Да в маленьком, никому практически не известном… (пауза)

Я вас уверяю, что никогда не меняла ни имени, ни отчества, ни фамилии. У меня не было ученика с вашим именем. Я совсем другое лицо.

Гриша. А искать меня зачем хотели?

Алла. Взгрустнулось. Подумала, вот обидела хорошего человека, с интересом к русскому языку. Вы еще не раздумали брать уроки?

Гриша. Еще не раздумал. Пока занимаюсь самообразованием Рыскаю по словарям. Оценили глагол? В значении « блуждать без строго определенной цели, в надежде найти что-нибудь нужное»… Это в Викисловаре. А еще есть «Русское литературное произношение». Толковый словарь живого великорусского языка. Словарь идиом…Я ваше «еще» ежевечерне как молитву повторяю. Еще, еще, еще. Слышите, как натренировался? Неплохо звучит? Еще, еще, еще.

Алла. Замечательно звучит.

Оба молчат

Гриша. Вы не думаете, что нам нужно встретиться?

Алла. Встретиться? Ах, да (затаенно). Договориться насчет уроков. Я свободна практически все дни недели. Вы можете приехать, когда освободитесь в своей…организации…. Джон, муж дочери, работает допоздна, Кира у меня медсестра, приходит в пять, но она нам не помешает…У нас довольно просторная столовая…

Гриша. Так. Напрягите, пожалуйста, внимание. Сейчас без четверти пять. В пять ноль-ноль я заеду за вами. Приглашаю вас в ресторан.

Алла. В ресторан? Но у меня…

Гриша. Нет прикида, так?

Алла. Прикида?

Гриша. Ну да, чего-нибудь свеженького, крутого.

Алла. Крутого?

Гриша. Ну да, крутого. Я что — не по-русски говорю?

Алла. Вы имеете в виду платье?

Гриша. Ну, да, в общем — прикид. Так он здесь не обязателен. Здесь в ресторан ходят запросто, как в пивбар.

Алла. Но я…

Гриша. И прическа не обязательна. Впрочем, я знаю одно местечко, если захотите, мы туда подъедем.

Алла. Простите, но я хотела сказать другое. Кира... она сейчас придет. Что я скажу Кире?

Гриша. Вашей дочке? Окей. Вы ей скажете, что уже давно вышли из младенческого возраста и не нуждаетесь в ее опеке. Я правильно произнес последнее слово?

Алла. Что? Последнее слово? Какая разница! Хотя... опеки... опеки. Вы меня слышите? Я не знаю, как его нужно произносить. Я совершенно не знаю, как его нужно произносить.

4.

Звонок

Алла. Алло. Это вы, Гриша? Я ждала, что вы сразу позвоните, а вы чего-то выжидаете.

Гриша. Дела.Закрутился. Сдаем ответственный объект... Мне нравится, как вы произносите «Гриша». Кстати, как звали того парнишку, который приезжал к вашей тетке?

Алла. Вова его звали. Он приезжал не к тетке, а ко мне; просто я тогда жила у нее в коммуналке. У меня отец неожиданно женился на молодой, а наша московская квартира — всего две крохотные смежные комнаты...Я решила на время переселиться к тетке в Ленинград, но там свои ужасы — пьяный сосед, отсутствие прописки, а, стало быть, — работы. Я, кажется, все это вам уже рассказывала. Но было так шумно, так громко звучала музыка...

Гриша. Не показалось, значит?

Алла. Вы имеете в виду ресторан? (делает вид, что не понимает) Как вам сказать? Наверное, это нормальное или даже «крутое» заведение. Только я там была не я. Может, прическа виновата? Ваша Клара очень постаралась, но... я как-то не люблю, когда у меня такая большая голова .

Гриша. А я?

Алла. Что?

Гриша. Я вам... тоже не показался?

Алла. Вы... я представляла вас другим. Виноваты все эти разговоры про прошлое. Я невольно хотела видеть в вас того мальчика... Вову. Но вы, признаться, сильно изменились. Вы прямо-таки чудовищно изменились.

Гриша. Да? Даже чудовищно? Вот как! Вроде оглянешься – рукой можно достать до того мальчишки, каким был когда-то, а посмотришь в зеркало...Получается, что джим, диета, крашеные волосы не спасают. Жизнь нас чудовищно меняет. А ведь могла бы быть поласковей, помягче, поснисходительней – смотрите сколько эпитетов вам накидал- полюбезнее могла бы быть жизнь. Значит, не показался.

Алла. Да вы не огорчайтесь! Вон сколько молоденьких вокруг. Зачем вам такая, как я, седая? Я, знаете, вечером, после ресторана, вымыла голову и все возвратила на место; седины пока нет, но скоро проступит... А ваша ...знакомая красится? Хотя зачем ей краситься – она ведь молодая!

Гриша. Ей 22 года, и она бешено красится: каждую неделю — новый цвет. Я уж и забыл, какая у нее основная масть.

Алла. Расскажите мне о ней. Откуда? Как вы встретились?

Гриша. Ничего интересного. Из Тьмутаракани... ну не смейтесь, может, не из самой Тьмутаракани, а из какой-то тундры там неподалеку.

Алла. Из тундры?

Гриша. Или из степи. Я уже подзабыл российскую географию. Пришла ко мне наниматься в секретарши. Образование – российская восьмилетка, затем 4 года училась здесь в Хай Скул, но без большого успеха. Знаете, есть такие, которым даже американское образование не дается. Но фэйс, прикид – все уже по ихним стандартам, вернее, по голливудским. Наверное, долго голову ломала, книжки читала разных там Карнеги и прочих знатоков, в чем к работодателю явиться. Я, когда ее увидел, чуть не расхохотался: морда — чисто российская, круглая, и телеса довольно плотные, а юбчонка узенькая — вот-вот по швам разойдется, и такая же малюсенькая кофтенка. И при этом выражение опять же чисто российское - одновременно и смущенное, и наглое, мол, все равно от меня не уйдешь — достану. У меня против таких предубеждение; сразу решил: не возьму. А дня через два, видно, не случайно она мне в маркете встретилась, возле нашего офиса, попросила до дому подвезти. А уж там - зайдите, чаек попьем, ну, все как полагается с нашим братом — сингалом.

Алла. Как-как вы сказали? Сингалом?

Гриша. Пардон, потерял бдительность. Холостяком то есть. Каюсь, не устоял тогда. Да и уж очень жалостно про себя рассказывала. Живет одна, родители в разводе, каждый уже с новой семьей, так что никому она вроде не нужна.

Алла. Правда это?

Гриша. Да, то есть нет, не знаю, не проверял.

Алла. Ну и как вам живется с этой... девчушкой?

Гриша. Вы часом не ревнуете?

Алла. (с горячностью) Боже сохрани. У меня дочка старше, чем она. Какая я ей соперница!

Гриша. Ха, а она еще как к вам ревнует. Такой скандал мне закатила. Третий день не заявляется.

Алла. Что вы! Да откуда она про меня знает?

Гриша. Да тут все узнается в одну минуту. Подружки ей донесли, что я был в ресторане с дамой.

И пошло, и поехало.

Алла.(холодно) Понятно. Ну, извините, что доставила вам хлопоты.

Гриша. Обиделись? Так я ж тут не виноват, честно.

Алла. Вы извините, но мне некогда.

5.

Звонок.

Алла. Алло.

Гриша. Продолжаете?

Алла. Это вы, Гриша?

Гриша. Продолжаете, говорю, дуться?

Алла. А как ваш объект?

Гриша. Это какой же?

Алла. Вы думаете, я про знакомую? Про нее я как раз кое-что знаю. Я про ваш объект на работе.

Гриша. Ах, этот! Сдали. По этому поводу не мешает надраться.

Алла. Выпиваете?

Гриша. Не всегда, по случаю. Вот объект сдали или еще бывает: тоска находит.

Алла. Сейчас, стало быть, объект.

Гриша. Сейчас и того и другого.

Алла. Вы неисправимы.... Я говорю о русском языке. Я знаю причину вашей тоски. Не горюйте – она вернется.

Гриша. Вы о ком?

Алла. О Тамаре вашей.

Гриша. Откуда вы знаете, что она — Тамара?

Алла. Подружки донесли. Она у вас симпатичная.

Гриша. Откуда вы знаете?

Алла. Из того же источника.

Гриша. Хотите правду? Мне она безразлична. Таких Тамар у нашего брата, сингала, пардон, холостяка, вагон и маленькая тележка. Так что не беспокойтесь. Как ваша дочка?

Алла. Дочка последний месяц дохаживает. Скоро стану бабушкой.

Гриша. (Свистит) Невероятно. Алина Николаевна – и бабушка.

Алла. (строго) Я не Алина Николавна, а Алла Наумовна. Ваша Алина Николаевна живет где-то в своем Питере или в вашей Тьмутаракани, уж не знаю... Возможно, у нее уже есть внуки.

Гриша. (мрачно) Нет у нее внуков.

Алла. А вы откуда знаете?

Гриша. (мрачно) От верблюда (прикладывается к бутылке, кашляет).

Алла. Вы простудились?

Гриша. Возможно.

Алла. И есть температура?

Гриша. Тоже возможно.

Алла. Сейчас по Америке ходит какой-то особый грипп. Не слышали по телевизору?

Гриша. (прикладывается к бутылке, кашляет) Грипп — не грипп – какая разница?

Алла. Он с осложнениями и с летальным исходом. Вы на работе?

Гриша. Нет, я дома.

Алла. Один?

Гриша. Как перст.

Алла. Я к вам сейчас приеду. Только предупрежу Киру.

Гриша. Приедете? Это кьют. (молчит) Но лучше не надо.

Алла. Почему?

Гриша. Заразитесь.

Алла. Я фаталистка. Помните, у Лермонтова: «Чему быть суждено, то и сбудется»?

Гриша. У меня беспорядок... потом... я второй день не бреюсь. Я вам опять не понравлюсь.

Алла. Так наведите порядок, побрейтесь. Я вам гостинчик привезу. Пирожки любите?

Гриша. С чем?

Алла. С яблоками, творогом и вареньем.

Гриша. А с капустой?

Алла. С капустой в другой раз.

Гриша. (прикладывается к бутылке, кашляет) Специально еще раз заболею. С вами приятно болеть.(молчит) Но лучше не приезжайте. Как-нибудь... рассосется (пьет из бутылки, кашляет). Алла. Это грипп. Вы лежите?

Гриша. (мычит)

Алла. Так вы лежите? Почему вы не отвечаете? Вам плохо? Я сейчас приеду.

6.

Звонок

Алла. Алло. Я знаю, что это вы.

Гриша. Почему вы знаете?

Алла. А вы всегда затаиваетесь, не сразу отвечаете, словно во что-то вслушиваетесь.

Гриша. В ваш голос. Очень уж напоминает. Вы уже отсердились?

Алла. Это на то, что вы меня обманули, что не были больны, зато были сильно навеселе и пытались угостить меня коньячком?

Гриша. Не простым, армянским, пятизвездочным.

Алла. А хотя бы и шестизвездочным – не пью, увольте. Я приехала — думала вы лежите без присмотра, одинокий, несчастный. А вместо этого встретила вполне здорового, но непричесанного, небритого субъекта.

Гриша. Чудовищно непричесанного и небритого. Вы слишком быстро приехали – я не успел побриться.

Алла. Полупьяного...

Гриша. Уж режьте всю правду-матку – упившегося до зеленого змия..

Алла. И вы хотите, чтобы я не сердилась? Вы, случаем, не обманщик? Вы действительно работаете в учреждении? Почему в рабочее время не на работе?

Гриша. Я же вам сказал – сдали объект. Даже в Америке бывает передышка. Устроил себе маленький отгул... или загул – как правильно? Когда кончается проект, наступает передышка – нет хуже этого времени. Начинаются мысли – одна черней другой. Прошлое – темно, будущее – неотчетливо, хочется отключить сознание, переключиться на что-то, что дало бы силы для жизни. Спиртное иногда помогает.

Алла. Кризис пятидесятилетнего возраста. Вам нужно обратить на себя внимание. Займитесь каким-нибудь творчеством! Рисуйте! Пишите стихи!

Гриша. Стихи? Я и в семнадцать-то не писал. Вы думаете, это просто — писать стихи? В пятидесятилетнем возрасте?

Алла. Я думаю, это сложно. Это как научиться летать.

Гриша. Летать! Мы же не птицы и не ангелы! Ваш...как его...Вова писал стихи?

Алла. Писал. У меня целая тетрадка его стихов, он их присылал из армии.

Гриша. А как на это смотрел ваш муж? Давно хотел спросить — вы были счастливы...в семейной жизни?

Алла. Какое! Первый муж был меня много старше, пил, гулял, приходил заполночь. Второй тоже был старше, читал у нас общее языкознание, потом стал моим научным руководителем. Я уже была разведена, с трехлетней Киркой. Опять не получилось. Занудный, скучный человек, Кирка мешала ему работать, он делал ей замечание тихим противным голосом... Два моих замужества – цепь недоразумений, моя личная жизнь катастрофически не удалась. Теперь вот наблюдаю за Киркиной.

Гриша. И как?

Алла. Она терпеливей меня...значительно.

Гриша. Говорят, дети учатся на ошибках родителей... А у меня вот ни жены, ни детей... Я, знаете, много размышлял над вопросом. Я говорю о любви, настоящей. Американцы нам подсовывают дешевое решение, голливудское. По их фильмам судя, любовь – это... как бы получше выразиться? ложе, ну, когда двое на ложе... и так полкартины. Но это неправда, эта теория ложная. Оценили, как я слово обыграл?

Алла. Каламбур.

Гриша. Что?

Алла. Называется «каламбур». Но неважно, продолжайте.

Гриша. (музыка) Я всю жизнь другого искал. Мне была такая нужна, чтобы даже не меня поняла, а вместе со мной стих поняла, его тайный смысл, зашифрованный. Чтобы мы с нею вместе восторг ощутили и страх, и ужас и бессилие человека перед неведомым... (читает):

> И долго на свете томилась она,
> Желанием чудным полна.
> И звуков небес заменить не могли
> Ей скучные песни земли.

Вы меня понимаете? Это так трудно передать... обычными словами, чтобы не в стихах...

Я после армии, решил домой в свою «Тьмутаракань» не возвращаться.

Куда податься? А поеду-ка – думаю — в Питер, город посмотрю, каких в целом свете нет, да и к Алине загляну. Это второе желанье, может, главным было. Я ей писал из армии, получал от нее коротенькие ласковые письма. Знал, что живет на Московском, подошел к дому, жму на звонок. Открывают. Старушка, лет под девяносто. Спрашиваю: Алина Николаевна дома? А она: ты чего, парень, ее уже полгода как нету. – Где же она? – А ты кто ей будешь? – Знакомый,- говорю. — А вы ее мама? – Какая мама? Соседка я ей была. – Так где же она? — спрашиваю и хоть бы какое предчувствие в душе шевельнулось. – А померла, — говорит. — Царствие ей Небесное, хоть и не нашей она веры.- Как померла? Она же молодая!

Смотрит на меня эта девяностолетняя, только головой качает. Вылетел я оттуда как пробка, весь день по городу шатался, помню, шел по Невскому и все повторял: не может быть, не может быть, этого НЕ МОЖЕТ БЫТЬ.

А вы как полагаете?

Алла. Что?

Гриша. Это правда?

Алла. Вот вы не поверили. И я тоже не поверила. Мне написали, что Вова попал под машину и умер в больнице. Ерунда какая-то. В девятнадцать-то лет. Он ведь тоже приехал без предупреждения, как и вы. Я дверь открыла – и вначале не узнала его. Там, в городке, он был мальчишкой-подростком, а тут – юноша, высокий, ладный, глаза серые. И лицо – светится, правда; прямо не лицо, а лик – это он от радости просиял, как меня увидел. Представляете картину? Тетка из комнаты кричит: «Алла, кто это?» А мы стоим друг против друга, с места не можем сдвинуться, он что-то бормочет бессвязное, что давно планировал, что думал, что мечтал... И так мне не захотелось, заводить его в нашу трущобу, тесную да темную. Крикнула тетке, что подружка гулять зовет и выбежала, как говорится, в чем была. Простенькое такое голубенькое платьице, но, наверное, шло оно мне, по его взгляду поняла. Был конец мая, цвела сирень, мы с ним гуляли по волшебному городу, по Летнему саду, вдоль Невы...Он о себе рассказывал, я о себе, не замечая окружающих, словно выпили вина или очутились в заколдованном царстве (останавливается).

Вам не надоело меня слушать?

Гриша. Что вы! Это как стихи.

Можно я задам вам несколько вопросов?

Алла. (удивленно) Вопросов? Пожалуйста.

Гриша. Вы гуляли и ночью?

Алла. Не знаю, наверное, и ночью. Там не разберешь в мае, ночь ли, день.

Гриша. А на Невский выходили?

Алла. Может, и выходили. Я плохо помню наш маршрут.

Гриша. Отлично. А с вами был кто-нибудь?

Алла. В каком смысле?

Гриша. Ну, сопровождающие. Эскорт, так сказать. Я правильно произнес это слово?

Алла. Правильно. Странный вопрос. Кто нас мог сопровождать? Мы сторонились толпы, нам никто не был нужен.

Гриша. Вспомните. Возле вас не было ни одного человека?

Алла. Конечно. Кто был с нами? Разве что Амур.

Вы не скучаете... по Тамаре?

Гриша. Не скучаю. Тамарой меньше, Тамарой больше... Знаете, в России есть поговорка: баба с возу — кобыле легче. Мы свободные люди. Она свободная женщина. Может найти себе кого ей угодно — получше... помоложе.

Алла. А если... уже нашла? Ревновать не будете?

Гриша. Вы что-то знаете? Она к Полу вернулась?

Алла. К Полу? Может, и к нему... Я ведь просто так спросила.

Гриша. У нее до меня был бойфренд, американец, чуть ее постарше. Водил ее по всяким злачным местам, там все было — полиция, наркотики... Она от него сбежала ко мне. Возможно, сейчас вектор движения поменялся.

Алла. Она вас любит.

Гриша. Откуда вы знаете?

Алла. Я предполагаю.

Гриша. Не говорите ерунды. (гримасничая) Как можно любить такого чудовищно непричесанного и небритого, изношенного жизнью субъекта? Ему как до звезды до юного сероглазого красавца....к тому же пописывающего, уписывающего... эти... ну как их? запамятовал ...стихи...(меняя тон, кричит) Аллочка, вы меня слышите? Алло!

Гудки

7.

Звонок.

Алла. Алло.

Гриша. Все. Завтра выхожу на работу. Впереди – новый объект. Не хотите приехать и отметить?

Алла. Не хочу.

Гриша. Уф, какой крещенский холод. Почему, смею спросить?

Алла. Потому что это один предлог. Предлог, чтобы заманить такую дуру, как я.

Гриша. Заманить и что?

Алла. Что «что»?

Гриша. И что дальше? Вы что боитесь, что я нападу на вас? Буду принуждать... к чему-нибудь нехорошему?

Алла. Послушайте, мне очень не нравится наш с вами разговор. Я совсем другого ждала, совсем другого. Я, по правде говоря, думала, что мы действительно с вами чуть-чуть совпадаем, самую малость. Была такая дикая мысль, иллюзия, обман, мечта, черт знает что...

Гриша. И у вас тоже? У вас тоже? Не ожидал. Я, знаете, когда ночью не сплю, все «кадры» в сознании прокручиваю. Вот хотите один такой кадр?! Когда я метался по Невскому... ну после известия о смерти...о гибели Алины... я вам рассказывал... уже где-то ночью или под утро я такую сцену наблюдал: идет пара – он и она. Оба молодые, чудовищно прекрасные, он в белой рубашке, на ней легкое платье, цвета морской волны, видно, что влюбленные, — заняты только друг другом. А сзади, совсем близко, на расстоянии шага, идут два мальчика-подростка, словно эскорт, словно почетное сопровождение, словно два амура или два ангела, уж и не знаю кто. Было?

Алла. Что?

Гриша. Были мальчики-подростки? Эскорт, сопровождение?

Алла. Постойте. Дайте вспомнить! Говорите, сзади, на небольшом расстоянии?

Гриша. Да, на расстоянии шага.

Алла. Два подростка?

Гриша. Да, два мальчика.

Алла. Что-то припоминаю. И за руки держались?

Гриша. Да, за руки. Один такой курчавый, темный, другой светлый. Вспомнили?

Алла. Ну да... курчавый и светлый. Погодите... погодите... дайте сосредоточиться... Я вспомнила. Было. Я оглянулась и вижу — два амура ... или два ангела сзади... Вова, -говорю,- смотри, ангелы. И мы дальше пошли.

Гриша. Ну и выходит...

Алла. Что «выходит»?

Гриша. Ну, вы логически мыслить умеете? Что из этого выходит? Вывод-то какой?

Алла. Какой вывод?

Гриша. О, бой ! Да вы что – не понимаете? Мы с вами встречались. Встречались в Питере, на Невском. Вот оно — совпадение. В пространстве и во времени. Поняли? А вы говорите! Может быть, это, как говорится, «перст судьбы»? А? Я правильно выразился? Небесное указание, а? (кричит в трубку) Алла, Алина Николаевна, Алина Николаевна!

Гудки

8.

Звонок

Алла. Гриша, сегодня, я вам звоню. Поздравьте меня: у Киры родился чудный мальчик. Три килограмма. Похож на всех обезьянок сразу.

Гриша. (мрачно) Поздравляю.

Алла. Вы что такой хмурый? Заработались?

Гриша. Есть немного. Сижу в конторе допоздна. Дома-то никто не ждет. Сегодня вот опять ночь не спал.

Алла. Что так?

Гриша. А стихи сочинял.

Алла. Стихи? Вы сочиняете стихи?

Гриша. Сочинение, с вашего позволения, – процесс бесконечный. Я — сочинил.

Алла. Вы сочинили стихотворение?

Гриша. Почему вы так удивлены? Это же так просто – как летать. Взял и - фьють –полетел.

До сих пор голова кружится...не могу привыкнуть к земле.

Алла. Ну так прочтите!

Гриша. Слушайте. (музыка)

*Майской белой ночью
Видел я воочью:
Невским парочка идет,
Но не так, как прочие.*

*Словно — их несет волна,
Словно — в них поет струна,
Колдовским напитком словно
Опоила их весна.*

*А за ними след в след –
То не сон и не бред –
Два прекрасных ангела
Льют свет.*

Алла. Это вы написали?
Гриша. Пушкин.
Алла. Действительно вы?
Гриша. Ну, может, Лермонтов.
Алла. Но ведь это хорошо. Два прекрасных ангела льют свет. И эта ломка ритма в конце...Это хорошо.
Гриша. Не шутите?
Алла. И какой язык! Какой хороший русский язык.
Гриша. Ваша школа. Да и самообразование. Знаете, сколько у меня теперь дома книг... На днях я «Онегина», можно сказать, впервые прочитал! А еще ... сам поэму задумал...
Алла. Гриша, у меня есть для вас новость.
Гриша. Да?
Алла. Тамара просила вам передать...
Гриша. Тамара? С каких пор вы с ней знакомы?
Алла. О, с давних. Она ко мне еще тогда прибежала, когда вы с ней поругались. Она миленькая, очень одинокая, с Полом у нее ничего не выходит, она хочет вернуться к вам... И не такая уж она безграмотная. Мы с ней немного занимаемся... русским языком... Она... она... делает некоторые успехи.
Гриша. И что она просила мне передать?
Алла. Не догадываетесь?
Гриша. Нет.

Алла. Ну, напрягитесь. Она боялась сказать вам сама. Хотя это счастливое известие. Вы скоро станете... Не догадываетесь?

Гриша. Я скоро стану... ума не приложу. Ну-ка, ну-ка... А, понял. Я скоро стану... поэтом. Мне, знаете, понравилось. Расставлять слова в определенном порядке, находить нужное прилагательное, искать рифму – это так увлекает. К тому же, такое ощущение, что ты из этого нашего жизненного болота вырвался — и паришь в безвоздушном пространстве. На воздушном океане... без руля и без ветрил.

Алла. (горько) Гриша, вернитесь же на землю. Я говорю про Тамару.

Гриша. А я про поэзию. Алла... Алина, именем нашего небывшего прошлого и несбывшегося настоящего, прошу вас: не тащите меня в лужу с небес. Я хочу подольше... полетать.

Бостон — Б. Вашингтон, 2003-2019

GYM

Пьеса для двоих

1. В джиме.

Мужчина останавливается. Проходящая девушка поворачивается к нему.

Девушка. Вы русский?
Мужчина. Почему вы узнали?
Девушка. Вы только что выругались по-русски.
Мужчина. Растянул мышцу, вот и ругнулся. Здесь я могу выражаться как хочу. Не вижу здесь соотечественников, вы первая.
Девушка. Да я вам не соотечественница. Я родилась не в России. Просто в семье все говорят по-русски. (указывает на ногу) Болит?
Мужчина. Денька на два придется прерваться. А так я здесь каждый день – вечерами. А вы, кажется, новенькая. Я вас не видел.
Девушка. Следите?
Мужчина. Только за хорошенькими. (медленно) Или очень хорошенькими, такими, как вы.
Девушка. Что ж вы ... так сразу. Я сконфужусь.
Мужчина. Сконфужусь. Откуда только такие слова у вас? Вы давно в Америке? Здесь родились? Постойте. Дайте сообразить. Вон видите скамеечка в уголке, в холле? Ступайте туда и подождите меня, я только схожу в раздевалку.
Девушка. Вы что? Вы за кого меня принимаете? Идите своей дорогой. Я только пришла – и буду заниматься, по крайней мере, час.

Мужчина. Хорошо. Занимайтесь. Я вас подожду. Час так час.
Девушка. Ну, может, сорок минут для первого раза. Чао! Не скучайте!

2. Через сорок минут.

Девушка. Сидите?
Мужчина. Сижу.
Девушка. Я вас должна разочаровать. Через двадцать минут за мной зайдет American boy ирландского происхождения, redheadенький такой, славный рыжик...

Так что в вашем распоряжении только двадцать минут. Хотите меня о чем-то спросить?

Мужчина. Этот boy, который зайдет, кто он вам? Друг? Муж? Roommate?

Девушка. Никто. Воздыхатель. Слышали такое слово? Или еще – поклонник? У меня мама любит такие архаические слова... (смотрит на него). А у вас – что, нет никого? Ни жены, ни подруги? Что вы домой не спешите? В Америке все всегда куда-то спешат... Вам на вид лет сорок, самый сок для мужчины.

Мужчина. Пятьдесят. Мне пятьдесят. А вам лет 18-20. У меня дочка такая.

Девушка. Вот видите, у вас дочка. Стало быть, есть и жена. Знала бы она, что вы на молоденьких заглядываетесь.

Мужчина. Я не на всех. Только на хорошеньких. Даже на Очень хорошеньких (берет ее за руку). Не хотите прошвырнуться? Здесь рядом есть один симпатичный кабак.

Девушка. Фи. Что за манера – приглашать незнакомку в кабак? Как вас зовут?

Мужчина. Питер, Петр.

Девушка. А меня Лаура. Заметьте, не ЛаУра, как обычно произносят русские, а ЛАура. Я родилась в Италии, и мама дала мне итальянское имя.

Мужчина. Папа был итальянец?

Девушка. Папы вообще не было. Они развелись. Мама уехала одна, то есть не одна, а с родителями, с моими бабушкой и дедушкой. Я родилась, когда они были в Остии, на полдороге в Штаты.

Мужчина. Так вы приехали как беженцы. Вы еврейка?

Девушка. Ну да. Завидуйте – я еврейка! А вы случайно не антисемит?

Мужчина. Случайно нет.

Девушка. Вы русский Петя. Дядя Петя. Придумала. Давайте я буду звать вас Петрарка? Я Лаура, а вы Петрарка.

Мужчина. Не понял. Вы о чем? Петрарка – это...

Девушка. Не напрягайтесь. Петрарка – это поэт. Итальянский. Жил в архаическую эпоху. И воспевал Лауру. Вы ведь влюбились в меня, так?

Мужчина. Ну, уж прямо так... вы уж как-то слишком быстро. Может, еще и не влю... Ну, хорошо, а если влюбился? То что?

Девушка. Вы женаты?

Мужчина. Женат.

Девушка. А я для чего вам? для секса?

Мужчина. Ну уж прямо так... А если для секса?

Девушка. (свистит) Ах, так. А я думала... А вот и Сэм идет. Видите. Вон паренек у входа, оглядывается, в бейсболке, она скрывает его рыжие лохмы... (убегает).

3. На следующий день.

Лаура. Сидите? Вы же сказали, что пропустите два дня.

Петр. Нога уже лучше, но пока заниматься не могу. А приехал – на вас посмотреть. Подумал: вдруг мне приснилось, как вы вчера меня окликнули...

Лаура. На свою голову. Теперь будете меня преследовать. Я иду заниматься. Будете ждать?

Петр. American boy сегодня опять вас провожает?

Лаура. Сегодня нет, у него вечерняя спевка. Он поет в церковном хоре.

Петр. Вы здесь в университете учитесь? На музыкальном? Или литературе обучаетесь?

Лаура. С чего бы это? Я как все нормальные обучаюсь бизнесу — изучаю маркетинг и менеджмент. А вот насчет литературы... у меня кое-что есть для вас. Вчера специально посмотрела в Википедию. (присаживается рядом)

Итак, история Петрарки и Лауры. В свое время пропустила мимо ушей, когда мама что-то про них рассказывала, а, оказалось, занятно. Да, кстати, какое сегодня число?

Петр. Сегодня 7 апреля. Вы не хотите уйти отсюда? Из душного зала – на воздух. Снаружи – весна, пахнет... цветами. Пойдемте! (тянет ее).

Лаура. Погодите. Сегодня -7-е, значит, вчера было 6-е. Шестое апреля.

Петр. И что? Это какой-то особый день?

Лаура. День встречи Петрарки и Лауры... и нас с вами. Он увидел ее в церкви, она прошла мимо. После этого 21 год он ее воспевал. А потом она умерла... тоже в этот день, день их встречи. В Италии в это время тоже все цветет. А он, между прочим, продолжал ее воспевать еще 25 лет. До своей смерти. Он умер в свой день рожденья.

Петр. Тоже 6 апреля?

Лаура. Кажется, нет, там какая-то другая дата. Иначе я бы заподозрила эту историю в шизофрении...

Петр. Да, шизофрения. Верно, это когда человек, женщина вечно возвращается к какой-то точке, застрявшей у нее в мозгу, и все крутит, крутит по-новой...Такая история с шизофренией.

Лаура. Вы о чем?

Петр. Это так, к слову пришлось. У вас все? У меня тоже есть кое-что для вас.

Лаура. К сожалению, о мой Петрарка, должна вас покинуть. Я приехала сюда заниматься спортом..., или, как говорят на вашей родине, физ-куль-турой. Ждите... если не надоест. Через часик вернусь.

4. Через час.

Лаура. Сидите? Здесь действительно удушающая атмосфера, пропитанная пахучим и стойким мужским потом. Так и быть, давайте пройдемся. (выходят) Пахнет природой (втягивает воздух). Супер! Вы что-то хотели рассказать.

Петр. Вы – москвичка? То есть я хотел спросить — ваша семья оригинально откуда?

Лаура. У бабушки и дедушки была квартира в Москве на Чистых прудах. Как вы догадались?

Петр. Я сам с Москвы. После армии решил поселиться в столице, работал в охране. Банк охранял. Знаете, банк на Покровке? Он еще потом рухнул, был громадный скандал...

Лаура. Ничего я там не знаю. Не была ни разу за двадцать лет, не интересно. Так что вы хотели рассказать?

Петр. Так я же рассказываю. Скучно на посту. Смотришь по сторонам, пялишься на девочек. Одну хорошо помню. Мимо проходила каждый вечер. Я ей честь отдавал, а она мне кивала. И улыбалась. Улыбка была такая... не могу даже передать, какая. Солнечная.

Лаура. Хорошенькая?

Петр. Что?

Лаура. Хорошенькая была девушка?

Петр. Ах, да, хорошенькая, даже очень. (медленно) На вас похожа.

Лаура. Да? Когда это было?

Петр. Да уж лет двадцать прошло.

Лаура. (свистит) Я или еще не родилась или лежала в пеленках. Но история романтичная, дорогой Петрарка! А был он, этот Франческо Петрарка, парень не промах. Лауру свою воспевал на расстоянии, а детей имел от других женщин. Жениться ему было нельзя как католическому священнику.

Петр. А у нее? У нее была семья?

Лаура. Кажется, была. Муж и очень много детей, не то 9, не то 10. И умерла она родами. А вот интересно, что делает ваша жена, в то время как вы развлекаетесь с молодыми девушками?

Петр. Жена? Ах да, жена. Что делает? Да ничего не делает. Сидит на компьютере. Сериалы смотрит. (медленно) Письма пишет.

Лаура. Письма? Кому?

Петр. А черт ее знает. Кому только не пишет. Даже президенту, но вообще-то я уже не интересуюсь. Пусть пишет. Все же занятие. А то еще начинает сама с собой разговаривать, на какие-то голоса отвечать.

Лаура. Может быть, ей нужно полечиться?

Петр. Может быть. Мне вообще советуют ее изолировать, сдать в шелтер.

Лаура. Фи. Зачем же в шелтер? В более приличное заведение нельзя?

Петр. Ну, не в шелтер, это я так. Но на более приличное, как вы говорите, заведение денежек не накопил. Работал один, платил за дочкин университет. Начинал практически с нуля. Специальности — считай никакой, разве что в армии автодело освоил. Сейчас имею свой автосервис, трое механиков, все русские ребята. Дочка выучилась, работает во Флориде в гостиничном сервисе... Это все позади. Теперь хочется пожить, счастья хочется...чтобы душа согрелась.

Мне пятьдесят лет, а я не жил еще и, стыдно признаться, не любил... по-настоящему.

Лаура. Давайте начистоту. Вы, дорогой Петя, не мой кадр. У нас с вами ничего общего. Ходим в один джим – вот и все. Так что запомните: надеяться вам не на что, милый Петрарка. Чао! (убегает).

5. Через неделю.

В джиме, на велосипеде он и она, крутят педали.

Петр. Вас вчера не было.
Лаура. Здесь не было, мало ли хороших мест?
Петр. Я ждал.
Лаура. И напрасно.
Петр. Я хотел сказать, что Ваша ЛаУра, или ЛАура умерла вовсе не родами, а от чумы. Написано «от черной чумы» в возрасте 41 года. В том году от чумы в том городке, где она жила, много народу умерло, до 60 тысяч.
Лаура. А где она жила?
Петр. Какой-то город на А, крутится в голове. А...виньон?
Лаура. Давайте проверим (смотрит в айфоне), ага, Авиньон. Это Франция, Лазурный берег. Взгляните, какая красота! Папский дворец! Какой мост через Рону, еще от римлян остался. И церковь архаическая, красота. Церковь Сен-Пьер, слышите? (читает) Здесь хранятся мощи св. Петра Люксембургского. Или вот еще деревенька супер: (читает) Сен-Реми де Прованс — причудливый прованский городок с элегантными зданиями, приятными площадями и очаровательными пешеходными улицами. Расположен всего в 20 км от Авиньона. Городок известен как место рождения Нострадамуса и памятниками археологии греко-римского периода.
Вот куда хочется, на место рождения Нострадамуса. Сен-Реми де Прованс! Отвезете меня туда? Вы же влюбленный, должны выполнять все мои желания! Петрарка? Вы заснули?
Петр. (волнуясь) А если я скажу, что отвезу вас в этот... ну в этот чертов Прованс?
Лаура. Отвезете? Правда? А я вам отвечу, что не поеду. У меня лекции, тесты, экзамены. А совсем скоро я еду в студенческий лагерь. Авиньон и Сен-Реми де Прованс откладываются... на неопределенное время. Я

молода – успею. А вы, Петрарка, поспешите. Подхватите свою шизанутую женушку – и фьюить (свистит) – в Авиньон, будете с ней как два голубка, Петрарка и Лаура, Петрарка ей – фьюить, Лаура ему — фьюить.

Петр. Зачем вы так?

Лаура. Как? (что-то поняв). Сорри, я заигралась, как говорит моя мама. Я ведь вредная, люблю поддевать... поклонников, особенно женатых. Все. Побежала. Чао.

6. Через неделю.

Оба в джиме. Идут по бегущей дорожке.

Лаура. Петрарка, вы сегодня жутко унылый. Давайте я вас развеселю. Помните, вы говорили, что видели похожую на меня двадцать лет назад в Москве? У меня тогда еще мысль мелькнула. - Мама, говорю, ты жила на Чистых прудах. Покровка от вас была далеко? — Рядом, — говорит. А ты проходила мимо банка, когда домой возвращалась? - Конечно, говорит, — там еще охранник стоял, он мне всегда честь отдавал... Вы поняли?

Петр. Так это ваша мама была?

Лаура. Хотите познакомлю?

Петр.(пауза) Нет, не хочу.

Лаура. Напрасно. Она у меня супер. И одинокая. Преподает детишкам американским из русских семей русский язык. Так хотите?

Петр. Не хочу. Прошлое не вернешь.

Лаура. Как знаете. А вот еще она рассказывала. Еду, говорит, в автобусе, и вдруг ко мне какой-то дебил подходит в защитной форме – и впивается губами в мои губы. Прямо в автобусе. Спиртным от него разит, губы его противные, склизкие, я вырываюсь, что-то мычу, а он держит меня как клещами и губами присосался намертво... Народ кругом, но все тихо стоят, каждый о своем задумался...

Петр. И чем кончилось?

Лаура. Автобус остановился, она с трудом вырвалась из его лап и вылетела из автобуса.

Петр. Все?

Лаура. Он помчался за ней. Догнал - и снова впился губами... Вот кошмар, скажите! Она успела крикнуть, видно, он испугался, хотя никто так и не подошел к ним. В общем она убежала (переводит дыхание).

Петр. Выдумали?

Лаура. Нет, правда, но, возможно, маме это приснилось, сон такой...

Петр. Ага. Не хотите передохнуть? Вон девочка пиццу выкладывает. Посидим? Угощайтесь (протягивает кусок пиццы).

(сидят на стульях и едят пиццу)

Лаура. Я уже многих здесь знаю. Вот та старушка в цветной тишотке моя знакомая, ее Джейн зовут, видите, поздоровалась. Похоже, она ходит сюда исключительно за общением. Подходит — и начинает общаться, вопросы разные задает. Особенно любит молодых девиц, вроде меня. Но я долго ее не выдерживаю.

А вон старичок, ну толстый такой, пантсы или как их? треники не сходятся на пузе. Он худеет. Часами сидит на велосипеде. Смотрит всегда только на педали. Кушать нужно меньше, друг, так ты не сбросишь свой жир, хоть загнись на своем велосипеде.

А вот еще один знакомец, видите? худощавый, с сединой, такой весь из себя спортивный, глаз на меня... как это? слово забыла, поставил? (смеется), сейчас смотрит на нас с вами, ему интересно, кто мы друг другу... улыбнитесь, не смотрите так недружелюбно. Он же вам улыбается.

Ой, мне надо позвонить. Подождите, я сейчас (убегает)

(Возвращается понурая). У меня сегодня вечер свободный (смотрит на него).

Что вы мне можете предложить?

Петр. (хмуро) Ничего. Алла болеет. Просила не поздно приехать. У вас что, свидание сорвалось?

Лаура. Вы догадливы.

Петр. С этим рыжим? С Сэмом?

Лаура.(смеется) Нет, конечно, Сэм это так... для прикола... Представьте себе высокого, 70 инчей, темноволосого, в глазах чертики, в улыбку можно влюбиться... Мне казалось, что таких не бывает...

Петр. Та-ак. Влюбились?

Лаура.(кивает)

Петр. Кто он? Откуда?

Лаура. Я пока мало что о нем знаю. Он перевелся к нам из Массачусетса.

Петр. Понятно. Ну, я пошел. Спасибо за компанию! (уходит)

Пьесы

7. Через две недели.

Лаура сидит на скамеечке, Петр проходит мимо.

Лаура. Привет! Где вы пропадали две недели? Я вас ждала.
Петр. Ждали? С чего бы это?
Лаура. Привыкла. Без вас чего-то здесь не хватает.
Петр. А я думал вам не хватает того... темноволосого, из Массачусетса.
Лаура. Его зовут Ховард. Он отличный парень, легко идет на общение, знает просто кучу разных разностей, его конек американская история, любит музыку, поет, играет на гитаре...
Петр. Ну так за чем же дело? В бой!
Лаура. (опускает голову). Он не для меня... и вообще не для девушек. Он гей.
Петр. А... Но не отчаивайтесь, может, еще найдется, чтобы мог с девушками. Не все же такие, как этот Говард. Никак плачете?
Лаура. Ужасно больно, сердце разбилось. Вот хотела вам рассказать, а вас две недели не было, а рассказать больше некому, не маме же! Она у меня из девятнадцатого века, архаичная. (встряхнулась) Так где вы пропадали, дорогой Петрарка?
Петр. Дома пропадал, дома — жена сильно разболелась.
Лаура. Чем?
Петр. Все тем же. Сегодня увезли в больницу.
Лаура. В шелтер?
Петр. Пока в больницу... А я все это время, дома сидевши, знаете чем занимался? Не угадаете.
Лаура. Чем же? Кроссворды решали?
Петр. Читал. Читал про Петрарку. Он, оказывается, когда влюбился в эту свою ЛаУру, поблизости от нее поселился, под Авиньоном, место называлось Воклюз. Жил один, писал письма на латыни разным древним римлянам, уже давно умершим. Прямо как моя Алла, только она живым пишет... всякие гадости. Он-то писал благородно, с благодарностью за сочинения. А стихи свои сочинял по-итальянски, выходило очень красиво. 366 стихов, называются канцоны, очень красивые, возвышенные. Я один стих принес для вас – в записи, самому-то неловко читать (достает айфон, в исполнении артиста идет чтение 61-го сонета в переводе Вячеслава Иванова).

Благословен день, месяц, лето, час
И миг, когда мой взор те очи встретил!
Благословен тот край, и дол тот светел,
Где пленником я стал прекрасных глаз!

Благословенна боль, что в первый раз
Я ощутил, когда и не приметил,
Как глубоко пронзен стрелой, что метил
Мне в сердце Бог, тайком разящий нас!

Благословенны жалобы и стоны,
Какими оглашал я сон дубрав,
Будя отзвучья именем Мадонны!

Благословенны вы, что столько слав
Стяжали ей, певучие канцоны, -
Дум золотых о ней, единой, сплав!

Правда, красиво?

Лаура. Красиво. А что за артист читает?

Петр. Не знаю. Если б еще пару недель, я бы сам выучил... А сейчас я другое учил...

Лаура. Другое? И что же?

Петр. Итальянский язык.

Лаура. Да? И что же вы выучили?

Петр. Вы понимаете по-итальянски?

Лаура. Немного. Я там родилась, но мы быстро уехали оттуда в Америку. Я немного понимаю по-итальянски, правда.

Петр. Я выучил две фразы, по-русски они переводятся словами, которые я ни разу не произнес за всю жизнь. Ни разу (Останавливается, произносит не глядя на Лауру).

Ti amo. Ti voglio bene.

Лаура. (тихо) Я поняла (встает). Послушайте, Петрарка! Вы говорите, вашу жену увезли в больницу? Ловите момент! Я готова. Поехали к вам.

Петр. За-зачем?

Лаура. Как зачем? Вы мужчина или нет? Вы же, помните, хотели со мной заняться сексом. Давайте займемся. Я согласна.

Петр... Я не могу... с Лаурой... Я не могу.

Лаура. Тюфяк (уходит)

8. На следующий день.

Петр сидит на скамеечке, Лаура проходит мимо.

Лаура. Ждете?
Петр. Жду.
Лаура. А могли бы обидеться, я ведь назвала вас тюфяком.
Петр. Я не тюфяк. И могу вам это доказать (подходит к ней).
Лаура. Спокойно. У меня пропало настроение. Сегодня я пай-девочка (Петр отходит). Послушайте, почему мне так хочется кричать? Топать? Жизнь проходит мимо. И пройдет, если ее не перевернуть, не совершить что-то удивительное...
Петр. Что я должен сделать?
Лаура. Вы? Вам уже поздно, Петрарка. Вы уже выбрали свой путь. Будете сидеть на скамейке и ждать свою Лауру. Будете?
Петр. Буду. И верю, что дождусь.

9. Через месяц.

(Петр сидит на скамейке в джиме. К нему подходит женщина, останавливается в нерешительности).
Женщина. Простите, вы случайно не русский?
Петр. Случайно русский.
Женщина. Извините меня за вопрос: вы кого-то ждете?
Петр. Жду. А что? Почему вы справшиваете?
Женщина. Я приехала из-за вас. Я должна вам сказать, что та, кого вы ждете, не придет. Она уехала, уехала с молодым человеком, Сэмуэлем Ридом, в... Африку. В составе католической миссии. Я принесла вам письмо... от нее (протягивает письмо).
(Петр читает, звучит голос Лауры).
Петрарка я знаю, что вы будете меня ждать. Будете приходить в джим и садиться на нашу скамейку, где мы ели пиццу и разговаривали и где вы сказали мне «Ti amo».
Но я поняла, Петрарка: вы любите не меня, а свое прошлое. Спасибо, дорогой Петрарка, за урок, который вы мне преподали. Мне бы так хотелось махнуть с вами в Авиньон и в ту деревушку, где родился Нострадамус! Но пока я уезжаю в Африку, на лето, дальше посмотрим.

Страну не называю. Такие, как вы, способны броситься следом. Еду я не одна, а с Сэмом, мы с ним обручились и скоро должны пожениться. Что делать, если те, кого мы любим, любят не нас... Прощайте, мой Петрарка!

Ваша сумасбродная Лаура

Петр.(к женщине). Она уехала?

Женщина. Уехала.

Петр. В Африку?

Женщина. В Африку.

Петр. Вы ее мама?

(Женщина кивает).

Петр. Вы на чем приехали?

Женщина. На убере, шофер меня ждет.

Петр. Попросите, чтобы не ждал. Я вас отвезу. И знаете, ни о чем больше не беспокойтесь. Я все беру на себя.

(Музыка. Они идут навстречу друг другу).

2018-2019, Б. Вашингтон

Город-сад

Сцена 1.

(Молодой человек в клетчатой рубашке с коробкой в руках выходит из подъезда. Сбоку, возле дома, в небольшом садике, играет с мячом девушка. Она в клетчатой рубашке).

Молодой человек. Sorry, does mister Nepohvalov, the artist, live here?

Девушка. Здесь, здесь он живет, ваш мистер Непохвалов, художник. Говорите лучше по-русски.

Молодой человек (обиженно) А как вы во мне русского распознали? Я к вам, вроде, по-английски обратился.

Девушка. Да легко распознать. По акценту. Это Бруклин. Если здесь живешь, в два счета распознаешь, особенно, если сам русский. Вот вы кейк в гости несете, шоколадный? (юноша кивает). Натуральный американец и не подумает, что гостю нужно в дом что-то принести. Да и рубашка на вас неамериканская, клетчатая, яркая, на натуральных американцах в будни все линялых тонов.

Юноша. Да вы сами в клетчатой рубашке.

Девушка. А я не здесь родилась и жила до двух лет. С тех пор еще не полностью адаптировалась.

Юноша. Сколько же вам лет?

Девушка. 21.

Молодой человек. И мне 21. Случаем, не 11 марта день рожденья?

Девушка. 11 марта, а как вы догадались?

Молодой человек. Дела! А зовут вас случайно не Алик? Алик — это мое имя.

Девушка. Почему я должна быть Алик? Я девушка. Будем знакомы, Алиса.

Юноша.(представляется) Алик. Тут какая-то мистика. Может, ты мое отражение в антимире? Послушай, давай сыграем в одну игру (девушка указывает ему на свой мяч), нет не в мяч. Словесно. Хотя... хотя мяч может нам понадобиться. Я буду задавать вопросы, и мы с тобой одновременно будем на них отвечать. Идет?

Алиса. Идет. Только давай побыстрее. Меня мама ждет. Она отпустила меня на полчаса.

Алик. А что с мамой?

Алиса. А ногу сломала. Три дня назад. Шла на работу – она социальный работник, здесь, в Бруклине, — и поскользнулась на апельсиновой корке. Сейчас у нее нога в гипсе и сильно болит.

Алик. Одна лежит?

Алиса. С ней дядя Гриша, Григорий Семенович Непохвалов. Ему почти 90 лет, но он еще ого-го, за мамой ухаживает. Даже завидно.

Алик. Так играем?

Алиса. Играем.

Алик. Поехали. Только одновременно. (осторожно кладет коробку с тортом на скамейку, кидает мяч). Твой любимый фрукт? (она возвращает ему мяч и отвечает синхронно с ним)

Алиса и Алик вместе. Банан.

Алик. А овощ?

Алиса и Алик вместе. Морковка.

Алик. Что ты хочешь сейчас съесть?

Алиса и Алик вместе. Шоколадный кейк.

Кого ты больше любишь – маму или папу?

Алиса. Маму.

Алик. Папу.

Уф, я уж думал, что тут какая-то мистика. Все же мы с тобой отличаемся. Но ты знаешь, ты ОЧЕНЬ на меня похожа. Такая же нескладная, некрасивая и веселая...

Алиса.(бросает в него мячом). Некрасивая? Я некрасивая? Ты сказал, я некрасивая?

Алик. Некрасивая, но симпатичная.

Алиса. Я тоже так думаю, я не красавица, но симпатяга. Это все мама: ты у меня красавица, очаровашка... Или вот еще: ты совсем ребенок по своим повадкам. А я, правда, еще не наигралась. Там в России было не до кукол. Так я сейчас еще играю... (смотрит на него). Не каждый день, не подумай... Но вообще, все говорят, что все я делаю не по-взрослому. Вот пошла учиться пению и итальянскому языку. Кому в Америке нужны пение и итальянский язык? Кому? Сейчас дала объявление об уроках. Но никто не отозвался. Одна Лизка-толстуха отозвалась, хочет бельканто освоить. 10 долларов за урок. Всего-то 10 долларов! Какая-то я невезучая на деньги ... Невезучая на деньги, да и некрасивая (с вызовом), зато симпатичная и веселая.

Алик. Я тоже невезучий – вообще, не только на деньги. Вот второй раз прихожу к вашему соседу, художнику Непохвалову – и второй раз не застаю дома. Домашний телефон у него не отвечает, а другого нет.

Алиса. Он старого склада, без всех этих гаджетов. А зачем он тебе?

Алик.(оглядывается) Т-сс. Секретная миссия.

Алиса. Секретная? А в чем состоит?

Алик. Так секретная же. Но тебе – скажу как своему отражению в антимире. Хочу брать уроки... этого... рисования. И черчения.

Алиса.(разочарованно). А в чем тут секрет? Да и не дает он уроков. Врешь?

Алик.(грустно) Вот и соврать не получается. (машет рукой) А ладно, скажу как есть. Меня отец послал.

Алиса. Отец? Зачем? Отравить?

Алик. Ну уж так сразу отравить. Сначала – подружиться. А потом уже... купить картину. Понимаешь, мой отец и этот Непохвалов в один садик ходили, после их дороги разошлись. Отец стал промышленником и коммерсантом, а Непохвалов диссидентом, отец деньги делал, а тот после лагеря сделал ноги и оказался... не знаю где. Отец к тому времени заработал капитал, и довольно большой, на руде, и стал думать, куда его вложить. И пришло ему в голову, что нужно вкладывать в картины, которые со временем могут вырасти в цене. Тут он вышел на своего детсадовского приятеля, Григория Непохвалова, у того как раз выставка в Америке прошла, и была на ней одна картина... Я ее видел в каталоге. Не пойму, почему папаня мой так в нее вцепился. Странная какая-то... Называется «Город-сад», но там нет никакого сада...

Алиса. Я ее знаю. Она у него над кроватью висит. Сплошная ночь, луна светит, а на лесной поляне несколько экскаваторов. Что-то копают... Я вначале думала, что это какие-то динозавры первобытные. Не сразу разглядела — там экскаваторы и люди. Ты прав — странная картина. Словно это не в реальности все.

Алик. Во-во, в антимире. Кто нормальный по ночам землю копает?

Алиса. Григорий Семенович говорил, что были такие «комсомольцы», люди с придурью, фанатики, строили в Сибири город-сад...

Алик. Что-то в ней есть, в этой картине, отец загорелся ее купить. Как ты думаешь, продаст?

Алиса.(с сомнением) Не продаст. Она у него над кроватью. Он душу в нее вложил. Не продаст.

Алик. Отец сказал: ты у меня единственный, но никчемный. Ни к чему не пригоден, толку от тебя никакого. Учиться не учишься и работать не работаешь. Я, понимаешь, хотел податься в космонавты, но у меня астигматизм – не взяли по зрению. Космос – моя мечта, на земле я как-то себя не нахожу... Короче, отцу надоело мое присутствие – и он меня отправил в секретную миссию. Сказал, что, если не куплю картину, могу домой не возвращаться.

Алиса. Он тебя не любит?

Алик. Обожает. Это у него такие приемчики. Чтобы я закалился в боях. Но...если я не вернусь, горевать тоже не будет. Как ты думаешь, Непохвалов уже вернулся к себе?

Алиса. Минуточку (звонит) Мамуля, ты уже одна? Гриша ушел? Я через минутку буду.

(Алику) Ушел твой Непохвалов. Можешь идти.

(Алик идет, но буквально через минуту он скатывается по ступеням, коробку с кейком не выпускает из рук).

Алиса.(подбегает) Что такое? Ты споткнулся?

Алик. Он спустил меня с лестницы.

Алиса. Что ты ему сказал?

Алик. Что сказал, что сказал... так и сказал, продайте, мол, картину.

Алиса. Но нужно было поздороваться. Как-то его подготовить. Разве можно вот так, без подготовки. Ему все же почти сто лет. И характер. Мама говорит, что только у отца был характер еще хуже.

Алик. А где отец?

Алиса. Умер. Как раз, когда мама со мной уехала в Америку. Грустно, правда?

Алик. Не переживай! Держи кейк. Ты ведь любишь шоколадный. А я пойду (хромая уходит от Алисы).

Алиса. Эй, Алик, погоди! Ты чего? Разве можно отчаиваться после первой же неудачи? Ты сегодня нашел меня – так? Я — твое отражение в антимире, так? Может, у нас вместе что-то получится?

Приходи завтра. Как это говорят в России? утро вечера...(щелкает пальцами) sophisticated. Придешь? У меня с утра урок. Но ты можешь посидеть послушать.

Алик. Приду. У меня здесь больше нет дел, кроме моей... секретной миссии, которую я сегодня провалил.

Сцена 2.

(Пространство квартиры, в одной комнате — Алиса и Лизетта. В другой – Григорий Семенович Непохвалов и мать Алисы, которая лежит на кровати. Луч света падает то на одну часть пространства, то на другую. Слышимость в квартире хорошая. Художник и мама Алисы говорят тихо, прислушиваясь к голосам в комнате Алисы).

Непохвалов. Как ты сегодня, Нина, как нога? Лекарство помогает?

Нина. Тише, Григорий Семенович, помогает лекарство, — у Алисоньки урок.

Непохвалов. Это с Лизкой? Не понимаю, как твоя дочка может давать уроки такой вульгарной и примитивной особе, как эта парикмахерша.

Нина. Тише, Григорий Семенович! Подвиньте мне, пожалуйста, чашку. Она может услышать. Этой парикмахерше хорошо за пятьдесят, но у нее прекрасный слух, правда, не музыкальный. Музыкального, кажется, нет совсем. Впрочем, как и голоса.

Непохвалов. Чему же ее учит Алиса? Разве не пению?

Нина. Всему понемногу. Вот вы сейчас послушаете. Алисонька обычно с лекции начинает. Двадцать лет мы с вами живем в одном доме, но ничего-то друг про друга не знаем.

Непохвалов. А своими делами занимались, ты – своим, я своим. Ты с бумажками работала в своей конторе, я картины писал. Получается, что нога твоя нас свела...

Нина. Начинает...

Алиса. (звеня колокольчиком). Начинаем урок. Лизетта готова?

Лизетта. Я еще губы не накрасила, ну да ладно.

(Звонок мобильного телефона). Алиса. Алик, ты? Заходи! Дверь будет открыта. По коридору направо, не перепутай!

(Алик заходит в комнату матери) Про...стите, здесь живет А... (видит художника, в ужасе... А!)

Непохвалов.(грозно). Вы опять? Что вы себе позволяете, юноша?

Алик. Я не к вам... я..

Алиса.(заходит) Он ко мне. (разворачивает Алика в другую сторону и ведет в свою комнату) Я же сказала: по коридору направо.

Алик. Я с детства с лево-право не разобрался.

Алиса. Лизетта, знакомься, это Алик.

Лизетта. Ой, подождите, я губы не накрасила. Погодите знакомиться.

Алиса. Лизетта, он не кадр. Он пришел ко мне на урок. Хочет послушать. (Алику) Садись. У нас вначале небольшая лекция. Лизетта, мы с тобой учим арию Керубино из оперы Моцарта «Свадьба Фигаро». Моцарт – мой любимый композитор. А как он тебе?

Лизетта. Неплохой. Музыка, говорю, неплохая. Только слова трудные. Никак не запомню.

Алиса. Я как раз и хочу сказать насчет слов. Слова написал итальянский поэт, еврей по национальности, Лоренцо да Понте.

Лизетта. Имя какое-то не еврейское, не путаешь?

Алиса. Он свое настоящее имя Эмануэле поменял на имя епископа, который его крестил. Дело было в Венецианской республике. И если человек хотел чего-то добиться в жизни, нужно было стать католиком и быть как все.

Лизетта. Мой папаня в Союзе сначала тоже был Натанович, а потом стал Иванович, и паспорт потерял, где была прописана его реальная национальность, мы, когда в Израиль уезжали, с трудом его метрику реальную нашли.

Алик. И помогло?

Лизетта. Ну да, уехали по еврейской линии.

Алик. Я говорю, отцу вашему чужое имя помогло? Он чего-то добился в жизни?

Лизетта. Да ну вас. Смеетесь? Папаня мой по сапожной части. В Израиле еще так-сяк, а как попали в Америку — ну кто здесь обувь чинит? Разве старики древние да старухи...

Алиса. Давайте не будем отвлекаться. Лоренцо да Понте стал известным поэтом и автором многих оперных либретто. Он написал либретто к трем операм Моцарта. Пожил во многих европейских странах, а в возрасте 56-и лет уехал в Америку.

Алик. Не поздновато? Чего он там искал?

Алиса. Америка была в те годы местом, где можно было начать жизнь сначала, с чистого листа и на новый лад. Как на другой планете.

А еще он организовал первое в Америке исполнение оперы «Моцарта» Дон Жуан. Все партии в ней пели члены семьи ГарсИа, это музыкальная семья, бежавшая из Мадрида в Париж и приехавшая на заработки в Америку.

Лизетта. И удалось заработать?

Алиса. Не удалось. Все, что заработали, украли солдаты. Их наняли в качестве конвоя, для охраны, на обратном пути. А они оказались разбойниками и забрали у семьи все, до нитки. Даже шотландское пальтишко у четырехлетней дочки Мануэля ГарсИа, Полины. В будущем Полины Виардо. Знаете это имя?

Лизетта. Что-то напоминает. То ли прическа так называется, то ли лак...

Алик. Я не знаю. У меня от школы ничего в голове не осталось, а от университета – и подавно. Даже таблицу умножения позабыл, правда.

Лизетта. Да ну вас. Таблицу умножения уже давно в школе не учат. Компьютер есть и эти... счеты... ну бухгалтерские... У нас в Бруклине их часто используют.

Алиса. А Тургенева читали?

Лизетта. Не припомню фамилии.

Алик. А я после детского сада книжек не читал, правда. Все больше в компьютерные игры.

Алиса. Понятно. Лекция окончена. Теперь практическое занятие. Лизетта, выходи, будешь петь.

(садится за пианино) Играет мелодию и напевает: «Voi che sapete». (Вой ке сапете)

Лизетта.(басом) Вой ки сопите.

Алиса. Почему сопите? Почему сопите? СА -ПЕ –ТЕ. Глагол второго лица, множественного числа.

Лизетта, назови мне его неопределенную форму. Ну: что делать?

Лизетта. Сопеть.

Алиса. Какой сопеть? Какой сопеть? SAPERE (сапере), означает «знать». А вся фраза переводится: «Вы, которые...

Лизетта. Сопите.

Алиса. Лизетта, какая же ты упрямая! Это же так просто: Вы, которые знаете, Che cosa e' amor — что такое любовь…

Лизетта. Да ну тебя. Педагог. Просто, говоришь? Кто знает, что такое любовь? Я не знаю. Только слышала, что есть. Сорок лет прожила, да что там — сорок пять, а не знаю. (к Алику) А ты, парень, знаешь?

Алик. Мне до вашего возраста еще жить да жить, еще успею узнать.

Алиса. Я не про любовь, про любовь я тоже ничего не знаю, я про слова.

Лизетта. А что слова? Что с них толку? Я чтой-то не в голосе сегодня. Да и Керубино твой — не по мне. Разве что для смеха. Чтобы посмеяться, говорю, над тетехой, которая мальцом прикинулась. В общем давай перенесем.

Алиса. Я тебе задание домой пришлю. Разберись с глаголом, хорошо? А ария Керубино точно для тебя. Такой славненький толстенький Керубино.

Лизетта.(Алику). Нам не по дороге? Могу подвезти.

Алик. Ой, что вы, я вас боюсь. Я боюсь больших женщин.

Лизетта. Как хотите. Большая она завсегда добрая. Вы пока без понятия.

Алиса. Хорошего дня, Лизетта!

(Лизетта уходит)

(Алиса и Алик в тени. Освещается комната, где находятся Непохвалов и Нина).

Непохвалов. А Алиса-то твоя умненькая, я-то думал: девица с придурью.

Нина. Ой, Гриша, дайте мне воды (пьет лекарство), как вы были неправы.

Конечно, она умненькая. И знающая. Вон какую лекцию закатила! Ей бы не Лизетте давать уроки!

Непохвалов. А вьюнош этот полный придурок. Я его сразу распознал.

Нина. Не скажите. Юноши …они застенчивые. Оттого могут говорить глупости, особенно, если парень влюблен. Как вы думаете?

Непохвалов. Что?

Нина. Ну какие-нибудь чувства... с его стороны. Он вообще откуда взялся?

Непохвалов. Приехал с нашей с вами родины. Хотел купить у меня картину, а я его с лестницы спустил.

Нина. (пьет лекарство) И напрасно... Он мог себе руки-ноги поломать. Возможно, он тушуется. Так вы не заметили... с его стороны... проявлений?

Непохвалов. Проявлений не заметил. Я, Нина, другое заметил.

Нина. И что вы заметили, Григорий Семенович?

Непохвалов. Алиса и этот вьюнош — на одно лицо. Понимаешь? Совершенно на одно лицо! А-бсо-лю-тно. Как на персидской миниатюре...

Сцена 3.

(Алиса и Алик, в полутьме, та же комната)

Алиса. Ты тише говори, тут за стеной мама и Непохвалов.

Алик. Да я тихо, шепотом. Отец взъярился, когда я сказал, что с картиной не вышло. Говорит: «Был ты дурнем, дурнем и остался. Даже картину не мог выторговать – за большие деньги».

Алиса. А ты деньги предлагал? Сумму называл?

Алик. Не-а, не предлагал и не называл. Не успел. Думаешь, он бы на деньги купился?

Алиса. Нет, думаю, нет. Ему эта картина дорога. С ней какая-то история связана, скорей всего, любовная. Нужно у мамы спросить. Она должна многое про него знать, он с ней делится... Даже завидно.

Алик. Что завидно? Он старик. Ему девяносто лет.

Алиса. Почти.

Алик. Не представляю, как в такого можно влюбиться.

Алиса. Влюбиться! Ты думаешь я в него влюбилась?

Алик. Разве нет?

Алиса. Может, ты и прав. Он еще ого-го! Вот за мамой ухаживает. Не отходит от ее постели.

Алик. Так ведь за мамой. Не за тобой. Тебе нужен лет на шестьдесят – шестьдесят пять моложе.

Алиса. Уж не ты ли?

Алик. (одергивает рубашку) А хоть бы и я. Ты мне подходишь.

Алиса. (смеется) Ты смешной.

Алик. От такой же и слышу. Послушай, не хочешь за меня... со мной... позаниматься? Ну этим... вокалом? Я бы заплатил за урок. Тебе твоя Лизетта платит 10 долларов, а я 50 заплачу. Знай наших!

Алиса. Я с тебя больше 30 долларов не возьму – у меня еще не та квалификация, чтобы брать 50. До 50 долларов пока не дотягиваю. Моцарта любишь?

Алик. Опять Керубино?

Алиса. Нет, не Керубино, а Фигаро. Из той же оперы. Самая известная ария:

(поет)

> *Non piu andrai, farfallone amoroso,*
> *Notte e giorno d'intorno girando;*
> *Delle belle turbando il riposo) 2 раза*
> *Narcisetto, Adoncino d' amor.)*

Алик. Ничего не понял.

Алиса. Так по-итальянски же! Фигаро говорит, что Керубино нужно идти в армию. Тогда он не будет летать как влюбленная бабочка, тревожа покой красавиц. Попробуешь?

Постой, я тебе напишу русскими буквами.

Алик. Отец помог мне откосить от армии.

Алиса. Сколько лет твоему отцу?

Алик. Пятьдесят исполнилось.

Алиса. А как же ты рассказывал, что они с нашим Григорием Семеновичем в один садик ходили... Ему тогда должно быть девяносто. Почти.

Алик.(обескураженно). В самом деле. Что же получается, а? Значит, он мне неправду сказал, а?

Сказал неправду?

Сцена 4.

(Непохвалов и Нина)

Непохвалов. Я, Нина, тебя утомляю, тебе покой нужен.

Нина. Лежу, вспоминаю. Лекарства затуманили мозг, что-то выплывает неотчетливое. У меня в молодости был кавалер, итальянец, помню, мы танцевали с ним под итальянскую эстраду – Челентано, Тото Кутунья... Я обожала... итальянский язык. — Signora, come sta? – Bene.

(молчат) Гриша, давно хотела вас спросить. Вы уже столько лет один. Моя Алисонька выросла, а вы все годы без жены, без детей. Неужели нет у вас никого? И не было?

Непохвалов. Видела картину у меня над постелью? Как раз за ней приходил вьюнош, не известно кем подосланный. Картина называется «Город-сад». Писал ее в 1960-х, в Сибири, в Чуднограде.

Тогда его только строили – в тайге, и островки тайги оставляли между домами... И домики строили небольшие, коттеджного типа, с окнами, смотрящими в тайгу, чтобы человеку было в них хорошо. В одном из домиков жила девушка, звали Аленой, спортсменка, лыжница. Я тогда как раз писал серию портретов спортсменок... Помню, была она сильная, здоровая, как молодая лошадка, и ножки такие... мускулистые... Потом я уехал. А через много лет узнал, что Алена живет в Москве, что у нее сын. И сына зовут Григорием.

Нина. Ну и...

Непохвалов. Что ну и?

Нина. Вы приехали к ней с цветами? Увидели мальчика? Я просто уверена, что это был ваш сын.

Непохвалов. Я уехал сначала в Израиль, а потом в Америку. Слышал, что Алена умерла, что ее сын носит мою фамилию. Он немножко рисовал, потом бросил, был замешан в каком-то деле политическом. Отбыл срок в мордовских лагерях. Кажется, ударился в религию. Где сейчас – бог весть. Может, вернулся на родину. Впрочем, я не очень интересовался...

Нина. Странный вы, Гриша. Неужели вас не тянет найти его след?

Непохвалов. Не тянет. Я, Нина, несемейный человек. Жена, дети – не для меня. Видишь ли, в юности, а она у меня долго длилась, да, пожалуй, по ощущению — и сейчас не вовсе кончилась, был я ловцом женщин. Мне никогда не хотелось завести семью, обрести пристань... Мне нравилось быть свободным, ничем не связанным, и искать, искать... Ищу до сих пор...

Нина. Так и не нашли?

Непохвалов. (зло) Это допрос?

Нина. Зачем вы злитесь? Я любя спросила...

Непохвалов. Любя... Разве можно любить девяностолетнего?... (пауза) То-то.

Вот вытащила из меня мое прошлое, а ведь сама – как рыба. И тоже одна все эти годы...

Нина. Не одна – с Алисой. Думаете, просто дочку одной вырастить, не распустить, не дать стать американкой, воспитать в хороших культурных традициях, чтобы разговаривала по-русски без ошибок, книжки читала? Это здесь я социальный работник. А там я преподавала в музыкальной школе, изучала итальянский... – Signora, perche Lei e' triste? Allegria! Волшебный язык. А мужчины? Ну, подъезжали, предлагали, заговаривали зубы... Нужно было выбирать – мужчина или Алиса, Алиса или мужчина? И я выбрала... Я выбрала – Алису (плачет). Что-то этот паренек задержался у нее.

Непохвалов. Может, у них шуры-муры, а?

(Из комнаты Алисы доносится ария Фигаро):

> *Non piu andrai, farfallone amoroso,*
> *Notte e giorno d'intorno girando;*
> *Delle belle turbando riposo*
> *Narcisetto, Adoncino d'amor.*

Непохвалов. Моя любимая ария (напевает последнюю строчку).

Нина. Божественный итальянский! Нарчисетто – это маленький Нарциссик, а Адончино — малюсенький Адонис. Я поняла, поняла!

Непохвалов. Всю жизнь я был этим самым Нарчисетто – нарциссом, любил себя, был занят собой. Нарцисс, Адонис... Зачем мужчине красота? Понимаю, если женщине. Она хочет нравиться, у нее на это направлено все существо. А если ты мужчина — и все вокруг млеют от твоей привлекательности... Это только мешает. Но, честно сказать, видеть на себе женские, да и мужские взгляды, — приятно. Я сильно изменился, да, Нина? Ничего не осталось от прежнего? Старый хрыч – и ... и все? Молчишь?

Нина. Не видела вас в молодости. Но вы и сейчас, как говорит, Алиса, ого-го. Когда-то я любила...

Непохвалов. Одного итальянца.

Нина. Не угадали. В детстве я любила греческие мифы. Знала истории всех богов и героев. Нарцисс, Адонис... Красавцы-то они красавцы, но там такие ужасы, не поверите! Адонис родился от кровосмесительного брака – отца с дочерью. А у Нарцисса, по легенде, была сестра-близнец, в которую он был страстно влюблен...

Непохвалов. К чему это? Какая связь? Я про другое. Иногда мне кажется, что я нашел то, что искал, вернее, ту...

Нина. И кто же это?

Непохвалов. Кто? Кто? А итальяночка с первого этажа весьма аппетитная. Не бюст, а две дыни бухарские.

Нина. Какие у вас сравнения...художественные. Не поможете мне... приподняться? (Непохвалов подходит, помогает, оба смущены) Что-то у наших молодых тишина. Как вы думаете, что они там делают?

Непохвалов. Мало ли. Дело молодое.

(Дверь с шумом открывается, на пороге Алиса, сзади Алик).

Алиса. Мама, дядя Гриша, у нас есть для вас объявление.

Нина.(с некоторым ужасом). Объявление? Уже?

Алиса. Мы хотим устроить концерт для вас. У Алика замечательные способности. Лизетту я постараюсь подтянуть. В общем в эту субботу в пять часов – у нас представление! Ты, мамочка, можешь слушать отсюда, а Григорий Семенович может сесть ближе к сцене. Хорошо я придумала?

Нина.(с облегчением) Умничка. А вы, молодой человек, не прячьтесь. Выйдите-ка на свет... А то я вас не ви... (Алик выходит в луч света) Ах...Гриша, вы правы. Вы абсолютно правы.

Сцена 5.

(Алиса и Алик возле дома).

Алиса. Привет. Идешь на репетицию?

Алик. Иду. А что, отменяется?

Алиса. Есть разговор. Давай за дом зайдем (заходят за угол в скверик). Правда, хороший садик? Но какой-то кукольный. Я люблю играть в куклы, но, правда, иногда так хочется простора...

Алик. Ты здесь вообще как в заточении. Так в чем дело?

Алиса. Мне вчера мама кое-что рассказала.

Алик. О чем?

Алиса. О моем отце.

Но вначале ответь мне на вопрос: твой отец – ничего тебе не рассказывал?

Алик. О чем?

Алиса. О твоей маме.

Алик. Она умерла.

Алиса. Мне мама тоже говорила, что папа умер. Теперь она говорит другое.

Алик. И что же она говорит?

Алиса. Что, возможно, он жив – и живет в Москве, в Фурманном переулке.

Алик. Так мы соседи? Я с отцом тоже живу в Фурманном. Чудеса!

Алиса. Еще какие! Мама сомневалась, но я вижу, что все сходится. Так вы с отцом живете в Фурманном переулке? А... твоя сестра?

Алик. Какая сестра? Я единственный ребенок.

Алиса. Давай поиграем в игру. Я буду задавать вопросы, и мы одновременно станем на них отвечать (берет мяч в руки, с каждым вопросом бросает его Алику, а он его возвращает).

Как зовут твоего отца?

Алик и Алиса вместе. Арнольд.

Алиса. А как его отчество?

Алик и Алиса вместе. Иванович.

Алиса. А как звали твою маму?

Алик и Алиса вместе. Нина.

Алиса. Где она?

Алик. Умерла.

Алиса. Живет в Америке.

Не понимаешь?

Алик. Нет.

Алиса. Мы с тобой брат и сестра.

Алик. Брат и сестра? В антимире?

Алиса. В этом, глупый. Мама не умерла. Она уехала со мной, двухлетней, в Америку. Ты в это время серьезно болел, какая-то жуткая инфекция, то ли круп, то ли коклюш, то ли корь, а, может, коронавирус, с высокой температурой и задыханием. Мама не могла взять тебя с собой. А потом твой отец написал, что ты умер.

Алик. Почему «мой отец», получается, что он и «твой отец»?

Алиса. Ну да, Арнольд Иванович. Фи. А фамилия у тебя какая?

Алик. Воронов.

Алиса. А у меня мамина, Синицына.

Алик. Ха, недалеко от моей, тоже птичья... Но постой, если ты моя сестра, то... я... то мы...

Алиса. Ну да, ты правильно понял. Ты не сможешь на мне жениться. А ведь хотел?

Алик. Как ты догадалась?

Алиса. Да уж не трудно было... я и сама... ты мне очень понравился... сразу.

Алик. Что же теперь делать? Я хочу на тебе жениться.

Алиса. (грустно) Что делать — сама не знаю. Ситуация без-на-де-жная. Когда-то в древности люди выбирали себе пару из своих родственников. Так было удобней и надежней – вокруг были враждебные племена. Может быть, в будущем это повторится, если человечество вернется в свое первобытное состояние. А еще, если мы вдруг окажемся в антимире, то там все будет по-другому... А пока... пока... (разводит руками, весело, сквозь слезы). Пока... обними меня по-братски (обнимаются).

Алик. Я могу и поцеловать.

Алиса. Давай. Только по-братски.

Алик. Тебе понравилось?

Алиса. Очень.

Алик. Можно продолжить (оглядывается)... эх, садик маленький, все просматривается. Что же делать?

Алиса. Наладить дыхание ... и начать репетировать. Лизетта звонила, что задержится. Сказала, что придет с кавалером.

А мы с тобой, братишка, начнем репетицию. (напевает, с рыданиями в голосе)

Non piu andrai, farfallone amoroso
Notte e giorno d'intorno girando.
Алик.(подхватывает, тоже со слезой).
Delle belle turbando il riposo
Narcisetto, Adoncino d'amor.

Сцена 6.

(В комнате Алисы)

Алик.(поет, потом останавливается) А вот интересно, кто-нибудь влюблялся в собственную сестру? Были случаи?

Алиса. Что-то такое слышала про Байрона.

Алик. Кто такой?

Алиса. Ну ты и темный, братишка.

Алик.(надулся) Я зато про космос много чего знаю. Слышала про туманности? Есть такая... Туманность Андромеды... А еще Кошачий глаз. Или Песочные часы. Они летают в космосе и состоят из пыли и газа! Ты даже не представляешь, какие они красивые! Какое от них идет разноцветное свечение.

Алиса. А жить там можно?

Алик. На туманностях? Сомневаюсь... Пыль и газ... их и на земле хватает, они бесполезные для жизни...

Алиса. Резонно. Зачем же они тебе? Если на них даже жить нельзя?

Алик. Может, и можно. Я книжку не дочитал.

Алиса. Книжку? А кто говорил, что после детского сада книг не читал?

Алик. Это я приврал. Читаю, но особые книжки, про космос, не этих ваших Тургелевых.

Алиса. Тургенев – мой любимый писатель. Ты хотя бы фамилию запомни, на первый случай.

(Звонок в дверь квартиры, открывает Непохвалов. Внимательно смотрит на вошедших. В комнате Алисы появляются Лизетта и высокий человек с палкой в руке, он хромает).

Лизетта. Это мы. Его зовут Грэг. А это Алиса и Алик. Алиса мой вокальный педагог.

Алиса. Очень приятно. Пожалуйста, садитесь.

Начнем с распевания.

Лизетта. У нас нет с собой.

Алиса. Распевание через букву е, будем пробовать голос и очищать его от сипа.

Лизетта. А без сипа у меня и голоса нет. Послушай, педагог, давай за жизнь поговорим. Вот я к тебе человека привела. Нуждающего во внимании. Сидел возле нашего салона, денюжки собирал. Ну чистый нищий. Что ему наши (передразнивает) Вой ки сопите.

Алиса. Опять? Опять сопите? Бедный Моцарт (обращается к Грэгу). Вы... не любите Моцарта?

Грэг. Моцарта? Не знаю. Не интересуюсь. Но я посижу. У вас хорошо, тепло, можно поспать.

Алиса. Наши исполнители не дадут вам поспать, разбудят. А... чем вы занимаетесь?

Лизетта. Да он ничем не занимается. Сидел возле нашего салона, кто доллар даст, кто два, я его накормила, пригрела...

Грэг. Я строитель.

Алиса. Что же вы строите?

Грэг. Ракету... Не ту, о которой вы подумали, не оружие. Летательный аппарат.

Алиса и Алик вместе: Да? Что-что? Аппарат?

Грэг. Летательный аппарат для полета в космос. Думаем о полетах на другие планеты.

Алиса и Алик вместе: Какие?

Грэг. Пока на стадии обсуждения...

Алиса. Откуда вы? Почему здесь?

Грэг. Я из Сибири. Есть такой город Чудноград. Там я родился. Не верьте названию! Этот город, когда создавался, возможно, его оправдывал. Сейчас... это... мертвое место. Это надо увидеть. Горы мусора, отвалы шлака. Люди умеют отравлять все вокруг себя. Я приехал в Америку — чтобы найти спонсоров.

Лизетта. Так ты спонсоров искал возле нашего салона? По доллару в шапку собирал?

Алик. А когда полет?

Грэг. Скоро.

Алик. И сколько людей возьмете с собой?

Грэг. Аппарат небольшой. Экипаж не больше двоих. Со мной трое.

Алик. Запишите, пожалуйста, нас с Алисой.

Алиса. Алик, почему ты за меня решил?

Алик. Потому что уверен в тебе, как в себе. (шепчет) Дурочка, там все наши проблемы решатся. Чего нельзя на земле, можно там, в космосе.

Лизетта. А я? Я же его, болезного, — пригрела, голодного — накормила.

Алик. А вы, мадам, не проходите по возрасту. Для полета нужны молодые.

Лизетта. Да ну вас. Зачем я его привела? Чтобы хамство услышать? Вот думаешь помочь человеку... А в ответ слышишь одно хамство. Я ухожу.

Алиса. Лизетта, сядь, пожалуйста, мы начинаем репетицию. У нас завтра в пять часов выступление. Слышишь: в субботу в пять часов. Приготовились (вступление к арии Керубино).

Сцена 7.

(Перед концертом. Опять две половины квартиры. В первой Непохвалов возле постели Нины, во второй – Алиса и Алик).

Нина. Гриша, у них репетиция. Говорите тише.

Непохвалов. Ты не знаешь, что за человек приходил с Лизкой? Видел его одну минуту, но лицо кажется знакомым... Кого-то он мне напоминает.

Нина. Нет, не знаю. Алиса ничего мне не сказала. Вы, Гриша, понимаете, что у меня сейчас одно на уме. Хочу поскорей увидеть этого... этого... мальчика. Не верится, что это мой сын...А вдруг... мы с ним не сойдемся? Алиса говорит, что он простодушный. Двое простодушных в одной семье – это уже перебор. А уж если трое... Как вы думаете, зачем ему нужна была ваша картина?

Непохвалов. Понятия не имею.

Нина. Наверняка его Арнольд подослал. Жестокий, грубый человек. Он признает только деньги. Не узнал ли он, что мы с вами соседи? Не исключено, что он меня... ревнует к вам.

Непохвалов. Твой муж? Хорошенькая история. Думаешь, он может тебя ревновать... ко мне?

Нина. А почему нет? Вы не знаете мужчин. Особенно таких, как Арнольд. Они могут приревновать даже к табуретке.

Непохвалов. (отвешивает поклон) Возможно, я не знаю мужчин. Но я знаю женщин. Они во всем видят черт те что, шуры-муры-амуры. Все гораздо проще. Ты говорила, что твой бывший муж владеет рудниками в Сибири. Моя картина, о которой много говорили по телевидению, могла навести его на ностальгические мысли...

Нина. Арнольд и ностальгия – два разных полюса (прислушивается). О чем они там говорят? Гриша, дайте мне, пожалуйста, шаль... с бабочками.. (Непохвалов укутывает Нину в шаль).

Непохвалов. Ах, ты моя бабочка! Не улетишь от меня.

Сцена 8.

(Алиса и Алик).

Алиса. Лизетта с Грэгом опаздывают. Сейчас 4 часа. Всего час до концерта.

Тебе надо распеться (играет). Распеваемся на А.

Алик. (поет распевку) А- а-а-а -а- а –а.

Алиса. На ме.

Алик. Ме-ме-ме –ме-ме-ме-ме-ме-ме.

Алиса. На бе.

Алик. Бе-бе-бе- бе-бе-бе-бе-бе-бе.

Алиса. На га.

Алик. Га-га-га-га-га-га-га-га-га. Хватит. Не могу больше. Что я, баран или гусь?

Скажи лучше: хочешь слетать со мной в космос?

Алиса. Куда бы ты хотел?

Алик. На одну из звезд. В туманности Андромеды. Я эту туманность нашел на небе. Правда, увидел ее сначала невооруженным глазом, а потом в бинокль. О-очень туманная...Но красивая. И я сказал себе: Хорошо бы туда полететь!

Алиса. Фу, сгусток пыли и газа. Что там хорошего? Лучше уж на Марс. Или на Венеру. А лучше всего на Альфу Центавра... (смотрит на часы) Что-то их нет. Лизетта такая неорганизованная (Звонит).

Лизетта.(по айфону) Это ты, педагог? Что хотела сказать. От уроков отказываюсь. На концерт не приду. Вижу, что ты меня на смех хочешь поднять. Чтобы чучелом выставить. Но я не из таких. У меня есть гордость женская. А кавалер этот вшивый, который из космоса прилетел или, наоборот, в космос нацелился, пусть катится на все четыре стороны. Пригрела, накормила змею на груди. А тебе с Аликом твоим как бы не ошибиться и не плакать потом горючими слезищами. Все. Денюжки пришлю по почте. Хоть и не стоят твои вшивые уроки 10 долларов! Они и цента не стоят. Прощай, педагог! Пошла я... клиентку обслуживать.

Алиса. Лизетта, Лизетта, послушай (Алику). Отключилась. Что скажешь? Что я ей сделала? Почему она так злится?

Алик. Привыкай. Это тебе не Альфа Центавра – Земля. Держи (подает ей куклу).

Алиса. Машка! Я неделю ее ищу. Ты где нашел?

Алик. Она сама мне попалась. Свалилась на голову со шкафа.

Алиса.(целует куклу со слезами). Спасибо! (тянет его) Пойдем!

Алик. Куда? Целоваться? Я хоть до утра.

Алиса. Ты забыл про концерт?

Алик. Какой концерт? Я один петь не буду. Концерт отменяется.

Алиса. Но представление не закончено, дурачок. Ты ведь еще с мамой не познакомился

(идут с Аликом на половину «взрослых»).

Сцена 9.

(На половине «взрослых». Алиса, Алик, Нина и Непохвалов).

Алиса. Привет, мамочка и Григорий Семенович! У нас объявление.
Нина. Еще одно?
Алиса. Зачеркивающее предыдущее. Концерт отменяется.
Нина. А мы с Гришей уже настроились.
Алиса. По не зависящим от нас обстоятельствам. Лизетта не явилась, и вообще отказалась от уроков. Теперь у меня один ученик остался – Алик (выталкивает Алика).
Алик. Здравствуйте.
Непохвалов. Здравствуйте, юноша!
Нина. Алик, сыночек! Как ты... вырос! А как папа поживает?
Алик. Папа хорошо поживает. Шлет привет. Пламенный.
Нина... А...
Непохвалов. Погоди, Нина, у меня тоже есть вопрос. Тот человек, с палкой, что приходил с Лизкой, кто он такой?
Алик и Алиса вместе: Строитель...И космонавт.
Непохвалов. Не понял. Строитель или космонавт? Говорите, пожалуйста, кто-то один.
Алиса. Алик, дай я скажу. Грэг строит у себя на родине в Чудно-граде летательный аппарат. Для полетов на космические объекты.
Нина. Какие?
Алиса. Он еще не знает. Проект в стадии обсуждения.
Алик. Она бы хотела на Альфу Центавра.
Непохвалов. Так, так. Мошенник, не иначе...
Алик и Алиса вместе. Нет, он не мошенник.
Непохвалов. А что он здесь делает?
Алик и Алиса вместе. Ищет спонсоров.
Непохвалов. Точно мошенник.
Нина. Гриша, постойте! Его зовут Грэг и он родом из Чуднограда? И кого-то вам напоминает?
Непохвалов. Я вспомнил кого.
Нина. И кого же?
Непохвалов. Алену.
Нина. Так. Ребятки, подойдите, пожалуйста. У вас есть телефон или адрес этого Грэга?

Алик и Алиса вместе. Нет.
Алиса. У нас нет его телефона.
Алик. И адреса.
(Звонок в дверь. Непохвалов идет открывать и возвращается с Грэгом).
Алик и Алиса вместе. Вы?
Грэг. Сейчас ровно пять часов. (к Алисе) Вы говорили, что у вас будет концерт в субботу в пять часов.
Алиса. Концерт не состоится. Извините!
Грэг. Жаль. Я уже настроился. У вас хорошо. И вы с Аликом мне очень понравились. Ну да ничего. Так я пойду?
Нина. Подождите! У меня... то есть у Григория Семеновича есть к вам вопросы.
Непохвалов. Нет у меня вопросов. Или есть, маленький. Скажите, любезный Грэг, зачем вы соблазняете молодежь? Вы хотите отравить их сердца мечтой о полете к звездам. Так? Но что-то похожее уже было, было. И как раз в ваших местах. Людям, молодым, горячим, было обещано чудо-чудное – город-сад. И они взялись за работу, вкалывали даже ночью, чтобы приблизить свою мечту. Многие заболели и умерли на этом строительстве. И что же? Читал я о вашем Чудно́граде, народ оттуда разбегается. Нищий, отравленный промышленными миазмами город.
(Грэг молчит).
Непохвалов. Молчите? Вам нечего мне сказать? Вот это по-честному.
Грэг. Я молчу, потому что вы правы. Полет – это всего лишь мечта. Я не уверен, что она осуществится. А если осуществится... будут ли счастливы, те, кто в нее поверил? Но вера дает силы... А вдруг? Простите, не знаю, с кем имею честь...
Непохвалов.(представляется) Григорий Семенович Непохвалов.
Грэг. (представляется) Григорий Григорьевич Непохвалов. Я рад, что мы с тобой встретились, отец! (поворачивается и идет к двери).
Непохвалов. Подожди. Мне сказали, ты ищешь спонсоров для своей... э... затеи. Денег не накопил. Но хочу подарить тебе одну вещицу. Ее можно дорого продать... (идет в свою квартиру и снимает со стены над кроватью картину «Город –сад». Отдает ее Грэгу.) Успеха! И скорее уходи, а то... а то...
(Грэг медленно уходит, с картиной под мышкой. За ним бегут Алиса и Алик).
Алиса. Грэг, оставь нам свои координаты.

Грэг. Не нужно. Я сам вас найду.
Алик. И мы полетим с тобой?
Грэг. Полетим.
Алик. Грэг, отец дал мне денег, много денег, для покупки... одной картины. Она сейчас у тебя.
Грэг. Извини, Алик, но эта картина не продается.
Алик.(повесил голову). Понятно (Грэг уходит).
Алиса. Алик, не расстраивайся! Нельзя иметь все сразу. Подумаешь, картина! У нас будет настоящий город-сад. Мы обязательно построим его... где-нибудь на Альфа Центавра!

Март-апрель 2020, Б. Вашингтон